Bertram · Philosophie des Sturm und Drang

Georg W. Bertram

Philosophie des Sturm und Drang

Eine Konstitution der Moderne

Wilhelm Fink Verlag

Gedruckt mit Hilfe der Geschwister Boehringer Ingelheim Stiftung für Geisteswissenschaften in Ingelheim am Rhein

Umschlagabbildung:

Julia Krewani, *Abnäher (nach O. Schlemmer)*, 21x16 cm, Faden auf Papier, 2000

Die Deutsche Bibliothek – CIP- Einheitsaufnahme

Bertram, Georg W.:
Philosophie des Sturm und Drang : eine Konstitution der Moderne / Georg W. Bertram. - München : Fink, 2000
ISBN 3-7705-3506-5

Alle Rechte, auch die des auszugsweisen Nachdrucks, der fotomechanischen Wiedergabe und der Übersetzung, vorbehalten. Dies betrifft auch die Vervielfältigung und Übertragung einzelner Textabschnitte, Zeichnungen oder Bilder durch alle Verfahren wie Speicherung und Übertragung auf Papier, Transparente, Filme, Bänder, Platten und andere Medien, soweit es nicht §§ 53 und 54 URG ausdrücklich gestatten.

Gedruckt auf alterungsbeständigem Papier

ISBN 3-7705-3506-5
© 2000 Wilhelm Fink Verlag, München
Gesamtherstellung: Ferdinand Schöningh GmbH, Paderborn

Inhalt

Vorwort 7

Prolog – zum Sturm und Drang 11
  1 Konturlosigkeit 13
  2 Eigenarten 14
  3 Epoche 18
  4 Entwurf 21

Teil I
Inklusion – das rekursive Moment moderner Vernunft 23
  1 Der Ansatz des »Cogito«: Foucault, Derrida und Inklusion 30
    1.1 Die Geschichte des »Cogito« 31
    1.2 Die Unordnung des »Cogito« 34
    1.3 Die Differenz und die »Aufhebung« der Ansätze 37
    1.4 Der Begriff der Inklusion 41
  2 Der Nachlaß der exklusiven Figur: *Zerbin oder die neuere Philosophie* 45
    2.1 Figuren des Entlaufens 46
    2.2 Zur Konfrontation von Umwelt und Individuum 51
    2.3 Präformationen 54
  Erstes Zwischenstück: Der Sturm und Drang, Kant und Spinoza ... 58
  3 Die Insistenz der Exklusion bei Rousseau und Hamann 61
    3.1 Exklusion im Ursprung: Rousseaus erster Discours 63
    3.2 Der älteste Text: Hamanns *Sokratische Denkwürdigkeiten* ... 68
  Zweites Zwischenstück: Die Kontinuität des Erbes 74
  4 Der inklusive Ort der Figur 76
    4.1 Marginaldramen 77
    4.2 Das enteignete Sprechen: *Die Soldaten* (Lenz) 80
    4.3 Der unbändige Name: *Götz von Berlichingen* (Goethe) 88
  Drittes Zwischenstück: Axiopoetische Inklusion 94
  5 Das inklusive Spiel der Instanzen (Herder) 97
    5.1 Die Strategie des Seins 99
    5.2 Die übergreifenden Sprachen 105
  Viertes Zwischenstück: Axiologische Inklusion 108
  6 Die exklusive Inklusion: Das Pendant 111
    6.1 Die Linien Werthers: *Die Leiden des jungen Werther* (Goethe) ... 113
    6.2 Das umherziehende Bild: *Der Waldbruder* (Lenz) 119
  Fünftes Zwischenstück: Axiologistische Inklusion 126

Teil II
Die Konstellation von Sprache, Kunst und Diskurs im Sturm und Drang 131

1 Letzte Hand am Ursprung der Sprachen 136
   1.1 Die Reichweite der Laute 137
   1.2 Präsentation 145
   1.3 Der UrSprung (Herder, Benjamin) 151
   1.4 Deus ex textura: ein Anhang 163

2 Die Zerstreuung der Kunst 166
   2.1 Die Emblematik des Bartes 169
   2.2 Depotenzierungen der Mimesis 173
   2.3 Der Einbruch der Wiederholung 183
   2.4 Bewegung und Reflexion: die *Anmerkungen übers Theater* 198
   2.5 Das poetische Projekt der Moderne 205
   2.6 Schlußbild 214

3 Die Dramatik des Diskurses als Geschichte 218
   3.1 Das Genie 219
   3.2 Die Kontur der Orte 233
   3.3 Die Bewegung des Sturm und Drang 243

4 Epilog der Moderne 255
   4.1 Die Wiederkehr des Sturm und Drang 256
   4.2 Die Wiederkehr des Verdrängten 260
   4.3 Epochale Verdrängungsmaschinerie 264
   4.4 Urszene der Moderne 267

Literatur und Verzeichnis der Siglen 275

Namenregister 283

Vorwort

Noch immer ist das Kapitel der Moderne offen. Alle Versuche, es durch eine Position der Postmoderne abzulösen, haben es nicht schließen können. Die Moderne hat sich nicht erledigt. Immer wieder kommt es zu Darstellungen, die die Aktualität ihrer Grundlagen behaupten.[1] Postmoderne Attacken und moderne Verteidigungen haben dabei ein Stadium ruhiger Koexistenz erreicht. Der Streit ist in den Zustand seiner Ermüdung eingetreten. Das kann einerseits zu der Konsequenz führen, ihm keine weitere Rücksicht zu schenken. Andererseits aber läßt sich die Beruhigung selbst als Symptom der Streitlage begreifen. Demnach gilt es, einen Zusammenhang zwischen beiden Parteien zu rekonstruieren, der nicht aus ihrem jeweiligen Selbstverständnis hervorgeht.

Die Frage der Moderne wird in der folgenden Arbeit von einem exzentrischen Ausgangspunkt angegangen. Die Epoche Sturm und Drang, Bestandteil der Geschichte von Literatur in deutscher Sprache, soll auf die Moderne hin hochgerechnet werden. Dies Unterfangen scheint vom ersten Augenschein her unbegründet. Verdankt sich die Moderne nicht anderen Wertsetzungen, als sie sich im Sturm und Drang finden? Bietet das kurze literarische Zwischenspiel zwischen Aufklärung und Klassik nicht eine Bewegung, die sich gegen die Entwicklung richtet, die zur Moderne hin führt? Handelt es sich bei ihm nicht um eine subversive oder einseitig irrationalistische Position?

Der Vorschlag, die Moderne aus der Perspektive der Philosophie des Sturm und Drang zu begründen, deutet das irrationale Moment um. Er greift dies Moment auf und verbindet es mit dem Zusammenhang zwischen Moderne und Postmoderne. Die These, die dabei zum Tragen kommt, besagt, daß der Diskurs der Moderne zuletzt auf undifferenzierter Vernunft fußt. Die These von der Hegemonie der Ausdifferenzierung in der Moderne muß durchbrochen werden, will man begreifen, warum die postmodernen Versuche nicht über den Stein ihres Anstoßes hinwegkommen. Alle Ausdifferenzierung baut auf Undifferenzierung auf, die sie zu überwinden sucht.

Vor dem Hintergrund der Debatte um die Ablösung der Moderne erhält der scheinbare Irrationalismus des Sturm und Drang eine andere Bedeutung. Er stellt das moderne Geschehen vor einen Horizont undifferenzierter Rationalität. Vor diesem Horizont zeichnen sich zwei divergente Gestalten ab. Auf der einen Seite entwickelt sich eine Stabilisierung. Dabei wird die Situation der Undifferenz mittels einer Aufteilung von Gebieten der Rationalität überwunden. Auf der anderen Seite wiederholt sich die Undifferenz. Jeder Einspruch gegen die Ausdif-

---

1 Zuletzt z.B. Heidbrink, *Melancholie und Moderne*; Ch. Menke, *Die Tragödie im Sittlichen*.
Zur Texteinrichtung und zu den Siglen siehe »Literatur und Verzeichnis der Siglen«, 275.

ferenzierung und ihre Stabilisierungsfunktion aktualisiert eine untergründige Instanz, die den Diskurs trägt.

Die Reinterpretation der Moderne funktioniert so über das Scharnier der Undifferenziertheit. Es wird nachgezeichnet, inwiefern diese nicht nur eine vormoderne oder nachmoderne Bedeutung beziehungsweise Konjunktur hat. Gegen alle Beteuerungen der Wächter der Moderne gibt es eine Modernität der undifferenzierten Vernunft. Von dieser her relativiert sich die Stellung der Ausdifferenzierung, die eines der Phänomene der Epoche darstellt, aber nicht länger als ihre Begründung verstanden werden kann. Damit ergibt sich das Bild eines diskursiven Dispositivs, das keine Einheit hat. Diese Konstitution eröffnet den Spielraum für die Koexistenz des modernen Beharrens auf Stabilisierung und der Subversionen, die sich diesem entgegenstellen. Die Moderne hat gleichsam zwei Gesichter. Die Gesichter alternieren in einer ständigen Maskerade. Keine der gezeigten Physiognomien gibt dabei den Kern der Epoche zu erkennen. Dieser liegt vielmehr in dem Mechanismus des Wechsels, der untergründig das Maskenspiel steuert.

Die Verschaltung des Sturm und Drang mit der Moderne impliziert eine weitere These, die nicht als selbstverständlich gelten kann. Es geht dabei um den Zusammenhang des Sturm und Drang. Gemeinhin wird dieser in einer moderaten Unbändigkeit, in einer mehr oder weniger losen Kritik an ungebrochener Vernunftgläubigkeit gesehen. Extrem resümiert besagt dies, der Sturm und Drang habe das Gesetz von der »Dialektik der Aufklärung« begriffen und dargestellt.[2] Aber auch eine derart vorgreifende Leistung der kurzen Zwischenzeit scheint nicht in einer substantiellen Position begründet. Gerade eine solche fehlt dem Sturm und Drang nach gängiger Meinung. Dieses Bild muß revidiert werden. Wenngleich der Sturm und Drang nirgends explizit ein Programm formuliert hat, das als zentrale Hinterlassenschaft gelten könnte, läßt sich ein solches rekonstruieren. Es findet sich, so wird zu zeigen sein, eine Philosophie des Sturm und Drang. Den unterschiedlichen Szenen von Sprachenphilosophie, Theorie der Geschichte, Theater und anderem liegen gemeinsame Theoreme und Reflexionen zugrunde. Die Deutung der vorklassischen Jahre in der Perspektive der Moderne erfordert eine Zusammensetzung des diskursiven Puzzles, das sie hinterlassen haben. Das heißt, daß die getroffenen Aussagen ihre jeweilige Stelle im Rahmen des Denkens dieser Epoche zugewiesen bekommen. In bestimmter Weise passen die Teile zusammen. Zuweilen läßt sich vielleicht das Schmunzeln bemerken, das der Verfasser nicht unterdrücken konnte, wenn die Sätze in ihren (neuen) Kontexten mit einem Mal lesbar wurden.

Eine Philosophie des Sturm und Drang umfaßt aber nicht allein Elemente, die sich auf die Moderne überblenden lassen. Sie entfaltet zuerst einen Rahmen

---

2 Vgl. dazu Huyssen, *Drama des Sturm und Drang*, 48.

von Undifferenziertheit und diskursiver Inkonstitution. Innerhalb dieses Rahmens kommt es zu einer Entwicklung, die eigene Elemente zum Tragen bringt. Auf der einen Seite teilt der Sturm und Drang dabei die großen Themen des philosophischen Diskurses der Moderne: die Frage der Verbindung von Rationalität und Diskursivität, die Frage der Sprache und die Frage der ästhetischen Geltung als eines Garants von Ausdifferenzierung. Auf der anderen Seite modelliert er diese Themen nur zum Teil analog zu den Modellen, die die Moderne entwickelt. So spielt der Sturm und Drang zwar den »linguistic turn« des 18. Jahrhunderts. Zugleich entwickelt er aber eine Perspektive auf das Ästhetische, die nicht dessen moderner Konjunktur entspricht. Ästhetische Geltung wird im Sturm-und-Drang-Diskurs nicht stabilisiert. Sie fungiert damit auch nicht als Paradigma diskursiver Stabilisierung überhaupt. Die Vorentscheidungen, die den Diskurs der Moderne prägen, setzen die InterpretInnen somit außerstande, die Eigenart des Sturm und Drang zu erfassen. Es bedarf in einigen Punkten einer Lösung von den Ordnungsschemata, die im Rahmen moderner Rationalität als selbstverständlich gelten. So erweitert der Blick auf das Vorspiel der Fundierung des modernen Denkens im Deutschen Idealismus das Verständnis diskursiver Organisation überhaupt. Die Disposition von Diskursen kennt vielfältige Schichtungen und Verwerfungen, Verknüpfungen und Differenzierungen, die einem Blick, der die Einheitlichkeit diskursiver Optionen voraussetzt, entgehen.

Der folgende Text stellt die stark überarbeitete und gekürzte Fassung einer Arbeit dar, die unter dem Titel »Vertextung der Moderne. Die Genese der ausdifferenzierten Vernunft in der Philosophie des Sturm und Drang« am Zentrum für Philosophie der Justus-Liebig-Universität Gießen als Dissertation eingereicht und angenommen wurde. Dank schuldet der Verfasser Odo Marquard und Martin Seel, die die Entstehung des Projekts begleitet und unterstützt haben. Des weiteren allen LeserInnen, die mit ihrer Kritik dem Projekt zu der Klarheit verhalfen, die es im günstigsten Fall im derzeitigen Zustand gewonnen hat. Besonders Stefan Blank, Stefan Deines, Patrick Hofmann, Renate Kappes, Anna Krewani, Jasper Liptow, Sophia Oppermann, Armin Sollbach und Franz Josef Wetz.

Prolog – zum Sturm und Drang

Der Sturm und Drang hat bereits zum wiederholten Male eine Renaissance in der Literatur- und Geisteswissenschaft erfahren. Er gehört zu denjenigen ihrer Gegenstände, denen eine sehr wechselvolle Beachtung zuteil wird. Zur Besonderheit des Sturm und Drang gehört somit, daß er nicht immer als Besonderheit verstanden wird. Das bedeutet zum einen den Wandel von Geltung im Verlauf der Rezeptionsgeschichte. Es besagt zum anderen aber weitergehend einen Wechsel von Anwesenheit und Abwesenheit des Sturm und Drang. Dieser bildet eines der Elemente, die eine panoramatische Deutung des Sturm und Drang einbeziehen muß.

Eine solche Deutung steht noch aus. Diese Feststellung mag unbegründet erscheinen, da es immer wieder Versuche gibt, die Charakteristik des Sturm und Drang zu bestimmen.[1] So ist der These von der einfach antiaufklärerischen Haltung der Epoche schon lange widersprochen worden. Auch wird die Bezeichnung Sturm und Drang nicht mehr in ihrem umbrüchlerischen Sinn genommen, sondern als »Relationsbegriff«[2] betrachtet. Im Sinne dieser Umdeutung kann man geltend machen, daß hier eine Akzentverlagerung vom Ratiozentrismus in Richtung des Sensualismus auf den Weg gebracht sei, ohne allerdings die beiden Alternativen polemisch gegeneinander auszuspielen. Eine solche Rekonstruktion benennt eine Charakteristik der Epoche. Sie stützt sich auf einen bestimmten Fokus, aus dem heraus man den Sturm und Drang aussagen macht. Dabei wird ein Moment des Diskurses isoliert oder abstrahiert. Die Deutung gilt so nicht dem Diskurs in seinem ganzen Umfang, sondern einem bestimmten Inhalt des Diskurses. Sie geht nicht panoramatisch vor. Eine panoramatische Interpretation durchläuft das gesamte Feld eines jeweiligen Denkens, um von daher die Spezifik des Diskurses anzugeben.

In seiner diskursiven Disposition ist der Sturm und Drang noch nicht rekonstruiert worden. Bislang haben nur kleine Inseln seines Denkens eine diskursive Vermessung erfahren. Isolierte Sondierungen gelten beispielsweise der Sprachphilosophie Herders,[3] den Geschichtstheorien von Herder[4] und Hamann,[5] der

---

1 Drei solcher Versuche sind besonders hervorzuheben: Pascal, *Der Sturm und Drang*; Mattenklott, *Melancholie in der Dramatik des Sturm und Drang*; Huyssen, *Drama des Sturm und Drang*.
2 Luserke/Marx, »Die Anti-Läuffer. Thesen zur Sturm-und-Drang-Forschung«, 128, 131; auch Luserke, *J.M.R. Lenz: Der Hofmeister – Der neue Menoza – Die Soldaten*, 12.
3 Gaier, *Herders Sprachphilosophie und Erkenntniskritik*.
4 Adler, *Die Prägnanz des Dunklen: Gnoseologie – Aesthetik – Geschichtsphilosophie bei Johann Gottfried Herder*; Häfner, *Johann Gottfried Herders Kulturentstehungslehre*.
5 Gründer, *Figur und Geschichte*; Berlin, *The Magus of the North. J.G. Hamann and the Origins of Modern Irrationalism*.

Poetik von Lenz.[6] Keine Sondierung aber hat bislang versucht, den gesamten Diskurs daraufhin durchzukalkulieren, welche Disposition ihn trägt. Eine solche Disposition zeigt sich erst im Zusammenhang der unterschiedlichen Bereiche des Denkens. Die Ordnung, in der diese zueinander stehen, sich wechselseitig bedingen oder analog ausbilden, zeigt die basale Anlage des Diskurses. So müssen die Sprachenphilosophie, das Denken der Geschichte und die poetischen Konstruktionen des Sturm und Drang zusammengebracht werden. Erst eine panoramatische Deutung dieser Art wird die Charakteristik der Epoche sichtbar machen. Die folgenden Lektüren orientieren sich also nicht daran, die Besonderheiten auf den unterschiedlichen Feldern der Sprache, Geschichte oder Literatur aufzutreiben. Vor allem die Literatur wird nicht in allen ihren Dimensionen beleuchtet. Sie tritt nur auf, sofern sie für die diskursive Disposition relevant erscheint. Nicht die Gesamtheit des Sturm und Drang stellt sich diese Arbeit zur Aufgabe. Sie wird viel von dem außer Acht lassen, das einer erschöpfenden Darstellung der Epoche angehören müßte. Panoramatisch geht sie darin vor, daß sie die Konturen sichern will, innerhalb derer es zu einer solchen Darstellung kommen kann.

Die Rekonstruktion, die im folgenden angestrengt wird, bedarf einer gewichtigen Einschränkung. Es werden nur die Bewegungen zusammengesetzt werden, die den avanciertesten Stand der Epoche darstellen. Die Arbeit beschränkt sich auf Texte von Herder, Goethe und Lenz. Sie hält sich an den Ort Straßburg, an dem diese drei Autoren nacheinander ab 1770 eintrafen, an die »Keimzelle der Sturm-und-Drang-*Kommunikation*«.[7] Wenn im folgenden von Sturm und Drang die Rede ist, sind nur drei Autoren bedacht. Zugleich aber ist immer die These impliziert, daß sich in deren Texten das Spezifikum der Epoche ausmachen läßt. Sie entwickeln die Optionen des Sturm und Drang in ihrer prägnantesten und weitreichendsten Form. Ist aber diese Einschränkung gerechtfertigt? Sie ist es, sofern das Dispositiv des Sturm und Drang in Frage steht. Es geht darum, daß eine Verbindung diskursiver Bereiche sichtbar wird. Die herangezogenen Texte haben so einen exemplarischen Status. Sie sind nicht der ganze Sturm und Drang, sondern ermöglichen – im besten Fall – dessen Lesbarkeit.

Bevor die Entfaltung zum umfassenden Diskurs Herders, Goethes und Lenz' beginnt, wird kurz der Stand anzugeben sein, von dem aus dieser Beginn sich ereignet. Drei Aspekte treten damit in den Blick: zuerst die Schwierigkeit einer Konturierung der Epoche; dann die Phänomene, die sich in bezug auf eine Interpretation aufdrängen; zuletzt der Status des Sturm und Drang als Epoche. Im Anschluß an diese Bestandsaufnahme wird der Entwurf skizziert, dem die vorliegende Arbeit folgt.

---

6 Martini, »J.M.R. Lenz: ›Anmerkungen übers Theater‹«, in: *Geschichte im Drama – Drama in der Geschichte*, 80-103.
7 Luserke/Marx, »Die Anti-Läuffer. Thesen zur Sturm-und-Drang-Forschung«, 131.

1 Konturlosigkeit

Der Sturm und Drang gibt sich wie ein Rätsel der Literaturgeschichte. Wie ein kurzatmiger Impuls geht er durch die Literatur deutscher Sprache, um sich sogleich wieder in der Klassik aufzuheben. Bevor er eine klare Gestalt angenommen hat, besteht er schon nicht mehr. Die Kurzatmigkeit, die ihm eigen ist, läßt das Geschehen der Epoche keine Kontur gewinnen. Aus der Folge von Texten, die in den Jahren bis zu Goethes Eintreffen in Weimar 1776 entstehen, ist kein Programm abzuleiten. So wiegt es schwer, daß der Sturm und Drang auch keinen Text hervorgebracht hat, der explizit seine Programmatik vorzustellen versucht. Zwar weisen zum Beispiel das Manifest *Von deutscher Art und Kunst* und Herders *Auch eine Philosophie der Geschichte zur Bildung der Menschheit* Charakteristika des epochalen Diskurses auf, ohne allerdings in Fragen des zugrunde liegenden Programms deutliche Auskunft zu geben.

Die Interpretationen bleiben also bei der Suche nach der Basis des Sturm-und-Drang-Diskurses ohne Anhaltspunkte, die aus einer Selbstdarstellung genommen wären. Dies mag einer der Gründe sein, weshalb die Epoche in den Versuchen, doch eine Rekonstruktion ihres Zentrums zu erreichen, eher undeutlich bleibt. Als Beispiele seien zwei gängige Vorschläge der Konturierung angeführt.[8]

Der erste Vorschlag hält sich an die deutlichsten Manifestationen des Sturm und Drang, beispielsweise an die erwähnten Texte. Diesen entnimmt er ein Synthetikum: den Überschwang oder, anders gesagt, einen unbestimmten Emanzipationswillen. Der Sturm und Drang geht demnach auf allen Gebieten, mit denen er sich beschäftigt, so vor, daß er sich konventioneller Betrachtungsweisen entledigt. Er stürze aus seinem als jugendlich konnotierten Überschwang heraus alle bestehenden Werte des Denkens um. Darin stimmten alle Themen und auch die Schreibweise überein: hinsichtlich beider Aspekte finde sich der Versuch, ein ganz anderes Denken zu etablieren. Anstelle einer thematischen Einheit oder einer Konvergenz der Methode oder der Denkfiguren steht somit das Unbändige, das die Autoren des Sturm und Drang zu etablieren suchen.

Der zweite Vorschlag hält sich umwillen der Verortung an die Frage von Aufklärung und Rationalität. Charakteristisch für den Sturm und Drang sei die Vereinigung von Geist und Körper für das Projekt der Aufklärung. Das Zusammenbinden der vom Rationalismus hinterlassenen Gegensätze präge die Epoche. Ihr Denken gilt in diesem Sinn als »leidenschaftlich aufgeklärt«.[9] Sie präsentiere

---

8 Vgl. dazu insgesamt die Forschungssichtung bei: Luserke/Marx, »Die Anti-Läuffer«; auch bei: Altmayer, »Bloß ein vorübergehender Meteor am Horizont der Literaturgeschichte? Zur Lenz-Forschung der neunziger Jahre«; vgl. weiterhin z.B. H.-G. Winter, »›Denken heißt nicht vertauben.‹ Lenz als Kritiker der Aufklärung«, in: Hill (Hg.), *J.M.R. Lenz*, 81-96.
9 Vgl. Luserke, *J.M.R. Lenz: Der Hofmeister – Der neue Menoza – Die Soldaten*.

ein »anschauendes Denken«.[10] Programmatisch gefaßt handele es sich um einen »sensualistischen Idealismus«.[11] Die Besonderheit bestehe in dem Projekt, »Vernunft und Natur sowohl in Einklang zu bringen wie in ihre Rechte einzusetzen, die Menschenrechte zu bestimmen und durchzusetzen«.[12]

In beiden Darstellungen erhält der Sturm und Drang allerdings kein eigenes Gesicht. Der erste Vorschlag faßt keine Charakteristik eines Diskurses. Er nimmt ein Ausdrucksmoment – den Ausdruck von Loslösung – und erklärt dieses zum Kern der Epoche. Worin der Ausdruck begründet ist, kann die Interpretation nicht fragen, da sie keine weitere Kontur sichert. In ihr verschwimmt das Bild des Sturm und Drang mit Bildern unbändigen Ausdrucks überhaupt. Der zweite Vorschlag kennzeichnet seinen Gegenstand mittels einer Erweiterung, die schlechthin alles umfaßt. Eine Figur der Allpräsenz wird gezeichnet, die alle sensualistischen und alle rationalistischen Instanzen in sich versammelt. Allpräsenz aber stellt kein Charakteristikum dar. Zuletzt handelt es sich um die Bewegung der Neuzeit insgesamt, zwischen Ratio und Materie umfassend Präsenz zu erlangen[13] – wenn überhaupt mit dieser Kennzeichnung ein Diskurs charakterisiert werden kann. Den Sturm und Drang als Epoche oder spezifische diskursive Disposition erfaßt sie in keinem Fall. Sie bestimmt keine Grenze, die ihn von anderen Epochen trennt oder die ihn in eine umfassende Epoche einfügt.

Die Kontur des Sturm und Drang verschwimmt. Die spezifische Dynamik seines Diskurses und der Aufbau seiner diskursiven Sphären sind bislang nicht deutlich geworden. Die zitierten Versuche, ihn zu konturieren, berichten weniger von seiner Eigenart, als mehr von der Schwierigkeit, seine Eigenart zu fassen. Insofern stellt sich die Aufgabe, das gesamte Terrain der Epoche noch einmal auf neue Art und Weise auszumessen. Jenseits eines umfassenden Ausdrucks von Sturm und Drang und jenseits der Zuordnungen zu großen Bewegungen der Neuzeit, zur Frage der Rationalität als ganzer oder zur Kritik der Aufklärung muß bestimmt werden, was sich in der Epoche findet.

2 Eigenarten

Eine Sichtung der Phänomene des Sturm und Drang scheint im Gegensatz zu derjenigen seiner gesamten diskursiven Eigenart verhältnismäßig einfach möglich. Er spielt mit einer bevorzugten Gattung von Literatur, dem Theater. Er hat

---

10 M. Rector, »Anschauendes Denken. Zur Form von Lenz' ›Anmerkungen übers Theater‹«, in: *Lenz-Jahrbuch*, Band 1 (1991), 92-105.
11 Vgl. Heinz, *Sensualistischer Idealismus*.
12 Hinck, »Einleitung«, in: *Sturm und Drang*, X; vgl. auch W.v. Dusen, »Reconciling Reason with Sensibility: Jakob Michael Reinhold Lenz's ›Anmerkungen übers Theater‹«, in: Timm (Hg.), *Subversive Sublimities*, 27-35.
13 Vgl. Kondylis, *Die Aufklärung im Rahmen des neuzeitlichen Rationalismus*, 36-41 u.a.

einen privilegierten Protagonisten: das Genie. Zudem geht er in allen seinen Darbietungen mit einem kritischen Impuls vor.

Diese Liste ist alles andere als vollständig. Sie deutet allein an, daß Herder, Goethe und Lenz sich im Rahmen ihrer Straßburger Zusammenkunft in gewissem Sinn eingegrenzt haben. Es lassen sich Themen, Gattungen, Figuren und andere Momente bestimmen, die stets wiederkehren, an denen die drei Autoren festhalten. Diese Phänomenalität des Sturm und Drang kann ihrerseits mit gewissen Ideen und Idealen verknüpft werden, die ihm zugeschrieben werden: die Überschreitung von Regeln, die Akzentuierung von Tatkraft, die Relativität bezogen auf Kontexte, etc. Solche Topoi gelten als Insignien des Sturm-und-Drang-Diskurses.

Gerade die Verknüpfung von Phänomenen mit derartigen Gehalten aber gelingt nicht mit der Selbstverständlichkeit, mit der sie vollzogen wird. Die Momente, die stets zurückkehren, haben nicht die ihnen zugeschriebene Eindeutigkeit. Immer werden sie mit einer gewissen Ambivalenz exponiert. Diese Ambivalenz muß beachten, wer sich an ihnen nicht verlesen will. Exemplarisch werden hier kurz vier solche Momente beleuchtet. Es handelt sich um Momente, die gemeinhin für eine klare Programmatik des Sturm und Drang stehen, bei denen aber eine eindeutige programmatische Zuordnung scheitert.

Theater — Die dramatische Form hat Konjunktur bei Goethe und Lenz, aber auch bei Herder. Nicht nur bildet das Theater die bevorzugte literarische Gattung der Epoche. Der Dramatiker Shakespeare fungiert als ihr großes Vorbild. Auch außertheatrale Zusammenhänge werden immer wieder in den Begriffen der Bühne betrachtet. Die gesamte Geschichte erscheint so bei Herder als theatrales Brettergerüst, auf dem jede Zeit ihre Szene hat und wiederum jede Figur innerhalb einer solchen Szene spielt. Der Sturm und Drang hat sich, folgt man diesen Beobachtungen, ganz dem Theater anvertraut. In diesem Kontext gelingt auch die Kennzeichnung der Epoche als einer literarischen. Der Ungebrochenheit des Theaters aber widersprechen eine Vielzahl von Äußerungen. So berichtet Herder, als er über Shakespeares Stücke schreibt, von der Auflösung des Theaters. »Mir ist, wenn ich ihn lese, Theater, Akteur, Koulisse verschwunden! Lauter einzelne im Sturm der Zeiten wehende Blätter aus dem Buch der Begebenheiten, ..., der Welt!«[14] Auch Lenz baut die Bühne, so ließe sich paraphrasieren, ab. Er verfolgt das Ziel, »daß mein Publikum das ganze Volk ist«, daß ein »Theater unter freiem Himmel vor der ganzen deutschen Nation«[15] gegeben werde. In diesen beiden Bemerkungen wird sichtbar, daß für die Epoche des Theaters die Grenze zwischen der Bühne und dem außerdramatischen Sonst nicht immer von großem Interesse scheint. Es deutet sich an, daß hier kein dezidierter Begriff von Drama-

---

14 Herder, »Shakespear«, in: *Von deutscher Art und Kunst*, SWS V, 219; WKV 2, 509.
15 Lenz, »Brief an Sophie von la Roche. Juli 1775«, WB 3, 326f.

tik zugrunde liegt. Das Theater fungiert nicht darin, Theater als Theater zu präsentieren. Seine Konjunktur muß auf anderen Bezügen beruhen.

Kritik — Der Impuls des Sturm und Drang ist Kritik – nicht in einem terminologischen philosophischen Sinn. Was auch immer bedacht und dargestellt wird: Die Epoche bezieht einen kritischen Blickwinkel. Dabei kommen nach dem gängigen Verständnis besonders zwei Linien der Kritik zum Tragen. Auf der einen Seite gilt die Kritik der Gesellschaft, die dem Menschen die Möglichkeit authentischen Lebens raubt. Auf der anderen Seite gilt sie der Rationalität, die den Menschen um seine körperlichen und sinnlichen Seiten verkürzt. Insgesamt entsteht so der Anschein, daß die unterschiedlichen Äußerungen im Moment der Kritik verbunden sind. Die beiden Bereiche aber, in denen sich vor allem die Kritik formiert, widersprechen sich. Die Kritik in bezug auf die Gesellschaft speist sich aus Quellen, die von der Kritik an der Rationalität bestritten werden. Zwar beruft sich erstere auch darauf, daß Individuen nicht durchweg rational erfaßt werden können. Sie bedarf aber, um sich zu konstituieren, rationaler Standards. Es muß die Möglichkeit bestehen, allen Individuen etwas anzusinnen, damit die Kritik im Gesellschaftlichen ein Fundament erhält. Aus der Perspektive der Depotenzierung von Rationalität aber gelingt dies nicht. Aus dieser Perspektive erscheint unverständlich, warum – wie es oftmals bemerkt wurde – Herder und besonders Lenz eine geradezu konventionelle Moralität zeigen.[16] Diese stellt nicht das Symptom einer mangelhaften Lösung der Autoren von vorbürgerlichen Orientierungen dar, die deren Lösungswillen als partiell ohnmächtig erscheinen läßt. Es handelt sich um den Ausdruck einer Ambivalenz hinsichtlich der Kritiken, die der Sturm und Drang vorträgt. Auch in bezug auf ein anderes Phänomen der Epoche, die Sprache, kommt die Ambivalenz zum Tragen. Sprache als Instanz der Rationalitätskritik wird affirmiert. Auf ihr fußt vielfach sogar die Kritik. Hingegen steht Sprache als Ausdruck gesellschaftlicher Zustände im Zentrum der Kritik. Als solche gewinnt der Sturm und Drang somit keine einheitliche Physiognomie.

Geschichte — Der Sturm und Drang denkt grundsätzlich in einer historischen Dimension. Er bezieht sich stets auf Geschichte. In seinen Dramen differenziert er historische (*Götz*) von zeitgenössischen Situationen. Alle Betrachtungen von Sprache und Kunst halten sich zuerst an historische Differenzierungen. Es wird die Instanz Geschichte evoziert, um in ihr das Prinzip des Kontexts einzuführen: Eine Vielzahl unterschiedlicher Szenen reiht sich im historischen Raum aneinander. Herder beispielsweise bringt die Geschichte zur Geltung, um auf ihre Uneinheitlichkeit zu verweisen. Gerade bei Herder aber zeigen sich Widersprüche. Er verfolgt nicht nur die Differenzen, sondern bemüht sich auch, eine einheitliche Linie der Geschichte herauszubilden. So formiert sich ein Zwiespalt zwischen

---

16 Vgl. z.B. Zierath, *Moral und Sexualität bei Jakob Michael Reinhold Lenz.*

Partialisierung und Zusammenschau, zwischen irreduziblen Differenzen und Einheit. Dieser Zwiespalt zeigt sich auch in den Dramen von Goethe und Lenz, die nicht nur die vielbeschworene Zerstörung der Einheit des Orts, sondern auch ein Spiel mit der Linearität der Szenen produzieren. Die Stellung der Geschichte im Sturm-und-Drang-Diskurs begründet keine einheitliche Operation. Der Wechsel zwischen Differenz und Kontinuität zeigt kein Geschichtsbild, von dem her der Diskurs verstanden werden könnte.

Genie — Eine Figur sichert zuletzt die Identität dessen, was unter dem Titel »Sturm und Drang« bis zum frühen Schiller hin getrieben wird. Ob Götz von Berlichingen, ob Prometheus, ob Shakespeare oder Karl Moor: Immer gelten die Helden als Genies. Mit dem Genie einer geht die Konfrontation zwischen dessen Tatkraft und Streben nach Autonomie und Authentizität auf der einen Seite und einer Umgebung auf der anderen Seite, die als widerständig erfahren wird. Innerhalb dieser Konstellation ergeben sich zwei Phasen. Als erste der Titanismus des Genies, das sich gegen alle Widerstände aufbäumt und seine Sache verficht. Und als zweite die Resignation, die das Genie befällt, wenn es gegen den geregelten und normierenden Gang der Dinge nicht mehr anzukämpfen vermag. Es ist allerdings fraglich, ob sich die zweite Phase als Resultat der ersten ergibt. Sie könnte auch in der ersten enthalten sein, womit sie als Grundimpuls des Genies erschiene. Gert Mattenklott hat in diesem Sinn festgestellt, »*Melancholie* [sei] die ursprünglichere Haltung der Zeit«[17] gewesen. Auch diese Interpretation aber denkt das Genie aus seiner Konfrontation mit der Umgebung heraus. Zwei Beobachtungen widersprechen allerdings diesem Bild. Erstens läßt sich fragen, wo denn das Genie-Ideal besteht, wenn es nur in seiner Negation, als Resignation oder Melancholie, dargestellt ist. Zweitens zeigt sich bei vielen Genie-Figuren in den Dramen, daß sie keine selbständige Konstitution haben. Sie sind von Anfang an heteronom veranlagt, von sich entfremdet und in ihren Artikulationen in die Diskurse anderer verstrickt. So gelangen sie nicht in eine Situation, in der eine Konfrontation zwischen ihrem Autonomiestreben und den gesellschaftlichen Zwängen gegeben wäre. Sie können auch nicht die Unmöglichkeit ihres Versuchs in Melancholie resümieren. Die Feststellung der Unmöglichkeit erfordert selbst schon eine diskursive Autonomie, die sich oftmals bei den Genies nicht findet. Die Insistenz auf dem Genie-Ideal trotz Scheiterns oder Melancholie hat keinen Boden. Das Genie muß jenseits des Komplexes von Ideal und Scheitern reinterpretiert werden. Es verkörpert nicht figural den Sturm und Drang.

Die vier Beispiele zeigen, daß keine Interpretation, die schlicht die Phänomene des Sturm und Drang programmatisch auszufüllen versucht, gelingt. Sie ist nur mittels einer Verkürzung der Bewegungen möglich, in denen das jeweilige Phänomen auftritt. Damit aber verschwindet die Hoffnung, den Diskurs der

---

17 Mattenklott, *Melancholie in der Dramatik des Sturm und Drang*, 47.

Epoche unmittelbar aus den Phänomenen heraus verständlich zu machen. Die Figuren, Formen und Instanzen zeigen mehr Widersprüche als klare Positionen.

Von dieser Situation her begründet sich eine Lektüre, die sich auf die Fundamente des Sturm-und-Drang-Diskurses hin ausrichtet. Es gilt, die Statik der begründenden Strukturen und Bewegungen zu erkennen. Aus diesem Grund entwickelt die folgende Arbeit einen diskursanalytischen Blick, der das Ziel verfolgt, die Ansätze des Diskurses aufzuklären. Leitend fungiert die Frage, wie die Tektonik des Sturm und Drang beschaffen ist, welche Schichten den Untergrund bilden und welche nur aufliegen. Das heißt aber nicht, daß eine Tiefenstruktur des Diskurses von einer solchen der Oberfläche getrennt würde. Die Oberfläche wird nicht als Verstellung begriffen, die abschälen muß, wer das Eigentliche zu erblicken wünscht. Alle Momente des Diskurses müssen als solche verstanden werden, die ihm ungebrochen angehören. Der Rekurs auf die Tektonik erfolgt umwillen der Lesbarkeit der Oberfläche. Die Hermeneutik der Phänomene vermag nicht lesbar zu machen, was diese artikulieren. Erst von den Ansätzen des Diskurses her lassen sie sich als Äußerungen im Rahmen von Strukturen und Bewegungen verstehen.

3   Epoche

Unklar bleibt hinsichtlich des Sturm und Drang nicht allein, was sein Zentrum ausmacht und was er im einzelnen sagt, sondern auch, ob er überhaupt als Einheit zu betrachten ist. Ihn als Epoche zu bezeichnen ist alles andere als selbstverständlich. Mit dieser Aussage kommt nicht eine Skepsis zum Tragen, die überhaupt der Konstitution von Epochen in der Literatur- oder Denkgeschichte gilt. Der Sturm und Drang hat eine spezifische Unepochalität. Diese setzt sich aus verschiedenen Momenten zusammen: erstens aus seiner Kürze, zweitens aus dem Fehlen von expliziter Programmatik (das beispielsweise im Vergleich mit der Romantik deutlich wird). Drittens aus der Tatsache, daß zwei Partizipanten mit ihrem Werk mehr einer anderen Epoche angehören: Sowohl Herder als auch Goethe begründen die Weimarer Klassik. So konstituiert sich kein Gegenstand, der die gewöhnlichen Charakteristika einer Epoche aufweise.

Die Tendenz der Auflösung, die dem diskursiven Zusammentreffen von Herder, Goethe und Lenz innewohnt, kontrastiert einer anderen Gegebenheit der Epoche. Der Sturm und Drang, so könnte man sagen, kehrt wieder. Georg Büchner, die Expressionisten, Bertolt Brecht, die Literaturwissenschaft zur Zeit der NS-Herrschaft und diejenige der sogenannten 68er-Generation sind Beispiele für Autoren oder Bewegungen, die sich in besonderer Art und Weise auf den Sturm und Drang berufen. Das ist bemerkenswert, insofern die fragile Epoche dabei die Funktion einer Berufungsinstanz erhält. In ihrem Namen werden historische Neubewertungen gefordert, werden dramatische Konzepte begründet, etc. So kommt es zu einer steten Wiederkehr des Sturm und Drang. Er liegt dort, wo er nicht ist, stabiler vor als dort, wo er ist. Erst in der Wiederkehr scheint er sich als Epoche zu konstituieren.

Was hier betrachtet wird, besteht in zwei Bewegungen und muß in dieser Zweiheit verstanden werden. Ihm eignet ein Impuls der Auflösung und einer der Stabilisierung. Dabei kommt es zu einer topischen Differenz. Am eigenen Ort löst die Epoche sich auf; am anderen hingegen konstituiert sie sich. Nicht gerecht wird den Bewegungen, sie gegeneinander auszuspielen. Es läßt sich denjenigen, die sich auf die Unepoche berufen, nicht vorrechnen, daß sie dort keine Konturen vorfinden. Es gehört dem Sturm und Drang an, Konturen besonders außerhalb seiner zu gewinnen. Er mimt eine Epoche, die außer sich ist – in diesem Sinn ganz eine Unepoche.

Die folgende Arbeit wird der beobachteten Zweiheit in den Grundzügen des Sturm und Drang folgen. Diese Zweiheit läßt sich in der Differenz von Dekonstruktion und Rekonstruktion bestimmen.[18] Die rekonstruktive Seite liegt dort vor, wo sich eine Identität der Epoche ausbildet. Dies ereignet sich in erster Linie im Wiederkehren ihrer Formationen, ihrer Formen und Figuren. Hier zeigt sich eine Disposition, die Diskurse prägt, die Nachfolge erzeugt und die sich von anderen diskursiven Konstitutionen differenziert.

Die dekonstruktive Seite läßt sich nicht in gleicher Weise erkennen. Es bedarf dazu zweier Operationen. Erstens muß die Undeutlichkeit der Epoche ihr selbst zugerechnet werden. Sie stellt dann nicht ihre Verständlichkeit als Epoche in Frage, sondern stellt eine der Weisen dar, in denen sie verständlich wird. Zweitens steht in Frage, die Unterschiedlichkeit der Gestalten von Dekonstruktion und Rekonstruktion zu bestimmen. Es scheint, daß die beiden Konstitutionsformen denselben Ausgangspunkt haben: die Uneinholbarkeit der Begründung des Diskurses. Wenn der Ansatz stets schon erfolgt ist, bleibt nur noch Spielraum dafür, den Diskurs entweder zu rekonstruieren oder ihn zu dekonstruieren. Dekonstruktion ginge so davon aus, daß bestimmte – zumeist als metaphysisch charakterisierte – Momente des Diskurses unhintergehbar sind: Präsenz, Primat von Stimme und Bewußtsein etc.[19] Dieser Einschätzung hat eine Gründungsakte der Dekonstruktion selbst Vorschub geleistet, indem sie sich folgendermaßen lokalisierte: »Grammato*logie*, Denken, das noch eingemauert bliebe in der Präsenz.«[20] Die Aussage liest sich wie ein Eingeständnis, daß der Raum der Präsenz nicht verlassen werden kann, daß alle Diskursivität sich, ob sie will oder nicht, in diesen Raum einschreiben wird. Dieser Lesart aber widersprechen eine Vielzahl anderer Ansätze, die Dekonstruktion hervorgebracht hat. Beispielsweise die Aus-

---

18 Vgl. zu dieser Dichotomie in anderer Weise Th. McCarthy, *On Reconstruction and Deconstruction in Contemporary Critical Theory*, Cambridge-London: MIT Press 1991, bes. 1-7.
19 Vgl. z.B. Frank, »Philosophieren nach der ›paranoisch-kritischen Methode‹«, in: *Conditio moderna*, 140ff.
20 Derrida, *Grammatologie*, 170.

einandersetzung Derridas mit der Philosophie von Heidegger zeigt ein abweichendes Bild. Zwar rechnet Derrida Heidegger vor, daß die Hoffnung auf die Überwindbarkeit der Metaphysik sein Denken korrumpiert habe. Er hält den Versuchen der Überwindung aber nicht die Unüberwindbarkeit entgegen.[21] Das hat, genau gelesen, Heidegger bereits getan, wo er das Immer-schon der Metaphysik (beispielsweise in dem Geschick zum Entbergen) konstatierte. Heidegger selbst denkt die Überwindung von der Unüberwindbarkeit her, wenn er unter dem Boden der Metaphysik ein anderes Immer-schon aufzutreiben sucht, das dem metaphysischen gleichursprünglich ist, ihm bestenfalls vorausliegt. Die Dekonstruktion gewinnt demnach dort gegen Heidegger Profil, wo sie der These vom Immer-schon entgegnet, daß am Ort der Metaphysik diese selbst scheitert, und daß an dieser (Auto)dekonstruktion teilhat, wer sich in diesen Ort einschließt. Sie konstatiert also eine Selbsthintergangenheit der Metaphysik. Aus diesem Grund wiederholt sie den Ansatz des Diskurses überhaupt als den Punkt, an dem seine Funktionen sich konstituieren und zugleich durchbrochen werden. Dekonstruktion formiert kein Selbstverständnis, da sie an der Selbsthintergangenheit teilzuhaben versucht. Diese Teilhabe gelingt nur, wenn die Selbsthintergangenheit nicht aus einer Distanz heraus betrachtet wird.

Als Dekonstruktion begründet der Sturm und Drang keine Position, in der er mit eigener Stimme spräche. Er löst sich in den Ansatz und das Sprechen anderer hinein auf. Von dieser Bewegung differenziert sich die Rekonstruktion, die die eigene Identität von der Unhintergehbarkeit der Einbindungen her formiert. Die Doppelgestalt der Epoche kann in dieser Weise verstanden werden. Sie bringt zum Ausdruck, daß der Sturm und Drang seinen Diskurs in zwei heterogenen Formen ansetzt. Einmal gibt er sich auf und verbleibt konturlos. Zugleich setzt er sich fort, bildet einen Diskurs aus, der auf Wiederkehr angelegt ist.

Beide Gestalten des Sturm und Drang haben allerdings einen gemeinsamen Impuls. Sowohl die Dekonstruktion als auch die Rekonstruktion prägen eine diskursive Immanenz aus. Auch im Rahmen der Rekonstruktion ereignen sich nicht Differenzierungen des diskursiven Terrains. Die Identität der Epoche besteht in einem Moment von Undifferenz. Dieses äußert sich sowohl in der dekonstruktiven Aufgabe als auch in der Konstitution einer nicht ausdifferenzierten Vernunft. Der Sturm und Drang stellt damit eine »Vereinigungsphilosophie«[22] dar. Er zeigt Vereinigung nicht inhaltlich in einer umfassenden Zusammenschau von Instanzen. Er zeigt sie als Bewegung; einerseits als Bewegung des Einschlusses, andererseits als Bewegung der Undifferenzierung. Der Einschluß bildet eine Vereinigung mit dem Sprechen anderer. Die Undifferenzierung konzipiert Rationalität aus einer tiefgreifenden Vereinigung heraus. So präformiert der Sturm

---

21 Vgl. dazu Derrida, »Heideggers Hand (Geschlecht II)«, in: *Geschlecht (Heidegger)*, z.B. 93-99.
22 Vgl. z.B. Henrich, *Konstellationen*.

und Drang Tendenzen, die im Deutschen Idealismus Programm werden. Das Moment der Vereinigung aber kennzeichnet die kurzatmige Epoche, ohne ihr Zentrum abzugeben. Es zeigt die Einheit einer Epoche ohne Zentrum, die in der Vereinigung gerade nicht ihre Substanz, sondern ihre Konturlosigkeit begründet.

4 Entwurf

Der Versuch, den Sturm und Drang zu rekonstruieren, kann sich an die Zweiheit seiner Gegebenheitsweisen halten. Seine Auflösung kann als Inklusion bestimmt werden. Seine Wiederkehr hingegen läßt sich von der Konstitution seiner Rationalität her verstehen. So hat die folgende Arbeit zwei Teile, die sich jeweils an einer Gestalt des Sturm und Drang entzünden. Ein Teil widmet sich der Inklusion, der andere der Rationalität der Undifferenz. Die Trennung verläuft aber nicht zwischen unterschiedlichen Gegenständen der Epoche. So behandeln beide Teile sowohl Literatur als auch theoretische Texte von Herder, Goethe und Lenz. Es ist auch nicht das Ziel, einzelne Texte innerhalb der Gestalten des Sturm und Drang zu sortieren. Vielmehr werden unterschiedliche Aussagen in bezug auf die Gestalten erläutert. Das Textmaterial, das hierzu verwendet wird, ist bekannt. Nur ein Teil der *Philosophischen Vorlesungen für empfindsame Seelen* von Lenz ist noch nicht in Gesamtdarstellungen des Sturm und Drang eingegangen. In keinem Fall aber sind Texte und entlegene Bruchstücke aufgestöbert worden. Einziges Vorhaben der Arbeit ist es, den Sturm und Drang als umfassenden Diskurs oder diskursive Disposition lesbar zu machen, die sich in den Diskurs der Moderne einschreibt.

Die Lektüre hat die folgende Perspektive: Die Philosophie des Sturm und Drang setzt eine eigene Strategie der Spekulation an. Sie spekuliert nicht auf den Anfang, auf das Absolute, auf die Verschmelzung von Endlichkeit und Unendlichkeit. Sie spekuliert auf Momente, die inmitten des diskursiven Geschehens funktionieren. Alle Phänomene, die bislang erwähnt wurden, sind vom Begriff der Spekulation her aufzuschließen. Das spekulative Geschehen verbindet sich zuletzt in der Form des Theaters, die der Sturm und Drang sich gibt. Auf der entworfenen Bühne wird nicht gespielt, sondern durchgespielt. Es werden Momente des Diskurses wiederholt und in dieser Wiederholung zugleich als Figuren sichtbar gemacht. Was auch immer der Sturm und Drang auf die Bühne bringt, stellt einen Versuch dar, Funktionen des Diskurses erkennbar zu machen. Zwar findet sich kein Zentrum, das dem Sturm-und-Drang-Diskurs eigen wäre. Aber es ist ein Entwurf auszumachen, der ihn umfaßt: Der Sturm und Drang versucht, den Diskurs auf die Bühne zu bringen.

Teil I

Inklusion –
das rekursive Moment moderner Vernunft

> Sie hatten keine Philosophie, oder ihre
> Philosophie war bloß Geschichte.
> Und kann lebendige Philosophie je etwas
> anderes als Geschichte sein?
>
> FRIEDRICH HEINRICH JACOBI, SPINOZABRIEFE

includo, clusi, clusum, ere, einschließen, einsperren, einschränken ... einschließen, hineinfügen, einpfropfen, umschließen, umgeben, einfügen, begrenzen ... verschließen, verstopfen, schließen, endigen
inclusio, Einschließung, Einsperrung

Was ist ein Ansatz? Inwiefern läßt sich von einem theoretischen Ansatz sprechen? Womit beginnt ein Diskurs? Daß er in irgendeiner Weise ansetzt, daß er anhebt, seine Worte zu setzen, ist als Tatsache genauso simpel, wie es einer weiteren Reflexion weder zugänglich noch bedürftig scheint. Ein Text beginnt schlicht mit einem ersten Wort, einem ersten Satz und entwickelt sich von dort aus. Insofern wäre der Ansatz als der Ansatzpunkt zu bestimmen. Ein Diskurs hätte sein spezifisches Thema und wählte einen Ansatzpunkt aus, von dem her das Thema ausgebreitet wird. Die Arbitrarität des Ansatzpunktes gegenüber dem Thema wäre dann der Ansatz, die Setzung, mittels derer das Thema angegangen wird. Wird der Ansatz eines Diskurses so verstanden, hat er keine fundamentale Bedeutung im Geschehen der Diskurse. Er bliebe immer bezogen auf eine Thematik, auf eine inhaltliche Verortung, die vorgängig wäre und sich über allen Ansatz hinaus behaupten würde. Ein Ansatz ließe sich überhaupt nur relativ zur thematischen Ebene bestimmen.

Die zweite Möglichkeit, den Ansatz zu bestimmen, setzt ihn allgemeiner an. Demnach behandelt ein Diskurs eine spezifische Problematik und nähert sich dieser beispielsweise mit einem phänomenologischen, einem hermeneutischen oder einem sprachanalytischen Ansatz. Demnach werden Ansätze von unterschiedlichen Texten geteilt. Sie sind ähnlich zu verstehen wie Methoden, sind aber wiederum auch nicht identisch mit Methoden, da sie einen anderen Akzent setzen: Es geht nicht darum, ein Werkzeug in die Hand zu bekommen, das sich zur Lösung einer Aufgabe besser oder schlechter eignet. Es geht vielmehr darum, das Problem auf eine bestimmte Art und Weise greifbar zu machen. Nicht die Frage der Bewältigung, sondern diejenige des Exponierens und damit auch der Eröffnung steht im Vordergrund. In diesem Sinn setzt man also ein Problem an, setzt es strukturalistisch oder idealistisch oder wie auch immer an. Auch hier aber gewinnt der Ansatz keine herausragende Bedeutung. Wenngleich er nicht schlechthin mit Methode zu identifizieren ist, so haftet ihm doch an, gewissermaßen ein Hilfsmittel zu sein. Er funktioniert wie eine bestimmte Linse, die einem ein Objekt oder bestimmte Details eines Objekts zu sehen erlaubt. Vorrangig bleibt dabei das Objekt oder das Thema, das mittels eines Ansatzes angegangen wird.

Gemeinsam ist den beiden ersten Versuchen, den Ansatz eines Diskurses zu erläutern, daß sie ihm kein selbständiges Profil zu geben vermögen. Zentral bleibt in ihnen das Inhaltliche, das die jeweils charakteristische Vorgabe darstellt. Die damit gegebene Trennung zwischen Inhalt und Ansatz eines Diskurses koinzidiert in gewisser Weise mit derjenigen zwischen Logik und Rhetorik, wie sie seit dem antiken Denken vertraut ist. Unterschieden wird dabei zwischen einem Gehalt, der in einem Diskurs gegeben ist, und der Art und Weise, wie dieser Gehalt gegeben wird. Letztere ist hinsichtlich der Charakterisierung des Diskurses sekundär. Und von der anderen Seite her betrachtet: Der Gehalt liegt immer unabhängig von der Art und Weise seines Gegebenseins vor. Ihm gilt die ganze Aufmerksamkeit dessen, der den Diskurs zu beherrschen versucht, und alle Figuration der Rede wird daraufhin abgezirkelt, daß solches Beherrschen gelingt.

Wird die Trennung zwischen Logik und Rhetorik, zwischen dem Thema und der Weise seiner Präsentation aufgekündigt, so entsteht eine neue Situation. Das Figurale wird jetzt nobilitiert gegenüber den im engeren Sinne thematischen Momenten. Nichts mehr gilt dem Gehalt des Diskurses als äußerlich. So resultiert der Diskurs als radikale Immanenz. Man kann diese Immanenz als eine des »Vokabulars« (Rorty) oder des Aussagesystems angeben: Alle Bestandteile eines so verstandenen Diskurses gehören zu seinem Vokabular oder bilden Aussagen unter anderen Aussagen. Ob thetischer Satz oder illustrierendes Beispiel: Immer kommt es zu Aussagen, die gleichberechtigt nebeneinanderstehen. Vielfach läßt sich sogar der Akzent verschieben, indem gesagt wird, daß die Wahl der Metaphern innerhalb des Textes eine ihm zuletzt wesentlichere Aussage darstelle als der Inhalt seiner leitenden Thesen. Wer allerdings die Immanenz eines so verstandenen Diskurses konsequent zu Ende denkt, muß jeglichen Vorrang einer Aussage vor einer anderen bestreiten und gelangt dazu, eine irreduzible Gleichberechtigung aller Aussagen zu behaupten. Ein solcher Begriff des Diskurses geht damit davon aus, daß alle seine Momente auch Momente seines Gehalts darstellen. Eine Trennung zwischen dem Thematisierten und der Thematisierung oder Eröffnung des Themas läßt sich hier nicht denken. Immer müssen die Bestandteile als Momente des Gehalts gedacht werden.

Es scheint unmöglich, in ein derartiges Bild von Diskursen noch so etwas wie deren Ansatz einzuzeichnen. Es sei denn, man nimmt diesen auch als eine von ihnen getroffene Aussage, die sich unter die anderen Aussagen einreiht. Will man aber von diesen einen spezifischen Ansatz abtrennen, so führt der Weg geradezu zwangsläufig wieder in das zuvor skizzierte Bild zurück. Der Begriff vom Ansatz eines Denkens, einer Philosophie oder eines Diskurses scheint unlösbar mit der Trennung zwischen dem Gehalt auf der einen Seite und der diskursiven Ausbreitung dieses Gehalts verbunden. Er bliebe so inkompatibel zu einer Konzeption, die ein Aussagesystem als immanent betrachtet.

An diesem Punkt wäre in Frage zu stellen, ob überhaupt Aussagesysteme in dieser Weise als immanent gedacht werden können. Lassen sich alle Momente eines Diskurses als Aussagen, die er trifft, denken? Gerade hier wird der Begriff des Ansatzes wieder relevant. Ist nicht der Ansatz etwas, das innerhalb eines Diskurses selbst keine Aussage mehr darstellt – und dennoch auch nicht einfach deren exponierende Gestaltung? Gibt es nicht Gestaltungsmomente eines Diskurses, die weder Aussagen darstellen noch sich in solche übersetzen lassen? Drei mögliche Kandidaten solcher Momente lassen sich kurz skizzieren, womit zugleich auch einige Versuche genannt werden, den Ansatz von Diskursen zu bestimmen: Erstens die Trennung zwischen Arationalem und Rationalem, mit der ein Diskurs ansetzt, zweitens seine Performativität und drittens sein gestisches Potential.

(1) Folgt man Richard Rortys Theorie der »Vokabulare«,[1] so läßt sich die Grenze zwischen Arationalem und Rationalem innerhalb eines Diskurses nicht einholen. Diese Grenze besteht nur zwischen den Diskursen und besteht darin, daß dort nicht mit Gründen überzeugt, sondern nur überredet zu werden vermag. Rationale Standards enden mit einem Vokabular und lassen sich nicht von diesem hin zu einem anderen verlängern. Das heißt zugleich, daß ein Vokabular mit seiner Rationalität ansetzt. Sein Ansatz besteht darin, ein Verständnis des Gebens von Gründen zu etablieren. Damit wird auch die Differenz zwischen solchem begründeten Argumentieren, dem Überzeugen, und der bloß gewaltsamen Einwirkung, dem Überreden, aufgestellt. Thomas Schäfer hat dies – unter anderem im Anschluß an Rorty – so erläutert, daß zwischen Theorien nichts als »Theoriepolitik« stattfinde.[2] Theorien setzten demnach damit an, daß sie für sich und gegeneinander politische Gesten ausführten. Diese allerdings ließen sich nicht innerhalb ihrer beherrschen (und wären damit als Aussagen reformulierbar), sondern fänden an ihrem Rand statt, gleichsam als Ansatz ihrer rationalen Gesetzgebung im Sinne Rortys.[3]

(2) Was könnte unter der Performativität von Diskursen zu verstehen sein? Wie führen sich Diskurse auf? Läßt sich dazu eine Antwort in Orientierung an dem Vorwurf, ein Diskurs beinhalte einen »performativen Selbstwiderspruch«,[4] gewinnen? Was ist dabei unter Performativität verstanden? Der Vorwurf ließe sich vielleicht so explizieren: Ein Diskurs trifft Aussagen, die in Widerspruch zu dem stehen, was er in seiner Entfaltung implizit voraussetzt. Das im Geschehen eines Diskurses implizit Vorausgesetzte stellt aber in diesem Verständnis selbst wieder eine seiner Aussagen dar. Der Selbstwiderspruch wird also zuletzt immer als einer von Aussagen zu rekonstruieren sein. Performativität als eigener Zug von Diskursen zeigt sich nicht. Somit bedarf es weiterer Versuche, sie zu charakterisieren. Als ein solcher läßt sich der Begriff der »Immanenzebene« verstehen, wie Gilles Deleuze und Félix Guattari ihn prägen: Jede Philosophie hat demnach

---

1 Vgl. dazu Rorty, *Kontingenz, Ironie, Solidarität*, 24ff.
2 Vgl. zu diesem Begriff Th. Schäfer, *Reflektierte Vernunft. Michel Foucaults Projekt einer antitotalitären Macht- und Wahrheitskritik*, Frankfurt/M.: Suhrkamp 1995, 74f., 100, 111 usf.
3 Vgl. dazu weitergehend G.W Bertram und St. Blank, »Theoriepolitik – das Widerspiel der Diskurse«, in: Th. Bedorf, G.W Bertram u.a. (Hg.), *Undarstellbares im Dialog*, Amsterdam/Atlanta: Rodopi 1997, 103-117.
4 Vgl. dazu K.-O. Apel, »Das Problem der philosophischen Letztbegründung im Lichte einer transzendentalen Sprachpragmatik«, in: B. Kanitscheider (Hg.), *Sprache und Erkenntnis*, Innsbruck 1976, 55-82; ders., *Diskurs und Verantwortung*, Frankfurt/M.: Suhrkamp 1988.

ihre spezifische »Immanenzebene«, auf die sie ihre Begriffe bezieht, die das Bild ihres Denkens prägt.[5] Mit dem Diskurs entsteht also so etwas wie eine Bühne, auf dem alle Akteure des Diskurses, Begriffe, Thesen, Beispiele, Metaphern etc., sich situieren. Diese wäre aber selbst nicht wieder ein Bestandteil oder Akteur, sondern ein performativ entworfener Rahmen. Auch Heidegger ist möglicherweise einer Performanz des Denkens auf der Spur, wenn er das »Gestell« des Denkens herauszupräparieren versucht.[6] Genausowenig wie es bei Rorty Diskursen freisteht, ob sie überreden oder überzeugen wollen, so sind sie auch bei Heidegger nicht in der Lage, nicht am »Gestell« partizipieren zu wollen. Sie setzen immer und unumgänglich in diesem an. Heidegger entwirft damit einen Ansatz, der allgemein ist – als etwas, an dem verschiedenste Diskurse partizipieren –, ohne jedoch hinsichtlich konkret vom Diskurs behandelter Themen allgemein zu sein. Die Reichweite des »Gestells« ist keine einer Methode, die vielfach realisiert wird. Vielmehr ist sie eine der Serie: alle Ansätze von Diskursen wären demnach von der Serie des »Gestells«. Nicht *inventio*, sondern *repititio* bestimmte die Produktion des Denkens.

(3) Von den Aussagen, die einen Diskurs formen, läßt sich etwas unterscheiden, das gleichsam immer zugleich mit den Aussagen erfolgt, aber doch nicht in ihnen aufgeht: die Gesten des Denkens. Das bedeutet nicht, daß insgesamt Denken als Geste verstanden wird.[7] In diesem Verständnis wäre zuletzt das Gestische selbst als Aussage zu orten, als diejenige Form von Aussagen, die ein Diskurs nicht mehr begrifflich trifft, aber die zugleich die einzige Form von Aussagen darstellt, die einem solchen Diskurs noch bleibt. Die Frage, hinsichtlich derer der Begriff der Geste Kontur gewinnt, wäre nicht die, wie ein anderes Denken funktioniert, sondern die, wie sich innerhalb eines Denkens Aussagen ordnen. Sicherlich läßt sich die Konstellation von Aussagen innerhalb eines Diskurses selbst wieder als Aussage rekonstruieren – nur nicht innerhalb seiner selbst. Intern bestehen Momente der Zusammenfügung, die selbst überhaupt erst den Wert von Aussagen als Aussagen stiften. Diese Momente gehen mit den Aussagen einher, lassen sich aber nicht als Teil des diskursiven Potentials in einem Diskurs darstellen, sondern bilden dessen gestisches Potential. Als gestisch läßt sich dieses Potential insofern bezeichnen, als es darin besteht, daß Aussagen sich zu anderen Aussagen verhalten, sich beispielsweise voranstellen, sich unterordnen, abseits notiert sind, anderes zu umfassen versuchen etc. Es handelt sich also um nicht-diskursive Bezugnahmen innerhalb von Diskursen, auf denen aller Aufbau der-

---

5 Vgl. Deleuze/Guattari, *Was ist Philosophie?*, 42-69.
6 Vgl. M. Heidegger, »Die Frage nach der Technik«, in: *Die Technik und die Kehre*, Pfullingen: Neske 1962, 19ff.
7 Vgl. dazu P. Bürger, »Denken als Geste. Versuch über den Philosophen Michel Foucault«, in: F. Ewald und B. Waldenfels (Hg.), *Spiele der Wahrheit. Michel Foucaults Denken*, Frankfurt/M.: Suhrkamp 1991, 89-105.

selben und damit auch der diskursive Aufbau beruht – oder richtiger: mit denen aller Aufbau einher geht.

Allen beschriebenen Versuchen, in Richtung auf einen Ansatz von Diskursen zu denken, ist gemeinsam, daß sie etwas beschreiben, das die Immanenz von Aussagen überbordet. Ob die Differenzierung zwischen Rationalem und Arationalem, die Performativität oder die Gesten: immer handelt es sich um Momente, die gleichsam am Rande von Diskursen stattfinden. Genau diese Momente nun lassen sich als Ansatz eines Denkens kennzeichnen. In ihnen setzt ein Denken an, das aus diesem Ansatz heraus sein Denken entfaltet, ohne daß dieses wiederum bereits in dem Ansatz enthalten wäre. Damit zeichnet sich zugleich ein Begriff des Ansatzes ab, der nicht allein in bezug auf den möglichen Gehalt von Diskursen Bestand hat. Gerade wenn man ein Denken als Immanenz von Aussagen begreift, eröffnet sich die Möglichkeit, den spezifischen Sinn vom Ansatz des Denkens anzugeben. Wer solcherart den Ansatz zur Geltung zu bringen versucht, rechnet grundlegend auf die Performanz von Diskursen, hält sich nicht allein an deren inhaltliche, sondern auch an deren prozessuale Konstitution. Es gehört zur Vorgehensweise des Denkens, irgendwo und irgendwie anzusetzen. Und Vorgehensweise kann hier Methode nicht meinen, da sie in keiner Weise teleologisch orientiert gedacht wird. Sie gilt keinem Thema, sondern der bloßen Einrichtung des Diskurses in seinem Funktionieren. Sofern Diskurse Ansätze haben, gestalten sie nicht nur in bestimmter Weise bestimmte Inhalte, sondern nehmen auch selbst irgendwie Gestalt an. Ansatz bedeutet damit eine Verbindung von Sätzen und Ansetzen: Er findet dort statt, wo die bloße Materialität des Diskurses übergeht in das, was er setzt. Mit einem Neographismus könnte man notieren, daß Ansetze stets mit Ansätzen koinzidieren, daß alles Ansetzen auch Ansätzen folgt.

Der Sturm und Drang ist ein Diskurs, der selbst den Ansatz des Denkens thematisiert oder beleuchtet. Es handelt sich um seine Eigentümlichkeit, nicht selbstverständlich einen Ansatz zu vollziehen, sondern auf diesen selbst zu rekurrieren. Diese Eigentümlichkeit hat zur Folge, daß er schwer zu entziffern ist, handelt er doch von etwas, das die ihm vorausgehenden und ihm folgenden Diskurse zumeist praktizieren, ohne es weiter zu beachten. Der Sturm und Drang unterbricht die Selbstverständlichkeit des Ansetzens. Es bedarf der Rückkehr zum Ansatz, um eine Vielzahl der Bewegungen des Sturm-und-Drang-Diskurses zu verstehen. Letzterer wäre damit Teil einer »Tradition ironistischer Philosophie«, das heißt: der Philosophie von »Philosophen, die ihre Leistungen durch ihre Beziehung zu ihren Vorgängern statt durch ihre Beziehung zur Wahrheit definieren«.[8] Wird er als ein solcher verstanden, so lassen sich viele ihm inhärierende Impulse, die inhaltlich orientiert scheinen, in ihrer performativen Dimension

---

8 Rorty, *Kontingenz, Ironie und Solidarität*, 136.

erfassen: Insbesondere der Impuls, widerständige Momente, wie Natur und Geist, zu vereinigen, der als Impuls der Vereinigung, der Inklusion, überhaupt lesbar wird.

Folgt man nun den Texten von Herder, Goethe und Lenz auf der Fährte des Ansatzes, so zeichnet sich eine Bipolarität ab. Die Thematisierungen der Performativität des Denkens verweisen auf eine konstitutive Exklusivität im Ansatz. Und im Verlauf der Thematisierung solcher Exklusivität kommt es zu einer Wendung, die sich als Inklusion beschreiben läßt. Nimmt man den Ansatz in dieser Polarität, die nicht als Biforkation zu verstehen ist, so lassen sich viele Aktionen im Sturm und Drang aufeinander beziehen. Es zeigt sich ein Zusammenhang zwischen Beiträgen, die unter einer thematisch orientierten Optik als gänzlich heterogen erscheinen. Immer geht es um Figuren, die eine Art der Selbstbezugnahme abgeben. Um Figuren, in denen der Sturm und Drang mit sich selbst im Gespräch befaßt ist. Drei solcher Figuren sollen im folgenden exemplarisch dargestellt werden: Erstens die Bezüge in der theatralen Ausbildung oder Herstellung von Figuren bei Lenz und Goethe (4). Zweitens die Momente eines Selbstgesprächs, das sich in Herders theoretischen Texten ereignet oder als das sich diese Texte ereignen (5). Drittens die besondere Relation, die Lenz' Briefroman *Der Waldbruder* mit Goethes *Werther* verbindet und die beide Texte als wechselseitig aufeinander bezogen erscheinen läßt (6). Diesen drei Gesprächsansätzen im Sturm und Drang, die die Frage des Ansatzes überhaupt aufwerfen, sind drei Episoden vorangestellt, die das Terrain des Ansatzes vorbereiten und eingrenzen. Einerseits eine Debatte aus den jüngsten französischen Philosophie, innerhalb derer die Frage des Ansatzes zum Tragen kommt: die Versionen von Foucault und Derrida, Descartes' »Cogito« zu lesen (1). Andererseits zwei Vorläufer des Sturm und Drang, Rousseau und Hamann, deren Beiträge verdeutlichen, wie weitreichend der Ansatz in Diskurse eingreift (2). Zuletzt eine Geschichte, die im Sturm und Drang vom Ansatz erzählt wird: die Lenzsche Prosa *Zerbin oder die neuere Philosophie*, die in ihrer Titelgestalt das Thema exemplifiziert und so ein Symptom dafür abgibt, daß der Sturm und Drang als Reflexion des Ansatzes von Diskursen verstanden werden muß (3).

1   Der Ansatz des »Cogito«: Foucault, Derrida und Inklusion

Die einzige Debatte, die explizit zwischen Foucault und Derrida um Fragen der Philosophie stattgefunden hat, ist seltsam verlaufen. Einerseits antwortet Derrida mit »Cogito und Geschichte des Wahnsinns« auf vergleichsweise konventionelle Weise der Descartes-Lektüre, die Foucault in *Wahnsinn und Gesellschaft* vorgeschlagen hat. Andererseits führt diese Antwort zu einem dauerhaften Abbruch des Gesprächs und zu einer verbittert wirkenden Polemik von Foucault, der Derrida vorrechnet, der »bezeichnendste Vertreter« eines Systems, »in seinem letzten Glanz«,[1] zu sein. Es scheint unverständlich, wieso dieser Debatte – begreift man sie nicht als Ausdruck persönlicher Spannungen zwischen den beiden Denkern – solche Brisanz innewohnt. Geht es doch allein um die Interpretation der *Meditationes* von Descartes, um die Interpretation der Rolle, die das »Cogito«, Paradigma einer neuzeitlichen Begründungsfigur schlechthin, innerhalb derselben spielt.

Die Brisanz dieser Debatte liegt – dieser Hypothese wird im folgenden nachgegangen – in der Frage nach dem Ansatz. Was Foucault und Derrida tiefgreifend voneinander trennt, ist ein Denken des Ansatzes. Genau hinsichtlich dieser Frage entwickeln beide Lektüren ihre Divergenz. Es handelt sich, so gelesen, in den Beiträgen Foucaults und Derridas nicht um Lektüre und Gegenlektüre. Weder widerlegt Derrida Foucaults Lesart noch unterbietet er sie. Vielmehr setzen sie beide in unterschiedlicher Weise bei Descartes an, oder interpretieren Descartes' Ansatz in unterschiedlicher Weise. Das läßt sich entlang der Frage verfolgen, wie weit der Ansatz von Descartes reicht, was alles im »Cogito« umfaßt ist.

1.1 Die Geschichte des »Cogito«

Die Lektüre, die Foucault von Descartes' »Cogito« gibt, steht ganz im Zeichen der Geschichte, die er über den Wahnsinn erzählt. Es handelt sich um die Geschichte vom Verschwinden des Wahnsinns und von dem Verstummen, das den Wahnsinn befällt. Das Fazit der Erörterung zu den *Meditationes* klingt ganz wie eine Summe der Entwicklungen, die den Wahnsinn betreffen: »Der Wahnsinn befindet sich künftig im Exil.«[2] Die Stellung von Descartes innerhalb der erzählten Geschichte ließe sich so angeben, daß er an der Herstellung eines Produktionsmittels »Exil« mitwirkt. Foucault geht es dabei darum, den Wahnsinn aus einem – radikal gesagt – epistemischen Diskurs, der ihn mit einer mens insana verbindet, auszulösen und lesbar zu machen, wie er in verschiedensten Figurationen strukturell gleich erfaßt wird. So trennt er erst einmal deutlich unterschiedliche Umgehensweisen: »Die Internierung ist keine erste Anstrengung auf dem Wege zur Hospitalisierung des Wahnsinns in seinen verschiedensten Krankheitsaspekten, sondern sie stellt vielmehr eine Gleichsetzung der Geisteskranken mit allen anderen Sträflingen dar, ...«[3] In aller Trennung von »Internierung«, »Hospitalisierung«, Therapeutisierung und anderen Umgehensweisen besteht nun ein Moment fort: die Exilierung. Und genau damit läßt sich auch Descartes in die »Geschichte des Wahnsinns im Zeitalter der Vernunft« einzeichnen. Die Pointe dieser Geschichte ist, daß, wenn »1794 die in Bicêtre Angeketteten befreit wer-

---

[1] M. Foucault, »Mon Papier, ce feu, ce corps«, zit. nach: D. Eribon, *Michel Foucault*, Frankfurt/M.: Suhrkamp 1993, 192.
[2] Foucault, *Wahnsinn und Gesellschaft*, 70.
[3] Ebd., 104.

den«,[4] die »Internierung« fortbesteht. Begreift man den Umgang mit dem Wahnsinn als die Herstellung eines Produktionsmittels »Exil«, dann ist die Frage nach der »Internierung« des Wahnsinns nicht mehr damit zu beantworten, daß man schaut, ob Internierung vorliegt oder nicht. Auch wenn er nicht mehr hinter Mauern gesperrt oder physisch unterworfen wird, bleibt er womöglich weiter interniert, ins Exil gebannt. In diesem Sinne resümiert Foucault: »Das Fehlen von Zwängen in den Asylen des neunzehnten Jahrhunderts ist keine befreite Unvernunft, sondern seit langem gemeisterter Wahnsinn.«[5]

Descartes' Stellung in der Geschichte, die den Umgang mit dem Wahnsinn in all seinen Wandlungen stabilisiert, weist zwei Momente auf. Einerseits stellt sie selbst eine Produktion dar. Es wird der Ausschluß des Wahnsinns in seinem Text selbst produziert. Andererseits aber handelt es sich auch um eine Integration. Descartes schließt sich einer Bewegung an, die weit über ihn hinausreicht und die er weder initiiert noch kontrolliert. Wenngleich Foucault das erste Moment durchaus sieht und zur Geltung bringt, ordnet er es doch dem zweiten unter. Seine Lektüre orientiert sich in erster Linie daran, daß sich Descartes in eine Geschichte integriert, daß er innerhalb einer umfassenden Bewegung mitspielt. Wie die *Meditationes* dem Wahnsinn begegnen, stiften sie nicht von sich aus. Sie umfassen nicht den ganzen Sinn der Bewegung, die in ihnen zum Tragen kommt. Sie werden von diesem Sinn umfaßt.

Foucaults Lektüre nimmt von der Geschichte ihren Ausgang, in die sie Descartes einbettet. Sie erfaßt ihn dort, wo er sich integriert. Die vorgängige Rücksicht auf die Geschichte aber fordert Foucaults gesamtes Projekt heraus. Da er nicht deren originale Produktion an einzelnen Punkten, wie beispielsweise bei Descartes, denkt, ist er genötigt, sie als ursprünglich anzusetzen. Hat sie keinen nachvollziehbaren Einsatz, so läßt sie sich auch nicht stabil distanzieren. Wer, wie Foucault, gegen sie zu denken versucht, muß sich ihrer folglich enthalten. Er muß sich mit der Angst besetzen, zu der Geschichte zu gehören, die den Wahnsinn ausschließt, die ihn zum Verstummen bringt. Aus dieser Angst heraus kann er sich klar orientieren und seinem Vorgehen Sprache und Richtung geben.

Ich mußte außerhalb jeder Beziehung zu einer psychiatrischen ›Wahrheit‹ jene Worte und Texte für sich sprechen lassen, die von unterhalb der Sprache stammen und die nicht dazu geschaffen waren, zu einer Rede zu werden.[6]

In erster Linie, das macht dieses Selbstverständnis von *Wahnsinn und Gesellschaft* deutlich, hängt die Geschichte an Sprache. Sie wird überall fortgesetzt, wo Worte

---

4 Ebd., 14.
5 Ebd., 511. Vgl. dazu E. Goffmann, *Asylums. Essays on the Social Situation of Mental Patients*, NY: Anchor 1961; des weiteren A. Lorenzer, *Intimität und soziales Leid*, Frankfurt/M.: Fischer 1993.
6 Foucault, *Wahnsinn und Gesellschaft*, 15.

den Gegenstand »Wahnsinn« anvisieren, wo er – und sei es in der besten Absicht – besprochen wird. Die Geschichte, in der Descartes spielt, ist unumgänglich für den, der sie vorfindet, und bedeutet ihm, selbst nicht zu sprechen. Foucaults Projekt einer »Archäologie des Schweigens«[7] von Wahnsinn sucht keine eigenen Worte, sondern eine »Sprache, die von allein spricht«.[8] Die Geschichte fordert aber nicht nur ein Verstummen desjenigen, der sich von ihr distanziert, sondern auch einen Verzicht auf jegliche epistemische Ortung des Wahnsinns.

> Die Wahrheit des Wahnsinns ist von diesem Augenblick an nur noch ein und dasselbe wie der Sieg der Vernunft und bedeutet endgültige Meisterung, denn die Wahrheit des Wahnsinns heißt, in die Vernunft integriert, eine ihrer Gestalten, eine Kraft und gleichermaßen ein augenblickliches Bedürfnis der Selbstversicherung zu sein.[9]

Die Enthaltung, der sich Foucault unterwirft, geht soweit, daß er sich nicht daraufhin ausrichtet, die »Wahrheit des Wahnsinns« zu suchen. Er buchstabiert die Geschichte nach, ganz so, wie sie sich aus sich selbst ergibt. Alle Konzeption, die sich selbst auf eine Adäquatheit dem Wahnsinn gegenüber hin kontrolliert, verfällt der Logik, ihn in den Griff zu nehmen und sein Verstummen zu verlängern. Dem weicht Foucault, nimmt man ihn beim Wort, in aller Radikalität aus. Das hat zur Folge, daß er auch in seiner Lektüre von Descartes keinerlei Wertungen zu geben vermag. Er konterkariert nicht die Ordnung, die den Wahnsinn in den *Meditationes* meistert, mit einer eigenen Ordnung, die ohne Herrschaftsgesten auskäme. Auch auf epistemischer Ebene redet Foucault nicht. Nicht nur sagt er nicht mehr als die Texte, denen er folgt; er beansprucht auch nicht, mehr zu wissen. Es gilt, was in bezug auf Descartes konstatiert wird, ohne relativiert zu werden: »So ist die Gefahr des Wahnsinns aus der Übung der Vernunft verschwunden.«[10] Auch alle möglichen Übungen der Vernunft, die *Wahnsinn und Gesellschaft* anstrengen könnte, sind noch von dieser Konsequenz betroffen.

Foucaults Ansatz verschmilzt mit der Geschichte, die er erzählt. Alle Optionen des Schreibens, der Sprechweise oder der Vernunft zeigen sich durchweg als Sedimente dessen, was der Text verfolgt. Gibt das Verstummen des Wahnsinns ein Ereignis der Geschichte ab, dann ist Foucaults Vorgehen daran gebunden und muß sich selbst als verstummendes anlegen. Zeitigt die Vernunft das Verschwinden des Wahnsinns aus ihren Bahnen, dann bleibt Foucault nur, sich aller Vernunft zu entledigen. Er selbst integriert sich der Geschichte genauso, wie er Descartes als integriert behauptet. Die Geschichte soll sich, das scheint die Summe des Rahmens, in dem *Wahnsinn und Gesellschaft* agiert, ganz ausbreiten.

---

7 Ebd., 8.
8 Ebd., 12.
9 Ebd., 58.
10 Ebd., 70.

1.2 Die Unordnung des »Cogito«

Derrida tritt in eine Debatte mit Foucault, indem er zu Descartes zurückkehrt. Es geht ihm um eine Wiederholung und nicht um eine Fortsetzung. Diese Bewegung läßt sich in Foucaults Konzeption einzeichnen: Derrida legt seine Beobachtungen von Foucaults Buch nicht so an, daß er sie von Descartes her kritisiert. Er kennt keine Wahrheit des Descarteschen Textes, die er entgegensetzen könnte. Vielmehr folgt er diesem ein weiteres Mal in seiner Anlage.

Tatsächlich beginnt Derrida eine naive Lektüre, die sich nicht auf Lektüren anderer und deren mögliche Fehler oder Stärken stützt. Er beginnt noch einmal von vorne bei dem ersten Augenschein, der sich in der Konfrontation mit den *Meditationes* ergibt.

> Es scheint in der Tat, als schöpfe Descartes die Erfahrung mit dem Wahnsinn nicht so weit aus, bis er einen auf den Wahnsinn irreduziblen, aber diesem innerlichen Kern trifft. ... Er schließt ihn wie durch Dekret aus. Ich wäre verrückt, wenn ich einen Körper aus Glas zu haben glaubte. Das ist ausgeschlossen, weil ich denke.[11]

Descartes beginnt so, daß er die »Erfahrung mit dem Wahnsinn« vermeidet. Dieses Vermeiden ist folgenreich, hat er sich doch vorgenommen, keinerlei vorgängige Orientierungen zuzulassen, sondern alle Erfahrungen des Denkens noch einmal von neuem zu durchlaufen. Es ergibt sich aber, nach Derrida, der Anschein, Descartes verfehle sein Projekt in seinem Umgang mit dem Wahnsinn. Diesen schließt er aus, ganz als wisse er schon von vornherein, daß der Wahnsinn bei der Begründung aller Erfahrung nicht in Betracht komme. Der Ausschluß, der den Anfang einer Lektüre von Descartes' Text bildet, ist aber, so fährt Derrida fort, nicht von langer Dauer. Dem Text rückt der Wahnsinn gleichsam auf den Leib.

> ... Mich selbst will ich so ansehen, als hätte ich keine Hände, keine Augen, kein Fleisch, kein Blut, überhaupt keine Sinne, sondern glaubte nur fälschlich, dies alles zu besitzen.[12]

Der Weg, den Descartes hier geht, ist gerade der des Wahnsinns, ein Weg dessen, der restlos außer sich ist. Er gelangt an den Punkt, an dem er ohne Voraussetzungen beginnen könnte, gar nicht auf den Bahnen der Vernunft. Er bedarf geradezu des Wahns, um die gewohnte Vernunft, der er mißtrauen will, auf ein neues Fundament zu stellen. Zwar äußert sich Descartes dahingehend, Wahnwelten seien ausgeschlossen, aber der Weg, den er einschlägt, konterkariert diese Äußerung. Das Dekret, die Erfahrung des Wahns zu vermeiden, wird von dem

---

11 Derrida, »Cogito und Geschichte des Wahnsinns«, in: *Die Schrift und die Differenz*, 77.
12 Descartes, *Meditationes de prima philosophia*, 41; vgl. auch Derrida, »Cogito und Geschichte des Wahnsinns«, 85.

Text nicht unterschrieben. Aller Rückhalt, den er auf diesem Weg erreichen wird, wird nicht nur auf der Vernunft, sondern auch auf dem Wahnsinn basieren. Dieser spielt dort mit, wo das »Cogito« zustande kommt. Aus diesem Grund

> kann man nicht mehr buchstabengetreu sagen, daß das Cogito dem Wahnsinn entgeht, weil es sich seinem Griff entzieht, ... sondern weil in seinem Augenblick, in seiner eigenen Instanz der Akt des Cogito *sogar gilt, wenn ich wahnsinnig bin, sogar wenn* mein Denken durch und durch wahnsinnig ist. Es gibt einen Wert und einen Sinn des Cogito wie der Existenz, die der Alternative eines determinierten Wahnsinns und einer determinierten Vernunft entgehen. ... Die so erreichte Gewißheit genießt nicht den Schutz vor einem eingeschlossenen Wahnsinn, sie wird im Wahnsinn selbst erreicht und gesichert. Sie gilt *sogar, wenn ich wahnsinnig bin*.[13]

In den *Meditationes* findet sich eine raffinierte Anlage. Das Raffinement überbietet alles, was der Text über sich sagt, wenn er die Möglichkeit des Wahnsinns von sich weist. Er geht die Bahn des Wahnsinns genau wie die der Vernunft und erreicht damit einen Punkt, der sich unabhängig von beiden stabilisiert. Vor Wahnwelten ist das »Cogito« gesichert, weil es sie mit einschließt, weil es sich nicht dafür interessiert, ob Vernunft oder Wahn herrschen. Die Figur letzter Gewißheit meistert sie nicht durch Aus-, sondern durch Einschluß. Sie setzt nicht auf Internierung alles dessen, was sie gefährden könnte. Sie setzt auf Beteiligung aller Gestalten des Geistes, die auftreten. Das »Cogito« fungiert als »unerhörte[r] und einzigartige[r] Exzeß«,[14] der keinerlei Gestalten ordnet, um sich entlang dieser Ordnung zu formieren, sondern alles in Unordnung zusammenbringt. Das gibt den spezifischen Ansatz ab, der sich im Untergrund von Descartes' Text befindet. Wer diesen Ansatz erfassen will, muß ihn, wie Derrida, wiederholen, denn allein der Versuch, ihn gegen seine Deklarationen und Dekrete nochmals zu lesen, setzt den Einschluß frei, mittels dessen das »Cogito« agiert.

Was umfassen die *Meditationes* gemäß der Lektüre, die Derrida vornimmt? Sie setzen bei einer Allgestalt an, die keinerlei Konturen kennt und aus sich selbst Konturen allererst hervorgehen läßt. Ihr Ansatz wird sichtbar an der von ihnen rekonstruierten »Quelle ..., von der aus Vernunft *und* Wahnsinn bestimmt und ausgesagt werden können«.[15] Der Ansatz, der die divergentesten Figuren einbezieht, ist undramatisch. Er tritt nicht in einer Geschichte auf und stützt auch keine solche, sondern enthält sich ihr ganz. Der Einschluß ist vor aller Geschichte in dem Sinn, daß er vor aller dramatischen Differenzierung erfolgt. Er stellt also gerade keine Vereinnahmung dar, da ihm nichts vorangeht, das er vereinnahmen könnte.

Descartes setzt mit dem »Cogito« jenseits der Geschichten an, in denen Wahnsinn und Vernunft auseinandertreten. Die »Internierung« des Wahns, die

---

13 Derrida, »Cogito und Geschichte des Wahnsinns«, 89.
14 Ebd., 91.
15 Ebd., 95.

sich von Descartes aus denken läßt, wird im Einschluß fundiert. Von dort aus ergeben sich die Dramatisierungen. »Wir meinen, daß diese Bewegung [der Ausschluß des Wahnsinns – gwb] nur in ihrem eigenen Ort und ihrem eigenen Moment beschrieben werden kann, wenn man vorab die Spitze der Hyperbel freigelegt hat, ...«[16] Das Spiel, mit dem Descartes ansetzt, beginnt fassungslos, ohne Linie, ruft alle Figuren ohne Unterschied auf. So erscheint das »Cogito« jenseits der Dramaturgien, der figuralen Spannungen, als eine hyperbolische Spitze. Es ist unmöglich, diese Gestalt in eine Geschichte einzuzeichnen. Sie funktioniert nicht dramatisch.

Zugleich ist der Ansatz des »Cogito« Produktion. In seiner Figur wird eine Einrichtung vorgenommen, die über sich hinaus zu wirken beginnt. Es handelt sich um den Einschluß, der im »Cogito« vorliegt. Dieser stellt die spezifische Produktion dar. Er wird als Strategie entworfen, sich abzusichern, ohne Differenzen zu kontrollieren. Wer alles einschließt, wird von jeglicher Äußerung dessen, was er einschließt, bestätigt werden. Er nimmt jeglicher Gegeninstanz die Möglichkeit, sich subversiv zu äußern. Der Einschluß funktioniert so verläßlicher als die Kontrolle. Die *Meditationes* produzieren etwas, das sie nicht von anderem her beziehen, das original ihnen entspringt. Der Einschluß läßt sich nicht in eine umfassende Geschichte integrieren, da er überhaupt jenseits von Geschichte auftritt. Er gibt nichts ab, was sich tradieren und optimieren ließe. Wäre er ererbt, würde er seine Funktionsweise verlieren, denn ein Erbe hat sich immer auf eine bestimmte Tradition zu berufen und ist somit immer auf eine Ordnung angewiesen. Der Einschluß hingegen hat all sein Potential darin, daß Ordnung in seiner Figur nicht vorliegt. Die Struktur, die Descartes' Text damit etabliert, läßt sich als Inklusion charakterisieren. Sie wird zwar innerhalb seiner produziert, aber steht ihm doch nicht zur Verfügung, da sie unabhängig von jeglichem Zugriff funktioniert, da sie von allen denkbaren Ausgangslagen her bestätigt wird.

Derridas Lektüre gibt die ganze Reichweite von Descartes' Ansatz zu denken. Er folgt ihm an einen Punkt, der sich erstens den Dramatisierungen entzieht und der zweitens stets als Produktion gegeben ist. Auch in Derridas Text gibt der Gegenstand, den er kommentiert, vor, wie der Kommentar vorzugehen hat. Allerdings hat diese Vorgabe eine deutlich andere Struktur als diejenige, der Foucault mit seinem Schweigen gerecht zu werden sucht. Die Figur, die Derrida geltend macht, schränkt nicht die Möglichkeiten der Thematisierung ein. Sie fordert im Gegenteil, dem Denken mehr Spielraum zu geben, um überhaupt erfaßt werden zu können. Wer den Einschluß als strategische Option verstehen will, muß auch auf den Einschluß hin kalkulieren und sein Denken an ihm orientieren. Wer unwiderruflich von einem Widerspiel zwischen Vernunft und

---

16 Ebd., 97; vgl. dazu die Zeichnung bei Deleuze/Guattari, *Was ist Philosophie?*, 32; vgl. auch J. Derrida, »Titel (noch zu bestimmen)«, in: F.A. Kittler (Hg.), *Austreibung des Geistes aus den Geisteswissenschaften*, Paderborn: Schöningh 1980, 30.

Wahnsinn ausgeht, kann den Einschluß nicht erkennen, der dieses Widerspiel überbordet. Derridas Diskurs führt in diesem Sinn eine Erweiterung vor. Erweitert wird das Set differentiellen diskursiven Vorgehens um ein Vorgehen, das bei einer tiefliegenden Undifferenz ansetzt. Um zu bergen, was bei Descartes als Ansatz vorliegt, bedarf es nach Derrida einer Lösung von gewissen Vorstrukturierungen des Diskurses.

1.3 Die Differenz und die »Aufhebung« der Ansätze

Die beiden Lektüren, die Foucault und Derrida dem »Cogito« widmen,[17] orten dieses in unterschiedlicher Weise. Foucault vermag ihm einen Ort zuzuschreiben, an dem es sich mit seiner Struktur einfügt: in die gesamte Geschichte, aus der das Verstummen des Wahns resultiert. Die Rekonstruktion, in der Derrida den Ansatz Descartes' erfaßt, hat zur Folge, daß er keinem Ort mehr zugeordnet werden kann. Seine Strategie besteht gerade darin, unabhängig von allen Orten zu funktionieren, sich auf alle möglichen Orte hin anzulegen. Aus diesem Grund erzählt Derrida auch keine Gegengeschichte. Er hat keinen Punkt zur Verfügung, an den er eine solche knüpfen könnte. Trotz der Divergenz der Verortung folgen beide Leser bestimmten Vorgaben, die in dem »Cogito« vorliegen. Die Fiktion einer gültigen Vorgabe des Gegenstands inspiriert die zwei Lesarten gleichermaßen. Beide halten sich an den jeweiligen Ansatz, den sie bei Descartes lesen. Bezüglich dieses Punkts entfalten sie ihren Widerstreit.

Die Differenz zwischen Foucaults und Derridas Lektüren bezieht sich auf die Forderung, die Descartes' Text an seine LeserInnen richtet. Foucault zufolge wird dem Text gerecht, wer ihn dort betrachtet, wo er sein eigenes Vorhaben unterbietet, indem er in der Begründung mögliche Figuren von Geist ausschließt. Derrida dagegen markiert die »hyperbolische Spitze«, die das »Cogito« darstellt und die alle zuvor möglicherweise getroffenen Ausschlüsse überbordet. Foucault setzt darauf, daß der einmal vorgenommene Ausschluß funktioniert. Derrida vollzieht den Punkt nach, an dem solches Funktionieren sich bricht. Diese Divergenz aber bildet sich in den Ansätzen ab, die sich bei den beiden unterschiedlichen Lesern selbst finden. Foucaults Ansatz ist seinerseits durch einen Ausschluß charakterisiert. Er besteht darin, sich von den Strukturierungen, an denen Descartes mitwirkt und die bei Descartes wirken, zu distanzieren. Zu der »Geschichte des Wahnsinns im Zeitalter der Vernunft« will der, der sie aus sich heraus zum Sprechen zu bringen sucht, nicht gehören. Er zielt darauf, au-

---

17 Zum Vergleich der beiden Lektüren siehe: R. D'Amico, »Text and Context: Derrida and Foucault on Descartes«, in: J. Fekete (Hg.), *The Structural Allegory*, Univ. of Minnesota Press 1984; des weiteren: A. Wordsworth, »Derrida and Foucault: Writing the History of Historicity«, in: D. Attridge, G. Bennington and R. Young (Hg.), *Post-structuralism and the Question of History*, Cambridge Univ. Press 1987, 116-125.

ßerhalb dieser Geschichte zu stehen. Derrida vollzieht eine umgekehrte Bewegung. Die Allgestalt, die er in den *Meditationes* entdeckt, impliziert dem gegenüber, der sie verstehen will, den Anspruch, sich ihr ganz anzuvertrauen. Jegliche Distanznahme unterbietet den Gehalt, sich aller Differenzierungen zu enthalten. Der Interpret schließt sich aus diesem Grund in das ein, was er zu lesen versucht. Er setzt seine Lektüre in Distanzlosigkeit an.

Hinsichtlich des Ansatzes erscheint eine Differenz zwischen Foucault und Derrida. Nicht nur lesen beide bei Descartes einen unterschiedlichen Ansatz, sondern sie etablieren selbst im Zuge ihres Lesens divergente Ansätze. Gemeinsam ist beiden, daß sie den jeweiligen Ansatz nicht bestimmen. Sie folgen ihm eher darin, wie er sich andernorts findet, und aktualisieren ihn für sich. Die Differenz, die hier erscheint, läßt sich mit den Begriffen Exklusion und Inklusion umreißen. Foucault, der vom gelungenen Ausschluß her denkt, reformuliert Exklusion: Er vollzieht in seinem Vorgehen nach, was er konstatiert. Derrida hingegen sieht sich genötigt, Inklusion abzubilden. Letztere bietet einen Punkt, an dem exklusive Strukturen nicht mehr greifen. Exklusion setzt darauf, daß Differenzen sich stabilisieren lassen, sich Geschichten dramatisch entwickeln und insofern Distanz zu erzielen ist. Inklusion installiert das Mißlingen von Differenzen, womit Geschichte brüchig wird. Im Namen des »Cogito«, wie Derrida es liest, hat keine Geschichte vom Verstummen des Wahnsinns Bestand. Der inklusive Ansatz entzieht den Spannungen, aus denen spezifische Positionen zu begründen wären, den Boden. Er kann auch als Umstülpung von Exklusion verstanden werden. Was diese verfolgt, funktioniert in Inklusion nicht mehr.

Zwischen Foucault und Derrida findet ein gewichtiges Gespräch statt. Nicht eines über die Frage, wie die *Meditationes* in ihrem Umgang mit dem Wahnsinn zu lesen seien. Es handelt sich um ein Gespräch, das sich an der Problematik des Ansetzens entzündet. Derrida entgegnet Foucault nicht auf der Ebene der Lektüre, sondern auf derjenigen des Ansatzes. Er zeichnet damit nach, wie das, worauf Foucault unhinterfragt setzt, überschritten zu werden vermag. Die Ordnung der Diskurse kennt nicht nur eine einzige Variante des Ansatzes. Wer nur Exklusion im Blick hat, verfehlt die Inklusionen, die – wie bei Descartes – auch Ansätze des Denkens darstellen. In diesem Sinn agiert Foucault nicht in einer Breite, die alle Ansätze gewahren könnte. Exklusion bleibt zuletzt blind für die Möglichkeit ihrer eigenen Aufhebung.

Exklusion und Inklusion stehen aber nicht nur als Möglichkeiten des Ansatzes nebeneinander. Inklusion muß als Erweiterung der Autokratie von Exklusion verstanden werden. Sie tritt dort auf, wo Exklusion nicht mehr funktioniert. Exklusionen gelangen aus sich heraus an einen Punkt, an dem sie umschlagen. Dieser Umschlag weist zwei Momente auf: einerseits eine Überbietung, andererseits eine Implosion. Inklusion überbietet Exklusion, insofern sie weiter reicht, insofern ihr Ansatz noch weniger eingeholt werden kann. Sie bedeutet aber auch eine Implosion, da sie nicht selbständig formiert werden kann, sondern aus einer internen Überschreitung von Exklusion hervorgeht. Sie entsteht als Extrem der Exklusion, mitten aus den Bewegungen, Stabilität zu optimieren, heraus.

Wo hat aber Inklusion ihre Basis? Entwickelt Derrida überhaupt eine Philosophie des Einschlusses? Stellt somit Dekonstruktion selbst eine inklusive Methode dar? Die Antwort auf diese Fragen kann skizziert werden, wenn man in die bislang entwickelte Debatte noch eine Kontroverse zwischen Derrida und Paul de Man einbezieht. In Frage stand dort, wie Rousseau in seinem Ansatz zu lesen sei. De Man charakterisierte dabei Derridas Lektüre als eine der Exklusion. Ganz vertraue sie auf die Geschichte, die von Rousseau aus zustande komme.

Auch Derridas Text erzählt eine Geschichte: Die Geschichte der Unterdrückung der geschriebenen Sprache infolge des ›logozentristischen‹ Fehlschlusses, der Stimme den Vorzug vor der Schrift zu geben, wird als sich in der Zeit entfaltender historischer Prozeß geschildert. Mit dem Ziel, seiner Argumentation eine dramatische Spannung zu verleihen, greift Derrida durchweg auf Heideggers und Nietzsches Fiktion zurück, die Metaphysik sei eine Periode im abendländischen Denken; ...[18]

De Man beobachtet Derrida dabei, wie er eine »dramatische Spannung« evoziert, um seine Lektüre von Rousseau zu situieren. Stimme und Schrift sind in der *Grammatologie* dramatisch sortiert als herrschende und unterdrückte Figur, die nicht zu gleichem Recht kommen. Derrida hebt, sofern er so liest, darauf ab, daß Rousseaus Text sich auf eine der beiden Seiten schlägt und die andere nicht angemessen zu sehen vermag. Genau dieser Sichtweise entgegnet de Man: »Rousseaus Text hat keine blinden Flecken.«[19] Derrida verfolge eine Strategie, die auf »blinde Flecken« setze und folglich nicht fähig sei, ihr Ausbleiben zu konstatieren. Dies aber unterbiete den Ansatz Rousseaus.

Wenngleich der Dialog, den de Man hier anknüpft, mit anderen Akzenten verläuft als derjenige, den Derrida in Richtung Foucaults initiiert, entwickelt er doch eine ähnliche Konstellation. Beide Male stehen sich eine exklusiv und eine inklusiv ansetzende Lektüre gegenüber. Und beide Male entsteht ein Gegenpart dadurch, daß nachgezeichnet wird, wie ein behandelter Gegenstand sich aus einer exklusiven Anlage heraus nicht adäquat erfassen läßt. Trotz dieser Wiederholungen werden die Dialoge mit unterschiedlichen Besetzungen geführt. Derrida hat innerhalb ihrer nicht dieselbe Rolle. Das deutet darauf hin, daß Inklusion nicht einer Position zuzuordnen ist – und deutet besonders darauf, daß Inklusion nicht stabilisiert werden kann. Möglicherweise ist der philosophische Ansatz, den

---

18 De Man, »Die Rhetorik der Blindheit. Jacques Derridas Rousseauinterpretation«, in: *Die Ideologie des Ästhetischen*, 221; vgl. zur Debatte weiterhin: R. Bernasconi, »No More Stories, Good as Bad: de Man's Criticisms of Derrida on Rousseau«, in: D. Wood (Hg.), *Derrida: A Critical Reader*, Oxford-Cambridge: Blackwell 1992, 137-166.
19 De Man, »Die Rhetorik der Blindheit«, 223; vgl. dazu A. Haverkamp, »Kritik der Gewalt und die Möglichkeit von Gerechtigkeit: Benjamin in Deconstruction«, in: ders. (Hg.), *Gewalt und Gerechtigkeit. Benjamin-Derrida*, Frankfurt/M.: Suhrkamp 1994, 18.

Derrida entwickelt, zuletzt inklusiv. Dann aber gilt es zu konstatieren, daß dieser Ansatz bei ihm selbst immer wieder verfehlt wird. Das liegt darin begründet, daß Inklusion zutiefst an Exklusion gebunden bleibt. Sie hat, so könnte man paraphrasieren, immer wieder den Weg der Exklusion zu gehen. Sie kommt partiell zustande und liegt nur in einzelnen Texten bzw. Lektüren vor. Sie läßt sich weder als philosophische Position durchhalten noch verstehen. Auch in diesem Sinne ist sie den Ordnungen enthoben.

Inklusion gibt eine fragile Figur ab. Sie läßt sich nicht stabilisieren. Das heißt, daß ihre Funktion, entdifferenzierend zu stabilisieren, selbst nicht stabilisiert werden kann. Schon in dem Moment, in dem von den inklusiven Lektüren Derridas oder de Mans aus wieder eine Geschichte zu erzählen ist (beispielsweise eine divergenter Reichweiten von Figuren oder Lektüren), kehrt Exklusion zurück. Inklusion ereignet sich, so könnte man sagen, nur am Rande der Geschichte.[20] Einerseits resultiert sie dort, wo Geschichte zusammenbricht. Andererseits steht sie ständig in der Möglichkeit, wieder in die Geschichte zurückzukehren und damit wieder die facies exclusionis anzunehmen, die das Denken im allgemeinen besetzt. Stets aufs neue sind Diskurse darauf angewiesen, sich bestimmter »blinder Flecken« zu versichern, um ihre Sache vorzutragen. Das ereignet sich schon, wenn ein inklusiver Ansatz mittels eines Namens markiert werden soll. Inklusion, wie sie im vorliegenden Text in Abgrenzung von der Exklusion entwickelt und bezeichnet wird, wird exklusiv gezeichnet. Auch wenn sie mit bestimmten Personen, Derrida, de Man oder anderen, verbunden wird, kippt sie ins Exklusive. Sie spielt keiner urheberfixierenden Markierung zu. Gerecht werden ihr eher hyperbolische Figuren, wie die Derrida-Descartes oder deMan-Rousseau. Genau diese aber lösen sich stets aufs neue in Geschichten auf. Inklusion bleibt prekär.

Die Frage nach dem Ansatz, wie sie in der Differenz zwischen Exklusion und Inklusion deutlich wird, läßt sich auch von derjenigen der »Aufhebung« her denken. Es wurde bereits darauf hingewiesen, daß Inklusion als Aufhebung von Exklusion zu verstehen wäre. Darüberhinaus ist aber das Thema der Aufhebung selbst der Ansatz in Exklusion und Inklusion. Die Ambivalenz von Hegels Begriff beinhaltet eine Spannung, die sich in diesem Sinn deuten läßt. In erster Linie fungiert Aufhebung als Entgegensetzung, die eine Überwindung des Vorangegangenen leistet. Das Aufgehobene, darauf insistiert sprechend Hegels Begriff, wird zugleich bewahrt. Aufhebung als »Modell der Rekognition«[21] behauptet immer auch das Bewahrtbleiben dessen, was zurückliegt. Der »Plot und [die] Spannung von Hegels Geschichte des Geistes« hängen ganz an der Zuverlässig-

---

20 In bezug auf die Frage der Geschichte ist der Dialog zwischen Foucault und Derrida dargestellt in: G.W Bertram, »Geschichte (um)schreiben. Prolegomenon zu einem Dialog zwischer einer Theorie der Diskurse (Foucault) und Dekonstruktion (Derrida)«, in: Th. Bedorf, G.W Bertram u.a. (Hg.), *Undarstellbares im Dialog*, Amsterdam/Atlanta: Rodopi 1997, 73-88.
21 Deleuze, »Das Bild des Denkens«, in: *Differenz und Wiederholung*, 175.

keit der »Anagnorisis«.²² Diese Dopplung in der Aufhebung stiftet ihr Drittes: die Erhebung. Erst wenn das Überwindende auf zugleich Bewahrtes bezogen wird, kann es als etwas fungieren, das höher liegt. Hier zeigt sich ein vorgängig exklusives Funktionieren in der Dramaturgie, die Hegel herausfordert.

Mit der dreisinnigen Konzeption, auf der das Projekt einer Leiter der Bewußtseinsstufen fußt, geht aber auch die Angst einher, daß Aufhebung nur abstrakt geleistet werden könnte. Fällt die Bewahrung aus, dann kommt in ihr nur eine wieder neue Stufe zustande, die sich hinsichtlich der bereits vorhandenen nicht orientiert. Hegels Konzeption agiert so von der Zwangsvorstellung her, daß eine endlose Reproduktion stattfinde. Ein »gestaltlose[s] Sausen des Glockengeläutes oder eine warme Nebelerfüllung, ein musikalisches Denken, das nicht zum Begriffe, der die einzige immanente« gegenständliche Weise wäre, kommt«:²³ das Verbleiben am immergleichen Ton oder die reine Erstreckung von Zeit sind die Schreckbilder, vor denen die *Phänomenologie des Geistes* flieht. »Vergißt aber [die Aufhebung] es [, das Exklusive, – gwb] nur ebenso immer wieder und fängt die Bewegung von vorne an«,²⁴ dann kommt es zu einer endlosen Aneinanderreihung. Aufhebung beinhaltet nicht nur den Fortschritt, in dem eins auf dem anderen aufbaut und das Staffelholz immer weitergereicht wird, sondern auch »schlechte Unendlichkeit«, einen »Progreß ins Unendliche«.²⁵ Mit den Exklusionen, die alle Bewegung garantieren sollen, wird zugleich ein Umschlag gesetzt, der inklusiv funktioniert. Aufhebung ist auch Inklusion. Hegel notiert so präzise die Ambivalenz der Ansätze in dem Begriff, der seine Mechanik ausmacht. Dort, wo die Linie gelingt, die eine Geschichte etabliert, findet sich gleichursprünglich die Unmöglichkeit aller Linearität. Aufhebung bricht zuletzt aus ihrer exklusiven Konzeption um in Inklusion. Insofern kann Derrida in seiner Relektüre Descartes' schreiben: »Nochmals Hegel, immer noch ...«²⁶

1.4 Der Begriff der Inklusion

Die Figur der Inklusion muß noch einmal durchbuchstabiert werden. In allen Versionen, die man ihr bislang gegeben hat, droht die Gefahr, sie nicht konsequent bis zum Ende hin anzulegen. Inklusion als Einschluß, den man einem anderen gibt, ist das Paradigma der Fehldeutungen, die der Begriff erfahren hat. Der Einschluß, der so eingerichtet wird, kann immer auch als Ausschluß reformuliert werden. Alle Arretierung bewirkt zwar, daß die von ihr betroffenen Ge-

---

22 De Man, »Zeichen und Symbol in Hegels ›Ästhetik‹«, in: *Die Ideologie des Ästhetischen*, 50.
23 Hegel, *Phänomenologie des Geistes*, Werke 3, 168.
24 Ebd., 90.
25 Vgl. u.a. Hegel, *Phänomenologie des Geistes*, Werke 3, 243; *Philosophische Enzyklopädie für die Oberklasse*, Werke 4, 16; *Wissenschaft der Logik I*, Werke 5, 149, 155, 166.
26 Derrida, »Cogito und Geschichte des Wahnsinns«, 71.

genstände eingeschlossen sind; ihrer eigentlichen Bedeutung nach aber schließt sie aus. Inklusion wird erst dort erreicht, wo kein Ausschluß zugrunde liegt. Immer muß auf Strukturen, die ihren Namen tragen sollen, die Probe des Ausschlusses gemacht werden. Die Bewegung, die Odo Marquard unter dem Stichwort »inklusive Vernunft« beschreibt, erfaßt ihre Motivationslage. »Die Vernunft – möglicherweise – verrät am meisten über sich selbst nicht dort, wo sie ausschließt, sondern dort, wo ihr dies nicht gelingt.«[27]

Die Bewegung des Einschlusses, die dem Begriff der Inklusion gerecht wird, beginnt mit einer Partizipation dessen, der einschließt. Wer in diesem Sinn einschließt, schließt immer auch sich selbst ein. Der Einschluß kommt sogar in erster Linie demjenigen zu, von dem die Bewegung ausgeht. Dabei entsteht keine Struktur mehr, die als Ausschluß gefaßt werden könnte. Einschließen heißt also immer auch sich einschließen. Inklusion faßt diese Dopplung. Zuletzt geht sie immer von dem Punkt aus, der nicht als aktiver Teil der Bewegung erscheint, der so erscheint, als werde er von dem Einschluß betroffen. Inklusion wird nicht einem anderen gegeben. Sie wird einem vom anderen her gegeben. Ihr eignet ein rezeptives Moment, das sich auch als Affirmativität erläutern läßt. Wer inklusiv ansetzt, affirmiert ganz das, was ihm in den Texten, im Denken oder in den Positionen anderer vorgelegt ist.

Vielfach ist der Begriff der Inklusion bereits verwandt worden. Deleuze und Guattari haben ihn schon früh als Beschreibung der schizophrenen Verfassung, eines unbewußten Systems der Produktion gebraucht.[28] Danach fand er Eingang in die Theorie insbesondere bei Luhmann (im Anschluß an Parsons) und bei Habermas. Er faßt dort einerseits eine Form der Interaktion zwischen sozialen Systemen und andererseits eine Verfassung von Gesellschaften hinsichtlich in ihr lebender Minderheiten.[29] Hier soll er aber nicht in Abgrenzung von diesen Vorschlägen weiter konturiert werden. Vielmehr wird ein Vorschlag von Gerhard Gamm zur Erläuterung herangezogen, der unter dem Namen »Internität« eine der Inklusion ähnliche Struktur begreift. Aus der damit entworfenen Diskussion werden in aller gebotenen Kürze drei Stichworte zur Inklusion skizziert.

Bewegung — Gamm, der innerhalb eines anderen thematischen Kontextes vorgeht, steckt sich doch, wo er die Struktur der »Internität« entwirft, einen ähnlichen Rahmen, wie es diese Lektüre des Sturm und Drang macht. Er schielt auf den Begriff einer »radikalisierten Moderne«, einen radikalisierten Begriff der Moderne, den er auf einen möglichen »Ausgang der Moderne« hin denkt. Mit

---

27 O. Marquard, »Vernunft als Grenzreaktion«, in: *Glück im Unglück*, München: Fink 1995, 43.
28 Vgl. Deleuze/Guattari, *Anti-Ödipus*, 99; auch: 76, 89, 142, 198.
29 Vgl. N. Luhmann, »Inklusion und Exklusion«, in: H. Berding (Hg.), *Nationales Bewußtsein und kollektive Identität*, Frankfurt/M.: Suhrkamp 1994, 15-45; vgl. J. Habermas, »Inklusion – Einbeziehen oder Einschließen? Zum Verhältnis von Nation, Rechtsstaat und Demokratie«, in: *Die Einbeziehung des Anderen*, Frankfurt/M.: Suhrkamp 1996, 154-184.

Blick auf den für diesen Weg zentralen Begriff des Unbestimmten bemerkt er »jene eigentümliche Inversionsstruktur ..., die der Unbestimmtheitssemantik eingeschrieben ist.«[30] Diese nun trägt den Namen »Internität«. Sie tritt dort zutage, wo das Unbestimmte nicht externalisiert zu werden vermag, da jegliche »Externalisierung« es dem Diskurs verfügbar macht und ihm damit gerade seine wesenhafte Unbestimmtheit nimmt. Das Unbestimmte läßt sich als solches also nur in »Internität« denken. Soll es zur Geltung kommen, sind alle Spielarten eines »transzendentalen Signifikats«[31] ausgeschlossen. Die Notwendigkeit, im Namen des Unbestimmten eine radikale Inversion anzulegen, begründet Gamm in Auseinandersetzung mit Luhmanns Systemtheorie. Diese zeichne das Unbestimmte in ihr System ein und externalisiere sowie meistere es damit. Es müsse aber, entgegen dieser Praxis, in seiner fundamentalen Andersartigkeit gegenüber der Logik von Identität und Differenz gedeutet werden.

Die Inversion nun, die unter dem Namen »Internität« gefaßt ist, sucht eine neue Stellung zu beziehen, ohne daß sie ihre eigene Bewegung als Prozeß, Stellung zu beziehen, reflektiert. Dementsprechend erscheint auch »Internität« als bloße Deskription und nicht selbst als Prozeß des Denkens von Unbestimmtem. Gerhard Gamm entwirft sie programmatisch, im Gegensatz zu Theorien, in denen sie mißdacht ist. Er speist sich nicht in Theorien ein, um dort deren eigene Internisierung hervorzukehren (wie es Derrida mit Descartes vollzieht). Er schenkt der Ratiofunktionalität der Systemtheorie Glauben und nimmt deren Performativität nicht als solche wahr. Aus diesem Blickwinkel heraus bleibt ihm nur, sich mit einer Konzeption entgegenzustellen, die das Umstülpen von Diskursen in Unbestimmtheit vertritt. Damit kommt es nicht zu einer Bewegung. Internität ist selbst eine starre Verfassung von Theorien. In dem Sinne, in dem sie bei Gamm angedeutet ist, kann sie tatsächlich Bestand haben.

Inklusion hingegen ist so verstanden, daß sie weder auf Bestand angelegt ist noch einen solchen erlangen kann. Sie liegt nur als Bewegung vor, die in einem Diskurs von anderen Diskursen her aufgenommen wird. Ein Diskurs gibt sich dabei – auch im postalischen Sinne – auf, schließt sich in das andere ein, das er selbst einschließt. Daraus folgt, daß, wer Inklusion entdecken will, Diskursen in ihren Bewegungen folgen muß.

Ganzes und Teil — Niklas Luhmann hat die Angrenzung von »Inklusion« und »Exklusion« dort beschrieben, wo er das behandelt, was die Systemtheorie »Interpenetration« von Systemen nennt. »Interpenetration führt zur Inklusion insofern, als die Komplexität der beitragenden Systeme von den aufnehmenden Systemen mitbenutzt wird.«[32] Die Dichotomie von Beitrag und Aufnahme, von der aus hier Inklusion erläutert wird, konvergiert mit derjenigen von Teil und

---

30 Gamm, *Flucht aus der Kategorie*, 261.
31 Vgl. z.B. Derrida, *Grammatologie*, 38ff.
32 N. Luhmann, *Soziale Systeme*, Frankfurt/M.: Suhrkamp 1987, 299.

Ganzem. Dies wird daran sichtbar, daß Luhmann die von ihm beschriebene Inklusion als aufsteigende Bewegung, hin zum aufnehmenden System, zeichnen kann. Wird dagegen der Einschluß konsequent gedacht, vermag keine Richtung mehr angegeben zu werden, in der die Bewegung verläuft. Wer einschließt und was eingeschlossen wird, ist hier immer von beiden Seiten zu erzählen: im betrachteten Beispiel geht die Bewegung genauso von Descartes aus wie von Derrida. Es gibt damit nichts, was aufnehmen könnte, was umfassender wäre. Inklusion stellt einen Bruch mit jeglicher aufsteigenden Bewegung dar, da sie gerade aus dieser Bewegung heraus die radikale Rückwendung vollzieht. Die Inversion führt zu einem Teil zurück, der in sich irreduzibel partiell ist und in allen Versuchen, zur Ganzheit hin transzendiert zu werden, partiell bleibt. Damit »liegt eine einzigartige Inklusion des ›Ganzen‹ im ›Teil‹ vor und zwar ohne mögliche Totalisierung«.³³ Inklusion bedeutet eine Rückübersetzung des Projekts, Ganzheit zu erzielen, in die Partialität. Erst wo sie die Richtung aufgibt und eine umfassende Bewegung darstellt, wird sie ihrem Begriff gerecht.

Geschichte — Gamm erzählt von der »Inversionsstruktur«, auf die er verweist, aus eine Geschichte. Diese handelt davon, daß – wieder einmal – etwas verdrängt, übersehen oder vergessen wurde: die »Internität«, die das Unbestimmte annimmt. Inklusion hingegen motiviert keine Geschichte, sondern fordert es heraus, daß Geschichte überhaupt ausfällt. Sie produziert Figuren, die in keine dramatische Abfolge eingebettet werden. Immer inhäriert ihr eine Bewegung, sich jenseits von Geschichte zu stellen. Zugleich geht sie aber stets von dieser aus und verbleibt damit ganz in ihr. Die dramatisierende Erzählung muß erst versucht werden, damit das sichtbar wird, was sich ihr entzieht und sie unterminiert. Erst im Überborden von Exklusion wird Inklusion sichtbar. Sie steht so ambivalent zur Geschichte und muß aus dieser Ambivalenz heraus gedacht werden. Ihre Pointe liegt darin, daß sie, wo sie sich der Geschichte enthält, selbst schon wieder Geschichte macht und sie mitten aus der Geschichte heraus nicht mehr geschichtlich begriffen werden kann.

---

33 J. Derrida, »Guter Wille zur Macht (II)«, in: Forget (Hg.), *Text und Interpretation*, 76.

2 Der Nachlaß der exklusiven Figur: *Zerbin oder die neuere Philosophie* (Lenz)

> In der historischen Zeit ist jedesmal das Faktum eine Lösung vom Herkommen, eine Differenz der Meinung, es ist *die Freigeisterei*, welche die Geschichte macht.[1]

Der Sturm und Drang hat eine Geschichte erzählt, die ganz eine Allegorie der Frage nach dem Ansatz abgibt. Nimmt man diese Geschichte dergestalt beim Wort, so wird deutlich, wie der Ansatz den Sturm und Drang umtreibt, und daß er vom Ansatz handelt. Die Lenzsche Prosa *Zerbin oder die neuere Philosophie* ist der Text, der am unmißverständlichsten eine Richtung angibt, die eine Lektüre des Sturm und Drang insgesamt einzuschlagen hat. Sie handelt von einer entlaufenden Figur, von einer Figur der Exklusion. Sie bemüht sich, hinter das Entlaufen und seine Logik zu kommen. Der Text stellt eine Bewegungsstudie dar, eine Skizze zur exklusiven Gestik, deren Nachlaß er zu verwalten scheint.

Vom ersten Augenschein her nun handelt es sich um einen Text, der sich ganz in das Spektrum von Sturm und Drang fügt. Nach zwei einleitenden Absätzen, die eine thematische und eine textverortende Exposition abgeben, folgt eine Geschichte, die sich an die Themen der Zeit hält. Hans-Gerd Winter paraphrasiert sie wie folgt:

> Der bürgerliche Zerbin ist zunächst der ›wahre Empfindsame‹, welcher sich durch sein wahres Gefühl von den adligen ›Wollustdienern‹ unterscheidet, die nur ›tändeln‹. Er bemerkt anfangs aus Mangel an Erfahrung nicht, daß er die für ihn unerreichbare adlige Frau fälschlich zu einer ›Heiligen‹ idealisiert. In dem Moment, wo ein Mädchen aus einem ihm untergeordneten Stand ihm gegenüber wahre Gefühle zeigt, schlägt dieses Bild der ›heiligen‹ Frau, das ja schon durch Renatchens Verhalten Sprünge bekommen hat, in sein Gegenteil um. Zerbin erkennt auf einmal Liebe als etwas sehr Irdisches, das zweckrationalen Erwägungen unterworfen werden kann. Er trennt jetzt zwischen einer Gefühlsbeziehung und einem Eheverhältnis.[2]

Dieser Entwicklung folgt aber nicht eine gelingende gesellschaftliche Einbettung des Protagonisten, sondern die Erzählung kulminiert darin, daß er das »Mädchen« erst schwängert, sie dann taktierend hinhält, sie das Kind alleine zur Welt bringt und erst diesem, danach sich das Leben nimmt, woraufhin auch er in den Tod von eigener Hand folgt. Eine Vielzahl von Stichworten lassen sich darin wiedererkennen: Empfindsamkeit und besonders empfindsame Liebe, die Dramen untergeordneter Stände, die Kindermörderin, Heilige und Hure, Zweckrationalität versus Authentizität des Individuellen. Insbesondere die Frage nach dem wahrhaftigen Verhalten klingt an und ist für eine Lektüre, die dem gewohnten Bild des Sturm-und-Drang-Diskurses folgt, gut zu adaptieren.

---

1 Nietzsche, *Nachgelassene Fragmente*. Oktober-Dezember 1879, KSA 8, 352.
2 Winter, *J.M.R. Lenz*, 47.

Der Text geht aber in diesen Themen nicht auf. Er bezieht sich nicht allein auf den Protagonisten und dessen Authentizität oder Korrumpiertheit im gesellschaftlichen Rahmen, sondern noch auf einen zweiten Mitspieler: »die neuere Philosophie«. Der Titel der Erzählung ist in diesem Sinne als Frage zu verstehen. Er stellt nicht einfach zwei alternative Titel nebeneinander. Er wirft die Frage nach dem Verhältnis der beiden Komponenten auf. Und damit auch die Frage, wie das »oder« der Titelformulierung zu verstehen ist. Stellt die Geschichte die Alternative von Zerbin auf der einen Seite und »der neueren Philosophie« auf der anderen Seite dar? Oder rückt sie die beiden nebeneinander, als spreche sie im einen über das andere und umgekehrt? Und wenn eine Konvergenz der beiden Figuren besteht: worin besteht sie?

Eine Alternative zwischen den beiden zeichnet sich ab, wenn der Text seine Figur pars pro toto setzt »für hundert Elende, die unsere Modephilosophie mit grausamem Lächeln von sich weist«.[3] Zugleich wird von der moralphilosophischen Karriere berichtet, die Zerbin im Verlauf der geschilderten Entwicklungen und ungeachtet ihrer macht. Ist das Thema der Erzählung »die neuere Philosophie«, so tritt damit auch die Frage nach der Neuheit von Philosophie überhaupt auf den Plan. Der Titel spielt damit, daß »neue, neueste, allerneueste Philosophie ein sehr geläufiger Spitzname geworden ist«.[4] Spiegelt man die Frage nach der Neuheit auf die Figur Zerbin zurück, so zeigt sich nicht nur deren philosophische Tätigkeit als das, wovon erzählt wird, sondern auch die Thematisierung von Neuheit in der Figur selbst. Zerbin bietet gerade keine Alternative zur »neueren Philosophie«, wo er sich als die ›neuere Figur‹ zu entfalten versucht: sein Thema ist nicht der Versuch und das Scheitern von Authentizität, sondern die Neuheit als Exklusion. Bereits intern wird ein Bezug der Geschichte zur Philosophie angedeutet, heißt es doch, die »Erzählung« sei »›aus dem Nachlaß‹ eines Magisters der Philosophie in Leipzig gezogen« (354). Die im Titel ausgetragene Spannung wird in drei Schritten entfaltet: erst in der Konvergenz, aus der heraus sowohl Zerbin als auch die neuere Philosophie als Figuren des Entlaufens erscheinen, dann als Differenz, die sich zwischen dem Individuum und den gesellschaftlichen Auslegungen ergibt, und zuletzt in der Distanz, die die Erzählung zu beiden einnimmt.

2.1 Figuren des Entlaufens

Lenz' Text beginnt den zweiten der beiden Rahmen, in denen er seine Geschichte plaziert, damit, daß er in aller Deutlichkeit ein Thema nennt. »Folgende Erzählung ... wird, hoffe ich, auf der großen Karte menschlicher Schicksale ver-

---

3 Lenz, *Zerbin oder die neuere Philosophie*, WB 2, 354-379, hier: 354 (im folgenden mit Seitenzahlen im Text).
4 Hegel, *Vorlesungen über die Geschichte der Philosophie*, Teil I, Werke 18, 61.

schiedene neue Wege entdecken, für welche zu warnen noch keinem unserer Reisebeschreiber eingefallen ist, ob schon unser Held nicht der erste Schiffbrüchige darauf gewesen.« (354) Der Text handelt von Wegbeschreibungen (und nicht von Charakteren). Wer hier schreibt, betätigt sich als Kartograph. Die Geschehnisse von Diskursen sollen vermessen und gemäß einer Grammatik des Himmelszelts verzeichnet werden. Dabei geht es nicht nur um Wege überhaupt, sondern um »verschiedene neue Wege«, denen der Text sein Augenmerk zu schenken verspricht. Entsprechend dieser Absicht berichtet er von der Begegnung zwischen Hortensie und Zerbin, die in der Sprache der Himmelsrichtungen vonstatten geht: »... ihre Absichten gingen himmelweit auseinander; er steuerte nach Süden, sie steuerte nach Norden; sie verstunden sich kein einzig Wort.« (367) Die Messungen, aus denen sich die Erzählung zusammensetzt, widmen sich der Frage, welche Diskurslandschaften beieinander liegen und welche, wie die »nach Süden« und die »nach Norden«, gegenläufig sind. Die »neuen Wege« bestehen also erst einmal darin, der Sprache der alten zu entkommen, »kein einzig Wort« aus deren Territorium zu übernehmen.

Zerbin überhaupt ist innerhalb der Erzählung das Paradigma neuer Wege, eine Figur, die sich ganz der Verzeichnung, auf die der Text sinnt, darbietet. So heißt es knapp: »er entlief seinem Vater« (355). Er verläßt die ihm gesetzte Sprache, die Handelsgeschäfte des Vaters, um sich abseits derselben einen eigenen und damit neuen Weg zu gewinnen. Mit diesem Ziel gelangt er nach »Leipzig«, wo er zuerst Moralphilosophie, die Disziplin von Aufklärung schlechthin, bei »Professor Gellert« studiert. Damit könnte er, so lautet der textliche Kommentar, meinen, »den sichersten Gipfel [seiner] Wünsche erreicht zu haben« (357). Von »Gellerts Moral« aus erobert er sich andere Wissenschaften, bewährt »seinen offenen Kopf, geheimen, ungezierten Fleiß« und erreicht schließlich die Stellung eines »Magister[s] der Mathematik« (356). Zerbin steht am Ende dieses Weges ganz im Neuland von Mathematik und Moral, fernab vom Händlertum und dessen »Verderben« (355), dem zu entkommen er sich anstrengt.

Der Protagonist der Geschichte ist die Figur des Entlaufens, der Exklusion. *Zerbin oder die neuere Philosophie* handelt von dem Versuch, einem überkommenen Diskurs, einer bekannten Landschaft zu entkommen. Damit aber ist die Vermessungsarbeit des Lenzschen Textes nicht am Ende, sondern sie beginnt erst von diesem Punkt aus. In zwei Dimensionen kartographiert die Erzählung den von Zerbin eingeschlagenen neuen Weg. Einerseits hinsichtlich seiner Verwerfung, seiner unterirdischen Filiationen mit den alten Wegen, seiner unfreiwilligen Kreisbewegungen. Andererseits zeichnet sie nach, was der neue Weg mit sich bringt: die Angst vor dem Scheitern, die ihn auf immer noch neuere Wege treibt, die eine ständige Abfolge neuer Wege zeitigt.

(1) Den neuen Wegen kommt, das macht den Fortgang von Zerbins Geschichte aus, stets etwas dazwischen. Niemals sind sie dann am Ziel, wenn sie »den sichersten Gipfel [der] Wünsche« erreicht haben. Die Entscheidung dar-

über, ob der neue Weg gelingt, fällt nicht am »Gipfel«, sondern am Fuße der
großen Projekte. Dort dringt immer wieder Altes in die neuen Wege ein, unterspült ihre Konstruktionen, souffliert ihnen das, was abzuschütteln ihr Ziel war.
Genau in diesem Sinne resümiert der Text den Stand seines Protagonisten.

Unser Held war bis hieher seinem großen Zweck immer näher gerückt, aber er hatte andere Wünsche, andere Begierden, die auch befriedigt sein wollten. Er hatte ein reizbares, für die Vorzüge der
Schönheit äußerst empfindliches Herz. (357)

Wie sieht das aus, was hier dazwischen kommt? Sind die »Wünsche« und »Begierden« dasjenige, was man sowieso hat, was die Natur-Basis darstellt, die immer mit bedacht sein will? Oder handelt es sich hierbei um andere Wege, die der
Protagonist auch beschreitet? Die Charakterisierungen des Textes fallen wieder
anders aus: Sie beleuchten in erster Linie die gesellschaftlichen Einbettungen des
Triebwesens Zerbin. So gilt dieser als »unerfahr[en], ungewahrsam, mit allen
Ränken weiblicher List so gänzlich unbekannt« (360). Was er sieht und ersehnt,
wird als produziert dargestellt, und befindet sich demnach nicht auf dem Boden
seiner Natur. »Er sah lauter überirdische Wesen außer seiner Sphäre in ihnen, für
die er, weil er kein einziges ihrer Worte und Handlungen begriff, noch einsah,
eine so tiefe innerliche Ehrfurcht fühlte.« (361) Es sind Prägungen, die dem
Geschehen des Entlaufens dazwischen kommen. Zwar hat Zerbin die Handelsgeschäfte hinter sich gelassen, andere Prägungen aber nicht, und dadurch genau
entsteht die Interaktion, die das Folgende bestimmt. Die »Wünsche« und »Begierden«, die sich erst einmal auf die adelige Frau, auf Renatchen (die in ihrem
Namen alles andere als adelig erscheint), richten: sie treten nicht nur zusätzlich
auf, als etwas, das auch auf einen neuen Weg zu bringen wäre, sondern mischen
sich in den einmal erreichten Stand neuen Weges ein. Zerbin, der in Renatchens
Liebesplänen einen guten Spielball abgibt, erhält nicht, was er ersehnt, und so
kommt es zu folgender Szene.

Er [Hohendorf, ein anderer Buhler an Renatchens Seite – gwb] kam oft zu Zerbinen, der, hinter
zugezogenen Fenstergardinen, in mathematischen Büchern vergraben saß, in denen er leider! oft den
ganzen Tag emsig las, ohne doch zwei Zeilen zu verstehen, auch an die erste Seite immer wie gebannet blieb, so sehr hatten seine Gedanken, wie ausgerissene ungebändige Hengste, einen andern Weg
genommen. (364)

Alles Verschanzen hilft dem unglücklich Liebenden nicht. Ist er auch noch so
sehr darauf bedacht, die Insignien des neuen Weges, die »mathematischen Bücher« und »Gedanken«, zu schützen, sie werden doch heimgesucht. Die zuvor
erreichte ruhige neue Landschaft sieht danach ganz gewandelt aus. Sie bietet ein
Bild der Verwüstung, als wäre sie von »ausgerissene[n] ungebändige[n] Hengste[n]« geprägt worden. Ganz wie eine Souffleuse bricht Renatchen in Zerbins
Welt ein, eine Souffleuse, die gegen den neuen Weg und seine Absicherung anspricht. Sie beginnt, den Aktionsradius des ihr Ausgelieferten zu bestimmen:

»... stellt sich ihm Renatchen, und alle mit ihr sich eingebildete Freuden, wie eine feindselige Muse, bei jedem Schritt in Weg, und riß, wie jenes Ungewitter vor Jerusalem, in der nächsten Stunde alles wieder ein, was er in der vorigen mit Mühe gebaut hatte.« (365) All das, worauf sich das Entlaufen gestützt hatte, gerät mit einem Mal unter den Einfluß der »feindselige[n] Muse«. Es verliert seine ganze Souveränität und bewahrt seinen Spielraum nur soweit, wie es die Souffleuse zuläßt. Wenn das Ziel des Protagonisten darin bestand, sich aller soufflierenden Mächte zu entledigen, so berichtet Lenz' Text davon, daß diese Mächte – in welcher Gestalt auch immer – zurückkehren. Immer finden sich noch Prägungen, die sich in die neuen Szenerien und Diskurslandschaften einnisten oder -schleichen. Die Naivität und Unerfahrenheit Zerbins in Liebesdingen bringt Renatchen in die Position, ihm Altes einzusagen, ihn genauso hilflos aussehen zu lassen, wie er es unter dem Bann des Vaters und seines Handels war. Das kommt in der Anachronistik eines ihm geltenden Vergleichs treffend zum Ausdruck: »er stand wie Saul unter den Propheten« (361). Der, der ein ganz Neuer hatte werden wollen, erscheint als ein ganz Alter. Nichts mehr ist besonders an den Wegen, die er beschreitet, sondern sie sind bekannt und restlos üblich. »Das gewöhnlichste Schicksal der edelsten Seelen« (363), kommentiert der Text. Mit der Figur von Renatchen kehrt Zerbin auf die alten Wege zurück. Alle Bemühung um ein Zentrum des Neuen reicht nicht hin, das Neue zu fundieren. Abseits stellt wieder eine Souffleuse sich ein, die alle Selbständigkeit eines möglicherweise erreichten Diskursstands untergräbt.

Im weiteren Verlauf der Geschichte von Zerbin zeigt sich seine »feindselige Muse« als allpräsent. Unentwegt wird er auf sie gestoßen, dringt sie in seine Diskurse ein. »Zerbin hörte diese Benennung [Renatchen wird nach ihrem neuen Liebhaber ›die Gräfin‹ genannt – gwb] und viel ärgerliche Anekdötchen in allen Gesellschaften, die er noch besuchte.« (366) Mitten in seinem entkommenen Diskurs hat sich ein neuer alter eingerichtet, dem er wieder zu entkommen trachten muß. Die Wiederkehr soufflierender Mächte fordert den Ausbruch aufs neue. Das Bemühen muß im weiteren darauf gerichtet sein, sich der Herrschaft Renatchens zu entziehen. Davon erzählt der Text. »Er suchte sich eine bessere Meinung vom Frauenzimmer zu verschaffen, er suchte sein Herz anderswo anzuhängen; es war vergeblich.« (366) Ganz lakonisch merkt die Erzählung an, was sich in allen folgenden Episoden verwirklichen wird: Zuletzt wird die Herrschaft der Souffleuse nicht zu brechen sein. Die gesamte Bewegung des Entlaufens, an die sich Zerbin gemacht hatte, bricht zusammen.

(2) Das Drama Zerbins, dem Vater zu entkommen, kennt noch eine andere Wendung. Diese ist damit verbunden, daß zuerst eine weitere Figur, wie Neuland zu erreichen wäre, durchgespielt, aber zugleich auch verworfen wird. Der gesamte Weg, den Zerbin einschlägt, hängt daran, daß es unmöglich scheint, sich im Bekannten Neues einzurichten. Von dieser Überlegung aus beginnt der Kampf ums Fortkommen, wie Lenz ihn schildert.

> ... weil er [Zerbin – gwb] sahe, daß die Grundsätze seines Vaters allen möglichen Gegenvorstellungen des Kindes entwachsen waren und er doch am Ende der Obermacht der väterlichen Gewalt nicht würde widerstehen können, so wagte er einen herzhaften Sprung aus all diesen Zweideutigkeiten und, ganz auf sich verlassend, entlief er seinem Vater, ohne außer seinem Taschengelde einen Heller mitzunehmen. (355)

Der Kalkül, der am Anfang der spezifischen Figurierung von Zerbin steht, ist der, sich ganz auf sich selbst zu verlassen. In der alten Welt ist demnach kein Raum dafür, irgend abzuweichen. Die »Obermacht der väterlichen Gewalt« reicht, davon geht die kurze Debatte aus, in alle Ecken; ihr vermag man sich im bekannten Terrain keinesfalls zu entziehen. Das hat eine wichtige Konsequenz für den Aufbruch: Zerbin nimmt, so heißt es, nicht »einen Heller« des Vaters mit. Rechnet man auf die »Obermacht«, die die alten Diskurse beherrscht, so muß man in allem, was mit diesen Diskursen noch in Verbindung steht, die fortdauernde Präsenz ihrer Macht fürchten. Das gilt insbesondere für die Werte, die im Hergebrachten bestehen. Lenz' Text chiffriert die Frage mitzunehmender Werte in der des Geldes. Der Weg des Entlaufens steht damit unter dem Imperativ, sich nur aus sich selbst zu nähren. Das klingt selbstverständlich, ruft aber Folgen für die Wegstrecke hervor, die in aller Deutlichkeit geschildert werden.

> Gellerts Moral war, wie natürlich, sein Lieblingsstudium; er schrieb sie Wort für Wort nach, zeigte aber seine Hefte keinem Menschen, sondern, wenn er durch öftere Lesung recht vertraut mit ihnen worden war, verbrannte er sie, um sie desto besser im Gedächtnis zu behalten. (356)

Unterwegs begegnet der Beobachter wieder der Struktur, daß etwas nicht mitgenommen werden soll. Was Zerbin bei »Gellert« lernt, stellt für ihn das Potential dar, sich überhaupt eine neue Diskurslandschaft zu eröffnen. Es bietet die Wertsetzung für den gesuchten Weg. Nun müssen die Werte dieses Weges aber angeeignet werden. Das äußert sich in zwei Gesten: Einerseits bleibt das für den Weg Benötigte für andere uneinsehbar; Zerbin bietet niemand Einblick in die Hefte, in denen er »Wort für Wort« die neuen Werte festhält. Andererseits wird der geschriebene Text zuletzt verbrannt, also ausgelöscht, so daß der neue Weg sich – zumindest material – von allen Verbindungen befreit, in denen er stehen könnte. Die Spur, die in andere Gebiete zurückverfolgt werden könnte – die des Geldes wie die der Worte gleichermaßen – soll restlos getilgt werden. Damit aber gerät der neue Weg in eine Aporie: Da immer Spuren bestehen, da die Werte immer in bezug zu anderen Werten, zu den Werten anderer formuliert sind, kann ein Aufbruch ins Neue nie so radikal und abgesichert erfolgen, wie es das Ideal des Zerbinschen Wegs wäre. Nur mittels der Auslöschung des Beliehenen gelangt der Weg trügerisch in die Situation, sich selbstbegründet erscheinen zu können.[5]

---

5 Hier ist man an einem Punkt, an dem die ganzen Verbindungen der von Lenz notierten Figur mit dem abendländischen Rationalismus gut zu erkennen sind. Lenz buchstabiert quasi die Ur-

Stabilisiert sich der Weg nicht im Trug der Auslöschung dessen, wovon er zehrt, so bleibt ihm nur, sich immer wieder der mitgeschleppten Werte zu entledigen. Dieser Weg kann damit konstitutiv nicht an ein Ende kommen. Ist es zuerst »Gellerts Moral« gewesen, die ein Fortkommen ermöglicht hat, dann wird als nächstes »Gellerts Moral« selbst dasjenige sein, wovon fortzukommen ist. Unentwegt muß wieder ein neuer Weg begangen werden, mit jeweils anderen Schutzpatronen, die im nächsten Moment wieder die Väter sein werden, denen es zu entkommen gilt.

Lenz' Erzählung berichtet auf zwei Weisen vom Umschlag des Weges, den ihr Protagonist einschlägt. Zum einen ist er untergraben von abseitigen Prägungen, die sich allem Entkommen zum Trotz einschalten. Zum anderen ist er konstitutiv aporetisch angelegt, da er die Lösung, die er erstrebt, niemals restlos zu erlangen vermag. Ganz folgerichtig nimmt sich auch Zerbin im weiteren Verlauf nicht mehr als einer aus, der noch auf neue Wege setzen würde. »Er sah alle Dinge in ihrem rechten Verhältnis ... er ward vernünftig ... die große Weisheit unserer heutigen Philosophie ging ihm auf.« (369) Aller schwankende Boden in Fragen der Werte, auf die sein Diskurs sich zu beziehen hätte, wird refundiert. So erscheint er als Vertreter eines akademischen Diskurses, den auszuführen »ihm gar kein Kopfzerbrechen kostete und ungemein gut von der Lunge ging« (371). Die Figur ist ganz zum Text der soufflierenden Mächte zurückgekehrt. Sie problematisiert nicht mehr, woher sie ihre Worte beziehen könnte. Sie endet in »apologetischer Ideologie«[6]. Insofern kommt stimmig auch der Vater wieder ins Spiel, allerdings ganz in der Sprache des Diskurses von anderen, wenn es heißt: »..., wo ich gleichfalls meinen Vater zu besuchen habe« (370). Zerbin als das Bündel entlaufender Figuren findet sich wieder auf den alten Wegen ein.

2.2 Zur Konfrontation von Umwelt und Individuum

Wenn man von der Verkehrung des von Zerbin eingeschlagenen Weges berichtet, so läßt sich die Frage anschließen, worin denn diese Verkehrung begründet ist. Findet sich außer den bereits beobachteten Momenten des Einbrechenden und der Aporie noch ein umfassenderer Grund? Es gibt eine Linie innerhalb der Lenzschen Erzählung, die einen Anhaltspunkt für einen weiteren Grund zu ge-

---

szene Descartes' aufs neue aus: »... daß ich einmal im Leben alles von Grund auf umstoßen und von den ersten Grundlagen an neu beginnen müsse.« (Descartes, *Meditationes de prima philosophia*, 30/31) Daß der Aufbruch des Rationalismus immer auch in Zusammenhang mit Feuer und Auslöschung steht, hat Jacques Derrida betont (vgl. z.B. J. Derrida, *Vom Geist. Heidegger und die Frage*, Frankfurt/M.: Suhrkamp 1992; *Feuer und Asche*, Berlin: Brinkmann + Bose 1988; *Glas*, Paris: Galilée 1974; weitergehend siehe auch Z. Bauman, *Dialektik der Ordnung. Die Moderne und der Holocaust*, Hamburg: Europäische Verlagsanstalt 1992).
6 Dedert, *Die Erzählung im Sturm und Drang*, 52.

ben scheint. Immer wieder klingt der Text danach, als konfrontiere er seinen Protagonisten, ein Individuum, mit der Gesellschaft. Demnach läge das Scheitern von Zerbins Weg in den gesellschaftlichen Hemnissen gegenüber allem Individuellen begründet. Diese Optik legt der Text beispielhaft in den beiden Notizen von Zerbins Hand nahe, die er gegen Ende ediert.

A. ... Die Welt verdammet mich, es ist mir gleichgültig, ...
B. ... Unsere Ehe war kein Verbrechen; zwar war sie von keiner Priesterhand eingeweiht, aber durch unverstellt brennende Küsse versiegelt, durch fürchterliche Schwüre bestätigt. ... Ich war die einzige Ursache, daß unsere Verbindung nicht öffentlich bestätigt ward – meine eingebildete Gelehrsamkeit, mein Hochmut waren die einzigen Hindernisse. (378)

Ganz scheint es in diesen Worten, als handele der Weg Zerbins zuletzt von zwei Gesetzen: der Selbstgesetzgebung des Individuums, das sich selbst seine Form der Ehe stiftet, und den Gesetzen der Gesellschaft, die zuletzt alle Selbstgesetzgebung annulieren. Gäbe es die Möglichkeit zu einer Autonomie, wie sie die beschriebene Eheschließung entwirft, dann bedürfte es keiner anderen Werte, um einen neuen Weg zu gehen. So reduzierte sich der Konflikt auf das Widerspiel von Gesellschaftlichem und Individuellem. So thematisierte der Text doch die Alternative Zerbin *oder* die neuere Philosophie.

Nicht nur in den letzten nachgelassenen Einschaltungen tritt der Protagonist als starkes Ich auf, das seine Konfrontation mit anderer Gesetzlichkeit herausstellt. Auch vom Anfang her ist er in einer Weise beschrieben, die eine solche Konfrontation ahnen läßt: »... mit ... einem Herzen, das alles aus sich zu machen verspricht, einem Herzen, das seinem Besitzer zum voraus zusagt, sich durch kein Schicksal, sei es auch von welcher Art es wolle, erniedrigen zu lassen.« (354f.) Steht »Herz« gegen »Schicksal«, die individuelle Kraft gegen die überindividuellen Mächte, dann scheint es um die Frage nach dem Spielraum, der dem Individuellen gelassen wird, zu gehen. So wäre auch das Bild des »Schiffbrüchige[n]« (354) zu verstehen, der mit seinem kleinen Schiff dem übermächtigen Meer der Diskurse ausgeliefert ist. So markiert die Erzählung noch einmal deutlich, was die Basis eines neuen Weges abgeben könnte: »Sich selbst alles zu danken zu haben, war nun sein großer Plan, sein großer Gedanke, das Luftschloß aller seiner Wünsche.« (355)

Schon in der Bezeichnung »Luftschloß«, die der Text zur Charakterisierung des Souveränitätsstrebens von Zerbin heranzieht, offenbart er die Distanz, die er einnimmt. Er berichtet zwar von der Konfrontation zwischen Individuum und Gesellschaft, aber dies stets aus der Optik des Protagonisten. Niemals macht er sie zu seiner Optik. Vielmehr kommentiert er, alles, was ein Mensch an Vorzügen erreichen könne, sei »immer auf den Baum der Eigenliebe gepfropft« (355). Der Text macht deutlich, daß er jeglicher Form der Selbstgesetzgebung keinen Glauben schenkt. So zeigt er auch alle Bewegungen seines Protagonisten in ihren Verbindungen. Was Zerbin wird, wird er allein aus den Verbindungen zu »Professor«, »Graf« und »Bankier«, zu den verschiedenen Frauen. Keinen seiner Zustände und Fortschritte im Rahmen der Gesellschaft erreicht er, ohne daß ihn etwas – in bestätigender oder negierender Weise – bindet. Was Renatchen explizit als ihren Plan formuliert – »er solle das Instrument in ihrer Hand sein« (359) –, findet in allen Momenten der Geschichte Zerbins statt. Immer ist dieser Instrument, Spielball, Marionette längst bevor er instrumentalisiert werden könnte. Selbst noch in dem Wunsch, »sich selbst alles zu danken zu haben«, hängt er an den Fäden seines Vaters. Eine vorgängige Freiheit besteht nicht. So resümiert der Text weit über die konkrete Situation Zerbins hinaus.

Der Geck weiß ... Alle seine langgehegten und gewarteten Vorstellungen, Empfindungen und Entwürfe liegen nun auf einmal, wie auf der Folter ausgespannt, verzerrt und zerrissen da; der ganze Mensch ist seiner Vernichtung im Angesicht. Er erholte sich ... (363)

Die Offenheit der Bezüge, in denen diese Aussagen stehen, ist unter anderem im Wechsel des Tempus begründet. Es ist nicht zu klären, ob es sich hier um ein Selbstgespräch des Protagonisten, um einen Kommentar der Erzählung oder um eine generelle Behauptung handelt. Die Passage notiert, daß die gesamte Konfrontation, wie sie sich in der Optik Zerbins aufbaut, mißlingt. Sie mißlingt insofern, als die eine Seite, der es zu ihrer Errichtung bedarf, ausbleibt. »Verzerrt und zerrissen« erscheinen die Selbstbestimmungen, die sich die Figur zu geben und die sie der Gesellschaft entgegenzuhalten gedachte. Das trifft sogar, wie Lenz deutlich verzeichnet, auch die »Empfindungen«. Nichts ist mehr derart individuell intakt, daß sich darauf ein Widerpart des Individuellen gegen umfassende Diskursmächte begründen ließe. Nichts mehr hält sich, woraus ein Rückhalt zu schöpfen wäre. »Der ganze Mensch ist seiner Vernichtung im Angesicht«: Das bedeutet zuerst, daß sich nichts mehr findet, was von »Vernichtung« ausgenommen wäre. So fällt die Konfrontation zwischen Individuum und Gesellschaft schlicht aus. Das bedeutet aber zugleich, wörtlich verstanden: Es ist der Mensch als einer, der ganz, das heißt geschlossen sein könnte, der vernichtet ist. Eine Instanz, die so etwas wie den ganzen Menschen darstellt, hat demnach keinen Bestand. Die Figuren sind gespalten, differenziert, wie auch Zerbin es erzählt: »... – Liebe hat ihre eigene Sphäre, ihre eigene Zwecke, ihre eigene Pflichten, die von denen der Ehe himmelweit unterschieden ist.« (370) Die Differenziertheit der Diskurse zeichnet sich in die Figuren ein, die ihnen unterliegen. Sie sind zerteilt in ihre verschiedenen Partizipationen an Diskursen, sind zerteilt, bevor sie als ganze zerteilt werden könnten. Der Sammlungspunkt, den ein Ich für eine Entgegensetzung gegen die Diskurse benötigen würde, erscheint überall dort, wo er versucht wird, als »verzerrt und zerrissen«. Das ist die Rekonstruktion, die Lenz' Erzählung zu der von ihr erwähnten Konfrontation gibt. Sie konstatiert das Ausbleiben des Konflikts, und hat so kein Interesse, ihn zu verfolgen.

Der Protagonist hat selbst, was der Text hier aussagt, als Partikel in seinem Namen, seinem so schon zerteilten Namen: das Präfix »zer-«. Dieses wird gefolgt von der Ersten Person Singular Präsenz des Verbums ›sein‹. Zerbin: das irreduzibel dezentrierte Subjekt, das auch das »zerr« seines konstitutiven »Verzerrtseins« in seinem Namen anklingen läßt. Der sprechende Name des Protagonisten hat das Resümee längst gezogen, bei dem seine Sicht einer entlaufenden Figur erst anzukommen hat: Ich bin ein »Zer[r]bin«, ich bin »zer«, ganz als gäbe es ein Verbum ›zersein‹. Diese Bedeutung nun steht in Spannung zum italienischen Augenaufschlag des Namens, wo der »zerbino«[7] ein Gigolo ist, derjenige, der das gesellschaftliche Spiel par excellence beherrscht. Hier zeigt sich nochmals und vielleicht am deutlichsten die ironische Distanz, in der die Figur inszeniert ist. Wo ihr Herrschaft zugeschrieben wird, als die des Gigolo, wird zugleich behauptet, daß sie ›zersei‹.

2.3 Präformationen

Fragt man, bezüglich welchen Rahmens denn die Umkehr der entlaufenden Figur erfolge, so gelangt man zu einem weiteren Thema der Erzählung: dem der Präformationen. Im Gegensatz zu der Konfrontation von Individuum und Gesellschaft nimmt der Text dieses Thema ganz auf sich. Es findet sich sowohl auf der Handlungsebene als auch dort, wo er sein Selbstverständnis beschreibt. Insgesamt entwirft die Erzählung eine Szenerie, in der alle Formen des Ausdrucks und der Artikulation auf Präformiertes zurückgehen. Nirgends finden sich Momente, in denen ein Diskurs außerhalb des Diskurses beginnt. Damit ist auch eine Antwort hinsichtlich der Aporie der entlaufenden Figur skizziert. Diese vermag nicht einmal das Ideal ihrer Wünsche außerhalb von Präformationen zu formulieren: immer ist auch sie darauf verwiesen, in Präformiertem zu beginnen.

Auf der Handlungsebene werden die Figuren so entworfen, daß sie nicht als natürlich bedingte erscheinen. Niemals geht es um die naturhafte Anlage, um den Charakter, die bzw. der einer Figur eigen wäre. So wird über Marie gesagt: »Sie wußte mit einer so eigenen Naivetät ein erstauntes Gesicht anzunehmen, die Hände so bescheiden zu falten, so beklemmt zurückzutreten.« (368) Und weiter: »sie fing sogleich an den Anfang ihrer Rolle zu spielen« (373f.). Immer erscheinen Figuren als gemachte, als in bestimmter Weise geprägt, geschult, selbst kalkulierend oder von anderen kalkuliert. Diese Betrachtung der Figuration tritt auch auf der Figurenebene selbst zutage, wenn über Renatchen notiert ist, es »schien ihr die Kälte des Grafen nicht die Frucht einer ohnmächtigen Natur, sondern einer durch lange Verschanzungen bebollwerkten Überlegung« (360). In allen Auftritten und Aspekten von Figuration finden sich Texturen, Sinngewebe.

Der Lenzsche Text spielt konsequent die Behauptung durch, daß der »ganze Mensch« keinen Bestand hat. Immer sind die Figuren in Diskurse zerteilt, ihre

---

7   Eine Figur dieses Namens gibt es bei Ariost, *Orlando furioso*.

Standpunkte und Auslegungsmuster hängen von den Diskursen ab, an die sie angeschlossen sind. So sieht man bei Zerbin unter anderem die folgenden Korrelationen. Steht er am Ort des »Gefühl[s] fürs bessere Geschlecht« und »moralische[r] Grundsätze« (357), so entwickelt er das Bild der Geliebten als einer unnahbar Vollkommenen. An dem anderen Ort allerdings, an dem er »alle Dinge in ihrem rechten Verhältnis« (369) sieht, trennt er zwischen gesellschaftlicher Bindung und privater Liebesbeziehung. Insgesamt werden die Protagonisten so dargestellt, daß sie in ein lückenloses Netz von Bedeutungsbefrachtung verstrickt sind. Insofern muß sich sorgen, wer beispielsweise ein »unglückliches Mittelding zwischen Frau und Jungfer« (371) ist. Solche semantische Herrschaft oder präformierende Macht gesellschaftlicher Diskurse führt – fast schon in Karikatur – ein Kartenspiel, Metonymie fürs sukzessive Reagieren auf Bedeutung, vor:

> Eine der originellsten Szenen war es, Zerbin mit Renatchen, Hohendorfen und Altheim Triset spielen zu sehen. Jede Karte hatte in des armen Liebessiechen Ideen eine Bedeutung deren geheimer mystischer Sinn nur ihm und seinem Abgott anschaulich war, und sie dachte gerade bei jeder Karte nichts. ... Sie, die außer dem Interesse ihrer großen Passion, kein anderes kannte als das elende Interesse des kleinen Kartenspiels, konnte, wenn er ihr mit allen zehn Karten in der Hand, das Herz-As anspielte, in Feuer und Flammen geraten, daß er alles sehr wohl zurechtzulegen wußte und in ihren heftigen, oft unbescheidenen Verweisen allemal verstohlene Winke der Zärtlichkeit, oder wohl gar das Signal zu einem Rendezvous zu entdecken glaubte, nach dem er sich den andern Tag die Beine ablief, ohne jemals ihr Angesicht zu sehen. ... Er soll einmal wirklich die ganze Nacht unter ihrem Fenster gestanden haben, weil sie auf seine Invite in Cœur das Neapolitain in Karo gebracht hat, das er, wegen seiner viereckigen Rautenfigur, für ein unfehlbares Zeichen eines Rendezvous unter dem Fenster hielt. (361f.)

Wie auch immer Renatchen sich in dieser Szene äußert, sie schickt Zerbin, diesen Herz-Buben, auf den Weg, belädt ihn mit Bedeutung. Das Bedeutungsnetz, innerhalb dessen die Figuren agieren, zeigt sich besonders dort, wo es aufgebrochen wird. Wenn Zerbin das Kartenspiel in seine ganz andere Sprache, die Sprache der Liebe, übersetzt, dann ist er in einer Weise präformiert, die ganz aus der erwarteten Konfrontation herausragt. Wiederum wird genauestens sichtbar, daß er nicht selbst die Bedeutungen, in die er durch jede einzelne Karte Renatchens gestellt wird, setzt. Es ist Renatchen selbst, die innerhalb des Liebesdiskurses, den sie mit Zerbin führt, die Bedeutungen stiftet. Sie stiftet sie, ohne sie allerdings selbst beherrschen zu können. Denn die »Invite«, die Zerbin an sich gerichtet glaubt, ergeht eigentlich an Altheim und über diesen an Hohendorf. Gerade die Semantik des Diskurses, wie er von Zerbin über das Kartenspiel aufgegriffen wird, ist in keinem Moment an einen Punkt zurückzuführen, an dem sie beherrschbar wäre. Die Figuren sind verfangen in Texturen, außerhalb derer sie nicht zu bestehen vermögen.

> Ach, ein Ton der Stimme, eine trockene Stimme, eine trockene Miene ist, in dergleichen Gelegenheiten, schüchternen und zarten Seelen ein Donnerschlag! (374)

Wie es dem Kartenspieler Zerbin ergeht, so wäre es demnach auch bei allen anderen Figuren: Stets kommen sie die Worte der anderen wie ein »Donnerschlag« an und dies, weil sie überlagert sind und unterhöhlt. Die Präformatorik der Diskurse entfaltet so ihre Wirkung umso mehr, je weniger »ein Ton der Stimme« in eine distinkte Bedeutung eingesetzt zu werden vermag. Gleich zu Beginn berichtet der Text von einer Überlagerung, die ihn umtreibt: Es gilt ihm, daß Figuren (die des Textes und des sogenannten wirklichen Lebens) »aus allzugroßer Menschenfreundschaft desto unbiegsamere Menschenfeinde werden« (354). So läßt sich nicht mehr klären, in wessen Sinn eigentlich gesprochen wird, wenn es um »Menschenfreundschaft« geht. Genau wie es die Erzählung in bezug auf den Liebes-Diskurs vorführt. Zerbin spricht dort im Sinn von Altheim, und der im Sinn von Hohendorf oder von Renatchen, und die drei Männer sprechen auf alle Fälle in ihrem Sinn. Und sie zuletzt? In wessen Sinn spricht sie: in demjenigen ihres Bruders (des »Bankiers Freundlach«) oder einer gesellschaftlichen Konvention oder in demjenigen der Eltern oder anderer? Das Kartographieren, das der Lenzsche Text betreibt, zeigt sich hier in seiner Dreidimensionalität: Es geht nicht allein darum, Verbindungen und Entbindungen zwischen Diskursen und Figuren horizontal nachzuzeichnen, sondern insbesondere auch darum, deren unterschiedliche Ebenen und diskurstektonische Verwerfungen vertikal zu durchlaufen. Die »große Karte menschlicher Schicksale« läßt sich nur erstellen, wenn die Schichtungen der Diskurse bedacht werden, wenn der diskursive Ungrund der Diskurse vermessen wird.

Es besteht hinter der gesamten Geschichte von *Zerbin oder die neuere Philosophie* ein Gespinnst von Sprachprägungen. Und dies nicht nur auf der inhaltlichen Ebene der Figuration, sondern auch auf derjenigen der Gestaltung des Textes selbst. Dieser stützt sich nicht auf ein präsentes Erzählen, er verweist auf Texte, die ihm vorangehen, und dies an zwei Stellen: »Folgende Erzählung, die aus dem Nachlaß eines Magisters der Philosophie in Leipzig gezogen ist ...« (354) »Folgende Papiere, die man in seinem [Zerbins – gwb] Schreibtisch gefunden.« (378) Der Text der Erzählung insgesamt erscheint somit weniger als das Werk eines Schriftstellers, denn mehr als das eines Editors. Eine Herausgebertätigkeit begründet ihn, der sich damit ganz auf sprachlich Präformiertes stützt. Jegliche sprachliche Eigenart bestreitet der Text von Lenz zusätzlich, wenn er sich in eine wahre Serie von Texten einordnet.

Zwei, drei Tage war alles in der Stadt in Bestürzung, man sprach in allen Gesellschaften von nichts als der schönen Kindermörderin. Man schrieb Gedichte und Abhandlungen über diesen Vorfall. (377)

Die Erzählung *Zerbin oder die neuere Philosophie* ist selbst Teil eines vielfältigen Textgeschehens. Sie reiht sich unter »Gedichte und Abhandlungen«, die alle dem gleichen Thema gewidmet sind, und versucht nicht, diesen gegenüber irgendeine Spezifik zu behaupten. Nichts scheint besonders daran, von Zerbin zu erzählen oder sein Schicksal zu kommentieren. So dekonturiert sich die Erzählung in zwei Richtungen: einerseits in Richtung der Serie von Texten, zu denen sie gehört, und andererseits in Richtung der Texte, die ihr vorausgehen und die sie bloß ediert. Das Funktionieren ihrer Sprache wird nicht innerhalb ihrer gestiftet, sondern ist schon gegeben, bevor sie beginnt. Alle Sprache, die sie verwendet, kommt ihr präformiert an, bereits mit Bedeutungen befrachtet, bevor sie sie befrachten könnte.

Wie aber steht es um die Praxis textlicher Kommentare im Zerbin? Widerspricht diese nicht den thematisierten Präformationen? Meldet sich da nicht ein spezifischer Autor zu Wort, der den anderweitig vorhandenen Herausgeber leicht aus dem Feld schlägt? Bezüglich dieser Fragen gilt es zu beachten, wie der Lenzsche Text eine bzw. seine Erste Person setzt. Diese reicht er durch alle Ebenen der Erzählung durch und entgrenzt dabei Erzähltes und Kommentierendes wechselseitig. Er beginnt schon im ersten Rahmen mit den Worten »Ach! ich fürchte, ...« (354) Derselbe Gestus kehrt rasch in der Erzählung zurück: »Man lobpreise mir was man wolle von Tugend und Weisheit ...« (356) Zuletzt sind so auch die Gedanken der Figur gehalten: »Ich darf also die Achtung, die ich der Gesellschaft schuldig bin, nicht aus den Augen setzen.« (370) Wider die unterschiedlichen Ebenen, aus denen der Text sich zusammenfügt, ist die Figur des Ich egalisiert. Sie geht gleichsam in die Masse dessen, was ediert oder in einer gewöhnlichen Weise abgehandelt wird, ein. Damit geht sie dem Kommentar als Instanz, die ihn in seiner Spezifik stützen könnte, verloren. Das Wechselspiel des Ich zeigt deutlich, daß auch der Kommentar ein Moment aus den sprachlichen Gestaltungen ist, die der Text nicht beherrscht, sondern sich implementiert, oder die er collagiert. Solche Dekonturierung setzt sich darin noch fort, daß die zu Beginn eröffneten Rahmen des Textes, an die eine reine Kommentar-Instanz möglicherweise zu binden wäre, am Ende nicht geschlossen sind. Der Text bleibt in Sprachen zurück, die er nicht begründet hat.

Die Erzählung von Lenz gewinnt damit eine markante Charakteristik: Es kümmert sie nicht, wer spricht.[8] Nichts hängt an dieser Frage. Die Textur funktioniert, »so lange das Maschinenwerk des fremden Verstandes, der [sie] in Bewegung setzt, fortwirkt« (358). Demnach ist es unzutreffend zu sagen, daß im Zerbin »die ›Wirklichkeit‹ an sich schon textuell vorgeformt«[9] sei. Zwischen Wirklichkeit und textueller Formung läßt sich hier, das macht die Pointe aus, gar nicht mehr trennen. Wenn überhaupt Wirklichkeit hier begrifflich profiliert werden kann, dann immer als textuell geformte. Daß ständig Texte dazwischen kommen, ist nicht etwas, das der Text melancholisch als Verlust von Authentizi-

---

8   Foucault zitiert in diesem Sinne Beckett mit der Frage »Wen kümmerts, wer spricht«; vgl. dazu »Was ist ein Autor?«, in: *Schriften zur Literatur*, Frankfurt/M.: Fischer 1988, 7-31.
9   K.A. Wurst, »»Von der Unmöglichkeit, die Quadratur des Zirkels zu finden‹. Lenz' narrative Strategien in *Zerbin oder die neuere Philosophie*«, in: *Lenz-Jahrbuch*, Band 3 (1993), 77.

tät konstatiert, sondern seine positive Aussage. Deshalb interessiert er sich auch nicht dafür, wer welchen Text spricht, sondern dafür, wie die Texte zusammenhängen, sich unter- bzw. überlagern etc.

Die Selbstverständigung der Erzählung läßt sich nun noch einmal auf die Ebene des Erzählten zurückblenden. Der Editor, der hinter dem Text steht, wurde zugleich als Nachlaßverwalter bestimmt. Er findet seinen Text, das Kernstück der Erzählung, in einem »Nachlaß«. Nicht aber nur das sprachliche Material ist ihm nachgelassen, um von ihm ediert zu werden. Auch das figurale Material wird von ihm wie ein Nachlaß vorgestellt. Seine Darstellung der entlaufenden Figur und ihrer Verkehrung trägt ganz die Züge, von einem Nachkommen verfaßt zu sein. Der Text notiert nicht eine Figur, an der er partizipiert, sondern die er distanziert in ihren Bewegungen noch einmal betrachtet, um so hinter diese Bewegungen zu kommen. Er studiert den Ansatz der Figur des Entlaufens, der Exklusion.

Zerbin oder die neuere Philosophie stellt ein Symptom dafür dar, daß Exklusion denkbar geworden ist. Sie wird nicht einfach vollzogen, sondern mit einer gewissen Distanz kommentiert. Wer eine solche Distanz einnimmt, signalisiert zwei Momente: Erstens zeigt er, daß er die Ebene des Ansatzes von Diskursen berücksichtigt. Der Diskurs offenbart eine Sensibilität für die Optionen des Ansatzes. So wird der Ansatz zu einem Thema, das im Sturm und Drang weiter verfolgt werden kann. Zweitens zeigt er, daß er einen Umschlag von Exklusionen zu erfassen vermag. Die Erzählung beleuchtet scharf, daß Exklusionen an einen Punkt geraten können, an dem sie nicht mehr funktionieren. Dieser Punkt und seine Konsequenzen rücken in den Fokus des Interesses. Lenz exponiert so eine weite Fragestellung für den Sturm und Drang. Hier wird erzählt, was ihn an anderen Stellen umtreibt, ohne daß er darauf explizit zu sprechen käme.

Erstes Zwischenstück: Der Sturm und Drang, Kant und Spinoza

Man könnte den Sturm und Drang selbst als eine entlaufende Figur erzählen, begreift man ihn innerhalb eines Kräftefelds, das die zweite Hälfte des 18. Jahrhunderts zumindest in der deutschsprachigen philosophischen Debatte prägte: »Kant und Spinoza – Spinoza oder Kant!«[1] Demnach hätte er seine Herkunft bei Kant und gewönne seine gesamte Entwicklung dadurch, daß er allmählich zu Spinoza als orientierender Instanz überliefe. Aus dieser Dramaturgie heraus probt der Sturm und Drang selbst das Entlaufen, das ihn bewegt.

---

1 C. Brunner, »Spinoza gegen Kant und die Sache der geistigen Wahrheit«, in: K.O. Meinisma, *Spinoza und sein Kreis*, Berlin: Schnabel 1909, 3; zur neueren Einschätzung: R. Wiehl, »Von der Teleologie zur Theologie« / P. Rohs, »Zwischen Spinoza und Kant«, in: M. Walther (Hg.), *Spinoza und der deutsche Idealismus*, Würzburg: Königshausen und Neumann 1992, 15-50.

Eine Herkunft bei Kant ist biographisch leicht skizziert: Sowohl Herder als auch Lenz waren Kant-Schüler und haben von ihrer Schülerschaft beide Dokumente hinterlassen, die in sehr unterschiedlicher Weise Kant huldigen. Herder antwortet mit seinem kurzen Traktat *Versuch über das Sein* auf Kants *Der einzig mögliche Beweisgrund*. Lenz hingegen hat Kant eine kleine Ode verehrt: *Als Sr. Hochedelgeboren der Herr Professor Kant den 21sten August 1770 für die Professor-Würde disputierte*.[2] Da auch Herders Text eine Widmung an den Lehrer voranstellt, läßt sich sagen, daß beide unabhängig von ihrer Genre-Differenz eine Anhänglichkeit gegenüber Kant markieren. Die Schüler verlassen beide nach bestimmter Zeit den Ort ihrer Schülerschaft. Herder bricht mit dem Schiff über die Ostsee in Richtung Westeuropa auf. Lenz begibt sich in die Dienste der Barone von Kleist, als deren Hofmeister er in Richtung Straßburg folgt. Inwiefern läßt sich nun sagen, daß diesem biographischen Aufbruch auch einer des Denkens korreliert ist? Spätestens mit der Auseinandersetzung um Kritik und Metakritik und mit der Debatte, die sich an seine *Ideen zur Philosophie der Geschichte der Menschheit* anschließt, wird sich Herder weit von Kant entfernt haben. Der Weg dieser Entfernung, so läßt sich hier erzählen, beginnt bereits im Sturm und Drang. Er verbindet sich mit dem Namen Spinoza, auch wenn bezüglich seiner die biographischen Zeugnisse eher spärlich sind. Markant ist die Rezeption, die Goethes *Prometheus-Ode* in Lessings Hand erfuhr. Ihr Text galt als Paradigma des Spinozismus und stellte eine der Initialzündungen des Spinozastreits dar.[3] Es gibt aber keine explizite Anknüpfung des Sturm und Drang an Spinoza.

Dennoch funktionieren viele seiner Bewegungen genau so, als suchte er, sich an der schillernden Figur des neuzeitlichen Rationalismus zu orientieren. Was die Kant-Schüler bei Spinoza finden, ließe sich folgendermaßen umschreiben: Er bietet ein Denken, das auf jede Begründungsmaschinerie verzichtet, das von einer ungebrochenen Immanenz her denkt.[4] Spinoza bietet denjenigen ein Vorbild, die die notorischen Sicherungsbemühungen Kants hinter sich lassen wollen. Aus einer Einheit heraus zu denken raubt der Angst vor der Unbegründetheit ihren Stachel. In der Einheit zählen mehr die Entwicklungen als die Begründungen. In diesem Sinne arbeitet Herder in seinem *Versuch über das Sein* an einer »Logik der ›genetischen Erkenntnis‹ der Ordnung des Verstandes und der Ordnung der Natur, die spezifisch anti-transzendental verwendet wird«.[5] Der Ab-

---

2 Lenz, WB 3, 84.
3 Vgl. Jacobi, *Über die Lehre des Spinoza*; vgl. zum Spinozastreit überhaupt z.B.: J. Teller, »Das Losungswort Spinoza. Zur Pantheismusdebatte zwischen 1780 und 1787«, in: H.-D. Dahnke und B. Leistner (Hg.), *Debatten und Kontroversen: Literarische Auseinandersetzungen in Deutschland am Ende des 18. Jahrhunderts*, Berlin-Weimar: Aufbau 1989, 135-192.
4 Vgl. dazu Blumenberg, *Die Genesis der kopernikanischen Welt*, 448ff; vgl. in anderer Weise: F.J. Wetz, *Das nackte Daß: Die Frage nach der Faktizität*, Pfullingen: Neske 1990, 60.
5 W. Proß, »Spinoza, Herder, Büchner: Über ›Gesetz‹ und ›Erscheinung‹«, in: *Georg-Büchner-Jahrbuch*, 2. Bd. (1982), 69.

stand zur Transzendentalität wird in einer Immanenz-Haltung erreicht. Diese läßt sich in fast allen Bewegungen des Sturm und Drang ausmachen. Nicht nur ein Aufkommen genetischer Schemata, auch ein spezifischer Monismus des Sprechens wie des Denkens und eine Skepsis gegenüber stabilen Differenzierungen kennzeichnen die Haltung.

Ein marginales Beispiel gibt diesbezüglich ein Kommentar zur Möglichkeit von Anthropologie, der sich bei Herder und Lenz gleichermaßen findet. Herder notiert polemisch: »Tiere denken also, Menschen sind sich des Denkens bewußt! Gut.«[6] Lenz kommentiert eine Differenzierung bei Aristoteles mit den Worten »Ein Glück, daß er [Aristoteles – gwb] *vorzüglich* sagt, denn was würde sonst aus den Affen werden?«[7] Beide Autoren signalisieren, nicht auf den Spalt zwischen Animalitas und Humanitas setzen zu wollen. Mit Gesten dieser Art weist der Sturm und Drang in Richtung des »Hen kai pan«, das den Weg zum Deutschen Idealismus öffnet.[8] Besonders auch die Figur der Inklusion, die im Folgenden entwickelt wird, ist Teil einer »Vereinigungsphilosophie«, die von Herder, Goethe und Lenz verfolgt wird.

Die Geschichte, in der die Schüler Kants zu einem anderen Lehrer, den hier Spinoza spielen könnte, entlaufen, hat nun folgende Bedeutung. Der Sturm und Drang schaut sich selbst zu, wo er sich als Figur des Entlaufens ergibt. Wenn Lenz über seinen Protagonisten Zerbin schreibt und dessen Bewegungen studiert, schreibt er zugleich über die eigene Bewegung, die er mit dem gesamten Kontext des Sturm und Drang teilt. Der Aufbruch, der dort in Richtung eines neuen Lehrers ausgeführt wird, treibt allerdings über sich hinaus. Wo Lenz mit seinen Partnern den Aufbruch probt, steht er zugleich neben sich und betrachtet die Verkehrung der Exklusion, an der er selbst Teil hat. Immer bewegt er sich schon außerhalb von ihr, während er doch von ihr seinen Ausgang nimmt. Das hat zur Folge, daß der Sturm und Drang aller Exklusion mit der augenzwinkernden Distanz begegnet, sie einerseits zu sein, und sie andererseits aus einem anderen Ansatz heraus nachzuzeichnen.

Es dürfte sich um das übliche Schicksal derjenigen handeln, die im Namen Spinozas entlaufen. Der Lehrer schickt hier jeglichen, der sich an ihn wendet, über sich hinaus, macht nicht bloß Schule. In Spinoza selbst ist das Prinzip, eine Schule zu etablieren und als Bezugspunkt von Befreiungsbewegungen zu fungieren, gebrochen. Auch davon berichtet in seinen Bewegungen der Sturm und Drang, zeichnet man ihn in das Kräftefeld zwischen Kant und Spinoza ein. Spielt Spinoza hier wie auch in den darauf folgenden Dezennien die Rolle des Lehrers, so destabilisiert er die, die sich auf ihn berufen, in ihren Bewegungen. Davon gibt der Sturm und Drang ein Beispiel.

---

6 Herder, *Versuch über das Sein*, WKV 1, 10.
7 Lenz, *Anmerkungen übers Theater*, WB 2, 646.
8 Vgl. allgemein Timm, *Gott und die Freiheit*.

3 Die Insistenz der Exklusion bei Rousseau und Hamann

> ERSTE STIMME: Ist Tugend der Müh wert?
> ZWEITE STIMME: Machen Künst und Wissenschaften besser?
> EINE MENGE GEISTER rufen: Tugend ist der Müh nicht wert.
> EINE MENGE GEISTER rufen: Künst und Wissenschaften machen schlechter.
> WELTGEIST: Eßt, liebt und streitet! euer Lohn ist sicher.[1]

Die Exklusion kommt von weither. Sie scheint verbunden mit allem Anfang des Denkens, eingesenkt in die Axiomatik, die alle Ereignisse des Denkens hervorbringt. Der gesamte Diskurs des Abendlands, so zeichnet es sich ab, hat sich exklusiven Gesten verschrieben. Woher aber stammt das Exklusive? Wie ist sein Gesetz begründet und wie gibt es sich weiter? Ist es selbst alle Gesetzgebung oder stellt es nur ein Moment aus einem umfassenderen System dar? Es gibt mittlerweile einige Versuche, die Grundgesetzlichkeit von Diskursen zu rekonstruieren, die möglicherweise auch Antworten auf die Frage nach dem Exklusiven abgeben. So wurde von Nietzsche einerseits der »rätselhafte Wahrheitstrieb«[2] und andererseits der »Wille zur Macht«[3] zur Rekonstruktion aller Basis von Diskursen vorgeschlagen. Foucault knüpfte daran an und sprach seinerseits vom »Willen zum Wissen«[4], der umfassend vorliege. Bei diesen Vorschlägen geht es immer darum, etwas namhaft zu machen, das in allen Diskursen weitreichende Folgen produziert. Unter eine solche Beschreibung ließe sich auch das Exklusive fassen. Es könnte also sein, daß es mit den genannten Antrieben der Diskurse konvergiert.

Die Frage nach Struktur und Reichweite der Exklusion sprengt die Möglichkeiten, die innerhalb der Rekonstruktion einer spezifisch inklusiven Geste im Sturm und Drang gegeben sind. Sie soll hier nur in eingeschränkter Weise zum Tragen kommen, damit die Schwierigkeit sichtbar wird, die darin besteht, überhaupt auf inklusiven Grund zu gelangen. Die Frage wäre die folgende: Wohin gelangt der Umschlag der exklusiven Figur? Impliziert dieser Umschlag das Entstehen einer anderen Figur, die das Exklusive ablöst? Oder erhält sich das Exklusive über allen Umschlag bzw. über alle Verkehrung hinweg?

Es ließe sich erst einmal fragen, welche Formen überhaupt ein solcher Umschlag anzunehmen vermag. Gibt es, wie in Lenz' *Zerbin* zu lesen, eine Rückkehr zu den Präformationen, zu den vorgespurten Diskursen, dann erfolgt erst einmal eine rekursive Geste. Was die Logik der exklusiven Figur zuvor ausschloß, erfolgt

---

1 Lenz, *Pandämonium Germanicum*, WB 1, 270f.
2 Nietzsche, *Über Wahrheit und Lüge im außermoralischen Sinne*, KSA 1, 877.
3 Vgl. Nietzsche, *Nachlaß 1885*, KSA 11, 611, 629, u.a.
4 Foucault, *Der Wille zum Wissen*.

jetzt wieder: der Rückbezug auf vorhandene Diskurse. Besteht im Denken der Neuzeit auf der einen Seite der Drang zur radikalen Selbstbegründung, zur Selbstsetzung aller geltenden Werte, dann stellt auf der anderen Seite der Rückbezug auf Bestehendes ein gewisses Gegenprogramm dar. Rückwendungen und Ausstiege aus dem Fortschritt, Figuren der »Epoché« und der Kritik an Selbstbestimmung: sie stellen den Kontrapunkt zu der Stimme dar, die eindimensional darauf setzt, stets noch weiter voranzukommen. Dabei setzt solch ein Kontrapunkt auf die eine oder andere Weise darauf, daß Fortschritt oder Selbstbestimmung sich selbst das Gesetz geben, daß man sich gegen ihr Gesetz wendet, wenn man sich gegen sie wendet. Diese Annahme nun läßt sich mit der Exklusion verbinden. Dann steht in Frage, inwiefern sie analog zu den Gesetzen von Fortschritt und Selbstbestimmung funktioniert. Wird sie mit dem fortschrittsorientierten Denken zugleich abgeschüttelt oder zeigt sie Resistenzen noch dort, wo längst auf die ansteigende Bahn des Geistes nicht mehr gesetzt wird? Vor dem Horizont solcher Fragen wird nun im folgenden die Gestalt von Rekursionen exemplarisch nachgezeichnet.

Dem Sturm-und-Drang-Diskurs gehen in vielfältiger Weise Rekursionen voraus. Überhaupt ist das Denken des 18. Jahrhunderts von Rekursionen geprägt, von Rückbezügen auf verschiedenste Instanzen, die mit einem Mal den Grund menschlichen Selbstverständnisses abgeben sollen. Der sogenannte französische Materialismus wäre in diesem Sinne als Rückwendung zu deuten. Auch die Entstehung der kollektiven Singulare, insbesondere die Konjunktur des Singulars von Geschichte, von »Geschichte schlechthin«,[5] ließe sich in diesen Kontext einordnen. Immer werden die Diskurse rückbezogen auf einen Punkt, der alle Entwicklungen des diskursiven Geschehens prägen soll. Auch zwei direkte Vorläufer des Sturm und Drang gehören zu dieser Entwicklung: Rousseau und Hamann. Rousseaus Rekurs auf Natur stellt gleichsam das Paradigma eines Widerparts gegen eine sich in Selbstbestimmung optimierende Diskursivität. Und Hamann schickt das Denken immer wieder zurück: insbesondere zum Bibeltext und zur Sprache überhaupt. So bieten die beiden Anhaltspunkte für die Frage nach der Dimension von Rückwendungen des Denkens und stehen zugleich in Verbindung zum Sturm und Drang.

Zwei Lektüren sollen den kurzen Überlegungen zur Exklusion folgen. Die eine widmet sich der Szenerie, die von Rousseaus erstem Discours gezeichnet wird. Und die zweite handelt von dem Potential des Lesens, das in Hamanns *Sokratischen Denkwürdigkeiten* reklamiert ist. Dabei gilt es zu zeigen, daß Rekursionen vielfach noch exklusiven Gesetzen gehorchen, daß mit dem Umbruch der exklusiven Figur vielfach eine Rückkehr derselben in anderem Gewand verbunden ist. Zugleich wird so deutlich, daß der exklusive Ansatz nicht mit den Gesetzen von

---

5 Koselleck, *Vergangene Zukunft*, 130.

Fortschritt oder Selbstbestimmung identifiziert werden darf. Stößt man auf seine Insistenz, so muß er anders denn als Teil einer Fortschrittslogik reformuliert werden.

3.1 Exklusion im Ursprung: Rousseaus erster Discours

Zweifelsohne bietet Rousseaus Text, der auf die Frage nach den Leistungen des abendländischen Denkens im ganzen antwortet, eine Form des Rekurses, die alles andere als exklusiv scheint. Vielmehr brandmarkt er implizit diejenigen Diskurse, die ausgeschlossen haben, was er wieder zurückholt: die Natur. Er muß damit für sich reklamieren, nicht den Ausschluß fortzusetzen, den er bei diesen anderen beobachtet. So bietet sein Diskurs, beim Wort genommen, einen Ausstieg, zeigt die Wendung des aufs Fortkommen geeichten Denkens als eine Überwindung von dessen Gesetzen. Er kommt mit der Natur bei etwas an, das für weitere Exklusionen nicht zur Verfügung steht.

Die Szenerie, in der Rousseau diese Aussagen ansiedelt, sieht aber anders aus, als es die dezidierte Aussage gegen die ratiozentrischen Exklusionen vermuten ließe. Sie ist zu beachten, will man die Frage nach der Gestalt der hier zu findenden Rekursion beantworten. Es handelt sich um eine restlos theatrale Szenerie, mit der Rousseau arbeitet. Immer finden sich Akteure und Zuschauer, ein Bühnen- und ein Zuschauerraum, und allein mittels der zwischen diesen entstehenden Spannungen gelingt das Bild, das der Discours zeichnet. Diese Konstruktion beginnt damit, daß »un habitant de quelques contrées éloignées«[6] als Zuschauer eingeführt wird. Ihm wird das vom Abendland präsentierte Kulturwerk vorgelegt, auf daß er den Stand der Sitten innerhalb desselben beurteile. Dieser Zuschauer erhält aber nicht seine Rolle, damit der Text sich nachher an sein Wort halten kann und so die Frage, die die Akademie gestellt hatte, aus Sicht eines anderen beantwortet. Vielmehr sagt Rousseau über ihn aus: »c'est que cet étranger, dis-je, devinerait exactement de nos mœurs le contraire de ce qu'elles sont.« (14) Damit ist ein zweiter Zuschauer exponiert, die Erste Person Singular des Textes. Der erste Zuschauer tritt nur ein in das Bühnenspiel, um seinerseits wieder beobachtet zu werden, dabei beobachtet zu werden, wie er beobachtet. So entfaltet sich ein Spiel von einem Zuschauer und einem Zuschauer eines Zuschauers. Auf diesem Spiel fußt der ganze Kalkül Rousseaus. Die Bühne, die er sich zusammenzimmert, bietet keine Einkleidung seiner Gedanken, sondern liefert diesen ihr tragendes Fundament.

Was leistet nun das Meta-Theater, das der Text mit seinem Zuschauer bildet? Es eröffnet die Möglichkeit für den Prozeß der Entlarvungen, der im folgenden

---

6 Rousseau, *Discours sur cette question: Le rétablissement des sciences et des arts a-t-il contribué a épurer les mœurs?*, in: *Schriften zur Kulturkritik*, 14 (im folgenden mit Seitenzahlen im Text).

stattfindet. Dem Zuschauer muß die Logik der Täuschung und Maskerade beigebracht werden, dergemäß er später wird sagen können, daß er von dem Verhalten, was ihm zuerst zur Beurteilung vorgelegt wurde, getäuscht worden ist. Um dahin zu kommen, erweitert der Drahtzieher das Geschehen, auf das sein Zuschauer blickt, gibt diesem freie Sicht auf andere Szenen.

Avant que l'art eût façonné nos manières et appris à nos passions à parler un langage apprêté, nos mœurs étaient rustiques, mais naturelles; et la différence des procédés annonçait, au premier coup d'œil, cette des caractères. La nature humaine, au fond, n'était pas meilleure, mais les hommes trouvaient leur sécurité dans la facilité de se pénétrer réciproquement; et cet avantage, dont nous ne sentons plus le prix, leur épargnait bien des vices. (10)

Diese Szene wird dem Fremden gezeigt, um ihn gleichsam zu seinem gewohnten Blick einzuladen: Hier darfst du alles für bare Münze nehmen, hier zeigt sich auf den ersten Blick, was tatsächlich Bestand hat. An der Differenz der Szenen, die er jetzt zu überblicken vermag, soll er eine Differenzierung lernen. Beidemal erkennt er ja Sittenhaftigkeit. Aber in der Szene des Ursprungs ist es eine, die sich direkt in den Handlungen zeigt, wohingegen sie in der Szene der abendländischen Kultur nur vorgespielt wird. Der Zuschauer hat also zu lernen, daß es eine Natur gibt, in der sich alles auf den ersten Blick so zeigt, wie es ist, und daß sich davon ein Zustand unterscheidet, bei dem, wer das tatsächlich Vorhandene erkennen will, genauer hinsehen muß. So wird ihm nahegebracht, mit einem zu rechnen: »en un mot, les apparences de toutes les vertus sans en avoir aucune« (8). Von der Differenz der Szenen her vermag der Fremde nun auch der Logik von Maskerade und Verstellung zu folgen. Für ihn wird sichtbar, daß die Kulturleistungen dem Menschen in erster Linie ein Arsenal von Trugmanövern zur Verfügung gestellt haben. Genau dieses Arsenal unterscheidet sich ja von ihm selbst, der er dem ersten Augenschein des Abendlands hatte Glauben schenken wollen und erst aufgrund eines weiteren Sichthorizonts die Verstellung erkennen lernte. Implizit wird der Zuschauer also auf die Natur seines Blicks gestoßen. Diese Natur bietet, was zur Kultur der Verstellungen nicht paßt: die Einfachheit des Blicks, das unmittelbare Erkennen des Tatsächlichen. So sind im Fortgang der Handlung beide Zuschauer in die Lage versetzt, in die euphorischen Worte einzustimmen, die der Text der Natur widmet.

Peuples, sachez donc une fois que la nature a voulu vous préserver de la science, comme une mère arrache une arme dangereuse des mains de son enfant; que tous les secrets qu'elle vous cache sont autant de maux dont elle vous garantit, et que la peine que vous trouvez à vous instruire n'est pas le moindre de ses bienfaits. (28)

Gemäß der Natur gibt es keinen Blick, der sucht, was dahinter ist. Genau dieser Vorzug ist in dem Fremden selbst gegenwärtig. Die Natur kommt damit nicht in die Gefahr, verlorener Ursprung zu sein, sondern bietet eher einen stets möglichen Urgrund. »Der beinahe-gesellschaftliche Zustand der Barbarei kann *faktisch* vor oder nach, ja sogar während und unter dem Gesellschaftszustand existieren.«[7] Das genau ist es, was sich dem und in dem Fremden offenbart. Die Natur ist an keinem Punkt so angesetzt, daß sie einer gesellschaftlichen Kultur radikal abgegrenzt gegenüberstünde, daß sie dieser vollkommen inkongruent wäre. Sie ist nicht das vergangene Korrektiv gesellschaftlichen Verfalls. Sondern sie steht als gegenwärtig gehaltener Kontrast zur Verfügung. In all ihrer Andersartigkeit steht sie der Gesellschaft nahe.

Was folgt nun aus der theatralen Entwicklung, die der Discours ins Rollen bringt? Es handelt sich nicht um einen bloßen Rekurs auf Natur. Natur ist für den Text gar nicht so vorhanden, daß er auf sie rekurrieren könnte. Vielmehr entsteht auf dem Theater Rousseaus ein Mechanismus interner Abspaltungen. Zu beobachten ist dieser Mechanismus in der Positionierung von Natur. Rousseaus Text läßt keinen Zweifel daran, daß er Natur überhaupt nicht in einem umfassenden Sinne aufzurufen gedenkt. Es handelt sich gleichsam um eine purifizierte Natur, mit der er es aufnimmt. In dem Moment, in dem der Text auf einen Wert wie Natur rekurriert, spaltet er ihn intern und kommt so zu einer Wertvermehrung. Die vollführten internen Abspaltungen haben zuletzt immer eines zur Folge: die Rettung der bestehenden Werte. Hier offenbart sich die noch exklusive Logik, die in dem doppelbödigen Theater am Werk ist. Dieses Theater besteht in exklusiven Figuren. Das zeigt sich schon darin, daß es nicht mit einem Zuschauer auskommt, daß es bereits den Zuschauerraum aufspaltet. Aus dieser Spaltung heraus kann der Text immer distanziert von seinem Zuschauer arbeiten. An keiner Stelle läßt er sich auf das ein, was von dem Zuschauer her vorliegt. Insofern stimmt die Diagnose Starobinskis, Rousseau beziehe eine »zunehmend *exzentrische* und marginale Stellung gegenüber der Welt der Lebenden«,[8] und stimmt auch gerade nicht. Gegenüber seiner Figur bezieht er diese Stellung, aber innerhalb der gesamten Konstruktion läßt er viel eher die Figur diese Stellung beziehen, um nicht von der Marginalität affiziert zu werden. Es ist gleichsam eine gereinigte Exzentrik, auf die der Text aus ist.

Bedarf es aber zur Herstellung interner Abspaltungen der Bühne, wie Rousseau sie fabriziert? Es bedarf dieser Bühne, um das Wertgeschehen in Bewegung zu setzen, um nicht in einer Bipolarität der Wertungen zu verharren. So finden sich im Text eine Reihe von Doppeln, die jederzeit gegeneinander verschoben werden können, wenn sie einmal an den einen, dann an den anderen Zuschauer geheftet werden: beispielsweise Natur und Kultur, Tugend und Sittlichkeit, Natur und Geschichte. Insbesondere drei Spiele lassen sich beobachten, die mit der Bühnenmechanik interner Abspaltung funktionieren. Sie sollen hier kurz betrachtet werden.

---

7   Derrida, *Grammatologie*, 436f.
8   Starobinski, »Rousseau und die Suche nach den Ursprüngen«, in: *Rousseau*, 410.

(1) Das erste Spiel, das auf der vollständig eingerichteten Bühne stattzufinden vermag, ist das der Rettung der Tugend. Es handelt sich um eines der artistischen Momente in Rousseaus Vorstellung, daß aller Rekurs auf Natur dem Leitwert der Tugend folgt. So kündigt es bereits die Einleitung an: »... c'est la vertu que je défends devant des hommes verteux.« (4) Tugend tritt zuerst als ein Wert auf, den die Kultur für sich reklamiert. Dann führt Rousseau seinem Zuschauer vor, daß es sich dabei nur um den Schein von Tugend handle. So könnte die Situation entstehen, daß auf Tugend im weiteren nicht mehr zu setzen ist, daß auch sie dem scharfen Urteil unterliegt, das gefällt wird: »Nos âmes se sont corrumpues à mesure que nos sciences et nos arts se sont avancés à la perfection.« (14) Diese Alternative wirft sich dem Text aber nicht auf, beharrt doch der Zuschauer auf der Tugend, die er gesehen haben will, und wird dies solange tun, bis er sie verortet hat. Es gelingt die Auslösung der Tugend aus aller Kultur und ihre Resituierung im Bereich der Natur. Zuvor aber übernimmt der Zuschauer es, im Namen seiner Tugend eine Rückkehr zur Natur anzumahnen. Die Aufrichtigkeit des ersten Augenscheins ist ein tugendhaftes Moment, das der Zuschauer geltend zu machen berechtigt wird. Schließlich kann es somit heißen: »O vertu! science sublime des âmes simples.« (56)

(2) Das zweite Spiel, das aus der Maschinerie der Abspaltungen hervorgeht, bekräftigt noch weitergehender den Sinn des Theaters. Der Text kann auf dem Theater hin- und hergehen, ohne seine Figuren zu stabilisieren, ohne ihnen feststehende Begründungen zu geben. Das heißt, daß er nicht linear argumentiert, sondern seine Schritte szenisch begründet. In der Wechselrede der Zuschauer zählt nichts in so endgültiger Weise, daß der Weg, den der Text nehmen will, irgendwann verstellt sein könnte. Hält man jedoch das Theater an und blendet die verschiedenen Einschaltungen übereinander, so erscheint eine Situation, die nicht den Fortgang nehmen kann, wie Rousseau ihn produziert. Es herrscht in der Stillstellung zutiefst Unsicherheit darüber, wie und ob überhaupt ein Rückbezug auf ursprüngliche Werte funktionieren könnte. Dabei geht es um die Frage, wie überhaupt »Wissenschaften und Künste«, die kritisierten Kulturleistungen, ihre Wirksamkeit entfalten. Mindestens drei Optionen erwägt der Text hinsichtlich dieser Frage.

Einerseits befinden sich »Wissenschaften und Künste« ganz auf dem Pfad der Tugend, das heißt der Selbstverbesserung des Menschen. Insofern folgen sie Prinzipien, die Rousseaus Text, wie dargestellt, teilt und die es nach ihm aufrecht zu halten gilt. Andererseits aber wird die Wirksamkeit auch in ganz anderer Weise begründet:

Sans cesse la politesse exige, la bienséance ordonne; sans cesse on suit des usages, jamais son propre génie. On n'ose plus paraître ce qu'on est; et, dans cette contrainte perpétuelle, les hommes qui forment ce troupeau qu'on appelle société, placés dans les mêmes circonstances, feront tous les mêmes choses si des motifs plus puissants ne les en détournent. (10)

DIE INSISTENZ DER EXKLUSION 67

Die hier gegebenen Beschreibungen drehen sich ganz um Macht oder Herrschaft des Kulturellen. Diese etablieren sich demnach mittels des Zwangs, den sie ausüben. Wer sie kritisieren will, muß sie als Macht-Dispositv und nicht als Inhalt zu fassen bekommen. Zuletzt aber gelangt der Text noch zu einer von den ersten beiden restlos divergierenden Einschätzung, die sich unter anderem in folgender Beschreibung äußert:

Si les sciences épuraient les mœurs, si elles apprenaient aux hommes à verser leur sang pour la patrie, si elles animaient le courage, les peuples de la chine devraient être sages, libres, et invincibles. (16)

Hier kehrt sich die Argumentationslinie um: Weder ihr falscher Geist noch ihre Machtausübung stellt das dar, was an »Wissenschaften und Künsten« zu kritisieren ist, sondern ihre Wirkungslosigkeit. Nicht sollte man sie so in Frage stellen, weil sie den Menschen qua Macht oder falscher Werte von seinem Eigentlichen abbringen. Vielmehr wäre es ihre Ohnmacht, deretwegen sie den Menschen nichts nützen. Aus diesem Blickwinkel rät denn auch Rousseau: »Revenez donc sur l'importance de vos productions.« (32)

Der Discours spielt Versionen der Begründung einer Rückkehr zur Natur durch, die zuletzt nicht zur Deckung zu bringen sind. Auf der einen Seite könnten die Kulturleistungen Ursprüngliches verstellen, den Menschen seiner Natürlichkeit berauben; auf der anderen Seite haben sie gerade nicht die Macht, ihn zu dem zu formen, zu dem sie ihn formen sollten. Die offenen Widersprüche in der Einschätzung des Status Quo haben nun zur Folge, daß auch die Figuren der Rückkehr unterschiedlich ausfallen. Einmal gilt es, das zurückzuholen, was die Beschaffenheit des Menschen ausmacht und was von dessen Produktionen verschüttet wurde. Ein andermal gilt es, sich auf das zu besinnen, was allein bleibt, wenn klar ist, daß »Wissenschaften und Künste« keine bleibenden Wirkungen zeitigen. In dieser Widersprüchlichkeit scheitert Rousseaus Discours aber nicht. Vielmehr zeigt sich in ihr, wie er seine Reversion exklusiv durchsetzt: Immer gilt diese nur partiell, sichert sich in Einschränkungen ab. Sie wird szenisch evoziert. Das Theater bietet ihr einen Rahmen, in dem sie nie ganz und gar vollzogen werden muß, sondern immer mit einem exklusiven Rückhalt angelegt werden kann. Dieser besteht in der Gültigkeit der jeweiligen Szene. Der Ausschnitt, der dort nur zu sehen ist, kann beanspruchen, alles zu sagen.

(3) Zuletzt gelingt auf dem Theater der umfassende Akt Rousseaus. Der Text gründet seine eigene Epoche: die »Epoche Rousseaus« wird nicht mit dem Text, sondern in ihm eröffnet. Das gelingt ihm mittels der internen Abspaltungen, auf die hin er angelegt ist. Zuletzt spaltet er sich auch von sich selbst ab, inszeniert das, was man als seine eigene Position bezeichnen könnte, als etwas, was er selbst noch einmal in der Hand hat oder wovon er sich distanziert. Ein Beispiel dieser Distanz, die er von der gesamten Konstruktion nimmt, bietet der Zuschauer, den die Regie des Discours ganz beherrscht. Der Zuschauer wiederum steht für alle

weiteren Zuschauer, die in das Rousseausche Bühnenspiel eintreten könnten. Mit ihm beherrscht der Text so alle seine RezipientInnen, denen er suggeriert, sie sollten genau die Position des Fremden einnehmen. Alle, die ihm nachfolgen, sollen sich in das Geschehen von Maskerade und Entlarvung verfangen. Ihnen wird die Reversion mehr eingesagt, als daß sie ihnen zur Diskussion gestellt wäre. Rousseau schreibt nicht auf Erben hin, die seine Position übernehmen könnten; er schafft Figuren auf seinem Theater.

Ein anderes Beispiel bildet die Einschätzung, mit der sich der Discours in Szene setzt: »Heurtant de front tout ce qui faut aujourd'hui l'admiration des hommes, je ne puis m'attendre qu'à un blâme universel.« (2) Diese Angabe liest sich wie eine konventionelle Selbstbeschreibung eines Abweichlers. Sie scheint gleichsam ein revolutionäres Selbstverständnis auszudrücken, wie wenige Jahrzehnte später dasjenige von der »kopernikanischen Wende«. Tatsächlich aber geht der Text in dieser Aussage auf Distanz zu sich selbst. Er konstituiert in sich den Abweichler, die »Epoche Rousseaus«. Dieses Vorgehen erlaubt es ihm, untergründig gerade an allem, »qui faut aujourd'hui l'admiration des hommes«, festzuhalten. Er kann an dem Boden von Werten festhalten, die ihm von den Vorläufern übergeben sind und hinsichtlich derer er die Produktionen des Menschen aufs neue ausmißt. Er stellt sich nicht in Konkurrenz zu einer anderen Epoche, beispielsweise derjenigen Descartes'. Und genau das erreicht er, indem er seine eigene Epoche als Figur gründet, die er beherrscht, die er selbst nur insofern darstellt, als er sich intern von sich selbst abspaltet. Die Reversion der Epoche, die er heraufbeschwört, bleibt so abgeschirmt. Sie steht in den Kontinuitäten, auf die sich das Theater Rousseaus stützt.

Die ganze Rückkehr Rousseaus zu einem Ursprung Natur funktioniert exklusiv. Immer wird sie von Spaltungen getragen. Immer bleiben hinter dem Geschehen des Umbruchs die tragenden Werte intakt. Eine Anrufung des Ursprungs allein reicht nicht hin, das Gesetz der Exklusionen aufzuheben.

3.2 Der älteste Text: Hamanns *Sokratische Denkwürdigkeiten*

Die Texte des Herder- und Kant-Freundes Johann Georg Hamann sind alle im höchsten Maße vertraut mit der Thematik der Präformation. Sie stellen gleichsam Flickenteppiche aus Sprachwerk dar, bestehen aus nichts als Mustern und Konstellationen von Zitaten. Bietet Rousseau das Paradigma einer Rückwendung gegen den Fortschritt, so Hamann dasjenige einer Rückwendung gegen die Selbstbestimmung. Hamann, so könnte man paraphrasieren, läßt sagen. Immer richtet er im Namen anderer aus, was er sagt, nie nimmt er die Worte auf sich und versucht, ihnen seine eigene Richtung zu geben.

Diese Charakteristik Hamannscher Texte wird in den *Sokratischen Denkwürdigkeiten* grundgelegt. Es handelt sich – analog zu Rousseaus erstem Discours – um einen programmatischen Text, den Hamann seinen beiden bevorzugten

Gesprächspartnern, Michaelis und Kant, als seine Position unterbreitet. Das Programm besteht auch darin, sich in anderer als der gewohnten Weise auf Texte zu stützen.[9] Hamann hebt darauf ab, eine spezifische Weise des Umgangs mit Texten und damit auch des Lesens entwickelt zu haben. Er stürzt sich rückhaltlos in Sprachliches, ohne irgendeinen Punkt von dieser Bewegung auszunehmen. Das Textspiel, das dadurch entsteht, wird von niemandem kontrolliert, niemand befindet sich außerhalb der figuralen Beiträge, um sich von ihnen frei zu halten. Wer hier schreibt, kalkuliert ein, daß er den Zugriff auf das von ihm präsentierte Textmaterial in jedem Moment verlieren könnte, daß es gegen eine Ordnung, in die er es möglicherweise stellt, aussagen könnte.

Der Versuch, die Reversion Hamanns auszumessen, hat sich also an dessen Umgehen mit Textkorpora zu orientieren. Seine Texte wollen danach gefragt werden, welche Stellung sie zu den Texten beziehen, aus denen sie sich zusammensetzen, die sie sich implementieren. Wie liest der Autor Hamann die von ihm verwendeten Sprachgebilde? Gibt es eine Ordnung, die das Hantieren von diesen steuert? Hamanns Text sagt explizit, daß die Arbeit mit sprachlich Präformiertem sein Ideal darstellt, daß er bezüglich dieser Arbeit beurteilt werden will.

Ein sorgfältiger Ausleger muß die Naturforscher nachahmen. Wie diese einen Körper in allerhand willkürliche Verbindungen mit andern Körpern versetzen und künstliche Erfahrungen erfinden, seine Eigenschaften auszuholen; so macht es jener mit seinem Texte.[10]

Hamanns Stellung zu den von ihm aufgegriffenen Texten ist hier wie folgt angegeben: Es gibt keinen Punkt außerhalb von Texten, der diesen vorausgeht, auf den hin sie herangezogen werden. So entsteht der Spielraum, sie in »willkürliche Verbindungen« zu stellen und »künstliche Erfahrungen« mit ihnen zu machen. Daß der Umgang mit dem naturwissenschaftlichen analogisiert wird, bedeutet nicht, daß er objektivistisch oder realistisch wäre. Der von Hamann gesetzte Akzent steht viel eher umgekehrt: Es geht um die Willkürlichkeit des Experiments, die im Textgeschehen hergestellt werden soll: irgendwo mit dem Material anzufangen und zu schauen, wohin man gelangt. Das bedeutet in erster Linie, sich ganz auf das Material einzulassen, es nicht nach einer vorgängigen Hinsicht zu verwenden. Den »Ausleger«, dem dies gelingt, kennzeichnet ein gewisses Desinteresse. Ein solches wird auch von Hamann, wie immer in chiffrierter Form, artikuliert, als Motto seines gesamten Vorgehens: »... für die lange Weile des Publikums zusammengetragen von einem Liebhaber der langen Weile.« (5; N II, 57) Es ist ein langwieriges Spiel mit und von Texten, auf das Hamann sich ein-

---

9 Vgl. zu den *Sokratischen Denkwürdigkeiten* im ganzen O'Flaherty, »Sokratische Existenz«, in: *Johann Georg Hamann*, 53-74.
10 Hamann, *Sokratische Denkwürdigkeiten*, in: *Sokratische Denkwürdigkeiten / Aesthetica in nuce*, 45; zugleich in N II, 71 (im folgenden mit Seitenzahlen im Text).

läßt. Langwierig insofern, als es kein Machtzentrum mehr gibt, von dem aus Texte rasch fokussiert und auf ihren Ertrag hin betrachtet werden könnten. Der Ertrag eines Textes zeigt sich erst von der Vielzahl der Verbindungen her, die sich von ihm aus aufbauen lassen. Hamann macht so programmatisch ernst mit einem gleichberechtigten Spiel der Zeichen, dem er sich anvertraut.

Das methodische Selbstverständnis der *Sokratischen Denkwürdigkeiten* hat zur Folge, daß die Figur Sokrates ihnen zuletzt nichts zählt. Der Text, der sich radikal auf Texte stützt, will und kann kein Historiograph sein. Er hat kein Interesse daran, die von ihm verwendeten Sprachmaterialien einem außertextlich Bestehenden unterzuordnen. Die *Sokratischen Denkwürdigkeiten* stellen insofern gerade keine Denkwürdigkeiten des Sokrates dar: Vielmehr handelt es sich um die Skizze eines Denkens, innerhalb dessen die Figur Sokrates eine Rolle spielt. Diese Figur und ihre Texte geben Momente ab, mit denen Hamann seine »künstlichen Erfahrungen« zu machen gedenkt. Der Titel der programmatischen Schrift widerspricht also nicht dem in ihr artikulierten Textverständnis, sondern stützt es.

Die Textur Hamanns erscheint als ein Spiel innerhalb einer Gleichordnung von Texten, ein Spiel, das konsequent einen Rückbezug auf Texte ausführt. Besteht nur Textliches, dann bleibt dem Autor nichts, als »willkürliche Verbindungen« zu ziehen und die Texte zum Reden zu bringen. So entsteht hier ein erstes Bild einer Rekursion, in der sich keinerlei exklusive Gestik mehr findet.

Zugleich aber enthält die Geschichte, die Hamann mit seiner Figur Sokrates erzählt, andere Momente. Dort wird davon berichtet, daß es Texten gegenüber ein angemessenes und ein unangemessenes Verstehen gibt. Der Text, von dem gesprochen wird, steht über dem Orakel von Delphi: »Erkenne dich selbst«. In der antiken griechischen Welt handelt es sich dabei um einen schlechthin allgemeinen Text: »Alle lasen, bewunderten und wusten *auswendig* diesen Spruch.« (43; N II, 71) Der Text zirkuliert genauso offen und ubiquitär, wie die Texte in Hamanns Programm, die nur von anderen Texten her begrenzt werden sollen. Aber dennoch etabliert sich an ihm eine Differenz. Während er allen bekannt ist und unter allen verkehrt, findet sich nur einer, der in adäquater Weise darauf antwortet. Es ist Sokrates, der über sich zu sagen weiß, »daß er nichts wisse« (35; N II, 68). Hamann zeichnet die Situation ganz so, als handele es sich dabei um die einzige Reaktion, die der Aufforderung, die im Namen Apollos ergeht, gerecht werde. Das »Erkenne dich selbst« funktioniert demnach als der Text, um den es sich handelt, erst, wenn er nicht allein »auswendig« gewußt wird. Es wird nicht geklärt, warum und wie es zu der Differenz kommt, die Sokrates von seiner griechischen Mitwelt trennt. Aber die Erzählung impliziert, daß der Bestand eines Textes mit einer bestimmten Haltung, die ihm adäquat ist, einhergeht. Zu einer analogen Einschränkung des Verständnisses gegenüber Texten kommt es, wenn Hamann davon berichtet, wie sich das spezifische Wissen von Sokrates weitertransportiert.

> Es hat den Sokraten unsers Alters, den kanonischen Lehrern des Publicums und Schutzheiligen falsch berühmter Künste und Verdienste noch nicht glücken wollen, ihr Muster [Sokrates - gwb] in allen süssen Fehlern zu erreichen. Weil sie von der Urkunde seiner Unwissenheit unendlich abweichen; so muß man alle sinnreichen Lesarten und Glossen ihrs antisokratischen Dämons über unsers Meisters Lehren und Tugenden als Schönheiten *freyer* Übersetzungen bewundern; und es ist eben so mislich ihnen zu trauen als nachzufolgen. (59; N II, 76)

Die Auseinandersetzung, die Hamanns Text mit den eigenen Zeitgenossen führt, handelt unter anderem davon, zu verstehen, was die Aussage Sokrates', daß er wisse, nichts zu wissen, bedeutet. Sie wird hier als die »Urkunde seiner Unwissenheit« erwähnt. Dieser gegenüber geht es um einen Streit von »Lesarten« und »Übersetzungen«. Und wieder reicht es, so wird berichtet, für die Erfassung des Textes nicht hin, sich allein auf ihn zu beziehen, ihn mit auf der Rechnung zu haben. Wiewohl dies auch für die »Sokraten unsers Alters« zutrifft, verfahren diese doch »antisokratisch«, das heißt: sie gehen mit dem Text, der ihnen von Sokrates überlassen ist, genauso um, wie die anderen Griechen mit dem Wort aus Delphi. An dieser Stelle wird deutlich, daß das Prädikat »sokratisch«, das Hamanns Schrift im Titel trägt, in erster Linie eine Weise des Umgehens mit Texten bezeichnet. Es handelt sich um ein Textverständnis, das sich anhand von Sokrates' Haltung zu dem Orakelmotto charakterisieren läßt und das insofern »sokratisch« heißt. Der »antisokratische Dämon« hingegen vermag das sokratische Vermögen nicht einzuholen, da er es mißversteht. Er hält die Erkenntnis, die Sokrates erreicht, für eine normale Erkenntnis, für einen Bestandteil dessen, was sich wissen läßt. Demgegenüber akzentuiert Hamann: »Die Unwissenheit des Sokrates war *Empfindung*.« (49; N II, 73) Der Modus des Wissens als »Empfindung« steht nun demjenigen gegenüber, der das Wißbare in einen Kanon von Gewißheiten einzuzeichnen erlaubt. Wer die von Sokrates formulierte Erkenntnis in einen Lehrsatz ummünzt, verfehlt die Basis, auf der diese Erkenntnis fußt. Was im emphatischen Sinne erkannt wird, läßt sich demnach gerade nicht in einem Lehrsatz formulieren, sondern, wie es Hamann sagt, einzig empfinden. Wer das Sokratische zu verstehen sucht, muß demnach »die Sonderbarkeiten seiner [des Sokrates - gwb] Lehr- und Denkart« (57; N II, 75) beachten.

Diese Sonderbarkeit ist noch auf eine zweite Weise charakterisiert: Dabei geht es um die Frage, wie sich das Wissen, das sich auf den Anspruch »Erkenne dich selbst« bezieht, innerhalb seiner Welt situiert. Die Konfrontation zwischen dem sokratischen und dem »antisokratischen Dämon« findet nicht nur statt, weil deren Konzepte des Wissens voneinander abweichen. Sondern das Sokratische selbst stellt eine Konfrontation dar. Es steht nicht allein in einer solchen, sondern produziert sie geradezu. Einem gewöhnlichen Einsatz der Vernunft gegenüber, so beschreibt Hamann, verhält es sich subversiv. »Diese Projecte [Arbeiten der ›gesunden Vernunft‹ - gwb] waren die Näschereyen, welche Sokrates seinen Mitbürgern zu vereckeln suchte.« (69; N II, 80) Was Sokrates leistet und was ihn gegenüber seiner Umwelt als verständiger erscheinen läßt, verbindet sich mit einem bestimmten subversiven Potential. Das Wissen, das er eröffnet, ist nicht nur anders, sondern umstürzlerisch und verführerisch.

Kurz, Sokrates lockte seine Mitbürger aus den Labyrinthen ihrer gelehrten Sophisten zu einer *Wahrheit*, die im *Verborgenen liegt*, zu einer *heimlichen Weisheit*, und von den Götzenaltären ihrer andächtigen und staatsklugen Priester zum Dienst eines *unbekannten Gottes*. (61; N II, 77)

Das Verborgene, Heimliche und zuletzt Unbekannte, das dem von Sokrates repräsentierten Text- und Weltverständnis inhäriert, konfrontiert sich mit der normalen Gelehrigkeit und schließt sich damit von ihr aus. An diesem Punkt der Beschreibungen Hamanns wird besonders deutlich, daß dieser auf das Funktionieren von Ausschluß setzt. Inmitten des Spiels mit Texten findet sich eine durch und durch exklusive Strukturierung. Insofern lassen sich die drei beschriebenen Momente zusammenlesen: Der Unterschied, der zwischen einem gerechten und einem ungerechten Umgang mit Texten eingeführt wird, hat zwei Begründungen. Einerseits wird die Spezifik des Wissens benannt, die einem gerechten Umgang mit Texten korrespondiert. Demnach läßt sich das in solchen Texten Gewußte nicht in eine Kontinuität des Wissens eintragen. Dies ergibt sich andererseits zwingend, richtet man das Augenmerk auf das subversive Potential, das den recht genommenen Text auszeichnet. Er läßt sich also nicht nur nicht in ein gewohntes Erkenntnisgeschehen einbetten, sondern er widersteht jeglicher Einbettung von sich aus. Damit implizieren Texte, wie sie in Hamanns Text konzipiert werden, einen Ausschluß. Als Texte schließen sie sich aus jeglicher Normalität des Wissens aus. Sie zeigen sich darauf angelegt, eine solche Normalität erst gar nicht zustande kommen zu lassen. Die Rückwendung, die Hamann in Richtung der Texte vollführt, bleibt hier ambivalent. Sie läßt sich zwar ganz in Textliches ein, aber dies wiederum nur innerhalb einer Ordnung, in der Texten schon eine besondere Position zukommt. Auch in der Reversion zum Text hin ereignen sich Abspaltungen, die zuletzt eine Autonomie des textlichen Wissens absichern.

Teilt sich aber die exklusive Gestik, die Hamann entwickelt, auch dem Umgang mit Texten mit? Oder steht dieser, wie es programmatisch angekündigt wird, jenseits aller hierarchischen Strukturierungen? Diesbezüglich äußert sich Hamanns Text, wo er explizit über eine Quelle, die als Text niedergeschrieben ist, spricht.

Sokrates besuchte öfters die Werkstätte eines Gerbers, der sein Freund war, und wie der Wirth des Apostel Petrus zu Joppe Simon hieß. Der Handwerker hatte den ersten Einfall die Gespräche des Sokrates aufzuschreiben. Dieser erkannte sich vielleicht in denselben besser als in Platons, bey dessen Lesung er gestutzt und gefragt haben soll: ›Was hat dieser junge Mann im Sinn aus mir zu machen?‹ – – Wenn ich nur so gut als *Simon der Gerber* meinen Held verstehe. (27; N II, 65)

Daß Hamann sich Texte zu Vorläufern wählt, löst ganz das Vorhaben ein, anhand von Texten zu »künstlichen Erfahrungen« zu gelangen. Seine Interpretationen beziehen sich weniger auf das Leben des »Helden«, als mehr auf Texte über dieses Leben. Dabei erwähnt er in der zitierten Passage zwei Texte, denen gegenüber er keine neutrale Stellung einzunehmen scheint. Vor die Alternative gestellt, auf der einen Seite den Bericht des »Simon« und auf der anderen Seite denjenigen von Platon zu haben, wertet Hamann klar. Bei Platon wird eine Verfälschung geargwöhnt, die sich bei dem ersten Text, der eine Niederschrift des sokratischen Denkens versucht, nicht findet. Nicht nur läßt sich also einem Text gegenüber gerecht und ungerecht verfahren, sondern dieser selbst erscheint als gerecht oder ungerecht. Wird nach Orientierung innerhalb des textlichen Geschehens gesucht, so kann Platons Darstellung deutlich ausgeschlossen werden. Das widerspricht dem offenen Umgang, der aus »willkürlichen Verbindungen« zwischen Texten entstehen könnte. Die Relation, die Hamann zwischen der Vorlage Simons und derjenigen Platons herstellt, ist alles andere als willkürlich, sondern folgt klaren Ordnungsschemata. Demnach gilt es, gerechtere von ungerechteren Texten zu unterscheiden und sich einzig an erstere zu halten.

Das durchaus hierarchische Textverständnis, das sich hier zeigt, läßt sich nur bruchstückhaft konturieren. Es ist erstens mit Schriftlichkeit verknüpft, da in erster Linie Texte als Schriften das Vermögen haben, Verborgenes und Unbekanntes zu speichern und somit das Gewohnte zu unterwandern; zweitens mit einer zeitlichen Vertikalität, auf der erst am tiefsten Punkt die Texte liegen, denen zu folgen wäre. Der »erste Einfall die Gespräche des Sokrates aufzuschreiben« gibt den Punkt ab, an dem sich Hamann orientiert. Der älteste Text wahrt gegenüber allen seinen Nachfolgern eine höhere Dignität. Textliche Experimente, die an ihn anknüpfen, scheinen für Hamann bessere Ergebnisse zu versprechen. Die Vertikalität, die sich bis hin zum ältesten Text aufspannt, setzt dabei ganz auf Schriftlichkeit. Nur wenn das Erste als Schrift niedergelegt und gebannt ist, vermag eine Reversion wie diejenige Hamanns den Verfälschungen Einhalt zu gebieten, da sie den Schrift-Text von ihnen freizukratzen und in seiner ursprünglichen Gestalt wieder zur Geltung zu bringen vermag. Hamanns Verfahren ist von einem Kalkül geprägt, der die Schrift privilegiert und von ihr her andere Textsorten ableitet, denen das textliche Potential nur noch eingeschränkt zukommt. Bloße Schrift aber reicht nicht hin, um den Text zu erhalten, mit dem Hamann arbeitet. Es handelt sich vielmehr um eine Tiefenschrift, eine Schrift unter allen Schriften, die zurückgeholt wird. Gegen alle überlagernden Texte und Schriften zurück: das bildet die Geste der exklusiven Reversion, wie sie von den *Sokratischen Denkwürdigkeiten* vorgeführt wird. Das Programm freien textlichen Spiels ist selbst überlagert von einer Ordnung, in der Texte verschiedene Werte erlangen. Hamanns Text schöpft seine Werte nicht nur aus dem Geschehen von Texten, sondern lagert sie diesen vielfach vor. Er bleibt all seiner Rückwendung und all seiner konsequenten Konstitution in Texten zum Trotz auf dem Boden exklusiver Gesetze.

Zweites Zwischenstück: Die Kontinuität des Erbes

Die Reversionen, die in Diskursen auf dem Weg zur Moderne zum Tragen kommen, erfolgen oft aus einer tiefgreifenden Kontinuität heraus. Wenngleich sie sich in einer Kritik exklusiver Anlagen begründen, stellen sie doch selbst wieder solche Anlagen her. Rückwendung allein – es sei zu Naturalem, zu Sprachlichem, zur Grundsituation des Menschen – reicht nicht hin, die tragenden Gesetze zu brechen. Zumeist geschieht sie ganz im Sinn oder im Geist der Gesetze, gegen die sie sich ausspricht.

Wenn das Denken sich gegen sich kehrt, wenn es einen Rückweg gegen die alten Spuren einschlägt, dann kommt immer wieder der Ursprung ins Spiel: der Ursprung als Instanz, wie bei Rousseau, oder als Form, wie bei Hamann. Im ersten Moment hat eine solche Rückkehr zum Ursprung den Anschein, als hebe sie alle exklusive Werthierarchisierung auf. Zum Ursprung geht demnach zurück, wer alles noch einmal ohne vorgängige Wertprägungen zur Geltung zu bringen versucht, wer allem aus sich heraus gerecht werden will. Die Figurierung des Ursprungs erfolgt aber meist nicht in der Ungespaltenheit, die damit angezeigt wäre. Der Rekurs auf den Ursprung selbst ist als Spaltung aufgebaut. Dabei kommt es zu einer Figur, die Jacques Derrida in ihrer Dreidimensionalität gefaßt hat. Anläßlich einer Diskussion des Heideggerschen Denkens, das ja zentral mit der »Kehre« verknüpft ist, prägt Derrida den Ausdruck »hétérogène à l'origine«.[1] Darin sind die Exklusionen versammelt, die dem Verweis auf den Ursprung seine spezifische Gestalt geben. Wie bei Rousseau und Hamann beobachtet, handelt es sich oft nicht um einen bloßen Ursprung, um eine unschuldige Figur des Ursprünglichen. Es gilt vielmehr, die Zeichnungen zu beachten, die das spezifische Gesicht des Ursprungs ausmachen.

Der Ursprung, so ließe Derrida sich übersetzen, erscheint immer mit seiner Andersartigkeit verknüpft. Einerseits wird behauptet, es gebe etwas, das anders sei als der Ursprung, das sich dem geltenden Ursprung entziehe, mit ihm also gleichursprünglich wäre. Andererseits geht es um eine Andersartigkeit der Ursprünglichkeit selbst. Damit kommt es zu einer Hierarchie der Ursprünge, die nicht nur nebeneinander, sondern mit einem Mal übereinanderstehen. Ein Ursprung wird so überlagert von einem Ursprung der Ursprünge und dieser von einem noch ursprünglicheren Ursprung und so fort. Zuletzt aber steht »Ursprung« im Derridaschen Term auch für Ursprünge überhaupt. Dann behauptet die Rückwendung eine Andersartigkeit vom Ursprünglichen, einen Bruch mit dem Denken des Ursprungs insgesamt. Die drei Momente des »hétérogène à l'origine« lassen sich nicht voneinander trennen, wenngleich sie figural differenziert sind. Strategisch überlagern sie sich.

---

1 J. Derrida, *De l'esprit. Heidegger et la question*, Paris: Editions Galilée 1987, 176f.

Wer die Wandlungen der Diskurse verfolgt, wie sie aufeinander aufbauen, sich gegeneinander wenden, ganz aus dem Geschehen der Vorgänger aussteigen, usw., der muß damit rechnen, daß das Erbe nicht stabil ist, sondern daß erst Strategien der Verwandlung ihm das Gesicht verleihen. Allein die Umkehr der Richtung und der Verweis auf die Grundlage reichen nicht hin, um die überkommenen Geltungen abzuschütteln.

Im Blick auf die diskutierten Bewegungen bei Rousseau und Hamann könnte man von einer Wiederkehr der Exklusion reden. So profilieren die dort versuchten Wendungen zuerst eine einheitliche Instanz, Natur oder Textlichkeit, die deutlich prätendiert, nicht-exklusiv verfaßt zu sein. Danach aber kommt es, wenn diese Instanz konturiert werden soll, doch wieder zu exklusiven Bewegungen. Der Wechsel zwischen einer ersten und einer zweiten Stufe der Reversion läßt sich so beschreiben, daß er zwischen Thematik und Gestik erfolgt. Die thematischen Reformulierungen werden dabei gleichsam gestisch überboten. Die nicht-exklusiv angelegte Figur des Ursprungs wird gestisch in ihrem Wert gesichert. Die Gestik aber bringt exklusive Momente zurück. Die Bewahrung des Erbes stellt sich also zuletzt gestisch her. Sie basiert nicht auf einer Kontinuität der Selbstverständnisse oder Zielsetzungen, sondern auf einer gestischen Organisation. Die Wiederkehr der Exklusion wäre in diesem Sinn als Physiognomie zu verstehen, die sich das gestische Erbe, die gestische Kontinuität gibt. Sie bezeichnet ein Moment, in dem eine Reversion zu flach angelegt wurde und folglich die Tiefenstrukturen nicht erfaßte. Vom Standpunkt der Reversion aus bereitet Exklusion sich eine Wiederkehr. Von der Organisation der Diskurse her begriffen, macht sich schlicht die nicht-exklusiv überschriebene Exklusion gegen ihr Überschriebensein geltend. Wo sie in der Weise wie bei Rousseau und Hamann wiederkehrt, war sie nie verschwunden, sondern hatte stets gestisch überlebt. Das Erbe der Diskurse beinhaltet, so gesehen, überhaupt nichts, was sich als sein Gehalt bezeichnen ließe. Es überlebt als inhaltslose Maske, die sich vor die unterschiedlichsten Themen und Diskussionen spannt, die die vom Anschein und ihrem Selbstverständnis her widersprüchlichsten Positionen verknüpft.

Folgt man Bewegungen der Reversion, die einen Umbruch der Exklusion geltend machen, wird man auf gestisches Potential gestoßen. Dieses stellt das große Thema aller Versuche dar, weitergehend zu klären, wie die Figuren des Ausschlusses überwunden werden könnten. Im folgenden wird es notwendig sein, Diskurse dort in ihren Exklusionen zu verstehen, wo sie nichts mehr sagen, wo sie nicht ihre eigene Stellung reklamieren und wortreich ausbauen. Beispielhaft hat Foucault überall, wo er »Macht-Dispositive« als dasjenige beschreibt, was im Hintergrund von Diskursen agiert,[2] von gestischem Potential gehandelt. Unter

---

2 Vgl. dazu besonders Foucault, *Der Wille zum Wissen*; des weiteren *Überwachen und Strafen. Die Geburt des Gefängnisses*, Frankfurt/M. Suhrkamp 1977.

Rekurs auf diese Dispositionen, die selbst nicht zur Sprache kommen, erklärt er, inwiefern gerade Umbrüche und Rückbezüge von Diskursen unheimliche Erhaltungen dessen, wogegen sie sich wenden, darstellen. »Die Interferenz und die wechselseitige Transformation«,³ die den Zwischenraum zwischen Diskursen prägen, funktionieren in erster Linie gestisch. Sie nisten sich in die jeweiligen Texte und Äußerungen untergründig ein. Womöglich übersetzt Foucault das Potential, das er mit dem Terminus »Macht-Dispositive« faßt, allzu schnell ins diskursiv Semantische zurück. So entsteht der Eindruck, als bestehe das Erbe doch als ein Gehalt, der sich allerdings nicht auf Diskursen der ersten Ebene festmachen läßt. Ein Sockeldiskurs, auf dem alle weiteren Diskurse fußen, enthielte Strategien der Macht-Optimierung. Versteht man die Konstanz diskursiver Abfolgen, wie sie Foucault rekonstruiert, mehr von ihrer gestischen Seite her, dann wird deutlich, daß sie in einer Immanenz der Diskurse vorliegen kann. Foucaults Modell ist zweifelsohne mißdeutet, wenn man es als Rekonstruktion einer transzendentalen Schicht von Diskursivität liest. Dennoch spaltet es die Ebene, die das »große unaufhörliche und ordnungslose Rauschen des Diskurses«⁴ paralysiert, latent von diesem ab. Die Gesten, die das ganze Erbe ausmachen, aber gehören den Diskursen radikal an. Nichts distanziert sie und speist sie von außen mit Bedeutung. Ihr Mechanismus konstituiert sich gleichursprünglich mit der Konstitution des Diskurses. Das ist den Reversionen zu denken aufgetragen.

4   Der inklusive Ort der Figur

> LEONCE. Mensch, du bist nichts als ein schlechtes Wortspiel. Du hast weder Vater noch Mutter, sondern die fünf Vokale haben dich miteinander erzeugt.
> (Georg Büchner: Leonce und Lena, I/3)

Rückwendungen im Sturm und Drang ereignen sich zuerst im Bereich der Sprache. Insofern folgt er ganz seinem Mentor Hamann auf dessen Fährte, sich irreduzibel ins Geschehen von Texten einzulassen. Nicht nur Herders theoretische Arbeit hebt darauf ab, daß alles mit Sprache beginne. Auch die Dramen des Sturm und Drang bringen vielfach Verweise auf Sprache hervor. Dabei handelt es sich zumeist um das Sprechen von anderen und um die Texte anderer, auf das bzw. die sich Figuren beziehen. Das Paradigma solchen Rückbezugs gibt der erste Satz von Lenz' Stück *Der Hofmeister* ab. »Mein Vater sagt«,¹ beginnt dort die Titel-Figur Läuffer, um sich hernach ein ums andere Mal im Sprechen der ande-

---

3   Foucault, *Archäologie des Wissens*, 278.
4   Foucault, *Die Ordnung des Diskurses*, 33.
1   Lenz, *Der Hofmeister*, WB 1, 42.

ren zu verlieren. Das Sprechen der Figur besteht ganz aus Gesten des Zurück. Was sie sagt, sagt sie im Namen anderer. Niemals wird sie dabei ankommen, sich selbst zu sagen.

Besonders die Dramen von Lenz handeln immer wieder davon, wie das Sprechen der Figuren sich konstituiert. Dabei werden die Gesten beleuchtet, die das Sprechen der Figuren prägen: Gesten des Verweisens, der Auflösung. Erst im Kontext der Frage nach dem Ansatz läßt sich angemessen verstehen, warum der Figuration solches Augenmerk geschenkt wird. Nicht allein eine Reflexion von Sprachlichkeit treibt den Sturm und Drang, wo er das Sprechen der Figuren exponiert, sondern auch eine Reflexion auf die gestische Konstitution, die Diskurse überhaupt bestimmt. Die Sprachszenen sind weniger bemüht, das Sprachliche, als mehr die darin ablaufenden Verweise zu fassen. Das Spiel dreht sich um die Logik der Verweise und damit um die gesamte Problematik des Ansatzes.

Verfolgt man die Rekurse auf Sprache, dann sieht man, daß sie stets über das Sprachliche hinausgehen. Die Szenen zielen augenscheinlich auf etwas anderes als bloß darauf, das Sprechen ihrer Figuren auszustellen. Die Überschreitung der bloßen Einbettung in Sprache soll im folgenden an drei Momenten nachgezeichnet werden. Erstens an der Korrespondenz, die sich zwischen dem Sprechen und der Lokalisierung ergibt. Zweitens an dem Versuch, überhaupt Bedeutungen zu beherrschen. Und drittens an der Struktur, die zwischen Name und Figur besteht: der spezifischen Ungebundenheit des Namens.

4.1 Marginaldramen

Die Dramatik des Sturm und Drang folgt ganz einer Logik der Orte. In den zentralen Dramen (beispielsweise *Götz von Berlichingen* und *Die Soldaten*, die den folgenden Überlegungen zugrunde liegen) wird jede Szene mit der Angabe eines Ortes gekennzeichnet. Weder die Stellung innerhalb der Szenenfolge noch die auftretenden Figuren bestimmen in erster Linie das Geschehen. Wo ein Dialog oder eine Handlung spielt, bildet den wesentlichen Rahmen, der in Hinblick auf Bedeutung und Verständnis gegeben wird. Stets wird die Verortung der Diskurse durchgespielt. Das Spiel zielt auf die lokalen Determinationen, die den Diskurs verknappen.[2]

Die Inszenierung der Orte ist aber zutiefst damit verbunden, daß es um Orte geht, die marginal stehen. Der Verweis auf die Orte stellt diese also gerade nicht in den Mittelpunkt, sondern an den Rand. Nirgends sind diesen Orten die Insignien des Zentralen oder der Herrschaft und ihrer Präsenz verliehen. Der Auftritt der Figuren ereignet sich an den Orten, die abseits stehen. So wird die Entwicklung des *Götz von Berlichingen* von dem Ort »Schwarzenberg in Franken /

---

[2] Vgl. dazu insbesondere im Teil II: 3.2 »Die Kontur der Orte«, 233.

Herberge« aus eingestimmt. Die abseitige Stellung scheint zu signalisieren, daß dem Ort selbst keine große Bedeutung zukommt. Es ergibt sich also ein Widerspruch zwischen der Akzentuierung des Ortes auf der einen und seiner Marginalisierung auf der anderen Seite.

Die Marginalisierung findet sich nicht nur in der Stellung der Orte überhaupt. Sie setzt sich auch darin fort, daß die Orte, die so gewichtig über den Szenen stehen, für sich überhaupt keine Charakteristik erlangen. Der Ort »Zu Insterburg in Preußen«, mit dem *Der Hofmeister* beginnt, besagt für sich nichts. Eine nähere Bestimmung wird ihm erst durch den Auftritt der Figur Läuffer und durch deren Monolog zuteil. Der Ort erhält damit seine Figur und erst diese Verbindung läßt ihn Bedeutung innerhalb des Schauspiels erlangen. Die Figuren haften so den Orten an. Weder vermögen sie etwas ohne die Orte, an denen ihr Auftritt erfolgt, noch sind die Orte ihrerseits bedeutsam ohne die Figuren. Es gibt keine vorgängige Topographie, die das Drama aufspannt, wie beispielsweise eine von Liebes-, Intrigen- oder Herrschaftsorten. Die Orte konstituieren sich als eine »montage of character constellations«.[3] Für sich bleiben sie konturenlos und binden sich als solche an die Figuren, die ihnen zugehören. Diese Bindung wiederum wirkt auf die Figuren zurück, die mittels der Orte aus der szenischen Abfolge entbunden sind, aber zugleich auch nicht in eine neue Ordnung der Orte hineingestellt werden. Sie und ihr jeweiliger Textpart erscheinen in einem gewissen Überall, weder zentral noch exzentral gebannt. Von der Logik der Orte, die aller Entwicklung voranstehen, aus ergibt sich so eine Verbindung von Orten, Texten und Figuren, die ganz als emblematisches Theater zu verstehen ist.

Das Emblem kennzeichnet die Abhängigkeit der jeweiligen Teile voneinander. Bild- und Textteile sind aufeinander verwiesen und gewinnen ihre Bedeutung erst durch den wechselseitigen Rekurs. Die »inscriptio« wirkt auf »pictura« und »subscriptio« gleichermaßen, diese erläutern sich aber auch untereinander und wirken auch zurück.[4] Im Drama, das die jeweiligen Positionen als marginale kennzeichnet, steht die Ortsangabe wie eine »inscriptio«, die erst durch die Korrespondenzen mit dem folgenden Bild und Text ihren Gehalt entfaltet. Als Bild fungiert die »constellation«, die sich zwischen den auftretenden Figuren ergibt. Und innerhalb dieses »emblematischen Schaugerüst[s] ... erfüllt das auf der Bühne gesprochene dichterische Wort dann die Rolle des scriptura [d.h. subscriptio – gwb]«.[5] Damit aber gelangt gerade der Text, den die Figuren sprechen, in eine Stellung, die von den anderen Elementen abhängig ist. So hat es Benjamin für

---

3 Madland, *Non-Aristotelian Drama in Eighteenth Century Germany and its Modernity: J.M.R. Lenz.*

4 Zur Terminologie siehe A. Henkel und A. Schöne, »Vorwort«, zu: *Emblemata*, Stuttgart: Metzler 1967.

5 W. Thomas, »Orff Bühne und Theatrum Emblematicum«, in: S. Penkert (Hg.), *Emblem und Emblematikrezeption*, Darmstadt: Wissenschaftliche Buchgesellschaft 1978, 577.

das barocke Trauerspiel beschrieben. »Nicht selten ist die Rede in den Dialogen nur die an allegorischen Konstellationen, in welchen die Figuren zueinander sich befinden, hervorgezauberte Unterschrift.«[6] Als solche Unterschrift ist der Text affiziert von der Marginalität, die zuerst den Ort ausgezeichnet hat. Der Text für sich selbst hat kein Gewicht, sondern entwickelt ein solches erst aus seinen Bezügen heraus. Damit aber funktioniert auch alle seine Reflexion auf sich selbst als Sprachliches nur als eine auf die Bezüge, in denen er steht. Für sich selbst allein gibt er kein Thema dieser Dramatik ab. Die Texte haben erst Bestand als marginal gestellte, wie sie es in Relation zu den Orten und den Figuren sind.

Zuletzt geht das emblematische Theater von Lenz und Goethe weiter. Innerhalb seiner verschwimmen die Konturen, die Texte und Bilder voneinander trennen. Das Prinzip der Marginalität wirkt sich nicht nur so aus, daß eine Abhängigkeit zwischen den einzelnen Teilen besteht. Es stiftet auch eine jeweilige Unterordnung des einen Teils unter die anderen. Nicht allein weisen die Dramen eine theatrale Emblematik auf, es handelt sich um eine spezifische, destabilisierte Emblematik. Die Verbindungen innerhalb des emblematischen Theaters funktionieren zunächst so, daß im Mittelpunkt das Bild der Bühnenkonstellation steht, das von zwei Textelementen umrahmt wird. Die Ortsangabe lokalisiert dieses Bild, und der Figurentext gibt sprachliche Deutungen, die entweder direkt auf das Bild bezogen sind oder dieses ergänzen. Stehen die Elemente jeweils marginal und ordnen sich damit den anderen unter, dann verschieben sich die Funktionen teilweise. Zwar läßt der Figurentext sich weiterhin als Erläuterung des bildhaft Gezeigten verstehen. Zugleich aber schwindet sein erläuterndes Potential, da er erst in Zusammenhang mit dem Ort und den in einer Szene aufgestellten Figuren eine Bedeutung gewinnt. Er bekommt damit Züge von etwas, das für sich rätselhaft und sprachlos bleibt. Er fordert beispielsweise das Bild heraus, das Entscheidende des gesamten emblematischen Komplexes zu sagen. So erscheint der Text selbst als Bild, das seine Bedeutung verrätselt enthält; das Bild hingegen bekommt textliche Qualitäten zugesprochen. Hier zeigt sich eine Art und Weise, wie das Theater von Lenz und Goethe über das bloß Sprachliche seiner Texte hinausgeht. Es reicht nicht hin, die Texte als Sprache zu verstehen, sie funktionieren auch als Bilder. Das Theater pocht nicht auf einer diskursiven Verständlichkeit seiner Bestandteile.

Die Dramen des Sturm und Drang sind Marginaldramen. Dies festzustellen ist besonders insofern von Interesse, als damit dort noch eine Konvergenz dieser Dramen verständlich wird, wo sie nach gängiger Sicht zu divergieren scheinen. Es geht bei der Differenzierung, die das Gebiet der Sturm-und-Drang-Dramatik durchzieht, um die Frage nach dem Ideal und seiner Realisierung. So lassen sich Stücke, die ein bestimmtes Ideal menschlicher Selbstverwirklichung zeigen, von

---

6 Benjamin, *Ursprung des deutschen Trauerspiels*, GS I, 372, vgl. 371, 380.

solchen unterscheiden, die nur vorführen, inwiefern dieses Ideal uneingelöst ist. Auf der einen Seite ist das Ideal klar zu erkennen, auf der anderen Seite wird es nur ex negativo impliziert. Diese Differenz fällt weitestgehend mit der zwischen »Historiendrama« und »Zeitstück« zusammen. Im Goetheschen Historiendrama *Götz von Berlichingen* wäre demnach das gelingende Leben des Protagonisten zu sehen (wenngleich auch das am Ende vielleicht noch scheitert). Hingegen zeigte das Lenzsche Zeitstück *Die Soldaten* die ganzen Mißstände der zeitgenössischen Gesellschaft, die ein dem Individuum angemessenes Leben verhindern. So verstanden wird die Verwirklichung des Ideals auf eine vergangene Situation projiziert, wohingegen die Gegenwart nichts als Mißstände darzustellen vermag. Zwischen dem Stück Goethes und demjenigen Lenz' bestünde nur eine abstrakte Verbindung. Und um überhaupt eine Einheit in der Arbeit des Sturm und Drang zu sehen, müßte man sich auf das Ideal beziehen.

Das Prinzip der Marginalität erweist sich dagegen als wirkliche Einheit der Dramen von Goethe und Lenz. Die Differenz der Zeiten, zu denen die Stücke spielen, und der Bestandsaufnahme, wie es um die Realisierung des Ideals steht, verliert bei diesem Blickwinkel an Gewicht. Vielmehr wird deutlich, daß beider Sujets so gewählt und auf die Bühne gebracht sind, daß sie Marginalität darstellen. Für die Protagonisten Götz von Berlichingen und Stolzius (*Soldaten*) trifft gleichermaßen zu, daß sie am Rande stehen: am Rande der um sie herum herrschenden Welt. Auch die gesamte Konstitution des szenischen Aufbaus konvergiert unabhängig von Historienstoff oder zeitgenössischer Thematik in der Anlage, die auf dem Prinzip der Marginalität fußt. Die Stücke haben eine tiefgreifende Gemeinsamkeit, die alle mögliche Differenz im Zeitbezug und in der Idealisierung überbietet, darin, daß sie Marginales auf die Bühne bringen.

Wer die Dramatik des Sturm und Drang zu orten sucht, bedarf des Blicks auf Marginalität als Anlage und Thema der Dramen zugleich. Weder bloße Gesellschafts- oder Sprachkritik noch Verwirklichung eines bestimmten Ideals von Selbstbestimmung ist ein tragendes Charakteristikum der Stücke. Sie zeigen sich in erster Linie daran interessiert, dasjenige zu zeigen, das am Rande steht. Daraus aber folgt, daß alle anderen Themen, die man in ihnen am Werk sieht, nicht die umfassende Geltung haben, die man ihnen möglicherweise zuschreiben könnte. Nie dreht sich alles um Selbstbestimmung oder den Blick auf Gesellschaft oder anderes. Immer handelt das Theater von Lenz und Goethe auch von der Konstitution am Rande und damit auch von spezifischen Ansätzen. Das wird sich bei den folgenden Lektüren von *Die Soldaten* und *Götz von Berlichingen* zeigen.

4.2 Das enteignete Sprechen: *Die Soldaten* (Lenz)

Das Lenzsche Stück, das wohl am deutlichsten den sozialkritischen Anspruch der Arbeiten des Autors repräsentiert, spielt ganz an Orten, die marginal stehen. Es handelt sich um Wohnungen von Figuren aus untergeordneten Ständen und damit um Orte, die keinerlei weitergehende gesellschaftliche Relevanz beanspruchen. Erst nach dem Aufbau der Verwicklungen zwischen Mariane und dem Offizier Desportes kommt ein anderer Ort ins Spiel, an dem es um gesellschaftliche Bedeutungen geht. Die als gestrauchelt betrachtete Mariane wird von der Gräfin la Roche in deren Haus gebracht, um dort mehr über die Welt zu erfahren, in der die Bindung mit Desportes unmöglich war. Schon von ihrem Namen her ist die Gräfin als der Fels markiert, der das Mädchen stabilisieren soll. In den sich daraus entwickelnden Szenen steht auf dem Spiel, ob zentrale Bedeutungen fest stehen oder nicht. Gerade hier aber kehrt der Rand zurück, denn ein erster Ausbruch Marianes aus der Welt des Adels verbindet sich damit, daß an einem Rand gespielt wird: an einer »grünen Wand«.

> In Lille.
> Ein Gärtchen an der Gräfin La Roche Hause.
>
> *Die* GRÄFIN *in einer Allee.*
>
> GRÄFIN: Was das Mädchen haben mag, daß es so spät in den Garten hinausgegangen ist. Ich fürchte, ich fürchte es ist etwas Abgeredtes. Sie zeichnet zerstreut, spielt die Harfe zerstreut, ist immer abwesend wenn ihr der Sprachmeister was vorsagt – still hör ich nicht jemand – ja, sie ist oben im Lusthause und von der Straße antwortet ihr jemand. *Lehnt ihr Ohr an die grüne Wand des Gartens.*
> *Hinter der Szene:*
> MARYS STIMME: Ist das erlaubt, alle Freunde, alles was Ihnen lieb war so zu vergessen?
> MARIANENS STIMME: Ach lieber Herr Mary, es tut mir leid genug, aber es muß schon so sein. Ich versichere Ihnen die Frau Gräfin ist die scharmanteste Frau die auf Gottes Erdboden ist.
> MARY: Sie sind ja aber wie in einem Kloster da, wollen Sie denn gar nicht mehr in die Welt? Wissen Sie daß Desportes geschrieben hat, er ist untröstlich, er will wissen wo Sie sind und warum Sie ihm nicht antworten?
> MARIANE: So? – Ach ich muß ihn vergessen, sagen Sie ihm das, er soll mich nur auch vergessen.
> (IV/3)[7]

Nicht nur innerhalb des Handlungsfadens tritt hier eine Figur an den Rand; auch der theatrale Raum befindet sich dort, »hinter der Szene«, jenseits des zentral überschaubaren Gebiets. An diesem abseitigen Ort ereignet sich ein Dialog, der ganz in die Entwicklung der Geschichte einzugehen scheint. Mariane, so wird in den Worten der Gräfin gesagt, vermag nicht stabilisiert zu werden und wird weiter destabilisiert in dem Gespräch, in dem Mary sie aus ihrem »Kloster« herauszulocken sucht. Zugleich hält Mariane an dem Versuch fest, den Verführungen einer unmöglichen Beziehung nicht weiter nachzugeben. Der Dialog geht aber über diese Akzente, die er im Handlungsgeschehen setzt, hinaus. Die Worte der drei Figuren thematisieren auch die Frage, wer wen zum Sprechen bringen kann, welche Figur wo anwesend ist und wie man sich einem Gespräch entzieht.

---

7   Lenz, *Die Soldaten*, WB 1 (hier und im folgenden mit Szenenangabe im Text).

Die Unterhaltung, die hier am Rande geführt wird, spiegelt das gesamte Stück. Alle Sätze gehen über die Ebene dessen, was in ihnen bloß gesagt ist, hinaus. Das übergeordnete Thema, das sie zugleich behandeln, läßt sich folgendermaßen aufbauen: Wo gewinnt das Sprechen der Figuren Bedeutung?

Das Gespräch von Mary und Mariane scheint eine Antwort auf diese Frage zu geben. Verweist es doch auf einen Abwesenden, der hinter allen Worten steht: auf Desportes. Wenngleich er in der Szene nicht zugegen ist, gewinnt er in ihr immer mehr an Präsenz. Erst ist es Mary, der erwähnt, »daß Desportes geschrieben hat«. Mehr noch aber zeigt sich der Abwesende in dem Wunsch Marianes: »ich muß ihn vergessen«. Erstens zeigt dieser Wunsch, daß Desportes weiter im Spiel ist, impliziert, daß an ihn als an denjenigen, der vergessen werden soll, noch gedacht wird. Zweitens hält sich genau dieser Wunsch an die Instanz Desportes, die ihn als intrigantes Spiel initiiert hat: »Wenn ich den Mary recht verliebt in sie machen könnte, daß sie mich vielleicht vergißt.« (III/7) Sowohl Mariane als auch Mary halten sich gerade in der Gartenszene genau an die Pläne, die Desportes geschmiedet hat: Mary sucht die Geflohene im Namen des Intriganten, aber mit eigenen Absichten auf; sie hingegen nimmt es auf sich, ihn, wie er es wünscht, zu vergessen. In dem Dialog wird, so könnte man sagen, der Abwesende als Instanz des Sprechens probiert. Er kandidiert als »Herr der Bedeutungen«,[8] als derjenige, der die Worte sowohl von Mary als auch von Mariane bestimmt. Wenngleich die Szene in ihrer Marginalität so angelegt ist, als sei sie allem Zugriff entzogen, zeigt sich in ihr doch alles, was herrscht: Einerseits lauscht die Gräfin dem gesamten Gespräch, das eigentlich geheim stattfinden will, und andererseits sind alle Worte ganz im Sinn von Desportes gesprochen. Die Präsenz der Herrschaft bündelt sich in den Worten der Gräfin: »Ich habe alles gehört.« (IV/3)

Die Feststellungen von Gräfin, Mariane und Mary kommentieren implizit die Frage, ob es einen »Herrn der Bedeutung« gibt, ob alles Sprechen sich auf einen Herrn dieser Art bezieht: Liegt immer und ungebrochen in allem Sprechen eine Anwesenheit vor, die ihm seine Bedeutungen einsagt, unabhängig davon, ob eine in dieser Weise bedeutungssetzende Figur tatsächlich anwesend ist oder nicht? Der Gräfin Einschätzung, Mariane sei »zerstreut« und »immer abwesend«, scheint genau eine hintergründige Anwesenheit zu behaupten. Demnach wäre, wer sich als abwesend zeigt, von einer Anwesenheit besetzt oder selbst an einem anderen Ort anwesend. Auch Marianes Antwort auf die Frage nach ihrer Abwesenheit bei Mary und Desportes geht ganz nach dieser Logik vor. Sogleich kommt sie auf die »Frau Gräfin« zu sprechen, in deren Namen und von deren Anwesenheit her sie ihre Flucht rechtfertigt. Folgt man diesen Darstellungen, dann muß man überall einen »Herrn der Bedeutung« vermuten, dann ist jede

---

8   Benjamin, *Ursprung des deutschen Trauerspiels*, GS I, 384.

Abwesenheit nur eine Form anderweitiger Anwesenheit. Jede Figur, sofern sie nicht ihr Sprechen selbst begründete, spräche im Namen eines anderen.

Wie ist das aber nun beim »Herrn der Bedeutung« selbst? Gelingt es diesem, alle Fäden der Diskurse in der Hand zu halten? Herrscht er mittels seiner Intrigen über alle Entwicklungen, die sich ergeben, und damit auch über sich selbst? Lenz' Text kommt auf diese Frage wieder an einem Ort, der marginal zum zentralen Geschehen steht. Inmitten eines Konzerts, also bei einer Anwesenheit der gesellschaftlichen Kräfte, verständigt sich Desportes über sich selbst.

DESPORTES *der sich in einen Winkel gestellt hat, für sich*: Ihr Bild steht unaufhörlich vor mir – Pfui Teufel! fort mit den Gedanken. Kann ich dafür daß sie so eine wird. Sie hat's ja nicht besser haben wollen. *Tritt wieder zur andern Gesellschaft und hustet erbärmlich.* (V/9)

Selbst noch, wenn er schon wieder in die Gesellschaft, von der er sich kurz abgesondert hat, zurückkehrt, fällt Desportes aus dem Rahmen. Er »hustet erbärmlich« und verletzt damit das gesellschaftliche Regularium, das in einer Öffentlichkeit wie derjenigen eines Konzerts körperliche Beherrschung fordert. Zeigt sich damit eine schlechthin selbstbestimmte Figur? Es zeigt sich ganz im Gegensatz eine Figur, die sich selbst fremdbestimmt weiß. Sie verweist auf eine Instanz, die für sie mehr Präsenz gewinnt, als es ihr recht ist: »ihr Bild«.

Was da hinter dem Intriganten steht, bleibt undeutlich: Es ist einerseits das Bild der vormals Geliebten, die er abzuschütteln versuchte, und andererseits das Bild, das er selbst macht oder abgibt. »Ihr Bild« kann auch das Bild bezeichnen, das die Gesellschaft von demjenigen gewinnt, der sich von Liebesangelegenheiten unter seinem Stand derart umtreiben läßt. Das Bild, das er sich von der vormals geliebten Frau macht, vermischt sich mit demjenigen, das sich die Mitwelt von ihm macht. Desportes enteignet sich in dieser Bewegung das Bild, das er produziert, da er plötzlich selbst sich erscheinen muß, wie ihm Mariane erscheint. So kommt es, daß er nicht, wie im Topos der Liebesgeschichte, das Bild der Geliebten ein ums andere Mal wieder aufruft, sondern daß das Bild selbst vor ihm steht. Das Bild – zuerst eines, das man sich macht – wird hier konsequent entzogen, und entwickelt daraufhin eine Macht, die die Figur umzutreiben vermag. Desportes wird von ihm deutlich in Bewegung gesetzt: er wehrt sich gegen Gedanken und Satz gleichermaßen, die ihm von der unbeherrschbaren Instanz souffliert werden. Gegen die »Gedanken« spricht er sich dezidiert aus. Aber auch der Satz wird, wie der Gedankenstrich verzeichnet, distanziert: es handelt sich augenscheinlich um einen Satz, den die Figur nicht übernimmt, der nicht voll und ganz von ihr kommt. Die Bewegung, die Desportes zeigt, wo ihm das Bild in den Weg gerät, vollführt er nicht selbst. Nicht hat er Herrschaft über die Bedeutung, die er mittels dieser Bewegung zu wahren sucht. Vielmehr folgt er in seiner Abwehr dem Spielraum, den das Bild eröffnet, gehorcht ihm geradezu.

Was Desportes in seiner Randstellung artikuliert, spricht aber auch über das Geschehen hinaus. Die Aussage »Ihr Bild steht unaufhörlich vor mir« hat nicht nur relativ zur Geschichte, in die die Figur verwickelt ist, sondern auch absolut Bedeutung. Sie konstatiert eine Enteignung, die somit auch den betrifft, der als möglicher Herrscher über Bedeutung hätte gelten können. Eine Paraphrase dieser Aussage wäre folgendermaßen zu geben: Ohne ein Ende schiebt sich etwas vor das figurale Ich, das ein Bild von anderen darstellt. Immer findet sich zuerst ein Bild, das von anderen her kommt. Es wird von einer anderen Figur oder von anderen überhaupt gestiftet, steht letztlich für ein trans- und interfigurales Bedeutungsgeflecht. Desportes sagt also, beim Worte genommen, daß, sobald eine Figur sich bilden will, immer ein fremdes Bildwesen ihr vorgängig ist. Niemals käme demnach die Figur unmittelbar zu sich. Immer hätte sie den Weg über »ihr Bild« zu nehmen. Dieses Eingeständnis spiegelt sich in der Komposition der Szene, in der die Selbstverständigung der Figur versucht wird. Der Versuch findet darin sein Ende, daß es heißt: »Tritt wieder zur andern Gesellschaft«. Der Ort der Selbstbesprechung gelingt nicht für die Figur, sie muß ins Spiel mit anderen Figuren hinein, um selbst als Figur Bestand zu haben. Der brüchige Monolog des Intriganten und sein Ende führen also paradigmatisch die Figurwerdung vor, das Eintreten in den theatralen Raum, das unaufhörlich die Züge von Enteignung trägt.

Der Intrigant in Lenz' Stück ist nicht als Herr der Bedeutungen stabilisiert. Auch bei ihm wiederholt sich die Struktur, daß das, was das Spiel prägt, abwesend ist und als Abwesendes wiederum anwesend. Wieder erscheint die Verbindung von Abwesenheit und Anwesenheit an anderem Ort. Wo aber findet sich die Anwesenheit, auf die in dieser Interpretation gesetzt wird? Tritt man hier in einen endlosen Rekurs, in dem immer eine Figur als Herr der Bedeutungen hinter einer anderen steht und hinter der ersten wieder eine andere und so fort? Es gilt, noch einmal die Aussage der Gräfin zu bedenken, auf die sich das Denken einer Korrelation von An- und Abwesenheit stützt. »Ist immer abwesend«, so lautet die Einschätzung der Gräfin über Mariane. Wenngleich sie diese Aussage in den Kontext bettet, eine anderweitige Anwesenheit Marianes zu vermuten, sagt sie doch wörtlich mehr. »Ist immer abwesend, wenn ihr der Sprachmeister was vorsagt.« Die Kondition, die der Abwesenheit gesetzt ist, bringt nicht Anwesenheit, sondern Sprache ins Spiel. Versteht man den »Sprachmeister« als pars pro toto des Sprachlichen, dann steht dort, wo die Figuren abwesend sind, Sprache. Entsteht aber Abwesenheit immer, wenn Sprache sich den Figuren einsagt, dann alterniert sie nicht mit Anwesenheit, sondern gilt unrelational. Die Bedingung der Abwesenheit fällt so mit derjenigen der Figurwerdung überhaupt zusammen. So steht der Satz »sie ist immer abwesend« wortwörtlich und ohne Einschränkung. Folgt man dem, was hier gesagt ist, dann ist auf einen möglichen Herrn der Bedeutungen nicht mehr zu setzen. Wenn überhaupt, zeigt dieser sich noch als »Sprachmeister«, als derjenige, der das Paradigma der Sprache verbreitet. Alle Figuren unterliegen so dem Gesetz, das die Gräfin im weiteren Verlauf der Gartenszene für Mariane formuliert: »Mädchen, du bist wie das Bäumchen hier im Abendwinde, jeder Hauch verändert dich.« (IV/3) Figuren, so macht Lenz folgern, sind unwiderruflich an den »Hauch« überschrieben, an das, was Sprache ihnen eröffnet. Sprache als Hauch kommt aber immer von anderen und fügt sich nie in den Rahmen einer Figur. Die Abwesenheit verliert damit alle Kontingenz. Sie befällt Figuren nicht in einem Moment, um sich in einem anderen wieder vertreiben zu lassen. Sie gehört Figuren schlechthin an. Wie auch immer die Protagonisten in *Die Soldaten* sich sagen, sie zeigen sich als enteignet, erlangen ihre Bedeutungen nur als etwas, das sie abwesend sein läßt.

Alle Figuren, die Anwesenheit zu gewinnen scheinen, fallen ihrerseits – wie der Intrigant Desportes – der Abwesenheit anheim. So starrt die Anwesenheit von Desportes in dem Dialog zwischen Mary und Mariane hindurch wie die Totenmaske der intrigierenden Figur. Deren Fäden, von denen die anderen Figuren eingebunden werden sollen, verselbständigen sich konstitutiv. Im Lenzschen Stück wird das mittels der Briefe deutlich gemacht, die das gesamte Spiel rhythmisieren. Die »entscheidende Rolle [der] Briefe in Lenzens ›Soldaten‹«, deretwegen letztere ein »›Briefdrama‹« heißen können,[9] korrespondiert dem Thema des figuralen Bedeutungsgeschehens. Zwischen Mary und Mariane tritt Desportes mittels eines Briefes auf, von dem Mary berichtet. Immer wieder gelangen die Figuren an ersehnte Orte nur in der Form von Briefen. Sie kommen in der Form starrer Worte an und können die Sätze dort, wo sie ihr Ziel haben, nicht kontrollieren. Die Briefe demonstrieren so, daß die Abwesenheit konstitutiv ist. Der Brief bildet die verbindliche Maske, die vor den Figuren steht, wie das Bild vor Desportes, und in der allein die Bewegung der Figur auftreten kann.

Die Soldaten verfolgen die Geste, in der Figuren sich vor all ihrem Bestehen enteignen, sich in Abwesenheit begeben. Bezogen auf die Briefe ist die Enteignung Erstarrung, die die Figur befällt: brieflich bleibt von ihr nichts als eine Ruine zurück. Bereits die erste Szene des Stückes betreibt ganz eine Gestographie solcher Erstarrung und Ruinierung. Nicht nach dem lebendigen oder anwesenden Sinn der Figur wird dort gefragt, um das Geschehen in Gang zu setzen, sondern nach dem Sediment von Sinn in der Materialität orthographisch verbindlicher Schrift. »Schwester weißt du nicht, wie schreibt man Madam, *Ma, ma, tamm, tamm, me, me.*« (I/1) Die Exposition des Dramas besteht darin, daß eine Figur sich im Brief fixiert und so an diesen enteignet. Marianes Schreibszene funktioniert wie ein ferngesteuertes Ritual, das beispielsweise aus der Formel »so recht« besteht. Was Charlotte zu ihrer Schwester sagt, die den Brieftext vorliest, ist gleichsam den Figuren überhaupt diktiert: »So lies doch bis der Verstand aus ist.« (I/1) Stünde Verstand dafür ein, selbst Herrschaft über Bedeutungen auszuüben, dann bedeutet, daß er ausgehen wird, einen irreduziblen Rückverweis der

---

[9] P.M. Lützeler, »Jakob Michael Reinhold Lenz: ›Die Soldaten‹«, In: *Dramen des Sturm und Drang. Interpretationen*, 155.

Figur an anderes. Die Figur beginnt erst dort, wo das Ihre vorbei ist: in der Sprache, in den Ruinen beziehungsweise Masken, die sich zeigen, wenn sie ganz spricht. Hat sie sich, so notiert Lenz, in diesem Sinne ausgelesen oder -gesprochen, kann das Spiel beginnen.

Figuren sind hier stets auf Bedeutungen verwiesen, die sie selbst weder setzen noch kontrollieren. Das zeigt sich insbesondere dann, wenn sie befangen sind in dem, worin sie in ruinöser Permanenz bestehen. Die Fixierung, in der sie Bestand haben, verwandelt sie immer wieder in Stereotype, die es nicht vermögen, über sich hinaus zu sprechen. So stehen Figuren voreinander wie zwei Briefe, aus denen man abwechselnd zitiert.

GRÄFIN: ... Ihr einziger Fehler war, daß sie die Welt nicht kannten, daß sie den Unterschied nicht kannten, der unter den verschiedenen Ständen herrscht, daß sie die Pamela gelesen haben, das gefährlichste Buch das eine Person aus Ihrem Stande lesen kann.
MARIANE: Ich kenne das Buch ganz und gar nicht.
GRÄFIN: So haben sie den Reden der jungen Leute zuviel getraut.
MARIANE: Ich habe nur einem zuviel getraut und es ist noch nicht ausgemacht, ob er falsch gegen mich denkt.
GRÄFIN: Gut liebe Freundin! aber sagen sie mir, ich bitte Sie, wie kamen Sie doch dazu, über Ihren Stand heraus sich nach einem Mann umzusehen. ... (III/10)

Der Diskurs, den die Gräfin hier führt, läuft ganz ungestört von Marianes Einwürfen gleichsam von der Rolle. Marianes entgegengerichtete Erwiderungen werden von diesem Diskurs stets zu Stichworten verwandelt, an denen er sich forthangelt. Keine Reaktion folgt auf Marianes Einlassung, die »Pamela« nicht gelesen zu haben; und auch die Einschätzung, nicht am Diskurs »der jungen Leute« partizipiert zu haben, verhallt unaufgegriffen. Stattdessen setzt die Gräfin mit einem rhetorischen »So« und einem beschwichtigenden »Gut« ihre Worte fort, als wollte sie sagen: ›So, gut. Gut, so, laß schon.‹ Der Diskurs besteht aus Strategien, keinerlei Irritation zuzulassen, jeglichen Ausfall der eigenen Fixierung zu verhindern. Führt die Gräfin das Gespräch mit dem Anspruch, den Ständeunterschied zu beherrschen und ihn Mariane zu vermitteln, so vermittelt sie eine ganz andere Herrschaft: die Herrschaft des Diskurses, an den sie sich enteignet hat. Zuletzt vermittelt sie Mariane nichts als die Kommunikationslosigkeit des Diskurses, den sie führt. Es kommt nicht einfach dazu, daß die Figuren sich nicht verstehen. Sie sind darauf angelegt, sich nicht zu verstehen. Das genau ist das Spiel, das sich Mariane und mit ihr den ZuschauerInnen bietet.

Das Lenzsche Stück handelt in erster Linie davon, wie das Sprechen seiner Figuren enteignet wird oder ist. Unter diesem Aspekt genau verbinden sich die sehr heterogenen Szenen von der Exposition her untereinander und auch mit den Formungen, vor allem derjenigen des Briefs. Die Frage, woher den Figuren ihre Bedeutungen zukommen, erhält dabei eine wichtige Wendung. Scheint sie zuerst so, als frage das Stück mit ihr nach der Herrschaft über Bedeutungen, so wird sie im Verlauf der szenischen Interpretationen ganz vom Moment der Herrschaft entkoppelt. Es geht nicht mehr um Herrschaft, sondern um Konstitution, wenn keine Anwesenheit hinter den Figuren steht. Die Instanzen, die bei Lenz durchgespielt sind, beherrschen Bedeutung nicht, sondern prägen sie bloß, wie die Sprache. Figuren gelangen also zu Bedeutungen nicht, indem sie beherrscht werden; sie gelangen zu ihnen, indem sie sich einschließen. Lenz' Studie zur Figurwerdung zeichnet eine inklusive Anlage der Figur. Figuren finden ihre Orte dadurch, daß sie in Diskursen aufgehoben werden, in das Sprechen anderer eintreten. Keine Figur setzt mit ihrem eigenen Sprechen an: darauf insistieren die Vorführungen in *Die Soldaten*. Pointiert wird diese Logik noch einmal in der zentralen Szene des letzten Aktes, in der Stolzius den Rivalen Desportes vergiftet.

DESPORTES *hält sich die Brust*: Ich krieg Stiche – Aye! –
MARY *Steif den Blick auf Stolzius geheftet ohne ein Wort zu sagen.*
DESPORTES *wirft sich in einen Lehnstuhl*: – Aye! – *Mit Kontorsionen.* Mary! –
STOLZIUS *springt hinzu, faßt ihn an die Ohren und heftet sein Gesicht auf das seinige. Mit fürchterlicher Stimme*: Mariane! – Mariane! – Mariane!
MARY *zieht den Degen und will ihn durchbohren.*
STOLZIUS *kehrt sich kaltblütig um und faßt ihm in den Degen*: Geben Sie sich keine Mühe, es ist schon geschehen. Ich sterbe vergnügt da ich den mitnehmen kann. (V/3)

Der Einschluß, mittels dessen die Figuren sich und ihr Sprechen enteignen, zeitigt eine wichtige Konsequenz: In der figuralen Konstitution spielt Selbständigkeit keine Rolle, auch nicht Selbständigkeit gegenüber anderen. Auf prekäre Art verschmelzen hier Stolzius und seine Gegenspieler bis zur Unkenntlichkeit. Nicht nur, daß er und Desportes zugleich und auf die gleiche Weise in den Tod gehen und auch, wie es zu Beginn der Szene heißt, »beide ausgekleidet« sind. Auch sprachlich schwinden hier Konturen. Mary, der in der Szene stumm bleibt und nur in Regieanweisungen im Text präsent ist, wird von Desportes angerufen. Dieser Anruf geht aber weit über sein Ziel hinaus, wenn er bei Stolzius als Evokation wirkt. Der Name Mary, phonetisch auch als Kurzform von Mariane zu verstehen, entlockt dem Unglücklichen dreifach den Namen der Geliebten. Der Name findet sich nicht als Artikulation des für sich selbst Sprechenden ein. Er kommt Stolzius aus dem Munde zu, aus dem er ihn nicht würde entgegen nehmen wollen, stünde er vor der Alternative. Da er aber auch in Desportes Mund einen Namen im eigenen Diskurs abgibt, wird mit dem Namen einfach dieser Diskurs aufgerufen oder gleichsam angeschaltet. Die Überlappung der Figuren zeigt sich noch deutlicher, wenn es heißt: »und heftet sein Gesicht auf das seinige«. In diesem Regietext ist keine diskriminierbare Figur mehr zu erkennen. Die Gesichter, die hier bezeichnet werden, trennen sich nicht. Wenngleich die Handlung noch einer Figur zugeschrieben ist, läßt die Bewegung, die zwischen den beiden Gesichtern stattfindet, sich nicht mehr fixieren. Sie findet transfigural statt, und bezieht die Figuren mehr in sich ein, als daß sie von ihnen ausginge. Hier wird enteignet, was den Protagonisten zuletzt noch angehören könnte: ihr Gesicht, ihr Antlitz. Auch damit sind sie einem Diskurs eingeschrieben und konstituieren sich allein in Abwesenheit. Es handelt sich gleichsam um die endlose Szene der Figuration, dergestalt das Gesicht zu verlieren.

4.3 Der unbändige Name: *Götz von Berlichingen* (Goethe)

Es gibt einen Punkt, der in besonderer Weise den Ort der Figur bezeichnet, wie er sich im Kontext eines Diskurses ergibt. Es ist der Name, den eine Figur trägt, mittels dessen sie aufgerufen wird oder sich selbst präsentiert. Den Namen zeichnet dabei aus, daß er immer mit dem Versuch verbunden wird, den Diskurs zu sprengen, auszusteigen aus der Folge der sich bloß wiederholenden Wörter. Immer prätendiert der Name Einmaligkeit und Unwiederholbarkeit.[10] So enthält er sich dem bloßen Funktionieren des Diskurses, stellt sich marginal zu dessen Abläufen. »Die prekäre Stellung des Namens ist die des Namens als Kippfigur, als unmögliches Randphänomen des (unendlichen) Zusammenhangs der Sprache, eines Sprachsystems, das qua Übersetzungen mit Differenz und Beziehung seine Zusammenhänge entfaltet.«[11] So wäre der Name ein Punkt, an dem eine Figur sich spezifisch gründen könnte. Wenn sie auch sonst in die Diskurse, an die sie sich enteignet hat, eingeschlossen bliebe, böte ihr der Name einen letzten Rückhalt, der sich dem Einschluß entzieht.

Aus Richtung dieser Überlegungen ist eine Bewegung zu verstehen, die das erste große Drama des Sturm und Drang, Goethes *Götz von Berlichingen*, vorführt. Bereits dem Titel dieses Stücks wäre ja zu entnehmen, daß der Name innerhalb seiner Gewicht hat. Ansonsten wird unmittelbar deutlich, daß Fragen der Herrschaft und der Souveränität im Mittelpunkt stehen: Fragen, die die Stellung der Figur betreffen. So finden sich von der Exposition her eine Vielzahl an Anhaltspunkten, Götz als Herrn der Bedeutungen zu verstehen. Gleich die erste Situation, in der der Protagonist noch nicht auftritt, berichtet von solcher Herrschaft über andere. »Die Bamberger dort ärgern sich, sie möchten schwarz werden.«[12] Götz zeigt sich als Figur, die schlechthin anwesend ist, die in das Geschehen aller anderen hineinzureichen vermag. In diesem Sinne versteht der Protagonist auch sich selbst: »Ich bin wach.« (76) Es kann also mit seiner Präsenz gerechnet werden, mit einer umgreifenden Anwesenheit, die sich auch von anderen Mächten nicht in die Schranken weisen läßt. Diese thematische Exposition im *Götz* gipfelt in dem Dialog mit dem Klosterbruder Martin, der nicht zuletzt auch der Rezeption einsagte, es handele sich bei dem Protagonisten um einen »großen Mann«.

---

10 Vgl. dazu Derrida, *Schibboleth*.
11 B. Menke, *Sprachfiguren*, 116.
12 Goethe, *Götz von Berlichingen mit der eisernen Hand*, HA 4, 76 (im folgenden mit Seitenzahlen im Text).

Innerhalb dieser thematischen Ortung läßt sich aber der Akzent verschieben, wenn man von der Exposition her liest, die Götz sich selbst gibt. Dort erscheint das Thema der Herrschaft eher als Frage. »Wo meine Knechte bleiben!« (76) Wenngleich der Souverän hier nach den Knechten mehr ruft als fragt, läßt sich der Satz doch als Frage verstehen. Er fragt demnach nicht nur unmittelbar nach den Knechten, auf die Götz in der Szene wartet, sondern überhaupt durch das ganze Stück hindurch nach den Knechten, die dem Herrn zur Verfügung stehen. Von diesem Einsatz her gelesen richtet das Schauspiel Goethes sein Augenmerk auf die Tätigkeit der Knechte und damit darauf, ob diese dem Herrn zuspielen oder nicht. Es beginnt also nicht mit der Herrschaft und der Souveränität des Titelhelden, sondern mit der Frage danach, wie überhaupt dessen Herrschaft gelingen könnte. Das markiert einen entscheidenden Unterschied insofern, als die fragende Exposition sich mit der Thematik des Namens verbinden läßt. Zur Herrschaft, die als solche unhinterfragt ist und die allein dem Scheitern ausgesetzt sein könnte, gehört der Name genauso unhinterfragt hinzu. Steht hingegen am Anfang der Ruf nach den Knechten und die Ungewißheit, wie diese sich verhalten, dann läßt sich in dieses Spiel auch der Name einbeziehen. Auch hinsichtlich seiner läßt sich die Frage formulieren, ob er der Figur zur Verfügung steht und wo er bleibt. Dieser Verbindung soll im folgenden nachgegangen werden, um die Verortung der Figur Götz innerhalb des Spiels auszuloten.

Der Name hat seinen Auftritt vor seinem Träger, wenn es gleich zu Anfang, als die Herrschaft Götzens deutlich wird, heißt: »Erzähl das noch einmal vom Berlichingen!« (74)[13] Allein die Nennung des Namens erzeugt Reaktionen auf seiten der Gegner, sei es daß sie sich schrecken oder sich bloß ärgern. Erscheint er hier als selbstverständliches Moment des Geschehens, das ganz im Sinne des Protagonisten funktioniert, so ist seine nächste Szene damit verbunden, daß diese Selbstverständlichkeit nicht fortdauert. Es handelt sich um eine Schlüsselszene, in der die Hauptfigur mittels eines komplementären Charakters, des Mönchs Martin, in ihrer Spezifik gezeichnet wird. Merkwürdig in dieser Zeichnung ist allerdings, daß Götz in weiten Teilen stumm bleibt, daß er sich nicht offenbaren will.[14] Genau solche Stummheit gilt auch dem Namen.

MARTIN: Ich bitt um Euren Namen.
GÖTZ: Verzeiht mir. Lebt wohl! *Er reicht ihm die linke Hand.*
MARTIN: Warum reicht ihr mir die Linke? Bin ich die ritterliche Rechte nicht wert?
GÖTZ: Und wenn ihr der Kaiser wärt, Ihr müßtet mit dieser vorlieb nehmen. Meine Rechte, obgleich im Kriege nicht unbrauchbar, ist gegen den Druck der Liebe unempfindlich: sie ist eins mit dem Handschuh; Ihr seht, er ist Eisen.

---

13 Zur Bedeutung der narrativen Exposition im *Götz* siehe: R. Nägele, »Johann Wolfgang Goethe: ›Götz von Berlichingen‹«, in: *Dramen des Sturm und Drang. Interpretationen*, 7-31.
14 Vgl. dazu Kieffer, *The Storm and Stress of Language*, 28ff.

MARTIN: So seid Ihr Götz von Berlichingen! Ich danke dir, Gott, daß du mich ihn hast sehen lassen, diesen Mann, den die Fürsten hassen und zu dem die Bedrängten sich wenden! *Er nimmt ihm die rechte Hand.* Laßt mich diese Hand, laßt mich sie küssen! (81)

Es liegt ganz in der Konsequenz des eigentümlichen Stummbleibens, daß Götz versucht, seinen Namen geheim zu halten. Er will ihn nicht nennen und beantwortet die Frage des Mönchs mit einem undeutlichen »Verzeiht mir«. Die Figur versucht hier, den Namen an sich zu binden. Er soll ihr gehorchen wie ein Knecht und sich ganz so verhalten, wie sie es wünscht. Dabei geht es um die extremste Art, zur Verfügung zu stehen: Der Name soll nicht immer nennbar sein, soll nicht immer das Spezifische der Figur preisgeben. Er soll verschwiegen werden können. Von diesem besonderen Ruf nach dem Knecht »Name« aus ergibt sich ein Fortgang, der entgegen der Intention Götzens verläuft. Er reicht die linke Hand und dabei entgleitet ihm sowohl wortwörtlich als auch metaphorisch die rechte. Zuerst wörtlich, denn nicht er ist es, sondern der Mönch, von dem es in der Anweisung heißt. »Er nimmt ihm die rechte Hand.« Die rechte Hand ist ihm, so hat Ilse A. Graham dargelegt,[15] überhaupt genommen, denn im Verlauf des gesamten Stücks bleibt sie ihrem Träger enteignet, wandert als unkontrollierbarer Signifikant von Figur zu Figur. Mit der rechten Hand entgleitet der Figur aber auch die metaphorisch rechte Hand: der Name. »So seid ihr Götz von Berlichingen!« Es zeigt sich, daß der Name nicht in der Weise an den Herrn gebunden ist, daß dieser über sein Auftreten oder Verborgenbleiben entscheiden könnte. Der Knecht wird dem Herrn untreu und treibt ihm gegenüber ein verselbständigtes Unwesen. »Im Kriege nicht unbrauchbar ... gegen den Druck der Liebe unempfindlich«: Was die eiserne Hand charakterisiert, gilt auch für den Namen, wenn »Druck der Liebe« hieße, seinem Träger sich anzuschmiegen.

Was Götz in der Begegnung mit dem Mönch Martin erfährt, ist unter anderem eine bestimmte Eingliederung des Namens in Diskurse, die unabhängig von der Figur bestehen. Von der gereichten linken Hand her ergibt sich ein Bedeutungsgeschehen, das gleichsam zwangsläufig den Namen hervorbringt. Die Eingliederung bedeutet aus Götzens Sicht eine Ungebundenheit, die den Namen nicht als getreuen Knecht erscheinen läßt. Von hier aus betrachtet hat auch der Name in der ersten Szene nicht gebunden im Dienste seines Herrn gestanden. Gerade aufgrund einer gewissen Ungebundenheit vermag er erst als bloßer Name die Wirkungen zu erzielen, die er bei anderen erzielt. Er hängt an Geschichten, die über die Figur hinausreichen und in einem allgemeinen Diskurs stehen. Gerade wenn der Protagonist seinen unbändigen Namen als das zu beherrschen sucht, was seinem Wunsch gehorcht, zeigt er sich in einen weit über ihn hinausreichenden Diskurs gestellt. Er findet sich nicht an einem eigenen Ort, sondern eingeschlossen in die Orte, die von anderen her eröffnet sind.

---

15 Graham, »Götz von Berlichingen's Right Hand«.

Im weiteren Verlauf des *Götz von Berlichingen* korreliert sich der Name noch weiter mit der Frage nach den Knechten. Immer wieder hat er Gewicht, wenn es darum geht, reale Knechte zu finden, die bereit sind, sich Götz anzuschließen. Die Rekrutierung, die den Souverän wesentlich stützt, bedarf des Namens. Davon berichtet eine der Figuren, die sich bei Götz einstellt.

> LERSE: Eben das, Herr! Von Jugend auf dien ich als Reitersknecht, und hab's mit manchem Ritter aufgenommen. Da wir auf Euch stießen, freut ich mich. Ich kannte Euern Namen, und da lernt ich Euch kennen. Ihr wißt, ich hielt nicht stand; Ihr saht, es war nicht Furcht, denn ich kam wieder. Kurz, ich lernt Euch kennen, und von Stund an beschloß ich, Euch zu dienen. (129)

Allem Dienen der Knechte voran geht, wie Lerse bemerkt, die Kenntnis des Namens, der auch hier wieder ganz dem Herrn zuzuspielen scheint: »Ich kannte Euern Namen«. Auf eine eigenartige Weise spielt aber die sonstige Erzählung des Knechts die Kenntnis des Namens gegen wirkliche Kenntnis aus. Der Knecht, der sich in den Dienst des Herrn stellt, löst sich von dem Namen, der ihn zuerst aufgerufen hat. Negativfolie dieser Entkopplung von Kenntnis der Figur und des Namens ist, daß der Name nicht mehr positiv für die Figur einsteht, wenn die Geschichten, die sich mit ihm verbinden, nicht für günstig gelten.

> GEORG *kommt.*
> GEORG *heimlich*: Ich kann niemand auftreiben. Ein einziger war geneigt; darnach veränderte er sich und wollte nicht.
> GÖTZ: Gut, Georg. Das Glück fängt mir an wetterwendisch zu werden. Ich ahndet's aber. *Laut* Sickingen, ich bitt Euch, geht noch diesen Abend! Beredet Marie! ... (137)

In dieser Szene wird der Mißerfolg in der Anwerbung von Knechten nicht mit dem Geschehen des Namens verbunden. Dennoch wird implizit deutlich, daß dieser nicht mehr, wie zuvor, für seinen Träger agiert. Die Feststellung »Ich kann niemand auftreiben« zeugt auch von einer Unwirksamkeit des Namens oder – im Extremfall – von einer gegen seinen Träger gewendeten Wirksamkeit.

Von der Exposition im Ruf nach den Knechten her erscheint hier der machtlose Herr. Dessen Prätention von Herrschaft aber scheitert nicht, sondern mißlingt konstitutiv. Die Knechte bleiben unbändig und demnach zuletzt auch aus. Götz' Bemerkung »Das Glück fängt mir an wetterwendisch zu werden« realisiert auch, daß die Knechte sich nicht in der Weise einstellen, wie es am Anfang denkbar war. Kommentiert er weiter »Ich ahndet's aber«, so ist deutlich gesagt, daß es sich nicht um ein situatives Mißgeschick handelt, sondern daß eine grundsätzliche Bewegung zu bemerken ist. Der Figur, die Knechte um sich zu versammeln und an sich zu binden suchte, wird vorgeführt, daß sich zwar Knechte einstellen, diese aber unbändig agieren, sich also nicht binden lassen. Es liegt Ironie darin, wenn der Name seinem Herrn noch einmal dient, wo dieser keinerlei Herrschaft, sondern einzig noch Hilfe ins Auge zu fassen vermag.

HAUPTMANN: Helft ihm! Ein edler Mann, an Gestalt und Wort.
WOLF *leise*: Es ist Götz von Berlichingen.
HAUPTMANN: Seid willkommen! Alles ist Euer, was wir haben. (166)

Götz erreicht, von allen seinen Getreuen getrennt, ein »Zigeunerlager«, an dessen Pforte der Name ganz für den Hilfesuchenden einsteht. Kein Interesse kann er hier mehr daran haben, den Namen zu verbergen; er ist darauf verwiesen, daß dieser für ihn spricht. Somit hat er sich an den Knecht übergeben, der das Geschehen übernimmt. Wo der Name noch funktioniert, ist Götz in Dunkelheit getaucht, wie die Szenenangabe »Nacht, im wilden Wald« besagt. Er gewinnt nicht mehr für sich eine Präsenz, von der aus er den Namen dirigieren und ihm eine Stellvertreterschaft dieser Präsenz übertragen könnte. Der Name spielt sein eigenes Spiel und initiiert zuletzt selbst den Ruf, wo denn der Herr bleibt.

Götz von Berlichingen folgt dem Geschehen, das sich der Figur zuträgt, die sich darin begründet, nach ihren Knechten zu verlangen. Die anfängliche Frage bedeutet diesen, daß sie sich am Ort des Herrn einfinden mögen. Der Entwurf der souveränen Figur aber erfährt dann eine Umkehrung. Der Name stellt sich nicht am Ort der Figur ein, sondern diese eher am Ort des Namens. Was das Ende der Begegnung Götzens mit dem Mönch Martin vorgibt, macht das Leitmotiv des Stückes aus. Der Herr ist in das Spiel der Knechte eingeschrieben, eingeschlossen in die Orte, an dem diese auftreten. Er vermag es nicht, sich für sich zu bewahren. Insofern handelt Goethes Stück nicht von »Freiheit«,[16] wie es vom Ende her erscheint, sondern von der inklusiven Verortung der Figur, die ihrerseits als Befreiung zu verstehen wäre: Befreiung davon, Herrschaft selbst initiieren zu wollen. Das Stück zeigt sich weniger an den Themen seines Protagonisten, als mehr an seiner Stellung interessiert. Die Verstümmelung, die ihm von seiner technischen Hand zukommt, hat im Namen ihre diskursive Korrespondenz und zugleich ihre Überbietung. Nicht bleibt sie, wie von der Ganzheit des Körpers her, melancholisch zu beklagen. Sie markiert positiv den Eintritt der Figur in den Diskurs. Ganz in diesem Sinne steht am Anfang nicht die Selbstbehauptung, sondern die Frage nach Selbstbehauptung. So wird nicht das Scheitern der Souveränität, sondern die Rekonstruktion einer inklusiven Stellung der Figur gespielt.

Die diskursive Bindung Götzens an seinen Namen verknüpft sich mit seiner Geschichte. Die Geschichte tritt dort als Thema zutage, wo gleichsam die Summe des Protagonisten gezogen wird. Dieser hat alle mögliche Herrschaft verloren und sitzt als Gefangener an seinem eigenen Ort, der Burg »Jagsthausen«, von »ein[em] Licht auf dem Tisch und Schreibzeug« begleitet.

---

16 R. Nägele, »Johann Wolfgang Goethe: ›Götz von Berlichingen‹«, in: *Dramen des Sturm und Drang. Interpretationen*, 22.

ELISABETH: So schreib doch deine Geschichte aus, die du angefangen hast. Gib deinen Freunden ein Zeugnis in die Hand, deine Feinde zu beschämen; verschaff einer edlen Nachkommenschaft die Freude, dich nicht zu verkennen.
GÖTZ: Ach! Schreiben ist geschäftiger Müßiggang, es kommt mir sauer an. Indem ich schreibe, was ich getan, ärger ich mich über den Verlust der Zeit, in der ich etwas tun könnte.
ELISABETH *nimmt die Schrift*: Sei nicht wunderlich! Du bist eben an deiner ersten Gefangenschaft in Heilbronn.
GÖTZ: Das war mir von jeher ein fataler Ort.
ELISABETH *liest*: ›Da waren selbst einige von den Bündischen, die zu mir sagten: ich habe töricht getan, mich meinen ärgsten Feinden zu stellen, da ich doch vermuten konnte, sie würden nicht glimpflich mit mir umgehn; da antwortet ich:‹ Nun, was antwortetest du? Schreibe weiter.
GÖTZ: Ich sagte: Setz ich so oft meine Haut an anderer Gut und Geld, sollt ich sie nicht an mein Wort setzen?
ELISABETH: Diesen Ruf hast du.
GÖTZ: Den sollen sie mir nicht nehmen! Sie haben mir alles genommen, Gut, Freiheit – (155)

Von Anfang prägt Enteignung die Szene des schreibenden Götz. Nicht allein, daß er sich nicht selbst zu schreiben entschließt, sondern dazu im Namen anderer, der »Nachkommenschaft« aufgerufen wird. Auch die Schrift hat er nicht in der Hand, sondern sie findet sich in anderer Hand, derjenigen von Elisabeth, um von dort auf ihn zuzukommen. Nicht bestimmt er den Rhythmus des Fortschreibens, sondern er wird von der eigenen Schrift gefragt und herausgefordert. Das Sprechen von Götz geht in seine Schrift ein, wird von der Schrift übernommen. Elisabeth liest ihn in seinen Text hinein, woraufhin er fortfährt: »Ich sagte: Setz ich so oft ...« Im weiteren verschwimmt ganz die Grenze zwischen dem, was als Geschichte erzählt wird, und dem, was die Figuren in der Szene sagen. Die Antwort, die Götz sprechend in seinen Text einzeichnet, und die Frage, die er an Elisabeth stellt, gehen ineinander über. Nach solcher Enteignung des Sprechens, in der Götz als bloße Figur des »Schreibe weiter« fortbesteht, berichtet er auch von Enteignung. »Sie haben mir alles genommen, Gut, Freiheit –« Solchen Verlust konstatiert Götz, um einem weiteren zu wehren. Was ihm trotz allem noch dienen soll, ist der »Ruf«, die eigene »Haut« an das eigene »Wort« zu setzen. Was aber hier bewahrt werden soll, wäre selbst schon als Enteignung zu verstehen. Hier wird die Haut, das Eigenste der Figur, an das Wort überschrieben, das, wie das gesamte Schauspiel Götzens zeigt, nicht eigen bleibt. Wo sie sich ein letztes Mal zu bewahren sucht, bewahrt sie ihre Stellung, in der sich die Haut in das Wort einschließt. In freier Übersetzung ließe sich sagen, daß genau darin der Name, dieser »Ruf« der Figur schlechthin, besteht. In ihm ist stets alle Haut an das Wort überschrieben.

Götz gelingt seine Geschichte nicht als eigene. In der Szene wird dargestellt, inwiefern er sich in sie einfügt. Er hat nicht selbst die Dramatik der Ereignisse dessen, was er erzählen will, in der Hand, sondern steht ihr gegenüber, um in sie einzugehen. Der Kommentar »Das war mir von jeher ein fataler Ort«, den Götz zu dem Moment der Geschichte in Heilbronn äußert, nimmt sich aus wie einer zur Geschichte überhaupt, in der er steht. Die Geschichte ist ihm der »fatale Ort«, der ihm einerseits offensteht und andererseits genommen bleibt, da in ihm keine souveräne Position zu beziehen ist. Die Geschichte gehört anderen an: Elisabeth in der Szene, der »Nachkommenschaft« und anderen überhaupt. Goethe zeichnet hier eine Stellung nach, die Götz einnimmt, wenn es um seine Geschichte geht. Der Protagonist entfaltet sie nicht selbst und behält nicht in der Hand, was zu seiner Geschichte gehört und was nicht, wo die Feinde sitzen und wo die Freunde. Letztere bestehen bereits in der Geschichte, wenn er hinzutritt und ihm nichts bleibt, als dem Geschehen zu folgen. Was er als seine Geschichte ist, besteht genauso wie der Name unbändig ihm gegenüber. Im Drama des Sprechens nimmt er Orte ein, die bereits eröffnet sind.

Drittes Zwischenstück: Axiopoetische Inklusion

Diskurse sind immer mit dem verknüpft, was sie an Geschichte entfalten. Das aber bleibt zumeist gänzlich unsichtbar. Die narrative Haltung, die Sprachliches einnimmt, erscheint derart selbstverständlich, daß sie fast nirgends in Frage gestellt wird. Erst im Verlauf der Umbrüche, die sich mit den Rekursionen der neuzeitlichen und modernen Vernunft abspielen, kommt in den Blick, daß Diskurse eine axiopoetische Basis haben. Sie implizieren einen bestimmten Sinn dessen, was ihnen als Geschichte gilt. Diese Implikation nun tritt dort als Problem auf, wo ein Text darauf abzielt, eine Rekursion gegen das Bestehende auszuführen. Paul de Man hat an Nietzsches *Geburt der Tragödie* nachgezeichnet, wie ein axiopoetischer Bestand alle Bewegungen einer Reformulierung des Denkens zu gefährden vermag. Es geht hier um die Frage, auf welchen Ebenen eines Diskurses Gesten fortbestehen, die entgegen aller sonstigen Bemühungen exklusiv angelegt sind.

De Man betrachtet Nietzsches Text als eine Rekursion gegen einen auf Autonomie ausgerichteten Denkbestand gerade darin, daß er seine »eigenen Ansprüche auf universelle Wahrheitsfähigkeit kritisch auflöst«.[1] Damit stellte er einen erfolgreichen Versuch dar, aus den leitenden Spuren des Erbes auszubrechen. Von dieser Einschätzung aus aber nun etabliert de Man die Unterscheidung zwischen einem epistemologischen und einem genetischen Schema. Geht es bei dem ersten um die Organisation dessen, wovon erzählt wird, so betrifft das zweite die Organisation dessen, wie die Erzählung aufgebaut ist. Erst einmal fällt bei Nietzsche der Sinn in die Augen, den die unterschiedlichen Figuren Dionysos, Apollo und Sokrates in ihrer Differenz annehmen. De Mans Interpretation bemüht sich aber, noch einen zweiten Sinn faßbar zu machen. Sie versucht, auf

---

1 De Man, »Genese und Genealogie«, in: *Allegorien des Lesens*, 126.

einen Punkt zu verweisen, an dem der Text Position bezieht, ohne eine Aussage zu formulieren. Es handelt sich nicht um eine Position zu seinem Thema, sondern um eine, die in der Art der Thematisierung impliziert ist. Es kommt an diesem Punkt zu Wertsetzungen, die erst einmal als solche nicht zu erkennen sind. »Es mag sehr wohl ein grundlegendes, tieferes Wertungsschema geben, das dem Text genetische Kohärenz und Kontinuität verleiht und die Thematisierungen der Apollon/Dionysos- oder Sokrates/Dionysos-Dialektik transzendiert.«[2] Bei diesem »Wertungsschema« geht es nicht um eine Bewertung der auftretenden Figuren, wie sie beispielsweise erfolgt, wenn Sokrates bei Nietzsche als »Typus des theoretischen Menschen«[3] apostrophiert wird. Das Wertungsschema äußert sich darin, daß die Figur Sokrates überhaupt in eine sich erstreckende Geschichte eingebunden werden kann, daß sie innerhalb des dramatischen Plots einen bestimmten Einsatzpunkt erhält. In der Entfaltung der *Geburt der Tragödie* findet sich also eine Bewertung des Auftritts von Figuren überhaupt, ein Konzept, wie Figuren ihr Platz angewiesen werden kann.

Sind das epistemologische und das genetische Schema in dieser Weise differenziert, dann wird denkbar, daß der Text in seinen beiden Ebenen inkonsistent bleibt: Seine Aussagen und sein Ansatz widersprechen sich. Die genetische Anlage bleibt in einem Raum, den die epistemologischen Zeichnungen zu verlassen versuchen. Was der Narration »genetische Kohärenz und Kontinuität« verleiht, affirmiert Kategorien, die im epistemologischen Kontext längst widerrufen sind. Tragend erweisen sich »die Kategorie der Darstellung, die der Erzählweise zugrunde liegt, und die Kategorie des Subjekts, die die alldurchdringende, mahnende Stimme trägt.«[4] Bei Nietzsche wäre damit vorgeführt, wie sich das Erbe zuletzt bewahrt: auf einer Ebene, auf der die Erzählung angelegt wird. De Mans Analysen legen nahe, daß es überhaupt nicht selbstverständlich ist, daß eine Geschichte dramatisch funktioniert. Hat sie die Form, daß eine Figur gegen eine andere gestellt wird, daß sich wechselnde Konstellationen von Figuren ergeben, daß es zu dramatischen Ereignissen wie Wendepunkten, Wiedererinnerungen etc. kommt, dann folgt sie einer Dramaturgie, die eine bestimmte Logik der Platzanweisung impliziert. Wer den Sinn einer Geschichte erfassen will, muß auch diese basale Anlage in den Blick nehmen.

Das genetische Schema, das in Nietzsches Text zum Tragen kommt, trägt klare Züge exklusiver Gesten. Beide Kategorien, die de Man darin identifiziert, die »Darstellung« und das »Subjekt«, sind solche, die sich exklusiv verorten. Immer sind sie darauf aus, nicht mit etwas zusammenzufallen: die Darstellung nicht mit dem Dargestellten und das Subjekt nicht mit dem Objekt. Charakeristisch dafür ist auch die Monolinearität der erzählenden Stimme, die alle Ereignisse der Ge-

---

2   Ebd., 127.
3   Nietzsche, *Die Geburt der Tragödie aus dem Geist der Musik*, KSA 1, 98.
4   De Man, »Genese und Genealogie«, in: *Allegorien des Lesens*, 135f.

schichte in sich faßt. Immer muß sie bedacht sein, sich nicht in anderen Stimmen zu verlieren. Nietzsches Organisation dessen, wie er erzählt, bietet ein Beispiel für axiopoetische Exklusion. Diese stellt den Rückhalt schlechthin des Erbes dar. Immer wieder werden die Geschichten des Bruchs, der großen Wende oder des Umsturzes mit einer »alldurchdringende[n], mahnende[n] Stimme« erzählt. Auf der axiopoetischen Ebene findet sich eine Resistenz der Kategorien, die in Frage gestellt werden. Paul de Mans Analysen weisen auf genau diese Resistenz hin und auf die Notwendigkeit, das Axiopoetische zu denken.

In den Figurationen, die die betrachteten Dramen des Sturm und Drang vornehmen, findet sich gegenüber dem, was bei Nietzsche verfolgt wird, eine andere axiopoetische Option. Diese läßt sich daran ablesen, wie die Figuren ihr Sprechen ansetzen. Immer wird das Sprechen als enteignetes aufgenommen, das aus einer Vielzahl von Stimmen besteht, die nicht von einem Sammlungspunkt aus beherrscht werden. Den Figuren, die solcherart in Sprache eintreten, kommt weder Kohärenz noch Kontinuität zu. Letztlich wissen die Figuren, wie die Protagonisten bei Lenz, in ihrer (Sprach)welt keine stabile Position einzunehmen. Ihnen gelingt keine Geschichte, die einheitlich und die ihre wäre. Vielmehr stehen sie in Geschichten, die zuletzt keine dramatische Organisation haben, wie es in der Schreibszene Götzens deutlich wird. Es gibt keine Instanz, die alle Auftritte in der Hand hat und die die Antagonismen steuert. Und es gibt auch keine Anlage, die in Auftritten und Antagonismen besteht. Die Figuren agieren in Sprachbrüchen, aus denen ihre Gestalt sich bildet und ohne die sie sich nicht formen könnten.

In der Anlage, wie die Figuren sprechen, spielt immer ein Moment des Einschlusses eine Rolle. In ihrem Sprechen schließen sie sich ein in Orte, die außerhalb ihrer bestehen, folgen Sprachlichem, das sie nicht zu kontrollieren vermögen. Die grundlegende Geste in der sprachlichen Figuration funktioniert inklusiv. Damit spielt der Sturm und Drang eine Umbesetzung von Axiopoetik. Auf der Ebene, wie eine Narration angelegt wird, findet hier eine tiefgreifende Reversion statt. Den exklusiven Sprachorten, auf denen alle gewohnten Geschichten basieren, wird ein Ort des Einschlusses entgegengestellt, der sich erst einmal wie eine noch nicht entwickelte Geschichte ausnimmt. Liest man die Figuren des Sturm und Drang, wie paradigmatisch Götz, als Figuren, denen ihre Geschichten mißlingen, dann verfehlt man die Positivität ihrer narrativen Ordnung. Sie sind nicht auf gelingende Geschichten im konventionellen Sinn ausgerichtet. Wie in so vielen Punkten, gilt es auch hier, dem Sturm und Drang das Cachet des Scheiterns zu nehmen. Er entwickelt eine andere Ordnung sprachlicher Verortung. Diese läßt sich als eine bestimmte Axiopoetik begreifen. Wer sie erfassen will, muß die Grundlagen der Entwicklung von Diskursen in den Blick nehmen.

Axiopoetische Inklusion weist stets zwei Momente auf: Enteignung und Vielstimmigkeit. Enteignung bedeutet, daß die Erzählung stets auf Bestandteile stößt, die nicht angeeignet sind, die nicht als solche der Geschichte selbst funktionieren. Das Enteignete implementiert sich eher der Geschichte mit seinem außerhalb dieser bestehenden Wert und baut sie so auf. Das Sprechen verliert damit aber jeglichen Punkt, von dem her es die Kohärenz einer einheitlichen Geschichte organisieren könnte. Es formt sich in einer Weise, die nicht mehr an Kohärenz orientiert ist. Vielstimmigkeit prägt axiopoetische Inklusionen, insofern diese keine Einheit der Stimme ausbilden. Wer sich ins Sprechen anderer einschließt, bringt niemals nur eine Stimme zum Tragen, da er keine Zuordnung von Worten zu Stimmen mehr kontrolliert. Das verdeutlicht exemplarisch die erste Szene von Lenz' *Soldaten*, in der die schreibende Mariane Worte von überall her bezieht und einen restlos mehrstimmigen Brief verfaßt. Man könnte die Vielstimmigkeit auch so umschreiben, daß die Stimme überhaupt an Relevanz innerhalb der Konstitution eines Diskurses verliert. Er wird wie stimmlos ausgeführt, ohne eine einheitliche Instanz, die die Worte aufrufen könnte.

5 Das inklusive Spiel der Instanzen (Herder)

Ein zweiter Schauplatz inklusiver Formationen im Sturm und Drang stellt die theoretische Arbeit Herders dar. Dessen großes Thema, zumindest der Sturm-und-Drang-Jahre, ist die Erweiterung der Begriffe. Kein Element des Denkens, so könnte man die Bewegung paraphrasieren, soll in der Enge belassen werden, in der eine bestimmte Sorte von Aufklärung es angelegt hat. Alle Einseitigkeit von Zuordnungen und alle Purismen werden dabei kritisch überprüft. Unter anderem die Polaritäten von Geistigem und Natürlichem, von res cogitans und res extensa sollen so gebrochen werden. Aber auch diejenigen von Sprache und Denken, von Tierheit und Menschheit sind von den Herderschen Reformulierungen betroffen. Immer wird die eine Seite der Spaltung auf die andere abgebildet und umgekehrt, so daß ein Bild grundlegender Einheit entsteht. Im Grunde haben die Trennungen, die besonders vom abendländischen Rationalismus geprägt wurden, keinen Bestand.

Herders entdifferenzierende Arbeit läßt sich als Herstellung einer spezifischen philosophischen Position in erkenntnistheoretischer Absicht verstehen. In diesem Sinne wäre beispielsweise von einem »sensualistischen Idealismus« zu sprechen, wie es Marion Heinz getan hat.[1] Damit ist Zweierlei gesagt: Erstens steht Herder in der Tradition monistischer Strömungen, insbesondere derjenigen Spinozas und der des sogenannten französischen Materialismus.[2] Er verfolgt, wie es bei Lenz heißt, »die Natur unsres Geistes«,[3] um die sinnlichen Wurzeln geistiger Tätigkeit freizulegen. Im Gegensatz zu einem deutlicher materialistischen Stand-

---

1 Vgl. Heinz, *Sensualistischer Idealismus*.
2 Vgl. W. Proß, »Spinoza, Herder, Büchner«, in: *Georg-Büchner-Jahrbuch*, 2. Bd. (1982), 62-98.
3 Lenz, »Über die Natur unsres Geistes«, WB 2, 619-624.

punkt favorisiert er aber eine latent idealistische Interpretation dessen, was sich von den Sinnen her im Geist einstellt. Genau mit dieser Akzentsetzung fungiert er philosophiegeschichtlich als Nahtstelle zwischen Spinoza und dem Deutschen Idealismus. Zweitens orientiert sich Herders Denken an einem großen philosophischen Thema. Im Hintergrund all seiner Überlegungen steht die Gretchenfrage nach dem Idealismus. Er wird von der Frage bewegt, wie das spezifisch Geistige des Menschen in seiner Eigenart zu fassen ist, wenn man zugleich die sinnlichen Bezüge dieses Geistigen berücksichtigt. Allen Texten zur Sprache, Literatur und Erkenntniskritik inhäriert diese Frage.

Eine solche Interpretation verkennt aber zwei Punkte: Auf der einen Seite die tatsächliche Vielfältigkeit der Themen in Herders Texten. Für diese ist es gerade charakteristisch, daß sie sich auf ihre unterschiedlichen Gegenstände einlassen, ohne gleich auf eine umfassende philosophische Summe zu schielen. Es läßt sich ein Desinteresse an der Integration der heterogenen Arbeiten beobachten, das man mißachtet, wenn man sie auf ein Thema hin zentriert. Auf der anderen Seite die Uneinheitlichkeit der Stellungnahmen beispielsweise zur Frage nach dem Idealismus. In den unterschiedlichen Kontexten finden sich divergierende Akzentsetzungen einmal in Richtung Natur und ein andermal in Richtung Geist. Schon in den drei Fassungen des Textes *Übers Erkennen und Empfinden der menschlichen Seele* besteht keine Einigkeit darüber, wie sich konsequent ein Idealismus durchhalten läßt. Glättet man solche Uneinheitlichkeit nicht zugunsten einer geschlossenen philosophischen Position, so bleibt nur, auch hier ein Desinteresse zu konstatieren: ein Desinteresse an Homogenität der Position. Herder kann durchaus als perspektivischer Denker verstanden werden. Aus unterschiedlichen Perspektiven formuliert er Antworten zu den zentralen philosophischen Themen und bezieht keinen übergeordneten Standpunkt, von dem aus diese Antworten sich sortieren ließen. Weder hinsichtlich seiner Themen noch hinsichtlich der jeweils dazu bezogenen Positionen gibt er ein einheitliches Bild ab.

Wenn aber Herders Neubewertung der großen philosophischen Differenzen nicht darauf zugeschnitten ist, zuletzt eine einheitliche Position zu formen: Worin besteht dann sein Interesse und läßt sich überhaupt ein einheitliches Interesse feststellen? Man muß hier die Bewegungen erst einmal beim Wort nehmen: Es geht dann um eine Revision von Differenzierungen, um den Abbau und die Neufassung von Differenz. Eine Frage, die Herders divergente Diskurse bewegt, ist die, wie eine Einheit von Begriffen zu denken ist. Die Konvergenz, die hinter den analogen Bewegungen und Figuren steht, wäre damit weniger thematischer als mehr strategischer Natur. Herder setzt nicht mit einer philosophischen Position an, sondern vorher. Er thematisiert in erster Linie die Konstitution einer solchen Position. Der Einheitspunkt von Herders Denken liegt in der Frage nach der Strategie. Von dieser Frage her läßt sich sein spezifischer Beitrag erkennen.

Wer eine Revision von Differenzen versucht, muß strategisch erst einmal fragen, ob und wie ein einheitliches Denken gelingen kann. Am Anfang dieses Fragens steht dabei der Argwohn, daß die Differenzen sich stets fortsetzen, daß sie eine Eigendynamik entwickeln, der jedes Einheitsstreben verfällt. In diesem Sinne führt eine Kritik der Differenzen zu strategischen Überlegungen. Erst einmal ist zu bedenken, wie ein Diskurs angelegt sein müßte, um sich einer differentiellen Anlage zu entziehen. Damit wird auf der Ebene der Strategie der Ansatz von Diskursen thematisiert. Herder will in diesem Kontext gelesen werden, insbesondere dann, wenn die Konvergenz seiner theoretischen Bemühungen in Frage steht. Vor allen thematischen Orientierungen interessiert er sich für die Gesten, die eine diskursive Strategie prägen. Zuletzt steht dabei die Frage im Zentrum, wie eine Reversion von Strategien gelingt. Im folgenden wird nur ein kleiner Ausschnitt von Herders Arbeit diesbezüglich beleuchtet werden. Im Vordergrund steht ein früher Text Herders, der dem Seinsbegriff gewidmet und aus der Auseinandersetzung mit Kant heraus geschrieben ist: der *Versuch über das Sein*. Außerdem werden wenige Momente aus *Vom Erkennen und Empfinden der menschlichen Seele* zu Wort kommen.

5.1 Die Strategie des Seins

Herders kleiner philosophischer Traktat *Versuch über das Sein*, der erstmals 1936 publiziert wurde,[4] ist als direkte Antwort auf Kants *Der einzig mögliche Beweisgrund des Daseins Gottes* konzipiert. Der Kant-Schüler richtet dabei sein Augenmerk nicht auf den Gottesbeweis, sondern mehr auf die ontologische Fundierung, mittels derer er gewonnen wird. Doch auch diese verfolgt er zuletzt nicht thematisch, sondern befragt ihn auf einer Ebene, die man als Axiologik bezeichnen kann. Die Kritik an Kant zielt auf dessen Anlage. Dies mag deutlich werden, wenn man die Anlagen vergleicht und den inklusiven Impuls erkennt, den Herder gegenüber den Kantischen Differenzierungen reklamiert.

Kants letzter Versuch, den Gottesbeweis zu retten, bevor er selbst ihn in der *Kritik der reinen Vernunft* ad absurdum führt, beginnt mit einem Bruch. In einem Punkt, so insistiert er, kann die Linie der ontologischen Tradition nicht fortgesetzt werden: »in einem Existierenden wird nichts mehr gesetzt als in einem bloß Möglichen«.[5] Mit dieser Feststellung wird zurückgewiesen, das Bestehen oder Nichtbestehen einer Sache als Eigenschaft derselben zu verstehen. Gegen die Interpretation, die im Begriff des vollkommensten Wesens Existenz ausgesagt sah, wendet Kant ein, die Existenzaussage charakterisiere keine Sache. Damit soll fortan die Beschreibung einer Sache davon getrennt werden, daß von dieser Sache ausgesagt wird, ›sie ist‹. Diese Entkopplung aber birgt eine schwerwiegende

---

4   G. Martin, »Herder als Schüler Kants. Aufsätze und Kolleghefte aus Herders Studienzeit«, in: *Kant-Studien* 41 (1936), 294-306.
5   Kant, *Der einzig mögliche Beweisgrund zu einer Demonstration des Daseyns Gottes*, in: *Werkausgabe*, Band II, 635 (A 13).

Gefahr. Der einheitliche Raum der Metaphysik, in dem ein kohärentes Spiel von Subjekten und Prädikaten vonstatten geht, wird aufgesprengt. In diesem Spiel geht die Differenz von Wirklichkeit und Nichtwirklichkeit nicht mehr auf. Wer alle Sachen der Welt beschriebe, hätte doch damit noch nichts darüber ausgesagt, ob diese Sachen auch existieren oder nicht. So entsteht die Gefahr, »daß irgend eine Möglichkeit sei und doch gar nichts Wirkliches«.[6] Kant verliert mit seiner ersten Überlegung die Pointe Descartes', das Vordringen von Wahnwelt mit der Vorstellung eines vollkommensten Wesens abzuwehren. Auf eine eigentümliche Weise beginnt er, sich an das Mögliche zu halten. Die gesamte begriffene und begreifbare Welt gerät in den Status einer Welt der Möglichkeit, außerhalb derer das ›es gibt‹ besteht. So muß für alle Dinge scharf ihr Begriff und ihre Existenz getrennt werden.

> Es ist daher kein völlig richtiger Ausdruck zu sagen: Ein Seeeinhorn ist ein existierend Tier, sondern umgekehrt, einem gewissen existierenden Seetiere kommen die Prädikate zu, die ich an einem Einhorn zusammen gedenke. ... Genau gesagt sollte es heißen: Etwas Existierendes ist Gott, das ist, einem existierenden Dinge kommen diejenigen Prädikate zu, die wir zusammen genommen durch den Ausdruck, Gott, bezeichnen.[7]

Das »Seeeinhorn« und »Gott« gehören beide zu einer Welt, die erst einmal jenseits der Frage nach Wirklichkeit oder Nichtwirklichkeit besteht. Erst in einem zweiten Schritt läßt sich diese Welt daraufhin durchsehen, ob die in ihr formulierten Dinge existieren oder nicht. Das aber heißt, daß sie primär unabgesichert ist. Auf dieser Unabgesichertheit der Welt des Möglichen fußt nun die Kalkulation Kants. Die Gesamtheit des bloß Möglichen muß einen Grund haben, um nicht als Wahnwelt zu erscheinen, als fabulierte Konstruktion. Kant besteht darauf, nichts vorauszusetzen und allein vom Möglichen her zu denken. »Es wird weder meine Existenz noch die von andern Geistern, noch die von der körperlichen Welt vorausgesetzt.«[8] Die Voraussetzungslosigkeit aber erscheint nicht als Manko, sondern gerade als Chance von Kants Diskurs. Jeglicher »Geist«, der bereits an diesem Punkt festzumachen wäre, brächte eine Sicherheit, einen Fixpunkt mit ins Spiel. Nur das gänzlich ungefestigte Spiel aber verlangt nach der Absicherung, um die Kant sich bemüht und die er an den Ungrund des Möglichen bindet. »Es ist von aller Möglichkeit insgesamt und von jeder insonderheit darzutun, daß sie etwas Wirkliches, es sei nun ein Ding oder mehrere, voraussetze.«[9] In dieser Weise läßt sich auf die »absolute Realnotwendigkeit«[10] schließen, die allem Möglichen vorausliegen muß.

---

6 Ebd., 638 (A 19).
7 Ebd., 632 (A 7), 634 (A 11).
8 Ebd., 653 (A 47).
9 Ebd., 639 (A 21).
10 Ebd., 643 (A 28f.).

Da im Begriff aller möglichen Dinge keine Existenz enthalten ist, steht dem, der von den Begriffen ausgeht, nur das Mögliche als Bezugspunkt zur Verfügung. Da aber das Mögliche als solches denkbar ist, muß es etwas geben, das diese Denkbarkeit begründet. Mittels dieser beiden Schritte gelangt Kant an den Punkt des sicheren Seins, der »absoluten Realnotwendigkeit«. Wiewohl der Diskurs also im letzten Moment Sicherheit schlechthin erreicht, handelt es sich um einen solchen, der zuvor jegliche Sicherheit vermeidet. Auch hier führt Kant schon einen Diskurs der »ohnmächtigen Vernunft«,[11] wie Odo Marquard dies genannt hat. Er sucht die Unruhe, um von ihr aus seine spezifische Absicherung begründen zu können. Das Fazit dessen, daß anhand der Begriffe nur eine Welt des Möglichen zu rekonstruieren ist, lautet: Immer kann Unruhe sein. Und da sie immer sein kann, muß sie auch immer schon beruhigt sein, wenn sie je beruhigt sein soll. Äußerst kalkuliert beginnt Kant mit »einem ganzen Wagen voll schöner Möglichkeiten«,[12] um mit ihm den Rückbezug des Denkens auf die »absolute Realnotwendigkeit« durchführen zu können. Alles ist darauf angelegt, daß der *genius malignus* nicht verschwindet, da allein seine stete Drohung die absolute Absicherung verlangt.

Herders Kommentar zu Kants Beweisführung reduziert dessen Frage auf die nach der Begründung des Denkens überhaupt. Wo hat, was geistig auftritt, einen sicheren Ansatzpunkt: So lautet seine Frage. Er verlegt damit, so könnte man sagen, die Debatte um einen Punkt vor. Was Kant als gegeben voraussetzt, die Begriffe von Dingen, aus denen die Welt des Möglichen sich konstituiert, wird bei ihm nochmals befragt. Er überbietet aber nicht nur den Ansatz, sondern tritt auch einen Schritt von ihm zurück. Charakteristisch für dieses Zurücktreten ist, daß Herder seinen Text in Zitaten beginnen läßt. Nichts sagt er, was er sich selbst zu eigen macht, sondern zeichnet spielerisch nach, worauf unterschiedliche Positionen sich berufen können. Dabei folgt er der Kantischen Debatte anhand der Differenz von Realismus und Idealismus.

Allein dies [daß ohne Sinne keine Ideen von äußerlichen Dingen in unser Ich kommen können – gwb] gibt der Egoist zu, und glaubt doch Vorstellungen des Ichs, und um ihn zu widerlegen, wird man die Unmöglichkeit zeigen müssen, daß alle unsere Begriffe nach einem göttlichen Gesetz sich nicht aus dem inneren principium des Geistes entwickeln lassen.[13]

Der »Egoist« wird hier mit seiner idealistischen Position angeführt, und auch, wie er zu widerlegen wäre. Dabei bleibt unklar, auf welche Seite Herder sich schlagen wird. Er steht so auf Distanz zur Frage der Begründung, immer dazu bereit, sie bloß von außen zu betrachten und somit ihren Mechanismus als sol-

---

11 Marquard, »Kant und die Wende zur Ästhetik«, in: *Aesthetica und Anaethetica*, 29f.
12 Nietzsche, *Jenseits von Gut und Böse*, KSA 5, 23.
13 Herder, »Versuch über das Sein«, WKV 1, 9-21, hier: 10f. (im folgenden mit Seitenzahlen im Text).

chen zu diskutieren. Nach dem Vorspiel eines kurzen Positionenreigens aber setzt mit einem Mal der Text seine eigene Frage an.

Zurück also zu mir – und wie betrübt – alle meine Vorstellungen sind sinnlich – sind dunkel – sinnlich und dunkel schon längst als gleichbedeutende Ausdrücke bewiesen – Der elende Trost zur Deutlichkeit – die Abstraktion, die *Zergliederung* – aber wie weit erstreckt sich der – die Zergliederung geht nicht ins Unendliche fort, denn einige Begriffe sind – – – sinnlich. ... der grobere Klumpen bleibt übrig siehe das war unzergliederlich. (11)

Ganz mit der Geste der Reversion – eines Zurück, das bedeutet, alles noch einmal von vorne zu beginnen – setzt Herders Text an. Und in dem Ansatz, den er wählt, hält er sogleich inne. Der Diskurs wird nicht fortgetrieben, sondern gebremst von jenem Rest, den Herder als »grobere[n] Klumpen« bezeichnet. Wer mit Begriffen überhaupt beginnt, wird demnach auf ein Residuum an Sinnlichkeit gestoßen, das in ihnen irreduzibel gegeben ist. Verfolgen Begriffe das Telos, »Zergliederung« zu leisten, so begrenzen sie sich selbst in ihrem Spielraum, da ihnen inhäriert, was die Vollendung des Telos verhindert. Wer ihnen folgt, stößt immer im letzten Moment auf das Sinnliche innerhalb ihrer. Daß Begriffe sinnlich sind, nimmt ihnen eine unbeschränkte »Deutlichkeit«, nicht allein die Erhellung, die sie bringen könnten, sondern auch die Möglichkeit, durch und durch gedeutet zu werden, wie das Wort vermerkt. Bleibt ihnen immer ein Rest an Undeutlichkeit und Undeutbarkeit beigemengt, dann geht die Analyse der Begriffe anders vonstatten. Das läßt sich dort beobachten, wo Herder, wie vor ihm Kant, einen Weg von der Möglichkeit aus zu dem, was dieser zugrunde liegt, konstruiert.

Der Begriff des logisch Möglichen ist ein willkürlich szientifischer Begriff, der weit später als der Realmöglichkeit, ihn voraussetzt, ohne ihn nicht verstanden werden kann; ... Das Realsein ist der erste absolute Begriff: – völlig heterogenisch (doch auch dies nicht einmal) mit dem Nichts: ... (16)

Von dem »logisch Möglichen« gelangt Herder über die »Realmöglichkeit« zu einem »erste[n] absolute[n] Begriff«. Diese Bewegung geht ähnlich vonstatten wie diejenige Kants zur »absoluten Realnotwendigkeit«. Auch hier wird Möglichkeit überhaupt fundiert. In Herders Beschreibung aber fällt auf, daß er erstens von einem »absoluten Begriff« spricht und zweitens darauf besteht, das Fundierende sei einem anderen, dem »Nichts«, gegenüber »völlig heterogenisch«. Letzteres legt nahe, keine einheitliche Konzeption eines Raumes, in dem hier gedacht wird, zu vermuten. Worin besteht aber die Uneinheitlichkeit? An diesem Punkt bietet sich die Differenz zur Erläuterung an, die Herder hinsichtlich der Begriffe behauptet hat. Im Raum des Denkens ereignet sich eine Uneinheitlichkeit zwischen Zergliederbarem und Unzergliederbarem. Der »erste absolute Begriff« wäre demnach heterogen gerade aus dem Grund, daß er unzergliederbar ist. Er läßt sich, so scheint Herder zu polarisieren, nicht von anderen Punkten aus denken, nicht korrelativ zu solchen anderen Punkten zergliedern, als logisches Gegenteil des »Nichts« beispielsweise. Insofern entragt er in gewisser Weise dem sonst Denkbaren. Herder weist in der Klammer sogar zurück, eine Heterogenität zu konstatieren. Das Entragen ist absolut.

Die zweite Auffälligkeit auf dem Rückweg zum »Realsein« könnte bedeuten, daß Herder sich mehr für den Mechanismus dieses Rückwegs interessiert. So sucht er nicht nur, was aller Möglichkeit zugrunde liegt, sondern auch nach dem, was als Grundlage einen »erste[n] absolute[n] Begriff« abgibt. In dieser Weise formuliert er an einem anderen Punkt einen Begriff, den »allersinnlichsten Begriff« (12). Beide Male wird weniger angegeben, was das eigentlich Gesuchte ist, als mehr, wie es strukturell beschaffen sein muß. Die beiden Beschreibungen ergänzen sich dabei: Der absolute Begriff, der allein Fundierung gewähren kann, steht als »allersinnlichster« da, weil Begriffe nur auf ihrer widerständigen Seite zu begründen sind. Da, wie es zuvor hieß, einige Begriffe als sinnlich verstanden werden müssen, reichen sie auf Sinnliches überhaupt zurück. Dieses wiederum liegt aber nicht außerhalb ihrer, sondern in ihnen und gibt somit den »allersinnlichsten Begriff« ab. Was zur Welt der Begriffe gehört und diese zugleich grundlegt, kann nur dieser Begriff sein, der schlechthin Sinnlichkeit im Begrifflichen behauptet.

Herder gibt nicht eine Entwicklung aus Begriffen, sondern entwickelt das Begriffliche selbst. Er folgt nicht der Möglichkeit, die auch er berücksichtigt, sondern dem Begriff der Möglichkeit als einem Begriff, von dessen Konstitution aus er versteht, wie ein »erste[r] absolute[r] Begriff« beschaffen sein muß. So konturiert er den »allersinnlichsten Begriff«, der in aller Entwicklung von Begriffen notwendig gegeben ist. Er steht heterogenisch nicht nur zum Nichts, sondern auch zu aller begrifflichen Entwicklung, da diese ihn nur in seinem Kontrast zum Nichts erreichen könnte. Sein Gegebensein ist somit keines, das wiederhergestellt, durch andere Begriffe hindurch erreicht werden kann. Es besteht vielmehr darin, immer schon wiederhergestellt zu sein, immer im Zentrum begrifflichen Geschehens zu stehen. Der »erste absolute Begriff« stellt kein Fundament dar, das dem Unsicheren Stabilität verleiht und das von der Unsicherheit des Unsicheren her gedacht werden muß. Er bietet ein Fundament, das keinerlei Unsicherheit aufkommen läßt, das in seinem Fundieren funktioniert, ohne daß nach Fundierung überhaupt verlangt wird. So enthält sich Herder auch aller Inszenierung von Ungeist, die den Diskurs heimsuchen und vorantreiben könnte. Er spricht von der »Natur«, die »den Weltweisen die Mühe benommen, zu beweisen, da sie überzeugt hat« (19). Dem Rückzugspunkt des Denkens wird demnach auch ein »theoretischer Instinkt« (12) gerecht. Wer die Fundierung von Diskursen versucht, kann Unsicherheit gar nicht reformulieren, sondern stößt vorgängig auf eine Sicherheit, die instinktiv erreichbar ist.

Sowohl Kant als auch Herder erkunden einen Punkt, der in allem Denken notwendig gegeben ist und der dieses Denken beruhigt. Beide Male ist dieser Punkt dadurch charakterisiert, daß in ihm die bloße Möglichkeit endet: auf der einen Seite in der »absoluten Realnotwendigkeit« und auf der anderen Seite im Begriff des »Realseins«. Die Bewegungen solchen Rückbezugs scheinen prima facie analog zu verlaufen. Beide Male wird der Grund aufgesucht, der allen Entwicklungen der Begriffe ihren Rückhalt gibt, der ihnen somit vorausliegt und immer von ihnen impliziert wird. So entsteht der Eindruck, als variiere Herder nur die Kantische Figur, insbesondere dahingehend, daß er sie mehr von der Differenz zwischen Sinnlichem und Geistigem her konzipiert. Daß er aber ganz im Gegenteil diese Figur restlos umbesetzt, ist erst zu erkennen, wenn man die Implikationen der jeweiligen Bewegungen ins Auge faßt. Kant entwickelt für seinen Rückbezug die beschriebene Strategie, den Diskurs zu verunsichern, ihm einen Ungeist zu implementieren, der nach umso größerer Sicherheit suchen läßt. Er setzt dabei an mindestens zwei Punkten Begriffe, die er verwendet, als außerordentlich. Erst denjenigen der Existenz, die sich nicht innerhalb des Begrifflichen fassen lasse. Mit dieser Absonderung kommt die ganze Unsicherheit ins Spiel, die die Debatte entzündet. Zweitens den Begriff der »absoluten Realnotwendigkeit«, der sich von allem Vorherigen abhebt, da allein in ihm Fundierung gegeben ist. Was Kant am Ende erreicht, stellt eine exklusive Instanz dar, die alle sonstigen Momente der begrifflichen Welt überragt. Herder hingegen führt schon im Anfang eine andere Geste aus. Sein Diskurs kommt dadurch in Gang, daß er etwas aufruft, das alle Begriffe gerade teilen: Sinnlichkeit. Seine Motorik operiert nicht mittels einer Absonderung, sondern mittels eines Verweisens auf etwas, das immer im Spiel ist. So steht auch das Ergebnis des Rückbezugs nicht abgesondert da. Das »Realsein« ist nichts, das in allem Spezifisches leistet, das allem somit beispielsweise Sicherheit hinzufügt. Viel eher erscheint es als etwas, das alles immer bindet, das alles darauf verpflichtet, auf es zurückzukommen. Kein Begriff kann seine sinnliche Basis in Frage stellen und sich so von ihr entfernen, um danach zu ihr zurückzukehren. In diesem Sinne stellt Herders Rückbezug einen Einschluß dar: All das, wovon der Diskurs seinen Ausgang nimmt, die mehr oder weniger sinnlichen oder unsinnlichen Begriffe, schließt sich ein in einen »allersinnlichsten Begriff«, der es unvordenklich fundiert.

Im Gegensatz zu Kant verfolgt Herder eine inklusive Strategie. Er verändert dabei die Haltung in der Frage, wie der Grund von Diskursen erreicht werden kann. Es geht ihm nicht darum, den Diskurs von Unsicherheiten zu reinigen oder ihm verlorene oder verdeckte Sicherheiten rückzuerstatten. Seine Antwort auf die Frage scheint zu lauten: Der Grund von Diskursen kann nur erreicht werden, indem man auf den Grund in allen Diskursen eingeht. Es gilt, sich restlos in einem bereits funktionierenden Geschehen zu versenken und ihm in seine internen Begründungen hinein zu folgen. Wer so agiert, kann keine exklusiven Stellungen mehr beziehen. Er schickt sich in das Gegebene, das er in seinem Zusammenhang belassen muß, da ihm kein Zugriff auf stabile Differenzierungen zur Verfügung steht. Im Verlauf dieser Strategie sieht er sich immer wieder genötigt, auf das Ungetrennte zu verweisen, das Trennungen zuletzt verhindert.

Uns, die wir ein sehr vermischtes Ich haben, an beiden Sinnen gebunden sind uns wenig durch die Abstraktion leicht machen, und auf einen Zustand der Befreiung warten, ... (21)

Die Anlage des Rekurses korreliert sich damit, daß die Differenzen als verbunden erscheinen. In diesem Sinn spricht Herder auch von den »beiden äußersten Gedanken unserer Zwittermenschheit« (11). Die Unüberwindbarkeit von Bindungen wird dort konstatierbar, wo sich eine inklusive Strategie entfaltet. Aus ihr heraus trennt sich nicht mehr Geistiges und Sinnliches im menschlichen Selbstverhältnis, sondern erscheint ein »vermischtes Ich«, ein uneinheitliches Bindungswesen. Eine derartige Figur gibt ein Indiz für die Umbesetzungen ab, die Herder gegenüber der Kantischen Begründungsstrategie vornimmt. Dieses Indiz nun läßt sich noch in einer anderen Weise reformulieren. Die Behauptung eines Zwitterwesens oder einer Vermischung bedeutet, daß im Diskurs zwei unversöhnte Pole vorliegen. Geistiges und Sinnliches oder – wie es zuvor benannt wurde – Zergliederbares und Unzergliederbares stehen sich schroff gegenüber. Ein solches Gegenüberstehen bleibt aber nur das letzte Wort, wenn der Rückbezug, den Herder ja durchaus vornimmt, nicht zu einem Einigungspunkt führt. Der »allersinnlichste Begriff«, der allem Grund gibt, vereinigt gerade nicht, was sich im Diskurs gegenübersteht. Ein vereinigender Impuls könnte nur zustande kommen, wenn das Vorgehen doch exklusive Züge hätte, da alle Einheit von Differenzen einer gewissen Form, sich ihnen zu enthalten, bedarf. Versöhnt Herder das Gegenüberstehende nicht, so ist das auch ein Hinweis darauf, daß seine Reversion auf einem Grund jenseits von Versöhnung funktioniert. Das »Realsein« steht nicht an einem Punkt, aus dem dann Differenzen hervorgingen und von dem her das Feld des Denkens in seinen Differenzierungen aufgerissen wäre. Es bildet den Punkt, der in allen Differenzierungen eingeschlossen ist, den alle Differenzierungen in ihrer irreduziblen Differenz einschließen.

5.2 Die übergreifenden Sprachen

Herders strategische Optionen kommen dort besonders zum Tragen, wo er Sprache in seine Überlegungen einzeichnet. Sobald er Sprache ins Spiel bringt, kommt es zu einer Geste des Einschließens. Sprache tritt nie nur auf einer Seite einer Differenzierung auf, sondern umfaßt Bereiche, die als differenziert erscheinen könnten. Es trennen sich dann nicht mehr Dargestelltes und Darstellung, sondern beides vermag nur qua Sprachlichkeit aufeinander bezogen zu sein. Auch der Übergang vom Sinnlichen zum Geistigen kommt nur zustande, sofern beide Seiten als Sprache verstanden werden, zwischen denen sich Übersetzung ereignet. Die Strategie der Inklusion, die immer zum Tragen kommt, wenn Herder, was er diskutiert, als Sprache begreift, wird hier beispielhaft anhand einer kurzen Passage aus dem Text *Übers Erkennen und Empfinden in der menschlichen Seele* beleuchtet.

Das Thema, das Herder in dem Text, der wie die Schrift über den Sprachursprung als Preisschrift auf eine Ausschreibung der Berliner Akademie hin entstand, behandelt, ist das der »›Geburt unsrer Vernunft‹«.[14] Es geht nicht um die Konstitution der Vernunft als *res cogitans*, die ihre ganz der materiellen Welt enthobenen Gesetze hat. Vielmehr interessiert sich Herder für eine Genealogie des Geistigen, für die ganzen Verbindungen, die das Geistige zu anderen Stufen menschlicher Expression und Artikulation unterhält. In diesem Sinne sollen die Prinzipien des Erkennens und des Empfindens eine Vermittlung erfahren. Wiederum kommt es zu einer Reversion: einer Reversion des Geistigen ins Sinnliche hinein. Programmatisch heißt es: »Unser Erkenntnis ist also, obs gleich das tiefste Selbst *in uns ist*, nicht so eigenmächtig, willkürlich und los, als man glaubet.«[15] Die Rückbindung der Erkenntnis erfolgt mittels einer Archäologie des Somatischen in ihr.

Vom äußeren Reiz aus muß ein kontinuierlicher Weg bis zu den geistigen Artikulationen gezeichnet werden. Daß aber überhaupt Äußeres dem Geist zugänglich ist, sieht Herder in einer spezifischen Strukturierung begründet, die er wie folgt beschreibt.

Innig wissen wir außer uns nichts: ohne Sinne wäre uns das Weltgebäude ein zusammen geflochtner Knäuel dunkler Reize: der Schöpfer mußte scheiden, trennen, *für* und *in uns* buchstabieren.[16]

Der bloße Reiz gilt hier als undenkbar. Wäre ein bloßer Reiz, so ließe dieser sich nicht erfassen, da gar kein Übergang vom kruden Sinnlichen zum differenziert Geistigen sich vorstellen ließe. Es bedarf einer Grammatik der äußeren Eindrükke, von Schall, Licht und anderem, um einen Boden für die Strukturierungsarbeit von Wahrnehmung zu denken. Erst was sich differenziert, vermag auch differenziert und damit überhaupt wahrgenommen zu werden. Herder spricht von einem »geistige[n] *Band*«,[17] das Eindrücke und Sinne verknüpfe. In diesem Band korrespondieren die heterogenen Bereiche, als die sich die äußere Welt und die rezeptiven Sinnesorgane gegenüberstehen, miteinander. Die Korrespondenz, die in dem »geistigen Band« stattfindet, aber ist eine von Sprachen. Aus diesem Grund heißt es, der »Schöpfer« habe im »Weltgebäude« buchstabiert. Die ganze Welt wird, sofern sie für die Sinne erfaßbar ist, als Sprache vorgestellt. Aber nicht nur auf seiten der äußeren Dinge, auch in den menschlichen Vermögen steht Sprache am Anfang. Die Organisation des Körpers in differenzierten Sinnesorganen wird als »die schönste Buchstabenschrift des Schöpfers«[18] bezeichnet. So

---

14 Herder, *Vom Erkennen und Empfinden der menschlichen Seele. Bemerkungen und Träume*, SWS VIII, 198; WKV 4, 359.
15 Herder, *Erkennen und Empfinden*, SWS VIII, 197; WKV 4, 358.
16 Herder, *Erkennen und Empfinden*, SWS VIII, 188; WKV 4, 348.
17 Herder, *Erkennen und Empfinden*, SWS VIII, 186; WKV 4, 347.
18 Herder, *Erkennen und Empfinden*, SWS VIII, 191; WKV 4, 352.

gelingt Wahrnehmung, da sich auf den beiden Seiten des Geschehens Sprachen finden, die aufeinander abzubilden sind. Was in der Welt buchstabiert ist, kann von den Sinnen rebuchstabiert werden, und diese Linie sprachlichen Transfers setzt sich innerhalb des Körpers bis hin zur geistigen Tätigkeit fort. Auch für die höchste Ebene des von Herder beschriebenen Prozesses heißt es: »dies Medium unsres Selbstgefühls und geistigen Bewußtseyns ist – *Sprache*«.[19]

Zwei Bewegungen charakterisieren die Sprachlogik, gemäß derer hier der gesamte Erkenntnisprozeß nachvollzogen wird. Einerseits kommt es zu einer Egalisierung der Differenzen, die nach gängigem Verständnis den Übergang vom Reiz zum Begriff prägen. Zuletzt arbeitet gemäß Herders Beschreibung der Geist nicht anders als die Sinne und diese wiederum nicht anders als die Welt der äußeren Eindrücke. Alles, was am Erkenntnisgeschehen beteiligt ist, strukturiert sich sprachlich. Überall kommen Gliederungen in signifikative Einheiten vor, denen auf einer nächsten Ebene wieder solche Gliederungen entsprechen. Damit wird zum einen das Geistige depotenziert, insofern seine Konstitutionsform es nicht mehr von anderem abhebt. Zum anderen erfährt das Sinnliche eine Verstärkung, denn es sind seine Züge, die sich in aller Erkenntnis fortsetzen. In ihm ist genealogisch vorgängig das Prinzip signifikativer Gliederung am Werk, bevor ein Geist sich daran entzünden und seinerseits nach diesem Prinzip fortfahren kann. Aus der Grammatik von Welt, Sinnen und Geist folgt eine Gleichordnung der Gebiete. Innerhalb dieser Gleichordnung kann kein einzelnes mehr irgendeine Präponderanz gegenüber anderen für sich reklamieren.

Andererseits werden aber die Grenzen der Gebiete überhaupt aufgelöst. Da alle Ebenen auf dem Weg der Erkenntnis-Entstehung nach einem gemeinsamen Prinzip organisiert sind, läßt sich ihre Differenz nicht mehr im starken Sinn behaupten. Da Erkenntnis nichts als verschiedene Bereiche von Sprache durchläuft, ist sie nicht mehr mit der Überbrückung von Heterogenitäten verbunden. Herders Beschreibung weist damit die Problemstellung zurück, von der er selbst ausgegangen war, indem er Sinnliches von Geistigem trennte und nach ihrer Vermittlung fragte. Von der Logik der Sprache in allen Ebenen her gesehen, setzt aber die Trennung falsch an. Folgt man ihr, muß von Beginn an eine andere Darstellung erfolgen, die von einer Geschlossenheit und Einheitlichkeit des Erkenntnis-Gebietes ausgeht. Hier wird besonders deutlich, daß Herders Rekurs auf Sprache eine strategische Umbesetzung impliziert. Der gesamte Diskurs von Erkenntnistheorie wird neu konzipiert, wenn seine basalen Orientierungen verändert werden. Krude ließe sich paraphrasieren, daß nun die Ausgangsstellung nicht mehr die einer Trennung, sondern die einer Einheit ist. Die »Geburt unsrer Vernunft« muß demnach aus einer tiefliegenden Einheit heraus verstanden werden.

---

19 Herder, *Erkennen und Empfinden*, SWS VIII, 197; WKV 4, 357.

Der Ansatz bei Sprache verleiht dem Diskurs einen inklusiven Impuls. Dieser aber kommt nicht aufgrund der thematischen Orientierung zustande, sondern aufgrund einer bestimmten Organisation, die der Diskurs im Namen von Sprache vornimmt. Der Rückverweis der Erkenntnisproblematik auf sprachliche Einrichtungen, reklamiert gerade kein besonderes Potential für Sprache, von dem her ihre Rolle im Entstehen von Begriffen und anderem Geistigen verständlich würde. Er verweist auf ein schlechthin in allem Gegebenes, das insofern ganz unspezifisch gezeichnet wird. Die Enthierarchisierung und der Rekurs auf eine vorgängige Einheit stellen Symptome der inklusiven Verfassung dar, mittels derer Herders Diskurs operiert. Die Hintergrundentscheidungen, auf die der Text sich stützt, installieren ein Einschluß-Geschehen. Die Frage des Erkennens wird genau wie diejenige des Empfindens eingeschlossen in etwas, das in ihnen beiden am Werk ist, ohne doch außerhalb ihrer gedacht zu werden. Es ist aufschlußreich, daß Herder nicht allgemein zu klären versucht, was denn eine signifikative Differenzierung wie eine Buchstabenschrift kennzeichnet. Er verweist nur darauf, sie in den verschiedenen Momenten der Erkenntnis-Konstitution zu finden. Er schreibt die behandelte Problemstellung in Sprache und ihre Logik ein.

Eine analoge Geste findet sich immer wieder dort, wo Herders Texte sich von ihrer eigenen Sprachlichkeit her verstehen. Die Texte machen dabei deutlich, daß sie die sie leitenden Orientierungen nicht in sich selbst begründen und auch nicht bei einem anderen gezielt aufsuchen, sondern in dem finden, was sie selbst längst schon sind: Sprache. Die strategische Geste wäre so die, sich keine Begründung zu geben und dabei auf eine Begründung an anderem Ort zu verweisen. Was theoretisch geleistet wird, hat nicht eine besondere Vorgehensweise, die der Text sich zuschreiben könnte, sondern eine ganz und gar ubiquitäre Vorgehensweise, diejenige der Sprache, ermöglicht. Solch ein Rückbezug ins Sprachliche verleiht immer wieder den Diskursen Herders ihre Gestalt. Diesbezüglich ist es schon charakteristisch, daß Herder bei seiner Relektüre einer »absoluten Realnotwendigkeit« das »Sein« nicht allein als Begriff, sondern auch als Sprachpartikel thematisiert. Zuletzt könnte man auch von einer gewissen Sprachlichkeit der inklusiven Strategie sprechen, die in der Anlage der Texte zum Ausdruck kommt. Die assoziative Sprachfolge, die sich so aufbaut, daß die meisten der Sätze gleichsam ziellos erscheinen, konvergiert mit der strategischen Umbesetzung. Dadurch kommt kein geschlossenes Bild des Sprechens zustande, bleibt das Gesagte so zerfurcht, daß nirgends die Sprachdecke sich exklusiv schließt.

Viertes Zwischenstück: Axiologische Inklusion

Hinter dem, was Diskurse entfalten, verbirgt sich ein spezifischer Mechanismus der Entfaltung, ein Kalkül der Anlage. Im Ansatz geben sie sich Spielräume der Verfahrensweise, mittels derer etwas wie ein Thema entwickelt werden kann. Die so implizierten basalen Strategeme sind überall aktiv, wo der Diskurs ein Thema organisiert. Sie bilden die Axiologik, die von ihm befolgt wird.

Vielfach haben die philosophischen Methoden einen gewissen axiologischen Charakter. Mit ihnen orientieren sich diskursive Verfahrensweisen in einer mehr thematischen als narrativen Art und Weise. Zwar reichen die Methoden weiter, wenn sie beispielsweise eine Auswahl der Gegenstände, von denen gehandelt werden kann, implizieren. Aber sie weisen stets einen axiologischen Kern auf, einen Bestand von Selbstverständnissen zu Ansatz und Anlage des Vorgehens. So kann es sein, daß äußerst divergente Methoden sich hinsichtlich ihrer Axiologik einig sind, da ihre Differenz sich auf andere methodische Momente gründet. Idealistische und empiristische Ansätze treffen sich so in einem Bestand, in dem sie sich wechselseitig nicht gefährden.

Die meisten Axiologiken von Diskursen sind exklusiv angelegt. Das läßt sich beispielsweise in bezug auf den Begriff der Begründung erläutern. Zum axiologischen Fundus gehört eine gewisse Orientierung dieses Begriffs, die klärt, wann eine Denkfigur als Begründung gilt und wann nicht, wohin eine Begründung in einem weiteren Zusammenhang gestellt wird, usf. Nun sehen die meisten Anlagen Begründung als etwas vor, das erstens Sicherheit gibt und dies zweitens aus einer externen Stellung heraus. Was begründet, kann demnach nicht in dem enthalten sein, das mittels seiner begründet werden soll. Dieses Axiologem findet sich idealtypisch in der Transzendentalphilosophie realisiert. Bereits die Konstruktion des *einzig möglichen Beweisgrunds* zeigt in diesem Sinn eine transzendentalphilosophische Anlage. Kants Text setzt bei einem Geschehen an, von dem aus er eine Absicherung in etwas, das schlechthin voraus liegt, zeichnet. Gesucht wird ein Punkt oder eine Gestalt, der oder die dem Geschehen ganz entragt. Die Transzendentalphilosophie insistiert auf einem solchen Vorgehen. Sie fordert Begründung in einer Weise, daß sie unabhängig von allen möglichen Veränderungen oder Perspektivwechseln gilt. So entwickelt dieser »gnoseologisch beschränkte Begründungs-Diskurs«[1] einen Begründungs-Fetischismus, der Optimierung sowohl hinsichtlich der Reichweite als auch hinsichtlich der Tiefe von Begründung anstrebt. Kants Strategien stellen aber nur den äußersten Fall einer exklusiven Axiologik dar. Auch in gänzlich anderen Methoden wie beispielsweise Phänomenologie und Sprachanalytik wird Begründung in analoger Weise installiert. Sie steht unabhängig von den restlos divergierenden Gegenständen, mittels derer sie geleistet wird, im Zusammenhang mit Sicherung und Externität.

Ein mögliches anderes Verständnis von Begründung läßt sich von Spinoza her denken. Dessen Formulierung, die Substanz stelle eine »causa sui« dar, weist in die Richtung, in der eine Wendung der exklusiven Axiologik stattfindet. »Substantia non potest produci ab alio, erit itaque causa sui, id est ipsius essentia

---

1 Gamm, *Wahrheit als Differenz*, 27.

involvit necessario existentiam, sive ab ejus naturam pertinet existere.«[2] Im ersten Moment mag es so aussehen, als sei Spinoza gehalten, dieselbe Sicherung zu betreiben, wie sie bei Kant betrieben wird. Auch er formuliert einen Daseins-Beweis, der dem Diskurs seinen Grund gibt. Aber dieser Beweis hat eine Zeichnung, die mit derjenigen der Transzendentalphilosophie nicht zur Deckung kommt. Sein Argument lautet, daß die Substanz nicht exterritorialisiert werden kann, es also unmöglich ist, sie überhaupt verunsichert anzusetzen. Da die Substanz eine radikale Immanenz abgibt, läßt sie sich nicht in Zweifel ziehen. »Causa sui« ist sie nicht als Begründung ihrer selbst, als ihr eigenes in-Existenz-Setzen, sondern sie ist dies als absolutes Insichsein.[3] Der Beweis zielt nicht darauf, das zu begründen, was sich in Zweifel ziehen läßt, sondern den Unsinn einer Begründungs-Strategie gegenüber dem, was aus sich heraus besteht, zu konstatieren.

Spinoza etabliert eine Strategie des Diskurses, die keinerlei territoriale Abgrenzungen vornimmt. Sein Diskurs tritt nicht – im Ansatz – zu etwas hinzu, das ein spezifisches Gebiet des Denkens darstellt, das sich gegenüber anderen Gebieten zu legitimieren hätte. Seine Bewegung gegenüber anderen Strategemen, die das neuzeitliche Denken prägen, ließe sich als »Deterritorialisierung« ganz im Sinne von Deleuze und Guattari charakterisieren.[4] Er setzt so an, daß er in einem das Gebiet des Denkens betritt und es kraft solchen Eintritts nicht mehr abzuspalten vermag. In dieser Geste bestehen seine strategischen Axiome. Wer mit Spinoza denkt, findet immer die Gebiete, auf die er sich spezifisch stützen will, über sich hinausgetrieben. Der Diskurs bewältigt die Fragen, die er aufwirft, indem er Entgrenzungen vollzieht und auf solche verweist. Das macht seine Konstitution aus.

Die Divergenz zwischen transzendentalem und immanentem Denken, wie sie hier holzschnittartig entworfen ist, tritt auf der Ebene der Axiologik zutage. Sie besteht nicht hinsichtlich bestimmter Fragen, die in den jeweiligen Diskursen thematisiert wären. Sie wird erst sichtbar, wenn man die grundlegenden Operationen, aus deren Privilegierung die Diskurse Kants und Spinozas ihre Bewegungsspielräume gewinnen, betrachtet. Der Anlage-Kalkül, der dabei in Spinozas Texten zum Tragen kommt, markiert eine Wende auf dieser Ebene. Er etabliert dort den Sinn von Inklusion, den Sinn eines Einschlusses, der bewirkt, daß alle Begründungsanstrengungen ausgehöhlt erscheinen. Eine große Linie des Transfers zwischen Philosophien ist damit abgebrochen. Die Optimierung von Begründung und Absicherung von Diskursen wird radikal verlassen. Die axiologische Inklusion installiert Wege des Denkens, die sich nicht in Fragen der Begründung rückübersetzen lassen.

---

2   Spinoza, *Ethica Ordine Geometrico demonstrata*, I, Prop VII, Demonstratio.
3   Vgl. dazu allgemein W. Cramer, *Spinozas Philosophie des Absoluten*, Frankfurt/M.: Klostermann 1966, insbesondere 16ff., 60f.
4   Vgl. Deleuze/Guattari, *Anti-Ödipus*, 177ff.

6 Die exklusive Inklusion: Das Pendant

Wenngleich der Sturm und Drang sich oftmals im Gespräch mit sich befindet, kommt es doch fast niemals dazu, daß er sich über sich verständigt. Immer wieder läßt ein Text sich wie ein Kommentar zu einem anderen lesen, tritt Lenz als Reflexion Goethes auf, spiegelt Herder das zuvor Geschriebene, indem er eine neue Version davon verfaßt. In all diesen Kommentaren liegt aber kein weitergehender Versuch vor anzugeben, wie der Sturm und Drang sich selbst versteht. Einer der seltenen Momente, in denen doch ein Selbstverständnis zum Vorschein kommt, findet sich dort, wo von einem »Pendant« gesprochen wird. Lenz' Prosa *Der Waldbruder – Ein Pendant zu Werthers Leiden* kommentiert nicht nur Goethes Prosa, sondern versucht auch, deren interne Logik zu verstehen. Genau das macht der Begriff des Pendants deutlich.

Wer sich als Pendant ausweist, will immer in seinem Bezug zu einem anderen verstanden werden. Er gibt an, abhängig zu sein, ein Komplement zu haben, das ihm erst seinen vollen Sinn gibt. Das Pendant bietet also immer einen Teil eines Wechselspiels, das noch eine andere Gestalt beinhaltet. Es stellt aber nicht nur einen Teil dar, sondern weist auch als Teil auf das Wechselspiel in seiner Gesamtheit hin. Das Pendant ordnet sich insofern in zweifacher Weise unter. Zum einen verweist es auf das andere, dem es angehört, und zum anderen auf einen Zusammenhang, den es nicht ganz in sich faßt. Dieser Zusammenhang läßt sich als Bezogenheit charakterisieren. Das Pendant erscheint als Teil einer wechselseitigen Bezogenheit, aus der heraus es besteht. Bezeichnet es sich von dieser Stellung her als Pendant, zeigt es sein affirmatives Moment: Es bejaht ganz die Unterordnung und den Zusammenhang, die ihm seine Gestalt geben.

Zugleich aber inhäriert ihm auch ein Moment der Überordnung. Das Pendant fügt dem anderen und auch dem Zusammenhang etwas hinzu, das bei diesen nicht gegeben ist: das Selbstverständnis. Es beansprucht für sich, nicht nur die eigene Stellung, sondern auch die Stellung der anderen zu reflektieren. Es weiß über sein Gegenüber zu sagen, daß auch dieses auf ein anderes hin angelegt ist. Damit trägt es diesem gleichsam ein Selbstverständnis nach. In der Figur des Pendants findet sich so immer eine Geste der »Divination«,[1] die dem anderen gilt. Divinatorisch errät es die ganze Anlage des Gegenübers, das für sich selbst nicht zu bestehen vermag, sondern erst aus der Ergänzung heraus wird, was es ist. In allem Anspruch, über sich hinaus Reflexion zu leisten, bleibt das Pendant affirmativ. Wer sich als Pendant ausweist, entfaltet somit zwei Strukturen: einerseits eine Bejahung ohne Rest, eine bloße Affirmation[2] zu einer Stellung, die er

---

1 Vgl. z.B. F. Schleiermacher, »Über den Begriff der Hermeneutik mit Bezug auf F.A. Wolfs Andeutungen und Asts Lehrbuch«, in: *Hermeneutik und Kritik*, hgg. von M. Frank, Frankfurt/M.: Suhrkamp 1977, 309-346.
2 Vgl. dazu Deleuze, *Nietzsche und die Philosophie*.

selbst nicht begründet; andererseits in aller Affirmation ein Moment, sich aus dem Affirmierten herauszuheben, sich verstehend über es zu stellen.

Von der Figur des Pendant her, die Lenz im Untertitel seines Briefromans *Der Waldbruder* nennt, läßt sich Aufschluß über ein Gespräch gewinnen, das sich zwischen ihm, Goethes *Werther* und den auch von Lenz geschriebenen *Briefen über die Moralität der Leiden des jungen Werther* ergibt.[3] So ist der Hypothese zu folgen, daß die Konstellation des Pendant diese Texte und ihre Lesbarkeit bestimmt. Dabei wird nicht nur ein spezifischer Spielraum für den Lenzschen Text, der sich selbst in dieser Konstellation versteht, gesteckt. Innerhalb des Pendant hat auch das Gegenüber die Struktur, auf anderes hin angelegt, auf Ergänzung aus zu sein. Insofern muß sich auch Goethes *Werther* als ein solches zeichnen lassen. Innerhalb seiner funktioniert demnach die Bezogenheit genauso wie in Lenz' Rückbezügen. Denkt man die textliche Korrespondenz, die sich hier ergibt, von der Figur des Pendant her, dann kann man nicht davon ausgehen, daß der *Waldbruder* dem *Werther* etwas hinzufügt, daß er im äußersten Fall die ganze Wahrheit über dessen Konstitution zu sagen weiß. Vielmehr stehen beide Texte dann auf der selben Ebene des Wissens und der Anlage. Alle Umbesetzungen, die Lenz vornimmt, müssen so verstanden werden, daß sie nur explizieren, was längst bei Goethe dargestellt ist. Auch die Verschiebung der Perspektive, vom einen Briefschreiber bei Goethe zu einer Vielzahl derselben bei Lenz, beinhaltet keine Kritik. Der *Waldbruder* expliziert bloß ganz den Statut des *Werther*, verhält sich zu diesem restlos affirmativ. Was er zu lesen gibt, vermag er nur zu notieren, da längst der *Werther* es notiert hat. So ist in beiden Texten gleichermaßen nachzulesen, wie sie sich wechselseitig als Pendant geben, auf Ergänzung aus sind, und sich ganz an einem anderen hängend wissen.

Die Angabe, sich als Pendant zu verstehen, ist zugleich ein Hinweis auf den Ansatz. Nirgends wird in den Debatten zwischen Herder, Goethe und Lenz so offensichtlich die Struktur etabliert, sich in anderes einzuschließen. Die gesamte Möglichkeit des Diskurses steht zur Debatte, wenn von der Bezogenheit auf ein Gegenüber der Ausgang genommen wird. Lenz weist also mit seinem Titel auf die Thematik des Ansatzes im Sturm und Drang überhaupt und auf die spezifische Wendung, die sie darin nimmt. Seine Figur spielt Inklusion schlechthin, gibt sich an allen Punkten auf, bevor diese als eigene zustande kommen könnten. Diese Bewegung aber affiziert auch die anderen Figuren, die in dieses Spiel einbezogen sind, in erster Linie Goethes *Werther*. In diesem muß ja die gesamte Inklusion vorliegen, an die sich der *Waldbruder* anhängt, um selbst inklusiv zu erscheinen. Das Pendant gibt selbst den inklusiven Ansatz. Dieser ist in ihm nur darin gebrochen, daß es Reflexion für sich beansprucht. In dieser Reflexion ver-

---

3 Vgl. zu diesem Gespräch allgemein K.A. Wurst, »J.M.R. Lenz' Poetik der Bedingungsverhältnisse: *Werther*, die ›Werther-Briefe‹ und *Der Waldbruder ein Pendant zu Werthers Leiden*«, in: dies. (Hg.), *J.M.R. Lenz als Alternative?*, 198-219.

sucht es sich zu bewahren und konstituiert sich damit exklusiv. Es bietet also auf der einen Seite die gesamte Aufgabe und damit Inklusion ohne Rest und auf der anderen Seite die Wiederkehr eines exklusiven Impulses mitten im inklusiven Ansatz. Dieser Zusammenhang verdeutlicht die Brüchigkeit des Inklusiven. Im Pendant gelingt die Reversion des Ansatzes auf die Weise, wie sie zuletzt nur gelingen kann: als Mißlingen, als Scheitern im Letzten.

6.1 Die Linien Werthers: *Die Leiden des jungen Werther* (Goethe)

Die Narrationen *Werthers* geben keinen Anhaltspunkt, von einem Umbruch zu sprechen, berücksichtigt man das bislang Entwickelte. Sie fallen ganz der Logik zu, einen verlorenen Ursprung herauszupräparieren, der den Diskurs reorientiert. Die Apologie der »Natur« in Abgrenzung von den »Regeln«, die stets als Kern der Welt Werthers rezipiert wurde, gibt diesbezüglich ein paradigmatisches Exempel. Noch wirkmächtiger aber zeigt sich der dramatische Wert von Goethes Briefroman. All das, was er als Vorbildcharakter entfaltet und was er an Nachfolge produziert, zeugt von einer exklusiven Stellung, die der Text sich gibt, und die darin zum Ausdruck kommt, daß Geschichte weitergetrieben wird. Er stellt eine Figur her, die idealtypisch in Antagonismen taugt, die Konflikte genauso wie Allianzen herausfordert und so eine »alldurchdringende, mahnende Stimme« etabliert. Gibt es all den offensichtlichen Strukturierungen gegenüber jenen inklusiven Ansatz, den Lenz ausgemacht zu haben behauptet, und wo findet sich dieser? Legt der *Werther* sich selbst als Gegenstück an?

Eine Relektüre des Textes, den Goethe dem Sturm und Drang gleichsam als Programm geschrieben hat, kann sich nicht an das halten, was die Optik des Protagonisten in dem Text hinterläßt. An ihr hängt die gesamte Dramatisierung, auf die sich die Nachfolge diesem Text gegenüber stützt. So bleibt als Ausgangspunkt der Moment, in dem der Protagonist nicht mehr die Bedeutungen auf seine Linie bringt. Goethe akzentuiert ja deutlich, daß die Optik Werthers nicht alles ist, was gesagt wird. Am Ende des Erzählten steht dessen Tod, demgegenüber er stumm bleiben muß. Und am Ende der Erzählung steigt der Text aus dem aus, was ihm von Werthers Hand hinterlassen ist. Der »Herausgeber« selbst schreibt sich dort ein und berichtet, indem er eine Logik der Erzählung anstößt, die jenseits des Protagonisten funktioniert.

Ein Nachbar sah den Blitz vom Pulver und hörte den Schuß fallen; da aber alles stille blieb, achtete er nicht weiter drauf.[4]

Die Erzählung weicht hier aus und berichtet aus Sicht eines Dritten, der für das einstehen soll, was erzählt wird. Zugleich wird davon berichtet, daß niemand

---

4   Goethe, *Die Leiden des jungen Werther*, HA 6, 123 (im folgenden mit Seitenzahlen im Text).

wirklich eine Sichtweise auf das Geschehen von Werthers Tod hat, da bloß akustisch ein Schuß vernommen und ein »Blitz vom Pulver« gesehen wurde. In bezug auf die Frage, was der Protagonist gemacht hat, als nichts Schriftliches mehr von ihm vorliegt, bleibt eine merkwürdige Ambivalenz zurück. Angesichts dieser nun ist der Text wieder regelrecht in Gang gebracht.

> Aus dem Blut auf der Lehne des Sessels konnte man schließen, er habe sitzend vor dem Schreibtische die Tat vollbracht, dann ist er heruntergesunken, hat sich konvulsivisch um den Stuhl herumgewälzt. (124)

Nach dem »Nachbarn« schaltet sich, so könnte man sagen, der Kriminologe in den Text ein. Die Geschichte des Todes wird so nicht erzählt, sondern im Sinne einer Untersuchung rekonstruiert. Der »Herausgeber« hat wieder einem anderen das Wort übergeben und bleibt selbst stumm.[5] In diesen letzten Beschreibungen werden Indizien wie das »Blut auf der Lehne« gesammelt, die wiederum keine Indizien dafür sind, was sich mit Werther entwickelt hat, sondern bloß das betreffen, was geschah. In seiner Distanzierung geraten dem Text auch verschiedene Stimmen durcheinander. Die Rekonstruktion – »konnte man schließen« – geht erst im Konjunktiv vor sich, um dann in den schlichten Indikativ umzubrechen. Eine Stimme des Textes ist sich unsicher, was geschah, eine andere sicher: das trennt sich hier nicht. Das Ende Werthers scheint so damit verbunden, daß die Geschichte keine Linie mehr findet. Es zeigt sich eine Distanz einerseits zum Protagonisten, andererseits zur Erzählung überhaupt, aus der heraus sich das Notierte regelrecht verliert. Diesen Verlust gibt emblematisch das Schlußbild zu erkennen, das der Beobachter vorfindet.

> Über dem rechten Auge hatte er sich durch den Kopf geschossen, das Gehirn war herausgetreten. (124)

Es ist etwas herausgetreten, an dem die Möglichkeit des Diskurses überhaupt hängt: das Gehirn. Nicht allein handelt es sich hier um Werthers Ende; das Bild zeigt darüberhinaus stillgestellt, was seine eigene Welt bedeutet. Auf dem Bild erscheint die Ruine von Selbstbewußtsein und Selbstbestimmung. Diese sind dem Protagonisten, wie die Darstellung festhält, ausgehaucht. Das Schlußbild deutet aber über den Toten hinaus. Auch dem Text, der es unterschreibt, ist aller Geist ausgetrieben, er spricht nicht mehr mit seinem Geist oder aus seinem Blickwinkel. Das ausgetretene Gehirn korrespondiert dem Verlust, den das Sprechen am Ende Werthers erleidet. Ihm fehlt eine zentrale Instanz, auf die alle Worte rückbezogen werden könnten.

Die gesamte Zeichnung von Werthers Schluß setzt sich gegen eine Entwicklung, die sich anhand der Briefe ergibt. Dort erscheint der Protagonist als »Opfer

---

5   Vgl. zu dieser Frage allgemein Flaschka, *Goethes ›Werther‹*, 184ff.

der Alternative zwischen Identifikation ›mit Haut und Haaren‹ oder totalem Objektverlust, dem Untergang seiner ganzen Welt«.[6] Entsprechend dieser Entwicklung müßte am Ende der Untergang von Werthers Welt gespielt werden. Aufgrund von Lottes Entzug hat seine Identifikation keinen Halt mehr und ihm bleibt nichts, als ganz zu vergehen. Interessanterweise aber erfährt die gesamte Welt, die zum Ende Werthers gehört, einen Objektverlust. Die Erzählung, die sich an Werther binden will, stürzt analog zu diesem in die Haltlosigkeit. Der Untergang der Welt, der so stattfindet, läßt sich nicht in Werthers Perspektive einzeichnen, sondern überragt diese. Goethes Text setzt einen Schritt aus den Wegen Werthers heraus. So entbindet er sich auch von dessen Logik, die unter anderem als eine der Dramatisierungen charakterisiert werden kann. Es ergibt sich ein Zusammenbruch der Dramatik, aus dem heraus der Diskurs wie das Stilleben hervorgeht, das er am Ende beschreibt. Er bleibt außerhalb von Werthers Linien desorientiert zurück, stellt ganz eine Hinterlassenschaft vormaliger Dramatik dar.

Wie ließe sich von diesem Ausstieg aus Werthers Welt her ein Rückweg in dieselbe nehmen? Es findet sich eine Szene, die dem Schluß in mehrfacher Weise vorspielt. Hier korrespondieren sich Bewegungen und zuletzt tritt hier das Requisit auf, das am Ende die Entscheidung herbeiführt: die Pistole. Zugleich wird auch das Thema ausführlich diskutiert, das mit dem Ende gegeben scheint: der Selbstmord. Werther hat Albert aufgesucht, um sich bei diesem das tragische Instrument für eine Reise auszuleihen. Im Verlauf der sehr langen Entwicklung, die sich zwischen den beiden Rivalen ergibt, kommt es zur folgenden Situation:

... ich hörte endlich gar nicht auf ihn, verfiel in Grillen, und mit einer auffahrenden Gebärde drückte ich mir die Mündung der Pistole übers rechte Aug' an die Stirn. (46)

Daß es hier nicht zu einem Unfall kommt, liegt daran, daß die Pistole nicht geladen ist. Die Entscheidung bleibt aus, da das Zücken des Instruments in ein Spiel einbezogen ist und sich nicht original verausgabt. So kann es auch noch einmal zu der Wiederholung kommen, die der Schluß darstellt, da dort der Schuß »über dem rechten Auge« eintritt. Der Brief vom »12. August« beschreibt gleichsam die Probe der Pistole, wie sie späterhin totbringend eingesetzt wird. So stehen sich von dem ersten Moment her, in dem sich Werther bei Albert die Pistole ausleiht, zwei Szenen gegenüber, die sehr divergieren. Es läßt sich aber beobachten, daß der Verlust des zentral organisierten Diskurses vom Schlußbild in die Pistolenprobe hinein eindringt.

Das Vorspiel zum Ende erzählt von Verbindungen, in denen der Gebrauch der Pistole steht. In unterschiedlicher Form geht es im Umfeld der »auffahrenden

---

6 R. Meyer-Kalkus, »Werthers Krankheit zum Tode. Pathologie und Familie in der Empfindsamkeit«, in: Kittler/Turk (Hg.), *Urszenen*, 101.

Gebärde«, mit der Werther spielt, um Diskurse. Erst einmal heißt es: »Bei diesem Anlaß kam er sehr tief in Text: ich hörte endlich gar nicht weiter auf ihn, verfiel in Grillen, ...« (46) Es wird ein Text bezeichnet, auf den Werther reagiert. Aber auch Albert seinerseits verhält sich, wie in derselben Unterhaltung festgestellt wird, zu bestimmten Formen von Diskursivität, macht sich an diesen fest.

... kein Argument bringt mich so aus der Fassung, als wenn einer mit einem unbedeutenden Gemeinspruche angezogen kommt, wenn ich aus ganzem Herzen rede. (47)

Das ungleiche Duo gleicht sich darin, daß es von Textsorten in Bewegung gesetzt wird. Der eine beginnt dann, sich zu regen, wenn ein anderer »sehr tief in Text« kommt. Der andere gerät ganz außer sich, wenn er mit »einem unbedeutenden Gemeinspruche« konfrontiert wird. Die Linien, die hier zwischen den Figuren aufgespannt sind und in deren Kreuzungspunkt sich die Pistole findet, werden nicht aus der Sicht einer Figur eingerichtet. Sie bestehen, das machen Albert und Werther gleichermaßen deutlich, einfach von sich aus und gewinnen ihr Gewicht gerade aus diesem Bestehen. Die Linien nun verlaufen zu einem bestimmten Diskurs hin. Wie Albert aber präzise berichtet, verlaufen sie auch von einem bestimmten Diskurs aus, entsteht doch seine ganze Verbindung nur, »wenn ich aus ganzem Herzen rede«. Auf beiden Seiten stehen also Typen von Diskursivität, die wiederum an anderen solcher Typen hängen. Die Schilderung des Briefes bezieht sich nicht auf Figuren, sondern setzt diese als Allegorien. Werther und Albert stehen in ihrem Disput allegorisch für Konfrontationen oder Verbindungen, die dem Diskursiven selbst angehören. Zum einen erscheint ein Diskurs Werthers, der darin sein Gegenüber hat, daß ein anderer in Text aufgeht. Zum anderen gibt es den aus ganzem Herzen geführten Diskurs Alberts, der darauf bezogen ist, daß mit den Worten aller entgegnet wird.

Die Figuren Werther und Albert, die in dem Brief auftreten und beschrieben werden, spielen Modelle des Diskurses, spielen sie als Figuren und spielen sie durch, als Allegorien von Figuration im Rahmen der Diskursivität. Diese beiden Figuren, die Goethes Text handelt und von denen er zugleich handelt, stehen damit nicht in Konkurrenz zueinander, sondern sie ergänzen sich wechselseitig. Die Erzählung interessiert sich dafür, wie – aller Rivalität in bezug auf Lotte zum Trotz – die beiden in ihrem Zusammenhang begriffen werden können. Die dramatische Konfrontation, die sich von der ersten Nennung des Namens »Albert« gegenüber Werther ergibt (vgl. 26), scheint hier entschärft. Als Allegorien von Diskurstypen spielen die beiden Figuren sich zu, und beziehen sich sogar mehr oder weniger direkt aufeinander. Nicht nur steht Albert für denjenigen, der ganz in seinem Text aufgeht und auf den hin sich Werthers Ausstieg aus dem Diskurs organisiert. Auch Werther impliziert mit seiner Artikulation, die sich dagegen richtet, in die Tiefe des Diskurses zu geraten, eine Tendenz zum Gemeinspruch, die ganz die andere Seite von Alberts eigenem Diskurs abgibt. Die Figuren dekonturieren sich somit in dem Zusammenhang, der auf ihr Ende hindeutet. Dennoch breitet sich die Korrespondenz zwischen Albert und Werther nicht endlos aus und nimmt den Stillstand vorweg, den das Schlußbild markiert. Vielmehr bricht die Unterhaltung mit einem Mal ab.

›Mein Freund,‹ rief ich aus, ›der Mensch ist Mensch, und das bißchen Verstand, das einer haben mag, kommt wenig oder nicht in Anschlag, wenn Leidenschaft wütet und die Grenzen der Menschheit einen drängen. Vielmehr – Ein andermal davon . . .‹ sagte ich und griff nach meinem Hute. O mir war das Herz so voll – Und wir gingen auseinander, ohne einander verstanden zu haben. Wie denn auf der Welt keiner leicht den andern versteht. (50)

Wie die gesamte Entwicklung zwischen den beiden Kontrahenten ergeben hat, wütet »Leidenschaft« nicht allein jenseits der Diskurse, dort, wo nicht mehr gesprochen wird. Inmitten des diskursiven Geschehens kommt es zu den Ausbrüchen, in denen, wie Werther sagt, »die Grenzen der Menschheit einen drängen«. Werther spart es sich auf, das Ende solcher Heterogenität von Diskursen auszubuchstabieren. Er setzt den Satz, den er mit »Vielmehr« beginnt, nicht fort, sondern verweist auf »Ein andermal«. Zugleich zieht der Briefschreiber Werther noch die Summe des Aufenthalts bei Albert, indem er angibt, sie seien auseinander gegangen, »ohne einander verstanden zu haben«. Diese Einschätzung überrascht nach den Schilderungen, die der Brief gibt, da ihnen viele Momente wechselseitigen Verständnisses inhärieren. Werthers Optik scheint nicht mit derjenigen zu konvergieren, die der Blick auf die Korrespondenz zwischen ihm und Albert entwickelt.

Das Resümee des Briefes vom »12. August« erschließt weitere Verbindungen, die den *Werther* durchziehen. Die Frage des Verstehens und des Abbrechens von Diskursen prägt eine andere Korrespondenz, die den brieflichen Austausch rhythmisiert. Das selbstverständliche »Du« der Briefe bildet wie Albert eine der Grenzen, an denen Werther sich unentwegt orientiert. So heißt es schon bald: »Du verstehst mich!« (25, 39) Die Briefe finden ein Gegenüber, das allen Erfolg des Erzählens garantiert. Daß Sprache das erreicht, was sie an Transfer intendiert, ist in der Figur, auf die alle Briefe bezogen sind, abgesichert. Es spielt in dieser Hinsicht keine Rolle, an wen die Briefe adressiert sind, ob an den Freund Wilhelm oder ob an andere, die sich nicht weiter identifizieren lassen. Die Sprache bezieht sich auf einen, der ihr konstitutiv vertraut ist, wer immer dies auch sei. Die Briefe erhalten ihre Konstanz somit nicht von einer Figur, sondern von einem Pendant des Verstehens, einem ihnen vertrauten Diskurs. An diesen richten sich beispielsweise die zwei Briefe, die unter dem Datum des »26. Julius« verfaßt und die gemäß des in ihnen Gesagten an unterschiedliche Adressaten gerichtet sind. Die Instabilität der postalischen Richtung affiziert die Konstitution der Briefe nicht, da sie sich ganz auf ihr einheitliches Pendant hin ausrichten. Zu diesem werden immer wieder Linien gezogen, die eine Bezogenheit von Texttypen betreffen.

> Und daß du nicht wieder sagst, meine überspannten Ideen verdürben alle, so hast du hier, lieber Herr, eine Erzählung, plan und nett, wie ein Chronikenschreiber das aufzeigen würde. (67)

Auf der einen Seite des wechselseitigen Austauschs steht der »Chronikenschreiber«, den die Briefe, wie sie hier sagen, zu mimen verstehen. Hinsichtlich seiner aber setzen sie sich auch zugleich ab, wenn es beispielsweise heißt: »Ich bin vergnügt und glücklich, und also kein guter Historienschreiber.« (19) Werthers Texte bewegen sich in dem Spannungsfeld, das sich zwischen einem Erzählen nach dem Modell des »Chronikenschreibers« und dessen Gegenteil aufspannt. Wie aber wäre die Gegenseite dieser diskursiven Dualität zu charakterisieren? Folgende Passage mag auf diese Frage antworten.

> Ich bin, wie ich sehe, in Verzückung, Gleichnisse und Deklamation verfallen und habe darüber vergessen, dir auszuerzählen, was mit den Kindern weiter geworden. (16)

Der Text legt hier gegenüber seinem Pendant des Verstehens einen Verweis auf »Ein andermal« an. Er hat »vergessen, dir auszuerzählen«, hat sich in einer Art und Weise verloren, die verhindert, daß das Erzählen sich komplettiert. Gegenüber dem Ideal des »Chronikenschreibers«, der alles Relevante von Geschichte in den Text setzt, markiert der Briefschreiber hier ein Defizit: nicht das Gesamte zu erfassen. Der Text folgt hier einer Diskurstype, die nicht auf Nüchternheit und Beherrschung der Sprache setzt. Immer wieder wird er vergessen, Auserzählung zustande zu bringen. Dabei aber sieht er sich zu dieser aufgefordert, von dem Gegenüber, auf das er sich bezieht. Die Absenz des Gesamten stellt sich gleichsam her, indem sie auf ein Verständnis von Diskursen rekurriert, das durch sie verletzt wird. Der Diskurs solcher Abwesenheit ergibt sich aus dieser Verbindung heraus.

Die zwei Begriffe des Verstehens und des Auserzählens bilden die Pole von diskursiven Typen, innerhalb deren sich die Briefe wie auch die Korrespondenz von Werther und Albert bewegen. Die Sprachlichkeit Werthers zeigt sich auch hier wieder durchsetzt von Bezügen auf Diskurstypen, die sie sowohl einlöst als auch bricht. Jenseits der Geschichte, die sich aus seiner Optik ergibt, erzählt Goethes Text somit von dem Leiden Werthers an Diskursen, von seiner Verstrickung in Texte, innerhalb derer er sich bewegt. Seine »Krankheit zum Tode« (48) entsteht in dieser Geschichte nicht infolge der unglücklichen Begegnung mit Lotte. Sie resultiert aus einer Spannung von Sprache, in die Werther sich stellt und in der er steht. Es wird von einer Figur berichtet, die sich in allen ihren Beziehungen auf eine spezifische Formation von Diskursen stützt. Dabei kommt kein Spiel zustande, innerhalb dessen der Protagonist »Freiheit von gesellschaftlichen Zwängen nur im Tode«[7] zu erlangen vermag. Gerade der Tod Werthers

---

7 K.F. Gille, »Die Leiden und Freuden des jungen Werthers«, in: *Weimarer Beiträge*, 39. Jg. (1993), 132.

bleibt vollständig eingezeichnet in die Konfrontation und Korrespondenz der sprachlichen Haltungen, die ihn hin und her ziehen. Es mißlingt ihm darin, sich auf »Ein andermal« zu verschieben. Er wird gleichsam ganz auserzählt – was er immer als das verborgene Ideal seines eigenen Sprechens wußte. »Gesellschaftliche Zwänge« stehen dem unglücklich Liebenden nicht gegenüber. Von ihm selbst gehen Zwänge aus, die seine Reaktionen beherrschen und die ihn sowohl positiv wie negativ orientieren.

Werther stellt sich damit als die Figur dar, die ganz an anderen hängt. Die »Krankheit zum Tode«, die ihn schleichend überkommt, ist nicht in ihm, ebensowenig in anderen begründet, sondern kommt aus der Bezogenheit, die ihn prägt, heraus zustande. Goethe schildert ihn nicht so, daß er von sich aus Selbstverwirklichung versuchen könnte. Alle seine Äußerungen fungieren als Momente von Korrespondenzen, stehen in einem Austausch mit anderen. Die Spannung, die der *Werther* aufbaut, resultiert aus der Gegenüberstellung, die sich zwischen der Optik des Protagonisten einerseits und den Zeichnungen Goethes, die ganz diese Optik verlassen, andererseits herstellt. Die Probe auf die Souveränität wird in einen narrativen Untergrund eingeschlossen, der alle ihre Voraussetzungen aufkündigt. Das gesamte Scheitern Werthers gewinnt aus der Spannung, in der es zu der subtextlichen Logik steht, heraus ein anderes Gesicht: Es stellt nicht den melancholischen Verlust des Protagonisten dar, sondern seine Rückführung auf den Boden, auf dem er längst besteht. Im Verlauf der Erzählung wird ihm seine Bezogenheit rückerstattet als das, was er infolge seiner eigenen Darstellung verliert. Das Scheitern macht somit seinen positiven Begriff aus. Es ist letztlich kein Scheitern, sondern nur das Bild einer unaufhebbaren diskursiven Verflechtung. Werther spielt denjenigen, der an den Ort zurückkehrt, der ihn ausmacht: den der Auflösung.

6.2 Das umherziehende Bild: *Der Waldbruder* (Lenz)

Lenz' kurzer Briefroman *Der Waldbruder* scheint eine parodistische Übersteigerung von Goethes Vorlage abzugeben. Er gehört damit in eine gängige Praxis von Variationen, die sich an das narrative Programm des Sturm und Drang anschlossen. Mehr oder weniger ernsthaft entwickelte sich die Kritik an der Logik *Werthers* auch in literarischer Form. Wird der Text von Lenz nun so gelesen, daß er die übersteigerte Liebe oder den realitätsfernen Idealismus kritisiert oder alles als bloßen Schein denunziert, bietet er keine besondere Position. Einer solchen Einordnung aber widersprechen auch zwei Aspekte, die sich hinsichtlich des *Waldbruder* ergeben. Erstens nimmt er sich wie auch die *Briefe über die Moralität der Leiden des jungen Werther* als Verteidigung von Goethes Text aus und ist an einer Kritik desselben nicht interessiert. So heißt es beispielsweise in einem Brief des Romans, den Honesta »an den Pfarrer Claudius, einen ihrer Verwandten auf dem Lande« schreibt:

Jedermann redt davon und bedaurt das Unheil, das solche Schriften anrichten. Ich aber behaupte, daß der Grund davon in seinem Herzen liegt, und daß er auch ohne Werther und Idris das geworden wäre, was er ist.[8]

Zweitens findet sich aus der Zeit des Sturm und Drang ein Kommentar zum *Waldbruder*, der aufschlußreich ist hinsichtlich der Rolle, die man diesem zuerkannte. So notierte der Verleger, dem Lenz das Manuskript via Goethe anbot, »was Lenzens Briefe uns so lieb macht, daß wir auch das Stammeln und die blasse Farbe des Schönen reizend finden, das fassen nur die welche jener Briefe eigentlich nicht bedürfen ...«[9] Der Verleger weist mit diesen Worten das Ansinnen auf Publikation zurück und begründet dies gewissermaßen damit, daß Lenz' Briefroman die Debatte nicht voranbringt. Er wende sich, so sagt der Kommentar, an spezifisch Eingeweihte und sage denen nichts Neues. Damit ist behauptet, daß dem *Waldbruder* zuletzt kein kritisches Potential zukommt, daß er ganz das bewahrt, was bereits vorliegt. Er wurde in der Zeit des Sturm und Drang folglich nicht publiziert und kam erst 1797 durch Schiller, der Goethe den Text abrang, in den *Horen* ans Licht der Öffentlichkeit.

Daß sich die Lenzsche Replique nicht in gewohnter Weise an die Kritiken *Werthers* anschließt, konvergiert mit seiner Angabe, er bilde zu und mit diesem »ein Pendant«. Beidemal wird eine Affirmativität konstatiert, die jeglicher Kritik vorausgeht und die die beiden Texte restlos aneinander bindet. Lenz muß demnach so gelesen werden, daß er Goethe gerade nichts hinzufügt, sondern seine Geschichte einzig mit dem ausstattet, was er bei Goethe findet. Auch sein Protagonist verfaßt Briefe, gibt sich einen empfindsamen Diskurs und vergeht in Liebe zu einer Frau. So wirft die Konstitution des *Waldbruder* ein Licht auf diejenige im *Werther* und will von dieser her gelesen werden. Die Beziehungen innerhalb der Pendants sollen hier an vier Fäden entlang exemplarisch verfolgt werden. Die Form des Briefromans, die Anlage der Briefe, die Figur des Protagonisten und die Dramaturgie der Liebe werden in diesem Sinne kurz kommentiert.

(1) Lenz scheint sich formal weit von Goethe zu entfernen. Seine brieflichen Erzählungen sind polyperspektivisch angelegt, kennen nicht nur einen Briefschreiber und einen Empfänger.[10] Sie verbinden eine Vielzahl von Schreibern und Empfängern miteinander und sortieren die Perspektiven, die sich dadurch aufbauen, nicht. Die unterschiedlichen Schreib- und Sichtweisen bestehen gleichwertig nebeneinander, und wenngleich der Herausgeber manchmal ein paar Worte zu der Situation zu sagen weiß, aus der heraus die Briefe geschrieben

---

8 Lenz, *Der Waldbruder – ein Pendant zu Werthers Leiden*, WB 2, 389 (im folgenden mit Seitenzahlen im Text).

9 Nach dem Kommentar zu Lenz, *Briefe über die Moralität der Leiden des jungen Werther*, WB 2, 915.

10 Vgl. dazu K.R. Mendelkow, »Der deutsche Briefroman. Zum Problem der Polyperspektive im Epischen«, in: *Neophilologus*, 44. Jg. (1960), 200-208.

sind, repräsentiert er doch nicht einen umfassenden Überblick. Die Geschichte des Protagonisten Herz ist an die Briefe enteignet, aus denen sie sich zusammensetzt.

Diese Bewegung erscheint aber nicht nur in der Form; von ihr wird auch berichtet. Herz lernt die von ihm Geliebte brieflich kennen. »Er hat einige von ihren Briefen in die Hände bekommen, die sie während ihres Aufenthalts auf dem Lande an die Witwe Hohl geschrieben hatte.« (389) Die Briefe gehen an eine Adresse, die keine Substanz hat, an die »Witwe Hohl«. Diese Darstellung impliziert, daß sie nicht gebunden sind an den Ort, den sie erreichen sollen. Der Ort fungiert nur als Statthalter möglicher Empfänger, als deren einer der Protagonist erscheint. Wenn im *Waldbruder* Briefe geschrieben werden, ob auf der Ebene der Handlung oder des Textes, wird die Beziehung, die ein postalischer Verkehr stiftet, nicht stabilisiert. Sie ist immer erweitert, schließt immer noch weitere Figuren ein – zuletzt nicht nur neue Empfänger, sondern auch weitere Absender.

Lenz inszeniert die Geschichte des *Waldbruders* so, daß die Briefform als inklusive Form sichtbar wird. Als solche hat sie genau betrachtet auch im *Werther* schon funktioniert. Dort lösen sich die Briefe von ihrem Adressaten. Sie stabilisieren sich, indem sie sich auf das Pendant des Verstehens hin anlegen, das ubiquitär steht. Briefe führen in diesem Sinn einen Diskurs, der ganz auf Enteignung aus ist.[11] Lenz' Text spekuliert auf ihre Eigenlogik, die bedeutet, daß sie sich von allen Figuren freimachen und diese eher bewegen, als daß sie von ihnen bewegt würden. Nicht »fungiert das Kommunikationsmittel ›Brief‹ gleichzeitig als Täuschungsmittel, transportiert neben notwendigen Informationen für den Handlungsverlauf ... auch deren Konfusion«.[12] Lenz stellt dar, inwiefern die Konfusion, die Ungebundenheit und Ziellosigkeit, erst die Basis für mögliche Kommunikation in den Briefen abgibt. Erst aus der Enteignung heraus gewinnen sie ihr Potential, zu Figuren zu sprechen, niemals allerdings nur zu einer einzigen Figur. Trivial wäre, in diesem Zusammenhang daran zu erinnern, daß Briefromane ihre Briefe ja stets auch an die LeserInnen und nicht allein auf der Handlungsebene adressieren. Diese sollen sich konstitutiv darüber täuschen, an wen die Briefe gerichtet sind. Täuschung, Intrige und Verrat, wie sie mittels Briefen aufgebaut werden, bilden deren erste Leistung, die nur manchmal unkenntlich wird – eine Leistung, die die in Briefen gegebene Inklusion markiert.

(2) Lenz entfaltet weitläufig Resonanz auf das Thema, nach welchem Ideal brieflich zu erzählen sei, das sich bei Goethe findet. Zuweilen entsteht in seinen

---

11 Hier ließen sich vielfältige Filiationen etablieren, die zwischen dem Brief-Geschehen in der Lenzschen Literatur und den Kommentaren, die Jacques Derrida in und zu Briefen verfaßt hat, zu ziehen sind. Auch bei letzterem konstituiert sich in Form von Briefen eine axiologistische Inklusion – vgl. *Die Postkarte*, 1. Lieferung.

12 Stötzer, *Das vom Pathos der Zerrissenheit geprägte Subjekt*, 95.

Briefen der Eindruck, als beschäftigten sie sich in erster Linie mit dem, wie sie erzählen, und ließen eher unberücksichtigt, was zu erzählen wäre.

> ... um das zu beantworten muß ich wieder zurückgehn und eine ziemlich weitläufige Erzählung anfangen die mir, da ich so gern Briefe schreibe, ein sehr angenehmer Zeitvertreib ist. ... Diese Geschichte ist aber so wie das ganze Leben Herzens ein solch unerträgliches Gemisch von Helldunkel daß ich sie Ihnen ohne innige Ärgernis nicht schreiben kann. (400)

Wie schon bei Goethe entwickelt sich die Debatte um das Wie des Erzählens aus einer grundlegenden Divergenz heraus. Auf der einen Seite steht die Intention, vollständig das zu berichten, was vorgefallen ist. Auf der anderen Seite gibt es die Lust des Erzählens, die das Erzählen bloß um seiner selbst willen sucht, und dazu korrelativ die Angst, es könnte zu Ende gehen. Infolge der Divergenz bleibt immer ein »Gemisch von Helldunkel« zurück. Niemals klärt sich die Geschichte, die der Briefroman aus der Perspektive seiner verschiedenen Absender erzählt, zu einem eindimensionalen Bild. Das Erzählen kommt ohne die Weitläufigkeit, die der Briefschreiberin aufstößt, gar nicht aus und nicht zustande. Immer wird aufgeschoben, was doch erreicht werden soll: daß das Erzählte ganz präsent wird. So gelingen die Briefe auch, wenn ihre Botschaft mißlingt, wie es Herz an seinen zentralen Korrespondenten Rothe schreibt:

> Deine Briefe gefallen mir immer mehr und mehr, obschon ich Deine Ratschläge immer mehr und mehr verabscheue, und das bloß, weil der Ton in denselben mit dem meinigen so absticht, daß er das verdrüßliche Einerlei meines Kummers auf eine pikante Art unterbricht. (387)

Die Briefe sind gegen das »verdrüßliche Einerlei« adressiert, das sich einstellt, wenn alles erzählt ist und damit feststeht. Was immer gesagt wird, wird so gesagt, daß es ein mögliches Ende des Sagens aufschiebt. Die Haltung allen Erzählens ist ganz die, die Honesta gegenüber dem Pfarrer Claudius äußert: »Nicht wahr ich hab eine gute Anlage zur Romanschreiberin?« (406) Zuletzt schlagen sich die Lenzschen Briefstücke immer auf die Seite, nicht auszuerzählen. Das bedeutet, daß die Seite des Auserzählens in der durchaus aufgebauten Divergenz niemals zum Tragen kommt oder nur als das Raum gewinnt, was nicht stattfindet. Der Rekurs auf den Aufschub richtet sich nach dem Untergrund an Bezogenheit, der auch den *Werther* ausmacht. Wenngleich das Ideal der Auserzählung noch vorkommt, hat seine Bindung an ein Pendant zur Folge, daß es gänzlich der Irrealität anheim fällt. Auch Auserzählung könnte, da sie sich erst zu beziehen hat, nur im Aufschub stattfinden und verfehlt sich so notwendig. Das zeichnet Lenz, wo er die Frage nach dem Wie des Erzählens im Anschluß an Goethes Text kommentiert, nach.

(3) Die Dekonturierung des Empfängers affiziert auch den Absender. Es verweist ihn auf andere Absender zurück, die einen ersten Absender selbst als Empfänger erscheinen lassen. Lenz' Darstellung geht aber weiter. Sie dekonturiert die

Figur, die sich als eine diskursive in den Briefen zeigt. Der Protagonist spielt sich selbst in seinem Namen ein eigenartiges Pendant. Zuerst wird er vom Fräulein Schatouilleuse unmißverständlich benannt. »Sagen Sie mir doch in aller Welt, wo mag Herr Herz hingekommen sein.« (381) Das Alter Ego dessen, der sich in den Wald begeben hat und dort ein Eremitendasein führt, Rothe, spricht ihn aus diesem Diskurs heraus direkt an. »Herz! Du dauerst mich!« (381) So schreibt er auch an anderer Stelle: »Was meinst Du, Herz?« (387) Entgegen der klaren Anrede »Herr Herz« verschwimmt in den Äußerungen Rothes der Bezug. Der Name »Herz« tritt so auf, daß er nicht nur auf die Figur, sondern auch auf das Organ das Gefühls bezogen werden kann. Sein Auftritt changiert zwischen demjenigen in dem Gespräch mit dem Freund und demjenigen in einem Selbstgespräch. Der Name »Herz« wird langsam über den Text verstreut. Das zeigt sich auch in der folgenden Bemerkung des Protagonisten: »Alles das leuchtet aus ihren Briefen, die ich gelesen habe, die ich bei mir habe und auf meinem bloßen Herzen trage.« (385) Was Herz auf seinem »bloßen Herzen« trägt, trägt er auf sich selbst und kann es nicht von sich trennen. Die Zerstreuung, die in den Worten der anderen beginnt, kommt auf ihn selbst zurück. Er begegnet sich in seinem Namen »Herz« in unendlicher Wiederholung. Der gesamte Lenzsche Text arbeitet mit an dem von Honesta geschilderten Projekt, »dem jungen feinen scharfsinnigen Herz sein Herz zu entführen« (401). Überall tritt Herz auf, ohne sicher zu sein, dabei eine klare Kontur zu behalten.

Interessant ist in diesem Zusammenhang, wie Lenz den Titel von Goethes Vorlage variiert. Er behält das Initial dieses Titels bei, beginnt auch mit einem großen »W«. Goethe notiert aber einen Namen mit diesem Initial, Lenz hingegen einen Begriff. Die Erzählung, die so überschrieben ist, handelt von »dem Waldbruder«, von einem unter vielen. Als Figur des Namens »Herz« ist er selbst bereits einer unter vielen, immer nur ein Herz unter vielen Herzen. Die Bewegung, mittels derer Lenz den Namen seines Protagonisten in die Diskurse der Briefe einzeichnet, läßt sich pauschal als »Dekonstruktion des Kardiozentrismus«[13] bezeichnen. Man könnte aber auch sagen, daß Goethes Pendant an einem »Kardiozentrismus« nicht interessiert ist. Weniger als an dessen Dekonstruktion arbeitet er an einer Rekonstruktion der Inklusion des Herzens. Der Diskurs etabliert einen »Polylog«,[14] in dem immer schon der Protagonist mit seinem Herzen steht und zu dem er nicht hinzuzutreten vermag. Hier findet sich der Diskurs, wie ihn Goethes *Werther* dort führt, wo er die Optik des Protagonisten verläßt. Ein Stimmengewirr nimmt die Figur in sich auf. Nur wird die »strukturelle Ausgrenzung des Protagonisten aus dem Briefroman«,[15] der sein polyloges

---

13 R. Stockhammer, »Zur Politik des Herz(ens): J.M.R. Lenz' ›misreadings‹ von Goethes ›Werther‹«, in: Hill (Hg.), *J.M.R. Lenz*, 134.
14 J. Derrida, »Restitutionen«, in: *Die Wahrheit in der Malerei*, Wien: Passagen 1992, 302.
15 K.A. Wurst, »Überlegungen zur ästhetischen Struktur von J.M.R. Lenz' ›Der Waldbruder ein

Geschehen ganz unabhängig entfaltet, anders ausbuchstabiert als bei Goethe. Steht die Ausgrenzung dort zuletzt als radikaler Ausschluß im Tod des Protagonisten erläutert, so faßt Lenz sie als Einschluß. Ausgegrenzt ist Herz, sofern er längst eingeschlossen wurde und als Signifikant schon durch die Diskurse wandert, bevor er sie aufsucht.

(4) Lenz betreibt in seinem *Waldbruder* eine Rückführung der gesamten Dramaturgie des *Werther*, die auf dessen inklusive Momente zielt. Insbesondere der konstitutive Aufschub im Erzählen und die konstitutive Zerstreuung der Figur kommen dabei zum Vorschein. Lenz schreitet damit ganz die Spielräume Werthers aus. Dabei wählt er eine Szenerie, in der keine Optik des Protagonisten dominierend zustande kommt. Die Polyperspektivik dieser Briefepik unterminiert jede Interpretationslinie, die sich, wie im *Werther*, über die dargestellten Geschehnisse hinweg ausbreiten könnte.

Von der Rückführung wird auch die gesamte Geschichte betroffen, in die die Figur gestellt ist. Der Aufbau der Liebesbeziehung hat eine umfassend veränderte Anlage und folgt doch ganz den Spuren in Goethes Text. Der Protagonist Herz beginnt seine Schwärmerei aus einer überraschenden Situation heraus. »Das Seltsamste ist, daß er seinen Abgott noch nicht von Person kennt, obschon er alles angewandt, sie zu sehen zu kriegen.« (389f.) Er lernt die geliebte Stella, die als Leitstern allen seinen Diskursen die Richtung weisen wird, nur in Briefen kennen. Die Briefliebe stützt sich nun auch nicht auf Briefe, die direkt zwischen den beiden ungleichen Partnern getauscht würden. Die Briefe haben, wie bereits geschildert, andere Adressaten. Es findet also kein sprachlicher Austausch statt, der die Liebe repräsentieren würde. Auch als sich Stella und Herz ein einziges Mal begegnen, ändert sich diese Sprachlosigkeit nicht.

Ich bekam nur Seitenblicke von ihr, und sie sah meine Augen immer auf den Boden geheftet und doch begegneten unsere Blicke und sprachen ins Innerste unsers Herzens was keine menschliche Sprache wird ausdrücken können. (392)

Der gesamte Liebesdiskurs des Herz(ens) in Richtung auf Stella sieht von »menschliche[r] Sprache« ab und stützt sich auf die Sprache, die zwischen anderen kursiert, genauso wie auf Blicke, die wortlose Bilder vom andern gewinnen. Die spezifische Konstitution dieses Diskurses terminiert darin, daß sie ein Bild heraufbeschwört. Die Geschichte zwischen dem sprachlos Liebenden und der von ihm Angebeteten setzt sich fort, indem ein Bild in den Raum des Geschehens tritt. »Die Gräfin – kaum kann ich es meinen Ohren und Augen glauben – sie will sich mir malen lassen.« (395) Der Protagonist weiß also mit einem Mal ein Bild der Geliebten gegeben, das ihm bestimmt ist. Der Text erzählt aber dann davon, daß dem Sehnenden das Bild erst einmal nicht zukommt und im-

---

Pendant zu Werthers Leiden«, in: *Neophilologus*, 74. Jg. (1990), Heft 1, 80.

mer unerreichbarer wird. Anstatt bei ihm einzutreffen und ihm zu gehören, kursiert das Bild unter anderen Figuren. Unter denen, die Herz im Verdacht hat, das Bild zu haben, befindet sich auch der ambivalente Freund Rothe. »Schick mir das Bild zurück, oder ich endige schrecklich«, (398) schreibt er diesem. Und dann noch gesteigert: »– – Rothe das Bild wieder, oder den Tod!« (399)

Auf dem Weg des Bildes gelangt die Geschichte, die Lenz erzählt, an den Punkt, der das Ende Werthers markiert. Herz spielt die beiden Ereignisse gegeneinander aus. Sein Bilddiskurs der Liebe fordert die Präsenz des Bildes und bricht zusammen, sobald diese mißlingt, steht dann vor der Alternative des Todes. Die Konsequenz finaler Stillstellung aber wird im *Waldbruder* nur auf der Figurenebene als Thema vom *Werther* her aufgegriffen; innerhalb der ausgeführten Geschichte bleibt sie aus. Hinter der Frage des Selbstmords entdeckt Lenz ein Bildgeschehen, das den gesamten Liebesdiskurs prägt – mit der Absurdität prägt, daß das Bild alles bedeutet, auch wenn die Geliebte dem Liebenden gar nicht präsent ist. Auch im *Werther* wird von einem Bild berichtet, das angefertigt werden soll.

Lottens Porträt habe ich dreimal angefangen, und habe mich dreimal prostituiert; das mich um so mehr verdrießt, weil ich vor einiger Zeit sehr glücklich im Treffen war. Darauf habe ich denn ihren Schattenriß gemacht, und damit soll mir g'nügen.[16]

Der unglücklich Verliebte, der mit der von ihm Geliebten einen ganz anderen Diskurs führt als Herz, erlebt eine Bildproduktion, die sich ganz mit den Fragen der Erzählweise verbindet. Dreimal fängt er das Bild an und beendet es nicht, erzählt es nicht aus. Dann kommt es zu einer Substitution. Was Bild hätte werden sollen, wird als »Schattenriß« hergestellt und auch tatsächlich fertiggestellt. Das Bild gewinnt nur Kontur und steht als solches demjenigen, der es sucht, zur Verfügung. Es dringt als Substitut mitten in die Diskurse dessen ein, der sich seiner bemächtigt hat. Ganz im Gegenteil dazu hängt die von Lenz vorgetragene Geschichte an einem Bild, das einerseits als solches besteht, ohne von einem bloßen Schattenriß substituiert zu sein, und das andererseits nicht verfügbar ist. Die Figur, die im Liebesdiskurs steht, Werther genauso wie Herz, hängt an einem Bild. *Der Waldbruder* folgt dieser Struktur, ohne sie in irgendeiner Weise zu beruhigen. Er stellt das Bild als dasjenige dar, was versucht wird, ohne verfügbar zu sein und es irgendwann zu werden. Im *Werther* sieht es ganz so aus, als ergebe sich eine Beherrschbarkeit des Bildes, das die Liebe vorantreibt. Der gesamte Liebesdiskurs, davon erzählt Goethes Text zugleich, läßt sich nicht beherrschen, auch wenn Werther über den Schattenriß und seine Sprache verfügt. Was ihn bewegt, spielt in keiner diskursiven Einlösung mit. Als Bild geistert beispielsweise die Liebe Alberts durch den Text, als dasjenige, was den Unglücklichen umtreibt und was sein Text nicht in die Hand bekommt. Werther bindet sich restlos an

---

16 Goethe, *Die Leiden des jungen Werther*, HA 6, 41.

die Liebe Alberts, in die er sich einschreibt, an die er glaubt, die er im Gegensatz zu einer möglichen eigenen Liebe zur Instanz erhebt. Diese Figur der Inklusion setzt Lenz in Szene, wenn er sein Bild durch den Text wandern läßt. Das umherziehende Bild markiert, daß der Diskurs der unglücklichen Liebe sich stets in einen Punkt einschließt, der ihm als adiskursiver nicht verfügbar ist.

Wie kommt das Bild, von dem erzählt wird, in den *Waldbruder*? Als Pendant weiß er dieses an anderem gegeben, als Teil eines anderen. Bei der Entstehung des Bildes ist niemand zugegen: weder der Text, der davon nicht erzählt, noch eine Figur, noch gar Leserin oder Leser. Auch diese Darstellung bei Lenz läßt sich im Wortsinne verstehen. Das Bild, über dessen Entstehung es nichts zu sagen gibt, besteht schon, nur an anderer Stelle. Es liegt bereits im Untergrund von Goethes Prosa vor und kann von da aus bezogen werden. Lenz versorgt seinen Text gleichsam mit dem Bild, das er in der Vorlage seiner Geschichte vorfindet, wie er die ganze Geschichte von dem anderen her übernimmt. Was er damit zu verstehen gibt, wäre folgendermaßen zu paraphrasieren: Der Sturm und Drang, der sich als Pendant ankündigt, entwickelt nichts von sich aus, sondern bezieht alles, wovon er spricht, von anderem. Er kommt nicht dazu, von sich zu sprechen, da er das wiederholt, was andere ihm vorgelegt bzw. zugespielt haben.

Fünftes Zwischenstück: Axiologistische Inklusion

Diskurse versorgen sich stets von irgendwoher. Um sich zu konstituieren, bauen sie Versorgungslinien auf, die ihnen alles Benötigte zuführen. Da sie sich zumeist den Anschein geben, selbstbestimmt vorzugehen, fällt ihre logistische Struktur nicht ins Auge. Das Thema der Gesetzgebung, der konstitutiven Logik, überschreibt dasjenige der Material- und Zufuhrwege, die angelegt werden. Dennoch gibt, genau betrachtet, die Frage der Versorgung einen Punkt ab, um den herum sich Diskurse vielfach organisieren.

Fast alle der Bewegungen, die im Vorangegangenen kommentiert wurden, lassen sich als solche der Logistik reformulieren. Bereits Descartes' Neuansatz entzündet sich an der Frage, was man sich bei anderen leihen kann, inwiefern sich auf das, was bei anderen besteht, aufbauen läßt. Die gesamte Metaphorik des Hausbaus entstammt einer logistischen Denkart.[1] Ob man im alten Haus bleibt und dieses renoviert oder, wie Descartes vorschlägt, gleich ein neues anlegt, stellt zuletzt die Frage dar, womit man sich versorgt. Das alte Haus funktioniert in dem Denkbild von Descartes wie eine gigantische Vorratskammer: Es speichert all das, was von den Vorgängern gedacht wurde, die gesamte Tradition des Denkens. Und es speichert dies auf zwei Ebenen: Einerseits all die Gegenstände, die

---

1 Vgl. R. Descartes, *Discours de la méthode*, Hamburg: Meiner 1960.

sich im Haus befinden, andererseits aber auch die Architektur des Hauses als die Anlage des Denkens überhaupt. Descartes, der alles provisorische Fortfahren und -wohnen des Geistes kritisiert, kämpft darum, die Versorgungslinien seines Diskurses und aller seiner Nachfolger aufs neue zu organisieren. Nichts soll mehr von anderen übernommen werden, denn es könnte sich bei Fragen, Antworten, Denkfiguren und anderem, was bereitsteht, um trojanische Pferde handeln, mit denen ungewünschte Figuren das Denken besetzen. Der *Discours de la méthode* plädiert für den Aufbau einer Versorgung, die restlos autark vorgeht. Was auch immer der Diskurs an Figuren – Fragen, Interventionen, Gewißheiten und anderem – einsetzt, hat er aus sich selbst zu entwickeln. Insofern ist seine erste Geste eine der Enthaltung: Er versucht sich von all dem freizumachen, mit dem andere arbeiten und ihr gutes Auskommen haben. So ist die große Epoché im Anfang des neuzeitlichen Rationalismus in ihrem logistischen Sinn zu verstehen.

Auch die Reversionen, die den Übergang von der Neuzeit in die Moderne vorbereiten, handeln zentral von ihrer Logistik. Wenngleich sie von Bestimmung sprechen und dies als ihre Gretchenfrage aufwerfen, richten sie ihr Augenmerk zuerst darauf, womit Diskurse sich versorgen. Sie brechen mit dem Autarkiestreben, das eine an Descartes anknüpfende Tradition fortgesetzt hat. Die Reversionen verweisen auf Instanzen, von denen her das zu beziehen ist, was ein gelingender Diskurs benötigt. Die Rückkehr zum Ursprung hat so nicht allein den Sinn, Selbstbestimmung aufzuheben, sondern auch und in erster Linie den Sinn, zu sagen, wo Diskurse das Material, mit dem sie arbeiten, akquirieren sollten. »Natur« gibt so betrachtet einen ausgezeichneten Pool von Gegenständen und Antworten ab, aus dem das Denken sich speisen kann. Die Reversion nimmt eine logistische Umbesetzung vor. Die Versorgungslinien werden nicht mehr so angelegt, daß der Diskurs alles aus sich selbst schöpft, sondern werden so konzipiert, daß der Diskurs von Punkten aus beliefert wird, die ihm nicht angehören. Die Frage, ob eine Figur innerhalb einer bestimmten Denkbewegung zugelassen wird, erhält eine andere Orientierung: Es gilt, dem Diskurs das zuzuführen, was ihm gegenüber schlechthin anders ist, was er niemals beherrschen könnte.

Die Debatte um die Logistik, die das abendländische Denken unentwegt führt, kreist aber nicht nur um die Frage, was innerhalb eines Denkrahmens Verwendung finden kann. Sie handelt untergründig auch davon, wie eine diskursive Logistik überhaupt anzulegen ist. Diese Erweiterung der Debatte läßt sich beispielsweise aus einer Kritik der Reversion heraus verstehen. Auch in aller Artikulation gegen Autarkie von Texten und Positionen hält sich eine logistische Struktur durch: Ein Diskurs versorgt sich selbst. Ob er dabei alles aus sich selbst gewinnen will oder darauf aus ist, das ganz andere in sich hineinzubringen: Immer erscheint er als derjenige, der die Versorgung organisiert. Die Reversion diskursiver Logistik auf dem Weg zur Moderne beinhaltet somit eine Ambivalenz, die sich gut in Hegels *Phänomenologie des Geistes* erkennen läßt. Dort beginnt alles mit dem Verweis auf das »natürliche Bewußtsein«. In diesem, so wäre die initiale Geste zu paraphrasieren, befindet sich alles, was sich denken läßt. Ein Denken, das selbst Figuren setzt, ohne diese aus dem »natürlichen Bewußtsein« zu beziehen, verfehlt demnach das ihm Aufgetragene. Die Reversion ist aber ganz aus Hegels Text heraus ausgeführt. Dieser entfaltet einen unerbittlichen Zugriff auf seinen Versorger. Er nimmt das »natürliche Bewußtsein« an die Hand, um ihm all das abzuringen, was es enthält. Das leistet das »wir«, die Erste Person Plural in Hegels Text, die dessen gesamten Kalkül verwaltet. Hinsichtlich der Frage, wer die Versorgung insgesamt überschaut oder leitet, bleibt die *Phänomenologie des Geistes* ganz bei sich. Ihr »Wir« will und kann sich zwar nicht aus sich selbst heraus versorgen, choreographiert aber die gesamte Logistik. Der Einschluß in das, was der Text nicht aus sich heraus zu begründen vermag, gelingt ihm aus sich selbst heraus.

Die Frage, wer die Versorgung eines Diskurses initiiert, eröffnet eine Ebene, auf der die Versorgung nicht angesiedelt ist. Diese Ebene geht allen logistischen Entscheidungen voraus. Diskurse setzen hier axiologistisch an. Die unhinterfragte Praxis, die auch Descartes keinesfalls initiiert, funktioniert so, daß das jeweilige Denken selbst regelt, von wo her es sich versorgt. Zwar entnimmt es möglicherweise, woran es interessiert ist, von anderen. Es stiftet aber selbst die Initiation solcher Linien, mit denen es sich an sich selbst oder an außerhalb Liegendes bindet. Die damit ubiquitär gegebene Axiologistik von Diskursen läßt sich als exklusiv charakterisieren. Darin, daß ausschließlich sie selbst ansetzen, wie ihre Logistik funktioniert, enthalten sie sich allen anderen, schließen diese aus.

Mit der Figur des Pendants kommt ein neuer Anstoß in die axiologistische Situierung von Diskursen. Das Pendant behauptet, nicht nur alles, was es sagt, von anderem her zu beziehen, sondern auch, an diesem anderen die Möglichkeit der Beziehung überhaupt gefunden zu haben. Das besagt nun, daß die Initiation der gesamten logistischen Bewegung von dem Gegenüber des Pendants ausgeht. Wie der *Waldbruder* von Lenz sich auf Goethes *Werther* bezieht, ist von letzterem vorgegeben. Daß ein Text, der sich als Pendant zu diesem anlegt, alles aus Goethes Vorlage beziehen wird, geht aus dieser hervor. Wer dem *Werther* in dieser Weise folgt, verändert seine Axiologistik. Er initiiert das Funktionieren seiner Versorgung nicht selbst, sondern läßt sich dieses von seinem Gegenüber eingeben. Er schließt sich ganz in die Versorgungsbewegung ein, die von dem anderen ausgeht. Diese Reversion von Axiologistik führt Lenz' literarischer Kommentar zu Goethes Briefnarration vor. Das Pendant funktioniert axiologistisch inklusiv. In allem, woraus es sich konstituiert, findet es sich an seinem Gegenüber und schließt sich in dieses ein. Immer geht dieser Form der Inklusion voraus, daß die diskursive Autarkie, die von einem bestimmten Ideal der Beherrschung des Diskurses angelegt wurde, aufgebrochen ist. Wer sich in seinen Figuren bereits auf anderes stützt, hat grundsätzlich die Möglichkeit, seine Logistik zu reorientieren. Dann beginnt er sie nicht bei sich selbst, sondern entnimmt sie samt seinen Figuren bei anderem. Er produziert damit axiologistische Inklusion.

AXIOLOGISTISCHE INKLUSION

Der Aufbau von Inklusion terminiert in Fragen der Logistik. Die in drei Figuren entworfenen Bewegungen diskursiven Einschließens, die den Sturm und Drang prägt, funktionieren nicht so isoliert, wie sie bislang dargestellt wurde. Zum einen gehen die drei Figuren ineinander über, treten im Zusammenhang auf. Immer wieder wird axiologische Inklusion von axiopoetisch inklusiven Momenten ergänzt. Der fragile Einschluß entsteht in einem komplexen Geflecht der drei Ebenen, die miteinander interagieren. Zum anderen sind die Figuren auch in ihrer Konstitution nicht getrennt. Ihnen allen inhäriert ein axiologistisches Moment. Die Aufgabe an anderes – es sei auf Ebene der Narration, der Strategie oder der Logistik – bedeutet stets, daß diesem die Versorgung anvertraut wird. Axiopoetische Inklusion beispielsweise bezieht die Narration aus anderen Diskursen, orientiert die Axiologistik der Sprechhaltung aus dem Einschluß heraus. Auch für die Strategie läßt sich von einer Axiologistik reden, die dieser speziellen Konstitutionsebene gilt und hinsichtlich derer der Einschluß Gestalt gewinnen kann. So bildet axiologistische Inklusion das Fundament von inklusiven Bewegungen überhaupt. Erst wo Inklusion sich bezüglich der Axiologistik ergibt, stellt sie ihren vollen Sinn dar. Hat sie sich, wie im Verlauf des ersten Teils nachgezeichnet, so entwickelt, zeigen die anderen Ebenen ihre ganze inklusive Figurierung.

Inklusion ist eine Figur im Ansatz von Diskursen, die in der Folge der Reversion steht, wie sie das Denken auf dem Weg zur Moderne hervorbringt. In gewisser Weise stellt sie die allein gelingende Reversion dar. Präziser läßt sich sagen, daß in inklusiv strukturierten Diskursen die Konstitution selbst umbesetzt wird. Inklusion bildet zugleich eine äußerst fragile Figur. Das wird besonders deutlich, wenn man beachtet, wie sie zuletzt axiologistisch fundiert ist. Nur wenn alle Bewegung, die ein Diskurs vollzieht, vom anderen her angelegt ist, kommt der Einschluß in seiner Radikalität zustande. Sobald das Denken sich wieder selbst in die Hand nimmt, beispielsweise wie das Pendant sein eigenes Verständnis reguliert, kehrt der Ausschluß zurück. Inklusion steht insofern ganz am Rande der Denkgeschichte. In ihrem Namen lassen sich keine Positionen stabilisieren. Sie läßt sich nicht einmal bewahren, wo man sie erkennt. Das Abenteuer modernen Denkens legt aber immer wieder den Weg der Inklusion zurück als den, der ihm noch bleibt, wenn alle Wege des Fortschritts oder Fortgangs als korrumpiert erscheinen.

Teil II

Die Konstellation von
Sprache, Kunst und Diskurs im Sturm und Drang

> No Sturm. No Drang.
> Illustration.
>
> JAMES JOYCE, FINNEGANS WAKE

Zum Bild des Sturm und Drang als einer Epoche, die sich aus jugendlichem Überschwang speist, gehört, daß er an vielen Punkten ansetzt, um sein Denken zu entfalten, ohne sich aber um eine Verbindung dieser Punkte zu bemühen. Er versucht sich auf den Gebieten von Literatur, Ästhetik, Sprachenphilosophie, Geschichtstheorie, Geschichtsschreibung und Kritik. Dabei entwickelt er verschiedene Phänomene, beispielsweise die im Prolog skizzierten. Die Gebiete beziehungsweise Phänomene bestehen aber unabhängig voneinander. Keine Ordnung verbindet sie so, daß Übergänge und Verbindungen zwischen ihnen gezogen und beschrieben werden könnten. Die Unabhängigkeit hat einen kontingenten und einen systematischen Grund. Kontingent kommt sie zustande, da es keinerlei Bemühung innerhalb der Epoche gibt, selbst eine Synthese der getrennten Felder herzustellen. Ihr fehlt das Hauptwerk, das eine umfassende Begründung aller Bewegungen zu liefern hätte, genauso wie ihr Verweise fehlen, die aus den jeweiligen Bereichen heraus eine Ordnung sichtbar machten. Zwar treten beispielsweise in den sprachenphilosophischen Texten Reflexionen auf Geschichte zutage und in den geschichtstheoretischen solche auf Sprache, aber doch nicht in einer Weise, daß sie inhaltlich aufeinander bezogen wären. Das geschichtstheoretisch entwickelte Bild findet sich auch in der Sprachenphilosophie; nicht begründet eines das andere. So zeigen die unterschiedlichen Themen sich gleichsam desinteressiert aneinander, bewegen sich atomistisch in sich selbst.

Der systematische Grund für die Unabhängigkeit liegt in der Konstruktion differenzierter Vernunft. Eine solche wird dem Sturm und Drang unterstellt und stützt wesentlich die These, er bearbeite jeweils Gebiete, die sich nicht auf andere beziehen oder zumindest hinsichtlich einer solchen Beziehung keine Berücksichtigung finden. Diese Zeichnung muß sich zuletzt auf das ästhetische Potential berufen, daß bei Herder, Goethe und Lenz zum Ausdruck kommen soll. Ein ästhetisches Bewußtsein, das man ihnen zuschreibt, artikulierten aber nur bestimmte ihrer Werke. In seinem Namen ließen sich also Trennungen vornehmen, die beispielsweise Literatur von im engeren Sinn theoretischen Texten abheben. Die Präsenz ästhetischer Reflexion implizierte eine Gebietsabgrenzung, die zumindest zwischen den Bereichen, die von solcher Reflexion geprägt sind, und denjenigen, die keine derartige Reflexion kennen, verläuft. Von der Spezifik des Ästhetischen her wird also die Vernunft als differenzierte gedacht. Und in eine derart differenzierte Vernunft werden die Beiträge des Sturm und Drang eingetragen. Sie fungieren dann jeweils in voneinander abgetrennten Gebieten, deren unterschiedlicher Axiomatik sie genügen sollen.

Die Rekonstruktion des Sturm und Drang, die im folgenden durchgeführt werden soll, geht von der Frage aus, ob dem Sturm und Drang zurecht ein ästhetisches Bewußtsein zugeschrieben wird. Findet sich kein solches, dann muß die Differenzierung der Beiträge in bezug auf eine plurale Rationalität revidiert werden. Die These, die auf die leitende Frage hin ausgeführt wird, besagt, daß der Sturm-und-Drang-Diskurs keine ästhetische Differenz ausprägt. Die Praxis dieses Diskurses ist also nicht davon beherrscht, daß er auf ästhetischem Terrain agiert. Keiner seiner literarischen Texte reklamiert für sich ästhetische Geltung.

Diese These nimmt von den folgenden Beobachtungen ihren Ausgang. Erstens entwickelt keiner der Texte, die dem ersten Anschein nach Ästhetisches thematisieren, ein umfassendes Verständnis von Kunst. Sie verfolgen alle mehr das Projekt, einzelne Gattungen oder Werke zu kritisieren, in ihren spezifischen Funktionsweisen zu kommentieren. Herders Texte *Über die neuere deutsche Literatur* und *Plastik* verdeutlichen dies ebenso wie Lenz' *Anmerkungen übers Theater*. Es wird dort über Kunst gesprochen, ohne Kunst als Kunst ein besonderes Gewicht zuzusprechen. Eine gesonderte Rationalität der Kunst, wie sie Kant paradigmatisch entwerfen wird, erfährt hier keine Formulierung. Zweitens lassen die Figuren der Distanzierung, wie sie beispielsweise in den Dramen ausgeführt sind, kein ästhetisches Bewußtsein erkennen. Näherhin betrachtet zeigen sie alle Reflexionen der Form, die den Stücken eignet, genauso wie des Verhältnisses, das sie zum außertheatralen Sonst entwickeln. In ihnen wird keine ästhetische Wertgebung dargestellt. Die Beobachtungen lassen sich in der Beschreibung zusammenfassen, der Sturm und Drang enthalte sich dem Ästhetischen.

Ist das Gebäude der kurzlebigen Epoche nicht auf die ästhetische Differenz gebaut, dann zeichnen sich andere Möglichkeiten ab. So schließt sich an die These vom Nichtgegebensein ästhetischer Differenz im Sturm-und-Drang-Diskurs diejenige an, daß es einen umfassenden Zusammenhang dieses Diskurses gibt. Ein solcher wird sichtbar, wenn man die Spuren verfolgt, die abseits möglicher Gebietsunterteilungen verlaufen. Das Puzzle des Sturm und Drang fügt sich zusammen, wenn alle ästhetischen Sonderlinge aus dem Spiel bleiben. Dann zeichnet sich ab, daß die Teile sich nach einem einheitlichen Mechanismus aneinander fügen. Es zeigen sich nicht nur thematische Konvergenzen zwischen theoretischen und literarischen Texten. Beide folgen derselben Konstruktion von Diskursivität. Die sprachenphilosophischen Figuren aus unterschiedlichen Textzusammenhängen, die dramatische und narrative Zeichnung von Geschichte und viele andere thematische Momente konvergieren. Solche Konvergenz verwundert, wenn sie in das Bild differenzierter Vernunft eingezeichnet werden soll, sie plausibilisiert sich aber, sieht man davon ab, auf Differenzierung zu setzen.

Wie sieht aber die Einheit des Sturm und Drang aus, die sich jenseits des Ästhetischen ergibt? Sie stellt gerade keine Einheit dar, insofern sie sich in einem Terrain undifferenzierter Vernunft herstellt. Eine rationalitätstheoretische Rekonstruktion kann hier einen entscheidenden Unterschied festhalten. Er läßt sich an der begrifflichen Differenz zwischen Einheit und Zusammenhang erläutern. Die Einheit eines Diskurses läßt sich nur fassen, wenn er sich gegenüber anderen differenziert. In einer undifferenzierten Diskurslandschaft sind nur Zusammenhänge und keine Einheiten zu konstatieren. Pointiert könnte man von einer Einheitlichkeit ohne Einheit sprechen. Diese charakterisiert den Sturm und Drang. In keinem seiner Momente ist er darum bemüht, sich eine Einheit zu geben. Das wird deutlich, wenn er sich selbst keine grundlegenden oder umfassenden Texte schreibt. Es geht ihm nicht darum, von einem einzigen Punkt aus zu denken. Dennoch entfaltet er eine Einheitlichkeit, die darin zum Ausdruck kommt, daß alle seine Bewegungen korrespondieren. Seine Zusammenhänge entstehen aus einer Zerstreuung heraus, in der er sich anlegt und die allgemein das Bild undifferenzierter Vernunft prägt. Aus der Frage nach der gedanklichen Einheit der Epoche heraus wird man auf die Konstitution in undifferenzierter Vernunft gestoßen. Hier läßt sich denken, daß der Sturm und Drang eine Stellung innerhalb des Diskurses der Moderne bezieht, wie sie im folgenden entworfen ist.

Das umfassende Bild des Sturm-und-Drang-Diskurses wird in drei Schritten gezeichnet. Dabei geht es um eine spezifische Schrittfolge, die allerdings nicht im Sinn einer Hegelschen Trias als Aufhebung funktioniert. Die drei dargestellten Schritte stehen vielmehr auf einer Ebene. Zwar sind die ersten beiden vorbereitenden Charakters, ganz als böten sie These und Antithese: der Irreduzibilität des Sprachlichen wird die Entgrenzung der Kunst entgegengestellt. Diese beiden Bewegungen setzen sich dann in einem Bild der Diskursstruktur zusammen. Dennoch ergeben sich die Schritte nicht einer aus dem anderen. Nicht folgt aus der sprachenphilosophischen Position die anästhetische und daraus die Konstruktion von Figuren der Diskursivität. Die hier gewählte Folge der Schritte kommt so in erster Linie didaktisch zustande. Sie versucht, die Konstitution des Sturm-und-Drang-Diskurses in ihren umfassenden Zusammenhängen zu plausibilisieren. Dabei wird in wechselnden Gestalten ein Diskurs undifferenzierter Vernunft rekonstruiert. Ausgehend von den drei Zeichnungen des spezifischen Diskurses steht zuletzt in Frage, wie dieser sich verlängert. Es wird das Dispositiv bestimmt, innerhalb dessen der Sturm-und-Drang-Diskurs Moderne produziert.

1 Letzte Hand am Ursprung der Sprachen

> VALERIO. ... wenn ich eigentlich selbst recht wüßte, wer ich wäre, worüber man übrigens sich nicht wundern dürfte, da ich selbst gar nichts von dem weiß, was ich rede, ja auch nicht einmal weiß, daß ich es nicht weiß, so daß es höchst wahrscheinlich ist, daß man mich nur reden läßt, und es eigentlich nichts als Walzen und Windschläuche sind, die das Alles sagen.
> (Georg Büchner: Leonce und Lena, III/3)

An fast allen Punkten, an denen der Sturm und Drang sich äußert, thematisiert er auch Sprache.[1] In den theoretischen Texten Herders ist das unübersehbar. Die Dramen und die theoretischen Essays von Goethe und Lenz kehren ihre Sprachreflexion nicht in gleicher Deutlichkeit hervor. Wo dort auf Sprache die Rede kommt, könnte es auch um die Reflexion der jeweiligen Formen gehen, um eine Distanz zum eigenen Vorgehen. Doch auch, wenn man so läse, bliebe zu konstatieren, daß die Reflexionen der Figuren auf dem Theater über ihre sprachliche Verfaßtheit den Blick auf Sprache lenken. Sprache gibt damit einen umfassenden Gegenstand des Sturm und Drang ab.

Die Anwesenheit des Sprachthemas in der Epoche könnte in der These zusammengefaßt werden, es bestehe dort eine Unaufhebbarkeit des Sprachlichen. Nirgends gelingt es, ganz davon abzusehen, daß Sprechen oder Schrift prägend für die jeweiligen Gegenstände sind. Was auch immer bedacht wird: sie kommen dazwischen. Anders gesagt, erscheint hier eine Irreduzibilität des Sprachlichen. Das Sprachliche läßt sich nicht eliminieren, indem auf eine Disposition verwiesen würde, von der es abgeleitet wäre. Es steht unabgeleitet, als souveräner Bestandteil des Diskurses. Das scheint in der Konstitution des Sturm und Drang impliziert.

Die Irreduzibilität des Sprachlichen läßt sich als Moment angeben, das in den Arbeiten von Herder, Goethe und Lenz zum Ausdruck kommt. Es stellt ein Moment dar, das in diesen Arbeiten vorliegt. Derart ist es als kontingent verstanden, als etwas, das in einer bestimmten Weise gegeben ist, aber auch anders sein könnte. Der kontingente Bestandteil des Sturm-und-Drang-Diskurses bietet aber für alle Lektüren, die sich an diesem Diskurs entzünden, eine Herausforderung. In Frage steht so, ob die dargestellte Irreduzibilität von Sprachlichem an irgendeinem Punkt fundiert ist. Läßt sie sich auch dort antreffen, wo dezidiert über Sprache nachgedacht wird? Ins Zentrum des Interesses rückt von der ersten Bestandsaufnahme der Themen der Epoche her die Art und Weise, wie Sprache gedacht wird. Läßt sich ein Zusammenhang zwischen der allgemeinen Charakte-

---

[1] Vgl. zur Rolle der Sprache im Sturm und Drang allgemein: Kieffer, *The Storm and Stress of Language*.

ristik, immer wieder auf Sprache zurückzukommen, und den sprachenphilosophischen Theoremen antreffen?

Von diesen Überlegungen aus kommt Herders Preisschrift *Abhandlung über den Ursprung der Sprache* in den Blick. Sie gibt die elaborierteste Fassung ab, die der Sturm und Drang seinem Denken über Sprache verliehen hat. Es soll ihr hier eine »stereoskopische Lektüre«[2] gewidmet werden, die unterschiedliche Schichten des Textes zusammensieht und in ihren Beziehungen ortet. Leitend steht über dieser Lektüre die Frage, ob es auch hier zu einer Konfiguration kommt, die eine Irreduzibilität des Sprachlichen impliziert.

1.1 Die Reichweite der Laute

Herders Text, der Sprache als spezifisch menschliches Vermögen begründen wird, beginnt seine Überlegungen dort, wo Sprache beginnt. Er bemüht sich, wie der Titel sagt, einen Ursprung der Sprache zu rekonstruieren, und beginnt in diesem Sinne mit einem Ursprung der Sprache.

Schon als Tier hat der Mensch Sprache. Alle heftigen und die heftigsten unter den heftigen, die schmerzhaften Empfindungen seines Körpers, alle starke Leidenschaften seiner Seele äußern sich unmittelbar in Geschrei, in Töne, in wilde, unartikulierte Laute. Ein leidendes Tier sowohl, als der Held Philoktet, wenn es der Schmerz anfället, wird wimmern! wird ächzen! und wäre es gleich verlassen, auf einer wüsten Insel, ohne Anblick, Spur und Hoffnung eines hülfreichen Nebengeschöpfes –[3]

Sprache, das ist die Überzeugung, die hier zum Ausdruck kommt, beginnt an irgendeinem Punkt. Sie wird nicht gestiftet, nicht von außen her installiert, womit sie gleichsam aus dem Nichts heraus da wäre. Sie setzt an einem bestimmten Punkt an, von dem her sie ihren Ausgang nimmt. Mit dieser Beschreibung setzt der Text zwei Markierungen für seine weitere Vorgehensweise. Erstens etabliert er eine bestimmte Struktur, die den Anfang der Sprache ausmacht. Zweitens bindet er Sprache und ihren Begriff an diese Struktur.

Wie ist diese Struktur beschaffen, von der Herder den Anfang der Sprache geprägt sieht? Sie wird als Äußerung charakterisiert, als eine lautliche Erscheinung des Körpers. Der Körper macht sich selbst erscheinen. Wie Rauchfahnen läßt er Laute aufsteigen, die von seinem Ort künden. »Geschrei« und »Töne« gehen als Botschaften an andere Körper, werden abgeschickt, um andernorts anzukommen. Die »*Sprache der Natur*« (V, 8; 1, 699) ist postalisch angelegt, ist

---

2 Vgl. Wellmer, *Zur Dialektik von Moderne und Postmoderne*, 41-44; Ch. Menke, *Tragödie im Sittlichen*, 82.
3 Herder, *Abhandlung über den Ursprung der Sprache*, SWS V, 5; WKV 1, 697 (im folgenden mit Seitenzahlen im Text: z.B. V, 5; 1, 697).

ganz darauf angelegt, zustellbar zu sein.[4] Das Tonmaterial fungiert als Bote, transportiert von der Physis über die Physis und zurück. Die Urszene der Sprache, die Herder hier beschreibt, hat den Körper zum Ausgangspunkt. Er stellt die Grundlage dar, auf die das Sprachliche sich bezieht. Sprache wird dabei vom Sprechen her gedacht, von der Äußerung des Stimmapparates, der selbst Teil des Körpers ist. Sie beginnt mit der präsenten lautlichen Äußerung. Deren postalische Adressierung aber muß nicht erfolgen, wie es im Zitierten heißt. Auch »ohne Anblick, Spur und Hoffnung eines hülfreichen Nebengeschöpfes« hat die Stimme ihre Einsätze. Das Sprechen des Körpers hat Sinn auch ohne das Erreichen eines anderen. Sein Funktionieren bedarf nicht des gelungenen Austauschs, an dem ein anderer mitwirkt. Schon für sich ist die Stimme vollständig Sprache.

> Die geschlagne Saite tut ihre Naturpflicht: – sie klingt! sie ruft einer gleichfühlenden Echo: selbst wenn keine da ist, selbst wenn sie nicht hoffet und wartet, daß ihr eine antworte. (V, 5f.; 1, 698)

Die »Sprache der Natur« wird nicht aus der Kommunikation heraus begriffen. Ihr eignet eine monologische Struktur. Oder genauer: Sie wird ohne Bezug auf Fragen des Austauschs und der Mitteilung gefaßt. Der Körper klingt wie eine »Saite«, die das Potential der Resonanz hat, die sich selbst Resonanz gibt. Daß er Sprache hat, bedeutet, ein »Echo« hervorrufen zu können: keines, das im anderen Körper stattfindet, sondern eines, das sich körperlos ergibt – das genau ist der Grund, warum es keines »Nebengeschöpfes« bedarf. Die Sprache, die hier angelegt ist, zeigt den Körper außerhalb seiner selbst, als von aller Körperlichkeit entledigte Präsenz. In den Tönen seiner Stimme bedeutet er sich selbst als reine Anwesenheit. »[Die] Tilgung des sinnlichen Körpers und seiner Äußerlichkeit ist *für das Bewußtsein* die eigentliche Form der unmittelbaren Präsenz des Signifikats.«[5] Die Rauchfahne, die stimmlich aufsteigt, verlöscht sogleich, um desto reiner die Bedeutung des Körpers angeben zu können.

Herders Beschreibungen zu einem Beginn der Sprache formulieren konsistent einen Begriff der Sprache als Ausdruck ohne Rest. Wenngleich krude Natur dessen Modell abgibt, birgt der Begriff doch alle Momente, die eine auf Bedeutung hin ausgerichtete Sprache kennzeichnen: den Ansatz am Körper als dem ersten Signifikat, den Primat der Stimme und die Körperlosigkeit der Bedeutung. Die Bemerkung, daß der stimmliche Ausdruck zuletzt auch funktioniert, wenn er sich nicht an ein anderes Geschöpf richtet, komplettiert präzise dieses Modell. Wider allen Anschein nimmt es nicht von Kommunikation, sondern von Bedeutung seinen Ausgang.

Die Etablierung eines Sprach-Begriffs, der ganz im Kraftfeld körperlicher Präsenz steht, wird hier nicht aufgezeigt, um Herders Verhaftung in metaphysischen

---

4 Vgl. zur Rolle der Post in der Sprachenphilosophie: Derrida, *Die Postkarte*.
5 J. Derrida, *Die Stimme und das Phänomen*, 134.

Dispositionen zu konstatieren. Vielmehr gilt es zu bemerken, daß Herder sich einer Konzeption anvertraut, die weit über eine »Sprache der Natur« hinaus reicht. Auch wenn die Stimme keine gestaltlosen Laute mehr von sich gibt, wird sie in ein Modell einzutragen sein, das sie als Rauchfahne des präsentischen Körper-Signifikats begreift. Denkbar ist, daß dieses Modell immer dort affirmiert ist, wo ein einheitlicher Anfang der Sprache gesucht wird. In jedem Fall aber hängt es nicht an den Tönen und Schreien der Natur, sondern läßt sich in vielfältigen Gestalten aktualisieren. Der Text Herders beinhaltet damit eine Strukturierung, die ihm Sprache einheitlich geben könnte. Obwohl er, wie Ulrich Gaier nachgezeichnet hat, mehrere Formulierungen des Ursprungs der Sprache durchspielt,[6] könnten diese immer nur andere Versionen des präsentischen Ursprungs der Sprache in der Stimme darstellen. Die Pluralität der Versionen gewährt also nicht die Garantie, daß der Text unterschiedliche Sprach-Begriffe versucht. Hinter den Figurierungen könnte sich eine tiefgreifende Einheit finden, die ganz der Angabe des Titels entspräche, der den »Ursprung der Sprache« zu bieten verspricht. Fast scheint es, als rechne Herder auf die Reichweite des erst entwickelten Modells, wenn er zu einem deutlichen Dementi ansetzt.

Aber ich kann nicht meine Verwunderung bergen, daß Philosophen, das ist, Leute, die deutliche Begriffe suchen, je haben auf den Gedanken kommen können, aus diesem Geschrei der Empfindungen den Ursprung menschlicher Sprache zu erklären: denn ist diese nicht offenbar ganz etwas anders? (V, 17; 1, 708)

Dem gesamten Sprach-Diskurs, wie Herder ihn führt, wird hier eine dramatische Wende gegeben. Der Autor kündigt einen Ausstieg an. Sprache soll nicht vom »Geschrei der Empfindungen«, wie es polemisch heißt, aufgefaßt werden. Diese Wendung wird mit einer Selbstverständlichkeit vorgetragen, als wolle, wer hier schreibt, sich selbst Mut zusprechen, da er um die Schwierigkeit weiß, das Versprechen einzulösen. Die LeserInnen werden auf die Suche geschickt: eine Suche nach dem Punkt, an dem das erste Modell der Sprachen verlassen wird. Herder hat in seinem Text die Frage installiert, ob es ihm gelingt, das »*Band dieser Natursprache*« (V, 15; 1, 706), das sich um den Ursprung der Sprache schlingt, zu zerschneiden. Vermutet man nun nicht, daß er mit diesem Vorhaben – wie der Sturm und Drang nach gängiger Meinung mit so vielen – scheitert, so muß man der Wendung eine besondere Aufmerksamkeit schenken. Welche Disposition verbirgt sich hinter dem Bruch, den Herder vollzieht? Warum beginnt er nicht mit einem Sprach-Begriff, an dem er festhalten wird? Und insbesondere: Wie ist der Ursprung der Sprache beschaffen, der nicht vom Laut und der Präsenz des Körpers in der Stimme seinen Ausgang nimmt? Diese Fragen richten sich gegen

---

6 Vgl. U. Gaier, »Kommentar zu: Abhandlung über den Ursprung der Sprache«, in: WKV 1, 1279ff.

das Selbstverständnis Herders und auch gegen gängige Interpretationen des Textes. Fraglos gilt die Wendung als gegeben. Herder und seine InterpretInnen übersehen aber, wie sehr er den Begriff der Sprache an die Szene des tierischen Ursprungs bindet.

Die Reichweite des Lauts und die gesamte Disposition, die sie begrenzt und abschneidet, kommen über Herders *Abhandlung* hinaus zum Ausdruck. Sie lassen sich in einer Trias beobachten, die sich von Hamanns *Aesthetica in nuce* über Herders *Fragmente über die neuere deutsche Literatur* bis zu ihr erstreckt. Auch die anderen Texte diskutieren die Frage, wie weit die Laute reichen, wie weit Sprache an sie gebunden ist. Sie tragen zu der Tiefenstruktur bei, die Herders Wendung hervorbringt.

(1) Herders erster Versuch, den Ursprung der Sprache zu rekonstruieren, kommt ohne eine Wendung aus. In den *Literatur-Fragmenten* zeichnet er ein kontinuierliches Bild von der Entwicklung der Sprache aus den ersten Tönen der Stimme in der Natur. Dabei hat sich sein Blick der Physis verschrieben. Er folgt dem Körper in der Metaphorik, die dessen unterschiedliche Stufen auf die Sprache überträgt und insofern von deren »Lebensaltern« spricht. Damit wird eine Einheitlichkeit des Sprach-Begriffs schlechthin realisiert, denn Onto- und Phylogenese geraten restlos in Überlappung. »Eine Sprache in ihrer Kindheit bricht wie ein Kind, einsilbichte, rauhe und hohe Töne hervor.«[7] Die unerfahrene und unstrukturierte Zunge trällert und tapst über das Feld der Phoneme. Sie transportiert den Körper, gibt seinen Ort an. »Schrecken, Furcht und alsdenn Bewunderung« (ebd.) sind am Platze, wenn die Stimme ihr kurzlebiges Fähnlein schwingt, wenn gleichsam als Kurzstreckenmodell der Rauchfahne das Geräusch fungiert. Sprache bindet sich an die Präsenz des Körpers und stiftet diesem einen umfassenden Ausdruck. Sie ist schlechthin sinnlich. In der Sinnlichkeit besteht ihre Kontinuität, die weit über die Gattung hinausreicht. Herder prägt ganz im Gegensatz zu Benjamins Begriff von der »unsinnlichen Ähnlichkeit«[8] einen der sinnlichen Ähnlichkeit, die alle Sprache und alles Sprechen besitze. Das »Mitfühlen«, das Sprache ermöglicht, orientiert sich an dem Ideal der »alte[n] poetische[n] Sage, daß in der goldenen Zeit Menschen und Tiere sich verstanden hätten«.[9] Ähnlichkeit in der Sprache besteht also zwischen deren Lauten untereinander und zwischen ihnen und den unterschiedlichen Körpern, von denen sie ausgehen. Eine ungebrochene Einheit umfaßt das gesamte Gebiet des Sprachlichen, wie es hier konzipiert ist. Das überträgt sich auch auf die Entwicklung, die die Sprache nimmt. Wie in der Urszene wirkt auch in der Entwicklung des Sprachkörpers die Ähnlichkeit als umfassend verbindendes Moment.

---

7 Herder, *Über die neuere deutsche Literatur. Fragmente*, SWS I, 152; KWV 1, 181.
8 Benjamin, »Lehre vom Ähnlichen«, »Über das mimetische Vermögen«, GS II, 208, 213.
9 Herder, *Über die neuere deutsche Literatur*, SWS II, 71; KWV 1, 611.

Das Kind erhob sich zum Jünglinge: ... der Gesang der Sprache floß lieblich von der Zunge herunter, wie dem Nestor des Homers, und säuselte in die Ohren. Man nahm Begriffe, die nicht sinnlich waren, in die Sprache; man nannte sie aber, wie von selbst zu vermuten ist, mit bekannten sinnlichen Namen; daher müssen die ersten Sprachen bildervoll, und reich an Metaphern gewesen sein.[10]

Die Biographie des Sprachlichen kennt keinen Bruch. Auch in die Jugend hinein und über sie hinweg rettet sich, was den Anfang artikulierten Sprechens ausmacht: »sinnliche Namen«. Die Kontinuität vom regellosen Stimmausbruch bis zum Wort, in dem nichts Sinnliches zu erkennen ist, zeitigt einen Primat des Bildes. Was auch immer sich in Sprache ergibt, es hat stets auch den Charakter des Bildlichen, auch dann, wenn es in dieser Weise nicht mehr zu erkennen ist. Der Linie der »Lebensalter« korrespondiert ein Bildgehalt der Worte, der sich in den verschiedenen Phasen des Sprachkörpers verändert, ohne als solcher jemals verloren zu gehen. In einer bilderreichen Sprache gelangt das Paradigma des Lauts überall hin. So etabliert sich ein einheitlicher Sprach-Begriff und bleibt jede Wendung gegen die Urszene des Sprachlichen aus.

Ich wiederhole nochmals: man sammle die vorhergehenden Bruchstücke, eine Sprache, voll Bilder und Leidenschaften – Idiotismen und Pleonasmen – Wortumkehrungen und Eigensinn – die da sang und sich geberdete – für Auge und Ohr malte – was ist sie, wenn etwas Kunst über sie kommt? – Nichts anders, und nichts besser, als *eine poetische Sprache*.[11]

Herder gelingt die Linie der Sprachen, indem er sie einem bestimmten Konzept verpflichtet. Als »poetische Sprache« beinhaltet sie all das, was Kontinuität zwischen verschiedenen Zuständen stiftet. Als Bilder speichern die Worte die Körper, die sich in ihnen zeigen und deren Ort von den stimmlichen Verlautbarungen angegeben wird. Wo immer Bilder in dieser Weise speichern und gespeichert werden, ist Sprache poetisch. Überlebt in allen Sprachen ein poetisches Moment, dann reicht die einheitliche Begründung in den Lauten des präsenten Körpers hin, um sie zu begründen. Die *Fragmente* spielen die Möglichkeit durch, wie von allem Anfang des Sprechens her die Einheitlichkeit der Sprache zu begreifen ist.

(2) Der Begriff einer »poetischen Sprache« wird für den Sturm-und-Drang-Diskurs von Hamann präformiert. Auch dieser faßt mit diesem Begriff einen ursprünglichen Bilderreichtum der Worte. Sein Text *Aesthetica in nuce* etabliert ein Modell, das den sprachenphilosophischen Diskurs der Moderne beeinflußt hat:

Poesie ist die Muttersprache des menschlichen Geschlechts; wie der Gartenbau, älter als der Acker: Malerey, – als Schrift: Gesang, – als Deklamation: Gleichnisse, – als Schlüsse: Tausch, – als Handel.[12]

---

10 Ebd., SWS I, 153; WKV 1, 182f.
11 Ebd., SWS II, 75; WKV 1, 615.
12 Hamann, *Aesthetica in nuce*, 81/83; N II, 197.

Der Anfang von Sprache verbindet sich mit einer radikalen Geltung von Bildern, geradezu einem Monopol des Bildlichen: »Sinne und Leidenschaften reden und verstehen nichts als Bilder.«[13] Bis zu diesem Punkt ist Hamann einer Meinung mit Herders Reformulierung ursprünglicher Poesie. Er bettet diese These aber in eine andere Anlage des Denkens von Sprache. Das zeigt sich daran, daß Sprache nicht mit ihrer poetischen Leistung verknüpft ist. Hamann rekonstruiert sie so, daß sie zwei Zustände aufweist: einen poetischen und einen nicht-poetischen. Das wird in drei Schritten entwickelt.

Erstens trennt Hamann zwischen Sprache und dem Bild-Vermögen. Er setzt eine allgemeine Bildlichkeit jenseits von Sprache an, die anthropologisch fundiert ist. Zweitens sagt er, daß Worte an dieser Bildlichkeit partizipieren können. Das geschieht durch Übersetzung. »Reden ist übersetzen – aus einer Engelsprache in eine Menschensprache, das heist, Gedanken in Worte, – Sachen in Namen, – Bilder in Zeichen.«[14] Wie es Walter Benjamin später programmatisch fordern wird, ist hier der Übersetzungs-Begriff in der »tiefsten Schicht der Sprachtheorie«[15] verankert. Nur durch Übersetzung vermag Sprache jene Bildlichkeit zu erlangen, die seit dem Modell der Gottesebenbildlichkeit des Menschen die wesentliche Präsenz der Schöpfung ausmachen soll.

Drittens wird beschrieben, wie Sprache den Bereich ihres bildhaften Funktionierens verläßt. Sie ist, da sie nicht selbst ihr Bildpotential entwickelt, nicht an es gebunden. Vielmehr hat sie geradezu ein prekäres Verhältnis zu ihm. Genau von diesem Verhältnis aus motiviert sich die Geschichte, die Hamann im Anschluß an die These von der Ursprünglichkeit der »Poesie« erzählt. Das Vermögen »des schönen, schaffenden, nachahmenden Geistes«,[16] das Bildlichkeit in die Sprache hineinträgt, hat sich nicht erhalten. Der »unnatürliche Gebrauch der Abstraktionen«[17] habe die Stimme der Bilder zum Verstummen und eine vom Ursprung abgefallene Sprache hervorgebracht. »Seht! die große und kleine Masore der Weltweisheit hat den Text der Natur, gleich einer Sündfluth, überschwemmt.«[18] Die Partizipation der Sprache an den Bildern vermag durchbrochen zu werden. Der »Text der Natur«, einer der Bildlichkeit, wird in Hamanns Geschichte gerade der Entwicklung der Sprache zur Unsichtbarkeit gebracht. Die Entwicklung speist sich somit nicht aus einer tiefgreifenden Einheit, die in der »Poesie« bestehen könnte. Sie ergibt sich als Abfall von dieser.

Hamann teilt in erster Linie das auch bei Herder realisierte Modell präsenzorientierten Sprechens. »Rede, daß ich Dich sehe! – – Dieser Wunsch wurde

---

13 Ebd., 83; N II, 197.
14 Ebd., 87; N II, 199.
15 Benjamin, »Über Sprache überhaupt und über die Sprache des Menschen«, GS II, 151.
16 Hamann, *Aesthetica in nuce*, 127; N II, 210.
17 Ebd., 117; N II, 207.
18 Ebd., 119; N II, 207.

durch die Schöpfung erfüllt, die eine Rede an die Kreatur durch die Kreatur ist; ...«[19] An diesem Modell wird auch in den *Aesthetica in nuce* überhaupt der Begriff der Sprache gewonnen. Sie hat demnach lautbildlich zu funktionieren. Die Stimme soll ein Bild dessen abgeben, wovon sie ihren Ausgang nimmt, soll dieses sichtbar machen. Dennoch reicht die damit gewonnene Begründung nicht hin, das gesamte Feld der Sprache zu umreißen. Hamann berichtet eben davon, daß Sprache von der Bildlichkeit abfallen kann. In seiner Beschreibung inhärieren ihr diskontinuierliche Momente, die jede mögliche Einheit im Sprachlichen verhindern. Zwar setzt er noch auf die Einheit in der »Poesie«, die er gegen den Verfall wiederherzustellen sucht. Aber alle Wiederherstellung wird deskriptiv widerrufen, da die Geschichte von der Überschwemmung ursprünglicher Sprachlichkeit beinhaltet, daß in der Sprache selbst ein anderes Moment dazwischen kommt. Die Worte, von denen Hamann berichtet, funktionieren nicht alle als Supplemente zu den ihnen vorgängigen Bildern.

(3) Von der Ausgangsfrage nach der Reichweite der Laute für die Begründung von Sprache aus hat sich eine interessante Verteilung ergeben. Einerseits sind die betrachteten Texte motivisch eng verknüpft, kommen auf dieselben Topoi zu sprechen. Andererseits begründen sie aus den Topoi und Motiven heraus divergierende Geschichten über die Entwicklung von Sprache. Hamann und Herder teilen die Annahme, »Poesie [sei] die Muttersprache des menschlichen Geschlechts«. Hier konvergieren *Aesthetica in nuce* und die *Literatur-Fragmente*. Auf der anderen Seite bestätigt Hamanns Text aber die Ankündigung der *Abhandlung*, die Laute reichten nicht hin, um die Sprache umfassend zu begründen. Mit umgekehrten Vorzeichen berichtet er davon, daß Sprache ab einem gewissen Moment von dem Paradigma stimmlicher Bildlichkeit abfällt. Die Divergenzen und Konvergenzen, die hier das Thema der Sprache hervorbringt, deuten auf eine Verwicklung des Diskurses hin. Hamanns und Herders so unterschiedliche und so einheitliche Versuche, Sprache zu fassen, müssen auf einer Tiefenstruktur basieren, aus der die Bewegungen hervorgehen. Und mit dieser Struktur muß auch Herders Angabe korrespondieren, die Reichweite der Laute sei begrenzt.

Um die Sprachenphilosophie des Sturm und Drang weiter auf ihre Grundlagen hin zu betrachten, läßt sich noch einmal zu den *Literatur-Fragmenten* zurückkehren. Dort gibt es die These von der umfassenden Begründung des Sprachlichen in der »poetischen Sprache«, die sich nicht recht ins Bild der anderen Beschreibungen Hamanns und Herders fügt. Die Einheit wird aber aufs Deutlichste beschworen. »Ist es wahr, daß alle unsere Känntnisse, Ideen und Erfahrungen in der Sprache des Lebens aufbehalten werden, so muß sich aus ihr auch die Philosophie gleichsam entwickeln ...«[20] Aus der »Sprache des Lebens«

---

19 Ebd., 87; N II, 198.
20 Herder, *Über die neuere deutsche Literatur*, SWS II, 99; WKV 1, 639.

oder, wie es zuvor hieß, der Natur ergibt sich die gesamte Linie, bis hin zu den Abstraktionen und Begriffen. Die Lautbilder, die aus der Verbindung von Stimme und Körper hervorgehen, transformieren sich in alle Gestalten, die Sprache noch hervorbringen wird. Herder leugnet in dieser Konstruktion keineswegs, daß die Gestalten sehr unterschiedlich sein werden. Vielmehr hat er sie so angelegt, daß sie stets das Vermögen des Ursprungs bewahren. Entgegen der Geschichte, die Hamann erzählt, bleibt hier der »Text der Natur« stets obenauf.

Die Lebenslinie der Sprachen, die Herder verfolgt, weist aber auch Brüche auf. Zwar ist von diesen die Einheitlichkeit, die den Sprach-Begriff der *Literatur-Fragmente* charakterisiert, nicht in Frage gestellt. Dennoch zeigt die Geschichte hier Widerstände gegen ihre einheitliche Ausführung.

... Es entstand ein Adel, ein Pöbel und ein Mittelstand unter den Wörtern, wie er in der Gesellschaft entstand: die Beiwörter wurden in der Prose Gleichnisse, die Gleichnisse Exempel: statt der Sprache der Leidenschaft ward sie eine Sprache des mittlern Witzes: und endlich des Verstandes. So ist Poesie und Prose in ihrem Ursprung unterschieden. ... Die Prose ist uns die einzig natürliche Sprache, und das seit undenklichen Zeiten gewesen, und unsere Poesie ist, sie sei was sie wolle, doch nicht *singende Natur*, wie sie es nahe an ihrem Ursprunge war, und sein mußte.[21]

Beim Wort genommen berichtet Herder in diesen Zeilen von einer tiefgreifenden Differenz, die die Sprachen durchzieht. Unter den Namen »Poesie« und »Prose« verhandelt er zwei Paradigmata, die sich trennen. Sind diese »in ihrem Ursprung unterschieden«, dann scheint sich auch hier eine Wendung zu ereignen. Aber Herder verrät eine andere Motivation, die ihn auf der Differenz insistieren läßt. Es geht ihm darum, spätere Gestalten der Sprache für sich zu legitimieren und sie nicht allein als Derivate der Urszene bildhafter Laute zu begreifen. Trotz der Verbindung aller Gestalten in einem einheitlichen Paradigma soll nicht eine von ihnen als ideale Realisierung dieses Paradigmas gezeichnet werden. Die Entwicklung des Sprachkörpers bringt Zustände hervor, die sich nicht austauschen und auch nicht, wenn sie einmal Vergangenheit sind, wiederherstellen lassen. Gegen alle Einheit der Begründung von Sprache insistiert Herder also auf einer Unterschiedlichkeit der Etappen, die aus der Einheit heraus zurückgelegt werden. Dies drückt sich in seinem Text mehr oder weniger drastisch aus.

Zween Wege gehen vor mir aus einander: Poesie, die da aufhörte, die einzige Sprache der Schrift, und darf ich kühn, mit den Alten sprechen, die Sprache des Lebens zu sein: und auf dem andern Wege: Prose, die jetzt *ward*, die natürliche Sprache der Schrift ward, weil sie allen, die natürliche Sprache des Lebens war.[22]

Zuweilen scheinen »Poesie« und »Prose« gänzlich auseinanderzufallen. Dann werden sie aber in den umfassenden Begriffen »natürliche Sprache« oder »Spra-

---

21 Ebd., SWS I, 157; SWS II, 76; WKV 1, 186, 616.
22 Ebd., SWS II, 80f.; WKV 1, 620.

che des Lebens« zusammengebunden. Aus dem Leben geht wie aus der Natur die Sprache einheitlich hervor, auch wenn sie gänzlich differente Zustände hat. Beide Zustände haben damit einen strukturhomologen Einsatzpunkt. Diese Konstruktion, die sich immer wieder in der Metaphorik der Lebensalter plausibilisiert, enthält eine gewisse Sprengkraft. Herder modelliert Sprache hier in einer Weise, die zwei gegenläufige Tendenzen zu verbinden sucht. Zugleich sollen – extrem formuliert – Einheit und Differenz in den Sprachen gedacht werden. In diesem Sinne geht alle Sprache vom Bildvermögen der Stimme aus und wird dann so gezeichnet, daß ihre Zustände sich nicht auf einen einzigen reduzieren lassen. Auch in den *Fragmenten* wird ein Bruch innerhalb der Sprachen umschrieben. Er ist dabei aber nicht so angesiedelt, daß er die Reichweite des Laut-Paradigmas begrenzen würde. Der Bruch hat allein zur Folge, daß ein bestimmter Monopol-Anspruch dieses Paradigmas nicht zustande kommen kann. Das Paradigma kann nicht beanspruchen, nur in einem einzigen Zustand angemessen verwirklicht zu sein.

Die Konstruktion, die die *Literatur-Fragmente* hinsichtlich des Ursprungs der Sprachen entwickeln, weist eine eigenartige Ambivalenz auf. Wenngleich sie sich konsistent lesen läßt, sind in ihr doch divergierende Bewegungsrichtungen gesetzt. Die Modellierung, die Herder anbietet, hat unterschiedlichen Problemstellungen zu genügen. Es scheint, als wolle er sowohl einem Moment an Einheit im Sprachlichen als auch einem an Differenz dem ihm zukommenden Raum gewähren. Die dabei getroffene Konstruktion wird aber von Einheit dominiert, oder anders: wo gegen die Einheit Differenz geltend gemacht ist, kippt sie zuletzt insgesamt um in Differenz. Von daher läßt sich der Ansatz der *Abhandlung* als ein weiterer Versuch lesen, Einheit und Differenz in der Begründung der Sprachen in die richtige Verbindung zu bringen.

1.2 Präsentation

Der sprachenphilosophische Diskurs des Sturm und Drang verweist auf eine Disposition, in der eine Differenz des Sprachlichen vorliegt. In diesem Kontext muß die Ankündigung, »menschliche Sprache« nicht auf stimmliche Verlautbarung des Körpers zurückführen zu wollen, gelesen werden. Die Differenzierungen, die Herder in der *Abhandlung* vornimmt, korrespondieren den Tiefenstrukturen, die auch bei Hamann und in den *Literatur-Fragmenten* das Denken der Sprachen bestimmen. Um das Bild der Sprachen im Sturm und Drang zu erreichen, wird es notwendig sein, den Text darin zu beobachten, wie er sich in bezug auf die Linien seiner Partner hin konstruiert.

Wie löst nun der von Herder auf die Ausschreibung der Berliner Akademie aus dem Jahr 1769 hin geschriebene Text seine Ankündigung ein, sich nicht auf das Paradigma zu stützen, das Sprache vom »Geschrei der Empfindungen« erklärt? Von welchen sprachlichen Strukturen wird die Reichweite der Laute begrenzt? Zuerst einmal ist zu bemerken, daß Herder nicht gänzlich die Ablösung des stimmorientierten Sprach-Begriffs in der Entwicklung sieht.

In allen Sprachen des Ursprungs tönen noch Reste dieser Naturtöne; nur freilich sind sie nicht die Hauptfäden der menschlichen Sprache. Sie sind nicht die eigentlichen Wurzeln, aber die Säfte, die die Wurzeln der Sprache beleben. (V, 9; 1, 701)

In den Metaphern von Wurzel und Saft sortiert der Autor die »Naturtöne«, aus denen sich Sprache bildet, ein. Sie werden nicht als Ursprung gezeichnet, sondern von einem anderen Ursprung abgeleitet, der entlang einer anderen Differenz konturiert ist. Die Scheidung von Animalitas und Humanitas, die von Aristoteles her das Denken der Sprache durchzieht,[23] wird bemüht, um die wahre Wurzel menschlicher Sprache zu differenzieren. Nicht allein ist der Text darauf aus, eine besondere Sprache als menschlich zu charakterisieren. Er beruft sich auf einen tiefgreifenden Unterschied zwischen Tier und Mensch.[24] Das Tier lebe stets in »seinem Kreis« (V, 22; 1, 712), in einer geschlossenen Welt, in der es ganz anwesend sei. Seine Stimme hat demnach die Umgebung, in der sie den Körper gesichert auszudrücken vermag. »Der Mensch [hingegen] hat keine so einförmige und enge Sphäre« (V, 24; 1, 713), weshalb er eines anderen Vermögens bedarf, um sich eine ihm eigene Umgebung zu bereiten. Die Situation, aus der heraus das Tier seine Stimme erhebt, ist von einer vorgängigen Anwesenheit geprägt. Diejenige des Menschen hingegen von Abwesenheit. Der Mensch besitze keinen Kreis, in dem er von Grund auf anwesend sei, und so kann, das wäre zu ergänzen, seine Stimme auch nicht auf eine Anwesenheit verweisen.

Die Dichotomie von Tier und Mensch verwickelt Herders Diskurs in Fragen der Aufklärung. Wie diese beleiht auch Herder die Dichotomie, ohne sie begründet zu haben. Sie stellt eine »ernst zu nehmende Hypothek« dar, die »mit all ihren Folgen den Diskurs belastet«.[25] Dem soll hier aber nicht nachgegangen werden. Es wäre nur kurz zu ergänzen, daß Herder seine Entwicklung menschlicher Sprache aus einem Zusammentreffen von Mensch und Tier beschreibt. Das »Schaf« spielt mit seinem »Blöken« das entscheidende Gegenüber der ersten Sprachszene des Menschen.[26] Hier kommt es vielmehr darauf an, die Beschreibungen des menschlichen Raums in ihrer Relevanz für den Sprachursprung zu bedenken. Dem Mensch werde sein Kreis nicht qua Natur, sondern qua »Besonnenheit« gestiftet. Der Name dieses spezifisch menschlichen Vermögens wahrt die synästhetische Orientierung, die immer wieder in Herders Diskurs auftritt. »Besonnenheit« hat der Mensch als Sinnenwesen wie als Sinn-Wesen; nicht zu-

---

23 Vgl. Aristoteles, *Politik*, Erstes Buch, Zweites Kapitel.
24 Vgl. dazu Grob, *Ursprung und Utopie*, 8ff.
25 Derrida, *Vom Geist. Heidegger und die Frage*, Frankfurt/M.: Suhrkamp 1992, 70.
26 Vgl. zu dieser vieldiskutierten Passage z.B.: J. Trabant, »Language and the Ear: From Derrida to Herder«, in: *Herder Yearbook*, Vol. 1 (1992), 1-22.

letzt als Wesen, dem Sprache Sinn annimmt. Die triadische Verzweigung der »Besonnenheit« besagt, daß drei Momente gleichursprünglich zu stehen kommen. Sinne, geistiger und sprachlicher Sinn trennen sich nicht. Damit aber widerruft Herders Text eine im ersten Modell unumgängliche Vorgängigkeit: diejenige des Körpers vor seiner Äußerung. »Besonnenheit« ist demnach ein Vermögen, Sprache unabhängig von dieser Vorgängigkeit zu haben. Sprache, wie Herder sie als menschlich begreift, hängt nicht am Körper.

Hier ist es keine *Organisation* des Mundes, die die Sprache machet: denn auch der zeitlebens Stumme war er Mensch: besann er sich; so lag Sprache in seiner Seele! Hier ists kein *Geschrei der Empfindung*: denn nicht eine atmende Maschine, sondern ein besinnendes Geschöpf erfand Sprache! (V, 38; 1, 725)

Konsequent durchbuchstabiert bedeutet die Unabhängigkeit des Sprach-Begriffs vom Körper, daß die Stimme nicht mehr das Paradigma sprachlicher Äußerung darstellt. Das kontingente Faktum, daß Menschen, wie Herder sie anfangs als Tiere beschreibt, irgendwann ihre Stimme erheben, begründet Sprache nicht. Sie kommt unabhängig von aller Lautgebung zustande; auch »der zeitlebens Stumme« vermag sie zu entwickeln. Komplementär zu der spezifisch menschlichen Situation der Abwesenheit eines ursprünglichen Bezugskreises stellt Sprache keine Äußerung dar. In ihr zeigt sich nichts, was sich äußert. So ahmt das »besinnende Geschöpf« sprechend auch nicht Töne nach, sondern entwickelt zuletzt dort noch »*eine Sprache, wo ihm kein Ton vortönte*« (V, 60; 1, 743). Die Stimm-Maschine kommt in keiner Hinsicht mehr in Betracht, wenn die vom Vermögen »Besonnenheit« initiierte Sprache angelegt wird. Neben diesem Abschied vom Phonozentrismus, der in gewisser Weise – wie gleich zu zeigen sein wird – auch den von einem referentiellen Sprach-Begriff impliziert, erfolgt auch ein solcher von jedem Versuch, Sprache als Konvention zu fassen.

Am wenigsten ists *Einverständnis*; willkürliche Konvention der Gesellschaft; der Wilde, der Einsame im Walde hätte Sprache für sich selbst erfinden müssen; hätte er sie auch nie geredet. (V, 38; 1, 725)

Anstelle einer ursprünglich in der körperlichen Äußerung der Stimme begründeten Sprache, die sich auf Bilder und Onomatopoesien stützen kann und so Sprache immer aus einer Verknüpfung mit den Dingen heraus betrachtet, kommt es doch nicht zu einem nominalistischen Sprach-Begriff. Es ist entscheidend, diese Bewegung festzuhalten. Herder entfaltet seinen gegen die »Sprache der Natur« konkurrierenden Begriff nicht so, daß er ein Vermögen behauptet, das sich kontingent ergibt oder nicht. Genau solche Kontingenz impliziert eine Theorie, die bei der Stimme ihren Ausgang nimmt. Dem gegenüber soll eine »notwendige *Genesis*« behauptet werden. Aus dem menschlichen Vermögen der »Besonnenheit« heraus ist Sprache notwendig. Sie steht nicht in der Alternative, vom Menschen weg- oder zu ihm hinzugedacht zu werden. So läßt sich ihr Begriff erst angemessen formulieren, »wenn Mensch, Vernunft, und Sprache für das Würkliche genommen werden, was sie sind, und das Gespenst von Worte Fähigkeit (Menschenfähigkeit, Vernunftfähigkeit, Sprachfähigkeit) in seinem Unsinn entlarvt wird« (V, 42; 1, 728f.).[27] Herder trägt dem Sprach-Begriff in aller Deutlichkeit auf, Sprache nicht als Fähigkeit zu begreifen, als etwas, das Menschen als Anlage bei sich tragen, unabhängig davon, ob sie es verwirklichen oder nicht. Hier zeichnet sich eine Wendung ab, die der sprachenphilosophische Diskurs nimmt. In ihm wird die Trennung zwischen der Verwirklichung und der Möglichkeit der Verwirklichung aufgehoben. Ohne Einschränkung wird Sprache als dem Menschen notwendig dargestellt. Sie ist Teil von etwas, das man als eine allgemeine menschliche Ökonomie bezeichnen könnte. Genau von dieser beginnt Herder zu sprechen in dem Zusammenhang, wo er die Funktion von Sprache beleuchtet.

Wir sind voll solcher Verknüpfungen der verschiedensten Sinne; nur wir bemerken sie nicht anders, als in Anwandlungen, die uns aus der Fassung setzen, in Krankheiten der Phantasie, oder bei Gelegenheiten, wo sie außerordentlich merkbar werden. ... Wir wären alle, für ein bloß vernünftiges Wesen, jener Gattung von Verrückten ähnlich, die klug denken, aber sehr unbegreiflich und albern verbinden! (V, 61; 1, 744)

»Besonnenheit« ist, wie bereits dargestellt, ein Name für die »Verknüpfungen der verschiedensten Sinne«. Diese sind dem Menschen überhaupt eigen und in ihnen ist Sprache notwendig gegeben. Herder versteht Sprache ganz unabhängig davon, wie der Zustand des Menschen ist, dem er sie zuschreibt. Nicht nur in dieser Passage orientiert er sich eher an exzentrischen menschlichen Situationen. Krankheit und Wildheit werden als Möglichkeiten angeführt, die die grundlegende Sprachbegabtheit des Menschen, von der er spricht, nicht tangieren. Sprache befindet sich in allen »Verknüpfungen«, die das menschliche Sinnen- und Sinnes-Leben ausmachen. Sie steht zum Menschen so, daß sie nicht abzutrennen ist, daß keine Differenzierung von Potentialität und Aktualität sich zwischen sie und den Menschen, dem sie angehört, bringen läßt. Sie ist derart Teil einer menschlichen Einheit, daß »der *Fortgang der Sprache durch die Vernunft* und der *Vernunft* durch die *Sprache*« (V, 88; 1, 766) nicht zu differenzieren sind. Daß der Mensch aus seiner Einheit heraus hat Sprache erfinden müssen, gibt aber nicht bloß eine der Äußerungsformen dieser Einheit ab. Zuletzt charakterisiert Herder den gesamten Bestand der »Besonnenheit« durch Sprache. Sie kann also nicht reduziert werden. Der Mensch bedarf der Sprache, um überhaupt seine innere

---

27 Der Widerspruch gegen ein Denken, das von Potentialitäten ausgeht, ist als Strategie besonders im ersten Teil verfolgt. Mittels seiner wendet sich der Sturm und Drang überhaupt gegen ein transzendentales Denken, wie es in Kants Diskurs angelegt (werden) wird, und schlägt sich auf die Seite von Spinoza. Vgl. besonders das erste und vierte Zwischenstück, 58, 108.

Ökonomie ausbilden zu können. Sie ist ihm ein Imperativ um den Preis des Lebens, wie Herder in scharfen Worten notiert. Der Mensch stehe vor einer kompromißlosen Alternative: »Vergehe [1. Ausgabe 1772: »Zertrümmere«], oder schaffe dir Sprache.« (V, 103; 1, 776)

Die Entfaltungen zu dem Sprach-Begriff, den Herder alternativ zu allen Orientierungen an Stimme oder Körper zeichnet, enden darin, Sprache zur Frage des Menschen schlechthin zu erklären. An Sprache hängt, so wäre pointiert zu paraphrasieren, die Anwesenheit des Menschen. Herders Versuche, die spezifisch menschliche Sprache zu markieren, interessieren sich weit über den radikalen Endpunkt hinaus für die Differenz von Anwesenheit und Abwesenheit. Schon zu Beginn läuft die Unterscheidung zwischen Mensch und Tier implizit über diese Differenz. Demnach kennzeichnet den Menschen die Abwesenheit eines ihn orientierenden Kreises. Diese Kennzeichnung setzt sich fort, wenn Sprache nicht an der Beziehung auf einen außersprachlichen Körper orientiert wird. Die Unabhängigkeit des entworfenen Modells von Stimme und stimmlichem Funktionieren zeigt weiter, daß dieses Modell seine Begründung auf einem Moment von Abwesenheit aufbaut.

Herders *Abhandlung* faßt Sprache als Präsentation. Sie bezieht sich nicht auf eine Anwesenheit, die außerhalb ihrer bestünde. Sie selbst stellt Anwesenheit her. Genau aus diesem Grund sieht Herder sich auch genötigt, sich ohne alle mögliche Distanz an die Wirklichkeit des Sprachlichen zu halten. Sprache ist einem Begriff des Menschen unverzichtbar. Sie schafft denjenigen Kreis, der dem Menschen nicht von der äußeren Natur bereitet wird. In Sprache gewinnt der Mensch seine Welt, seinen Kreis, Anwesenheit. Außerhalb der Merkmale, die sprachlich von der »Besonnenheit« eingerichtet werden, ist sie nicht gegeben. In diesem Sinn interpretiert Herder die Korrespondenz zwischen Namen und Dingen. »Bei den Morgenländern ists der gewöhnlichste Idiotismus, das *Anerkennen* einer Sache *Namengebung* zu nennen: denn im Grunde der Seele sind beide Handlungen eins.« (V, 47; 1, 733) In Sprache erlangen die Dinge Präsenz – ein Bewußtsein, das der Welt gilt, ist immer auch sprachlich verfaßt.

Die Anlage, die Sprache als Präsentation formuliert, darf nicht als Reduktion auf Sprache mißverstanden werden. Herder zeigt sich nicht interessiert an der Möglichkeit, die Welt auf Sprache zurückzuführen. Genausowenig versucht er eine Reduktion der Vernunft auf Sprache. Vielmehr begreift er jeweils wechselseitige Bewegungen, die von beiden Seiten, Welt und Sprache oder Vernunft und Sprache, zugleich ausgehen. Aus der Sicht des Menschen stehen beide Seiten gleichursprünglich und interdependent, sind aber nicht eins. So besagt die Anwesenheit in der Sprache nichts über die Welt, über die Ontologie, die Herder implizieren könnte. Vielmehr besagt sie etwas über die Ökonomie des menschlichen Bewußtseins. Für dieses gilt, was Derrida über Freuds Interpretation des »Träumers« notiert: »Es gibt kein signifikantes Material und keinen vorgängigen Text, mit deren Verwendung er sich *begnügte*, selbst wenn er hierauf niemals verzichtet.«[28] Die Notwendigkeit, sich Sprache zu schaffen, resultiert aus einer Leere, die dem Bewußtsein grundlegend besteht. Das Schaffen von Text bedeutet seine Anwesenheit. Wie Herders Warnung in den Worten »vergehe« oder »zertrümmere« notiert, geht diese Bewegung aus einer »*Ökonomie* des *Todes*«[29] hervor. Auch wenn Sprache immer darauf basiert, daß schon andere Sprache besteht, daß es vorgängig andere Worte gibt, inhäriert ihr immer das Moment radikaler Schöpfung.

Als Präsentation präsentiert Sprache auch sich selbst. Aus der Entfernung vom Körper heraus ereignet sich eine Aktualisierung des Sprachkörpers. Nicht löst Sprache sich über dem Punkt, auf den sie verweist, wie eine Rauchfahne auf. Sie ist nicht darauf angelegt, anzukommen, sich zu erschöpfen. Aus der Ökonomie des Bewußtseins heraus eignet ihr Unauflöslichkeit. Damit aber gewinnt ihre jeweilige materiale Gestalt Bedeutung. Die Präsentation hält das sprachliche Material gegenwärtig. »So wenig als es zween Menschen ganz von Einerlei Gestalt und Gesichtzügen: so wenig kann es zwo Sprachen, auch nur *der Aussprache nach*, im Munde zweener Menschen geben, die doch nur Eine Sprache wäre.« (V, 124; 1, 792) Die Irreduzibilität des sprachlichen Materials entsteht, wenn die Differenzen der Aussprache nicht auf einen außersprachlichen Körper hin egalisiert werden können. So werden Sprache und ihre Funktion untrennbar von dem Material, aus dem sie besteht. Das hat zur Folge, daß Sprache plural gedacht werden muß. Sprache, wie sie als Präsentation funktioniert, kann nicht als Einheit formuliert werden. Immer trägt sie zuerst die Zeichen der Differenz: der Differenz vom anderen Wort, das zugleich ein Wort des anderen ist. Wo gesprochen wird, wird different gesprochen: so beginnt das Sprechen, wie Herder sagt. Auch hier wäre er mißverstanden, wenn man in seinem Text einen Begriff von Privatsprache lesen wollte. Er zeichnet vielmehr nach, wie der Begriff der Sprache ursprünglich mit dem der Differenz verbunden ist. Demnach kann niemals eine Theorie der Sprache, sondern nur eine solche der Sprachen entwickelt werden.

Die letzte Geschichte, die Herder zur Sprachengenealogie erzählt, ist die »morgenländische Urkunde *über die Trennung der Sprachen*« (V, 132; 1, 798). Es handelt sich um den ganzen Ursprung, der den Sprachen bleibt. Sprachen beginnen demnach mit der Destruktion des einheitlichen Sprachprojekts und entfalten eine irreduzible Pluralität. Diese Spur verfolgt Herders Paraphrase:

... sie flogen auseinander: und taten das jetzt um so heftiger, dem sie durch ihr Werk hatten zuvor kommen wollen: sie verwirrten das Eine ihres Ursprungs, ihre Sprache. (V, 133; 1, 798f.)

Die ursprüngliche Verwirrung der Sprachen nimmt ihnen die Möglichkeit, sich in einer Einheit zu formieren, und hängt doch zugleich an der Einheit, die pro-

---

28 Derrida, »Freud und der Schauplatz der Schrift«, in: *Die Schrift und die Differenz*, 320.
29 Ebd., 310.

jektiert ist. Mehr, so scheint es, läßt sich über den Ursprung der Sprachen nicht erzählen. Ihre Pluralität hat zur Folge, daß Sprache gerade nicht mehr an einen Ort rückgebunden werden kann, von dem sie ausgeht. Um dies zu leisten, müßte die Pluralität sich in einer Einheit versammeln lassen, die einen Vergleichspunkt eröffnete. »Das Eine« aber zeigt sich als verwirrt und mit ihm der Ursprung und Sprache überhaupt. Das gibt Herder zu denken auf. Die spezifisch menschliche Sprache kommt demnach als Präsentation zustande.

1.3 Der UrSprung (Herder, Benjamin)

> Der Philosoph in den Netzen der *Sprache* eingefangen.[30]

Die Frage nach dem Ursprung der Sprachen und diejenige nach der Reichweite des Lauts erfahren im Verlauf von Herders *Abhandlung* eine eigenartige Verknüpfung. In dem Moment, in dem die Reichweite eingeschränkt wird, verliert der Ursprung seine ausgezeichnete Stellung im Kontext der Sprachen. Diese Bewegung steht in Zusammenhang mit der an den anderen sprachenphilosophischen Texten des Sturm und Drang beobachteten Kombination von Differenz und Einheit in allen stimmlichen und schriftlichen Äußerungen. Insgesamt handeln die Texte von der *Abhandlung* her gesehen davon, der Differenz unter den Sprachen theoretisch den rechten Ort zu geben. Hinter der Frage nach der Reichweite des Lauts zur Begründung des Sprachlichen, die auch schon Hamanns *Aesthetica in nuce* explizit stellt, steht diejenige nach der Differenz der und in den Sprachen. Die eigenartige Zeichnung von Kontinuität und Bruch, die in den *Literatur-Fragmenten* sichtbar wird, fungiert insofern als Nahtstelle zwischen den *Aesthetica* und der *Abhandlung*. Sie weicht nicht von beiden – wie es scheint – darin ab, daß sie eine an der Stimme orientierte Sprache nicht begrenzt. Sie besetzt vielmehr die Differenz im sprachlichen Feld auf andere Weise. Denkt Hamann sie als Unterbrechung der Einheit, die eine bildnerische Sprache darstellt, so versuchen die *Fragmente* sie mit der Einheit zu versöhnen. Dadurch entsteht eine Ambivalenz, die sich wie eine Unentschiedenheit des Autors ausnimmt. Die *Abhandlung* nun radikalisiert die Antwort auf die Problemstellung, die in der Tiefenstruktur des Sturm-und-Drang-Diskurses vorliegt.

Herders Reformulierung eines Ursprungs der Sprachen arbeitet an einem Modell, das sprachliche Differenz als ursprünglich versteht. Sprache muß demnach als Koexistenz zweier schlechthin gegenläufiger Konzepte begriffen werden. Auf der einen Seite beginnt sie als »Sprache der Natur«, die darauf angelegt ist, ihre Signifikate zu zeigen. Auf der anderen Seite fungiert sie als Präsentation, indem sie eine grundlegende Abwesenheit mit einem Signifikanten-Geschehen gleichsam überschreibt. Die beiden von der *Abhandlung* verfolgten Modelle

---

30 Nietzsche, *Nachlaß* (1872/73), KSA 7, 463.

stehen in Konkurrenz miteinander. Aber es handelt sich nicht um eine Konkurrenz, die geschlichtet werden soll, sondern um eine unumgängliche Widerständigkeit. Weder dominiert die entworfene Präsentation den phonologischen Sprachbegriff, noch nimmt dieser die präsentatorische Abwesenheit des Signifikats zurück. Herder zeichnet die Differenz in das Fundament des Sprachlichen selbst ein. Sprachen haben demnach keine einheitliche Einrichtung, sondern sind immer zwischen ihrem postalischen Gelingen als Ankunft und dem konstitutiven Aufschub, mit dem sie jegliche Ankunft undenkbar werden lassen, gespannt. Wer nach dem Ursprung der Sprachen fragt, findet keine Einheit der Axiomatik, sondern eine Axiomatik der Differenz. Herder will beim Wort genommen werden, wenn er sagt, es bewahre Sprache »*kein Andenken an Einen Ursprung*« (V, 131; 1, 797). Immer finden sich zwei oder mehr Ursprünge, eine ursprüngliche Konkurrenz, die selbst den positiven Begriff der Initiation des Sprachterrains abgibt. Auch wenn die These nicht explizit formuliert wird, entwirft Herders Text doch ein Bild davon, daß Sprachen eine differentielle Gründung erfahren.

Die Konkurrenz im Ursprung des Sprachlichen aber affiziert das Denken des Ursprungs selbst. Das genau besagt der Satz, der sich in eine *Abhandlung über den Ursprung der Sprache* wie ein Fremdkörper einschleicht. »Der *Anfang jeder Kunst, Wissenschaft* und Känntnis also ist immer *unbegreiflich*.« (V, 146; 1, 810)[31] Der Autor äußert sich hier ganz gegen sein Thema, gegen die Möglichkeit, überhaupt einen Ursprung zu denken. Die Aussage über die Unbegreiflichkeit des Anfangs läßt sich aber auch als eine über den Ursprung begreifen, wie er aus der grundlegenden Differentialität hervorgeht. Liegt er nicht als Einheit vor, dann läßt er sich nicht mehr als einheitlich behaupten. Diese Formulierung scheint tautologisch, aber sie impliziert eine wichtige Konsequenz für das Denken des Ursprungs. Die Konkurrenz, die zwischen zwei unversöhnlichen sprachlichen Paradigmata besteht, wäre ja selbst noch einmal als Ursprung der Sprachen anzugeben. Diese Interpretation nimmt sie so, als lasse sie sich selbst als letzte Einheit denken. Den Ursprung einer Differenz zu behaupten faßt diese Differenz in eine Einheit. Soll nicht die Differenz als Ursprung, sondern dieser von einer irreduziblen Differenz her verstanden werden, dann verändert er seine Gestalt. Er erscheint als »ursprüngliche Disjunktion – [als] Ursprung, der der Sprung selber und immer von sich selber abgesprungen ist«:[32] als UrSprung.

Der Neographismus faßt in erster Linie die Verbindung, die sich darin ergibt, daß der Ursprung nur als Sprung, als Auf- und Absprung, zu begreifen ist. Er

---

31 In der ersten Auflage aus dem Jahr 1772 hat Herder noch ein Fragezeichen hinter diese Worte gestellt. Hamann hingegen – dies mag aufschlußreich hinsichtlich des Dispositivs sein, das hier wirkt – setzt, als er diesen Satz zitiert, ein Ausrufungszeichen (Hamann, »Herrn Herder's Abhandlung über den Ursprung der Sprache«, N III, 18).
32 M. Blanchot, »Nietzsche und die fragmentarische Schrift«, in: W. Hamacher (Hg.), *Nietzsche aus Frankreich*, Frankfurt-Berlin: Ullstein 1986, 62.

hält die Brüchigkeit fest, die eine ursprüngliche Differenz in den Ursprung hineinträgt. Zugleich markiert er, daß dieser Spalt und diese Brüchigkeit nur vom Ursprung her zu denken sind. Mit der von Herder konstatierten Differenz wird der Ursprung nicht einfach unmöglich. Er gestaltet sich um, in einer Art, wie Derrida sie in der *Grammatologie* als »Urschrift« beschrieben hat.

> Urschrift wäre ein Name für [die] Vielfältigkeit (complicité) des Ursprungs. Und was in ihr verlorengeht, ist der Mythos von der Einfältigkeit (simplicité) des Ursprungs. Ein Mythos, der an den Begriff des Ursprungs selbst gebunden ist: an das Wort, welches den Ursprung hersagt, an den Mythos des Ursprungs und nicht nur an die Ursprungsmythen.[33]

Die Sprachen bestehen in einer urSprünglichen »Vielfältigkeit [ihres] Ursprungs«. Das macht die tragende Konstruktion aus, auf der Herder denkt. Er sucht den Ursprung der Sprachen auf, um ihn in einem Umbruch zu beobachten, dabei, wie er sich selbst umgestaltet, als UrSprung ohne Einheit. Diese Bewegung läßt sich in ihrer Eigenart begreifen, wenn man sie gegen eine andere These Derridas profiliert: »Die Ursprungslosigkeit ist es, die ursprünglich ist.«[34] Hinter Herders Beschreibungen zur Genealogie der Sprachen in der *Abhandlung* schimmert gerade keine »Ursprungslosigkeit«, die den Ursprung in seiner singulären Geltung bewahrt, durch. Ihr wird nicht gerecht, wer den Ursprung vermeidet oder sein Ausfallen paradox als Ursprung festhalten will. Wer Herder dabei folgt, wie er nach dem Ursprung der Sprachen fragt, trifft auf die Zersprungenheit in der Gründung, auf die unversöhnliche Differenz, die Sprachen stiftet. Der Ursprung verliert alle Einfachheit oder »Einfältigkeit«, die ihm zugeschrieben werden könnte.

Herders *Abhandlung über den Ursprung der Sprache* formuliert einen Ursprung letzter Hand. Insofern handelt es sich im Wortsinn um eine Abhandlung. Die Frage nach dem Ursprung wird in einer Weise beantwortet, daß sie sich gewissermaßen nicht mehr stellt. Als UrSprung ist er so angegeben, daß er nicht eine einheitliche Gründung von einem Ausgangspunkt her beschreibt. Seine Gespaltenheit hat zur Folge, daß er sich nicht verankern läßt. Jede Form der Verankerung würde ihn einseitig stillstellen und seine ursprüngliche Differenz zurücknehmen. Insofern steigt Herder im Untergrund seines Textes aus der Debatte aus, die Süßmilch und andere führen und an der er zugleich partizipiert: ob göttlicher oder menschlicher Ursprung. In der Figur des UrSprungs begreift er die Irreduzibilität des Sprachlichen. »Die Unüberschreitbarkeit des sprachlichen Weltschemas«[35] wird hier als gültig dargestellt. Inmitten des Sturm und Drang breitet sich Sprache als etwas aus, das nicht aus dem Diskurs zu bekommen ist.

---

33 Derrida, *Grammatologie*, 167f.
34 Derrida, »Freud und der Schauplatz der Schrift«, in: *Die Schrift und die Differenz*, 312.
35 H.-G. Gadamer, »Text und Interpretation«, in: *Gesammelte Werke*, Band 2, Tübingen: Mohr 1986, 338.

Nichts vermag sich von Sprache zu differenzieren: das ist eine These, von der aus die Epoche denkt.

Der Begriff des UrSprungs bedeutet eine sprachenphilosophische Wende auf dem Weg zur Moderne. Herders Versuch, den UrSprung letzter Hand zu denken, hat Resonanz in vielen Motiven von Sprachenphilosophie, wie sie den Diskurs der Moderne prägen. Beispielhaft soll dies im folgenden in bezug auf Walter Benjamins Text *Über Sprache überhaupt und über die Sprache des Menschen* verfolgt werden. Dabei soll die Figur des UrSprungs präzisiert werden, wie sie bei Herder angelegt ist. Zuvor wird noch die Verwicklung betrachtet, die sich in der zugleich aus der Stimme und aus der stimmlosen Präsentation heraus gestifteten Sprache ergibt. Zuletzt geht es darum, die Einrichtung der Sprachen aus dem UrSprung heraus zu charakterisieren.

Das Echo — Wie stehen die beiden Modelle, die Herder der Sprache schreibt, zueinander? Funktionieren sie unabhängig voneinander, so daß ihre jeweilige Begrenzung nicht von dem anderen her kommt, sondern intern gegeben wäre? Oder ereignet sich ein Austausch zwischen ihnen, eine Interferenz, in der sie sich überlagern oder ineinander übergehen?

Noch einmal läßt sich dort ansetzen, wo Herder den Ausgangspunkt der Sprachen sichert. Die aus einer Anwesenheit hervorgehende »Sprache der Natur« wird dort so beschreiben: »Die geschlagne Saite tut ihre Naturpflicht: – sie klingt! sie ruft einer gleichfühlenden Echo: selbst wenn keine da ist, selbst wenn sie nicht hoffet und wartet, daß ihr eine antworte.« (V, 5f.; 1, 698) Die Echostruktur, in der die Resonanz des sich äußernden Körpers sich einstellt, hat zwei Seiten. Einerseits löst sich in ihr das Sprachmaterial auf, bleibt keine Sprache zurück, da die Bedeutung sich in dem anderen Körper einstellt. Andererseits hält sich in dem »Echo« die Sprache selbst aufrecht. Was der Körper von einem anderen her aufnimmt, kann nur, sofern es Sprache ist, als Echo verstanden werden. Ansonsten wäre es bloße Bewegung und kein Echo. Es bleibt nicht bei der Sprachlosigkeit der Resonanz, die sich einstellt, wo Sprache auf eine außer ihr liegende Anwesenheit verweisen soll. Genau die Anwesenheit, die sich herstellt, bleibt an Sprache hängen.

Herders Beschreibungen machen deutlich, daß der Transfer, den die postalisch orientierte Sprache der Laute leistet, nicht aus der Sprache herauskommt. Zwar wird zwischen den gesprochenen Worten und dem, was in einem anderen Körper an Resonanz stattfindet, differenziert. Aber die Resonanz wird in eine sprachliche Metaphorik gefaßt. »Das Wort ist weg und der Ton der Empfindung tönet.« (V, 17; 1, 707) Herder denkt die Auslöschung des Sprachmaterials und die Wiederkehr von Sprache zugleich – auch dort, wo er noch nicht die menschliche Sprache der »Besonnenheit« erreicht hat. Als »Ton der Empfindung« stellt wieder ein Lautkörper sich ein, der zwar nicht von der äußeren Stimme des anderen Körpers, aber doch von einer inneren Stimme gesprochen wird. Er sieht sich genötigt, eine Sprache unterhalb der Sprache zu entwerfen, die das Modell des sprachlichen Verweises auf den Körperort stützt. »*Ton der Empfindung soll das sympathetische Geschöpf in denselben Ton versetzen!*« (ebd.) Nicht nur dort, wo das »Echo« ausgelöst wird, liegt eine innere Sprache vor, deren Sprachkörper präsent bleibt. Auch am Ausgangspunkt der Bewegung findet sich ein »Ton der Empfindung«, der wie eine vorgängige Sprache des Körpers die Bewegung äußerer Schälle auslöst. Herders Beschreibungen entwerfen ein Wechselspiel der Töne, das sich unentwegt forterhält.

In dem ersten Modell ereignet sich ein Bruch. Seine Anlage, die das Sprachzeichen nur als die kurzlebige Rauchfahne entwirft, die den Körper als Signifikat zeigt, wandelt sich. Die Funktion, das Außersprachliche zu zeigen, kann nur erfüllt werden, wenn Sprache sich nicht auflöst: das notiert der Autor. Es ereignet sich eine Wiederkehr der Sprache, die mit dem Namen »Echo« präzise gefaßt ist. An dem Ort, an dem das Signifikat sich einstellen soll, erscheint ein weiteres Sprachzeichen, das seinerseits wieder auf den Körper bzw. die Bedeutung verweist. Und auch der Ausgangspunkt der Bewegung läßt sich nicht als ein Körper formulieren, der sich zeigt, sondern als ein Sprachzeichen, das ein »Echo« auslöst. Damit etabliert sich eine »unbestimmte Rückverweisung eines Signifikanten auf einen Signifikanten«.[36] Das »Echo« folgt immer auf ein anderes »Echo« und so fort, ohne daß diese Rekursion jemals abgebrochen werden könnte. Jedes einzelne Wort steht immer in einer »*Kette von Worten*« (V, 99; 1, 774). Es zeigt sich, daß der Versuch, das Modell präsentischen Sprechens durchzubuchstabieren, genau dieses Modell zusammenbrechen läßt. Die Sprache, von der hier erzählt wird, ist diejenige, die als Erfindung aus der grundlegenden Abwesenheit der menschlichen Situation hervorgeht.

Immer wieder trifft Herder auf die Struktur, daß sich Sprachzeichen oder Zeichenkörper auf andere solche Zeichen oder Körper hin bilden. Sie scheint die Ursituation der Sprachfindung für den Autor der *Abhandlung* abzugeben. Zugleich stellt sie dar, daß es zu keinem einheitlichen Einsatz von Sprache kommt. Nirgends entsteht Sprache so, daß ihr Gegenüber das außersprachliche Sonst wäre. Immer ist ihr Gegenüber selbst Tonmaterial oder Sprache. »Der Mensch erfand sich selbst Sprache! – aus Tönen lebender Natur! – ...« (V, 51; 1, 736) Das Beispiel, das Herder am weitläufigsten illustriert, schildert genau einen solchen Übergang. Der Mensch kommt zu seinem Sprachzeichen für das Schaf, indem er sich an dessen »Blöken« hält. Das Schaf tönt ihm ein Lautmaterial vor, an dem sich zwar das menschliche Zeichen nicht onomatopoetisch orientiert, aber auf das hin es sich bildet. Der entstehende »Lautwert« wird hier nicht »als ein synästhetisches Erzeugnis der Sinnlichkeit«[37] gezeigt, sondern als Rekurs auf

---

36 Derrida, »Kraft und Bedeutung«, in: *Die Schrift und die Differenz*, 44.
37 B.F.M. Thiele, *Herders Theorie des synästhetischen Wahrnehmens zur Grundlegung der ästhetischen Erziehung*, Diss. Univ. Tübingen 1987, 174.

sprachliche Strukturierungen, die ihm vorangehen. Auch die anderen Merkmale, die das Schaf dem Menschen nicht tönend entgegenbringt, fungieren in diesem Sinn als seine Sprache. So erweist sich die Sprachentstehung als Bewegung, die nicht aus dem Sprachlichen herausführt.

Auf der anderen Seite setzt Herder an, die Sprache aus der spezifisch menschlichen »Besonnenheit« heraus zu entwerfen. Zeigt sich hier ein einheitliches Bild des Sprachentwurfs? Es kommt zu einer analogen Bewegung, wie bei der Skizzierung des ersten Sprachmodells. Der Autor vertritt die These, daß »der *erste* Zustand der Besinnung der Menschen nicht ohne *Wort* der Seele würklich werden« (V, 99; 1, 774) konnte. Was der Mensch sich unumgänglich erfindet, um aller Abwesenheit zu wehren, rekurriert selbst auf eine Anwesenheit: diejenige des Sprachzeichens. Dieses selbst wird zum Signifikat der sprachlichen Bewegung, die sich aus der »Besinnung« ergibt. Die ganze Bewegung, so könnte man paraphrasieren, stützt sich auf ein erstes Sprachzeichen. Sie setzt nicht originär und auf sich selbst beschränkt an. Damit gilt, daß »der Signifikant sich als Signifikant in den Bereich des Signifikats eingeschrieben und so diesen als Effekt seiner Differentialisierung produziert hat«.[38] Vorsichtiger ließe sich davon sprechen, daß das Signifikat als Korrelat der signifikanten Differenzierung produziert wird. Das Sprachgeschehen, das als bloßes Spiel von Signifikanten beschrieben werden soll, stellt sich gleichsam innersprachlich still. So bricht in die Abwesenheit der zweiten Sprachszene der *Abhandlung* eine Figur vorgängiger Anwesenheit ein.

Keines der Modelle, dessen Konkurrenz Herder als UrSprung der Sprachen entwirft, ist konsistent in sich selbst begründet. Es scheint fast, als führe der Versuch, eines der Modelle nachzuzeichnen, dazu, das andere Modell aufzurufen. Diese These aber setzt voraus, daß es überhaupt eine stabile Identität der Modelle gibt. Es läßt sich dagegen eher von einer Interferenz der Modelle sprechen. Sie lösen sich auf, will man sie zu fassen bekommen. Diese Instabilität ist ein Symptom des UrSprungs, den Herders *Abhandlung* in Szene setzt. Die Differenz ist der Ausgangspunkt, der hier dem Denken der Sprachen gesetzt wird, auch dort noch, wo man die jeweiligen Seiten der Differenz aufsucht.

Die Differenz zwischen geistigem und sprachlichem Wesen — Der UrSprung der Sprachen hat nach Herders undeutlicher Darstellung eine Reformulierung erhalten, die ihn explizit zu fassen versucht. Walter Benjamin bemüht sich in seinem nachgelassenen Essay *Über Sprache überhaupt und über die Sprache des Menschen*, Sprachen von einer ursprünglichen Differenz her zu denken. Seine These ist, daß Sprache sich nur angemessen beschreiben läßt, wenn man sie aus der Differenz des »geistigen« und »sprachlichen Wesens« der Sprache versteht. Diese Differenz läßt sich ihrerseits als UrSprung der Sprache interpretieren. In diesem Sinne soll

---

38 J. Hörisch, »Das Sein der Zeichen und die Zeichen des Seins«, in: Derrida, *Die Stimme und das Phänomen*, 43.

die folgende Lektüre zu Benjamins Text beleuchten, inwiefern aus der irreduziblen Differenz heraus die Einheit des Sprachlichen gedacht werden kann.

Die beiden »Wesen« werden von Benjamin als solche der Sprache gesetzt. Das heißt, sie bilden nicht die Grenze zwischen Sprachinnen- und Sprachaußenraum. Eine solche ist nicht denkbar, gilt doch, »daß wir uns völlige Abwesenheit der Sprache in nichts vorstellen können.«[39] Die Differenz muß demnach von der Irreduzibilität des Sprachlichen her gedeutet werden. Dabei aber entsteht nach Benjamin die Gefahr, aus der Immanenz, die allein bleibt, heraus jegliche Differenz zu vereinheitlichen.

Die Ansicht, daß das geistige Wesen eines Dinges eben in seiner Sprache besteht – diese Ansicht als Hypothesis verstanden, ist der große Abgrund, dem alle Sprachtheorie zu verfallen droht, und über, gerade über ihm sich schwebend zu erhalten ist ihre Aufgabe. Die Unterscheidung zwischen dem geistigen Wesen und dem sprachlichen, in dem es mitteilt, ist die ursprünglichste in einer sprachtheoretischen Untersuchung, ... (ebd.)

Paradox verlagert der Autor hier die Rede vom Abgrund um. Demnach besteht ein Abgrund nicht dort, wo Differenz die Dinge trennt, sondern er besteht in der Identität. Benjamin nennt keinen Grund für seine Warnung. Er zeigt aber deutlich, daß er die Struktur von Differenz und Einheit zu denken versucht und sie in einer Weise nicht verstehen will: als von einer vorgängigen Einheit getragen. Sprache hat in der Differenz zwei Seiten: eine, die sich mitteilt, und eine, in der mitgeteilt wird. Benjamin differenziert weiter: »Die Sprache teilt also das jeweilige sprachliche Wesen der Dinge mit, ihr geistiges aber nur, sofern es unmittelbar im sprachlichen beschlossen liegt, sofern es mitteil*bar* ist.« (142) Die zwei Seiten bestehen jetzt beide darin, mitgeteilt zu werden. Sie differenzieren sich aber nach dem Grad der Mitteilung. Das »sprachliche Wesen« eines Dings wird in Sprache restlos mitgeteilt. Das »geistige Wesen« jedoch nur mit der Einschränkung, daß es, um mitgeteilt zu werden, auf Mitteilbarkeit angelegt sein muß. Warum bedarf es aber dieser Unterscheidung? Sie scheint nur dann Sinn zu geben, wenn vorausgesetzt wird, daß das »geistige Wesen« eines Dings zu Teilen nicht-mitteilbar ist. Benjamins Darstellung evoziert also die Figur des Nicht-Mitteilbaren, die die Differenz zwischen »geistigem« und »sprachlichem Wesen« stützen könnte. Dieses Nicht-Mitteilbare aber verbleibt eigenartig ungreifbar.

Das Nicht-Mitteilbare wäre dann nicht ›etwas‹, sondern das, was allein in den Spalten der paradoxen (oder zweideutigen) Formulierungen seine Formulierung fände: in der sekundären Unmittelbarkeit, dem ›reinen‹ Mittel und der ›absoluten Medialität‹ – aber als Rest, als ein(e) Spalt(ung).[40]

---

39 Benjamin, »Über Sprache überhaupt und über die Sprache des Menschen«, GS II, 140-157, hier: 141 (im folgenden mit Seitenzahlen im Text).
40 B. Menke, *Sprachfiguren*, 49.

Die Situation, die sich hier abzeichnet, scheint tautologisch zu sein. Es wird das »geistige« vom »sprachlichen Wesen« unterschieden und dies im Namen eines Nicht-Mitteilbaren, das dem »geistigen Wesen« eigen sei. Wird aber nach diesem Nicht-Mitteilbaren gefragt, dann kommt es zu der Antwort, es bestehe in den »Spalten«, das heißt auch derjenigen zwischen »geistigem« und »sprachlichem Wesen«. Es wird also an dem Punkt begründet, den es gerade selbst begründen soll. So wäre die Begründung zirkulär, und es bliebe unklar, ob die Differenz sich sinnvoll aufrecht halten läßt. Bei dieser Lesart aber bliebe unbeachtet, daß Benjamin das Nicht-Mitteilbare nicht als Instanz aufführt. Entscheidend ist, daß es nicht »etwas« abgibt, das sich an einem bestimmten Ort festmachen ließe. Es gibt keine gesonderte Instanz im Sprachprozeß ab. Benjamin formuliert dies an anderer Stelle so: »Es ist nämlich die Sprache in jedem Falle nicht allein Mitteilung des Mitteilbaren, sondern zugleich Symbol des Nicht-Mitteilbaren.« (156) Das Nicht-Mitteilbare, von dem hier die Rede ist, kommt von der Sprache her ins Spiel. Es ist nicht dasjenige, was die Sprache begrenzt, was ihr eine Transzendenz geben und damit eine Orientierungsgröße für ihr Leistungsvermögen qua Mitteilung setzen könnte. Es wird von der Sprache selbst evoziert. Es kommt mit ihr auf und vermag insofern als Basis für die Differenzierung zwischen »geistigem« und »sprachlichem Wesen« zu fungieren. Inwiefern aber leistet Sprache diese Symbolisierung und warum beschränkt sie sich nicht auf das Mitteilbare? Benjamin setzt die aufgenommene Entwicklung fort, wobei er wieder vom Nicht-Mitteilbaren kein Wort verliert.

Das sprachliche Wesen der Dinge ist ihre Sprache. Das Verständnis der Sprachtheorie hängt davon ab, diesen Satz zu einer Klarheit zu bringen, die auch jeden Schein der Tautologie in ihm vernichtet. Dieser Satz ist untautologisch, denn er bedeutet: das, was an einem geistigen Wesen mitteilbar ist, *ist* seine Sprache. Auf diesem ›ist‹ (gleich ›ist unmittelbar‹) beruht alles. – Nicht, was an einem geistigen Wesen mitteilbar ist, *erscheint* am klarsten in seiner Sprache, wie noch eben im Übergange gesagt wurde, sondern dieses Mittel*bare* ist unmittelbar die Sprache selbst. Oder: die Sprache eines geistigen Wesens ist unmittelbar dasjenige, was an ihm mitteilbar ist. ... (142)

Die Differenz wird hier aus zwei Perspektiven anvisiert: einmal aus Sicht der »Wesen«, die sich in Sprache mitteilen, und dann aus Sicht der Sprache, in der die Mitteilung erfolgt. Benjamins Beschreibungen stellen verschiedene Gleichungen auf. Erstens diejenige zwischen dem »sprachlichen Wesen« und der »Sprache«. Zweitens diejenige zwischen dem, »was an einem geistigen Wesen mitteilbar ist«, und Sprache. Und zuletzt diejenige zwischen Sprache und dem Mitteilbaren. Dabei kommt es zu zwei Bewegungen. Sprache erscheint auf der einen Seite als Resultat des mitteilbaren Moments am geistigen Wesen. Auf der anderen Seite geht das geistige Wesen in Sprache ein, sofern es mitteilbar ist. Die Stellung des geistigen Wesens wird damit ambivalent gezeichnet. Es gehört der Sprache an und gehört ihr zugleich nicht an. Oder im Sinne der Bewegung formuliert, die der Text vollzieht: Darin, daß es der Sprache angehört, gehört es ihr nicht an. Sprache nimmt ihren Ursprung beim geistigen Wesen der Dinge, das selbst, sofern mitteilbar, Sprache ist. Zugleich aber dementiert sie diesen Ursprung, da sie selbst das geistige Wesen nur in den Punkten zuläßt, in denen es ihr schon angehört. Sie hat eine Gründung, die sie doch intern verliert, auf die sie sich nicht zu beziehen vermag.

Benjamin, der von der Irreduzibilität der Sprachen den Ausgang seiner Überlegungen nimmt, zeichnet doch das Sprachliche nicht so, daß es in sich selbst seinen Anfang nimmt. In gewisser Weise beginnt es außerhalb seiner, im geistigen Wesen. Zugleich aber stellt dieses keinen externen Bezugspunkt dar, an den Sprache sich halten könnte. Hier liegt der Grund dafür, daß Benjamins Text sich scharf gegen ein Verständnis, das Sprache als Instrument von Mitteilung begreift, ausspricht. Das Sprachliche kann nicht zu einem geistigen Wesen hinzutreten und sich ihm anschmiegen, um es mitzuteilen. All ihr mitteilendes Vermögen entspringt dem geistigen Wesen selbst. Das führt zu folgendem Resümee:

Einen Inhalt der Sprache gibt es nicht; als Mitteilung teilt die Sprache ein geistiges Wesen, d.i. eine Mitteilbarkeit schlechthin mit. (145f.)

Die Unmöglichkeit, sprachliche Mitteilung instrumentell zu verstehen, wird anders so ausgedrückt: »... jede Sprache teilt sich *in* sich selbst mit«. (142) Daß Sprache sich und nicht etwas mitteilt, verbindet sie mit »Mitteilbarkeit schlechthin«. Sie funktioniert damit auf eine Art und Weise, daß sie gerade nicht vom Nicht-Mitteilbaren her begrenzt werden kann. Als Sprache läßt sich nur Mitteilbares verstehen. Genau das gibt die Schranke ab, die der Sprache unwiderruflich gesetzt ist. An dieser nun erscheint die Figur des Nicht-Mitteilbaren, wie es gleich darzustellen ist.

Wie lassen sich die kursorischen Brocken einer Lektüre von *Über Sprache überhaupt* zusammensetzen? Was verbindet die Stellung des Nicht-Mitteilbaren mit dem Verlust des Ursprungs in der Sprache und der Unmöglichkeit, die in Sprache gegebene Mitteilung zu orientieren? In den drei Punkten handelt Benjamins Text jeweils von der Strukturierung sprachlicher Immanenz. Sein vordringliches Interesse ist, die grundlegende Differenz mit der Einheit des Sprachlichen zusammenzudenken, ohne sie auf Einheit zu reduzieren. Diese Zielsetzung motiviert die Bewegungsstudien, die Benjamin den Sprachen widmet.

Zusammensetzen läßt sich von dem Punkt aus, an dem Sprachen ihren Ursprung verlieren. An diesem Punkt entsteht eine Struktur, die man sprachliche Immanenz nennen könnte. Ihm voraus geht die Abspaltung, die Sprache vom geistigen Wesen, das sie selbst ist, trennt; eine Abspaltung, in der sie zugleich irreduzibel dort verbleibt, wovon sie sich abspaltet. Da sprachliche Immanenz nicht aus sich selbst heraus besteht, sondern von geistigen Wesen ausgeht, vermag sie auch, über sich selbst hinaus zu deuten. Sie deutet immer auf den Bruch hin, aus dem her sie besteht. Insofern symbolisiert sie das Nicht-Mitteilbare als den Bruch, der genau ihre »Mitteilbarkeit schlechthin« setzt. Der Bruch ist ihr eingeschrieben, insofern er die Grenze ihrer Mitteilbarkeit setzt, ohne doch selbst mitteilbar zu sein. Er besteht aber auch nicht als etwas, das nicht-mitteilbar wäre. Vielmehr eröffnet er das Sprachliche in Nicht-Mitteilbarkeit. Diese sagt die Sprache neben ihrer Mitteilbarkeit immer zugleich aus, da sie der Sprache bedeutet, ihren Ursprung nicht sagen zu können. Von Sprache aus besteht an geistigem Wesen nur, was sich als mitteilbar erweist. Alles andere ist ihr unaussprechlich. Aber diese Unaussprechlichkeit bildet einen Teil ihres Sprechens selbst. In ihr beginnt sie, das Nicht-Mitteilbare zu symbolisieren. Trotz der Unmöglichkeit, Mitteilung über sich hinaus zu richten, gewinnt sie dennoch ein Moment, das nicht in ihrer Immanenz, in ihrer In-sich-Verschlossenheit, aufgeht. Ihr eignet damit ein Ort, der sich als ihre Transzendenz angeben läßt.

›Transzendenz‹ der Sprache / in der Sprache ereignet sich im Nicht-Gesagten, im Modus ›negativer‹ ›Darstellung‹, aber nicht im Schweigen, sondern vielmehr *im* Aufschub, *im* Umweg.[41]

Die Beschreibung, die Bettine Menke gibt, weist darauf hin, daß diese Transzendenz sich nur in der Immanenz ereignet. Wenn diese Beschreibung treffen soll, dann müssen Sprachen so gedacht werden, konstitutiv auf dem Umweg bzw. im Aufschub zu sein. Auf einem Umweg insofern, als sie sich nie ihre reine Immanenz geben können, die sie doch sind. Immer bewegen sie sich auf den Bruch hin, der sie stiftet, und versuchen in ihm ihren Ursprung, der ihnen nicht zugänglich ist. So speichern sie in ihrer Bewegung die Differenz, aus der sie hervorgehen.

Walter Benjamins eigensinnige Skizze folgt der Begründung der Sprachen. Er formuliert ihren Ursprung aus einem Zustand heraus, in dem dieser sich nicht mehr als solcher erfragen läßt. Zuletzt stellt er dar, daß sprachliche Immanenz sich nur aus einem ursprünglichen Bruch heraus formulieren läßt. Er verfolgt die Spuren dahin, wo die Sprachdecke sich nicht selbstgenügsam schließt. Seine Studie erweitert den Begriff des UrSprungs der Sprachen in zwei Punkten. Erstens zeigt sie, wie von der stiftenden Differenz im Sprachlichen dessen Einheit zustande kommt: als Identität nach dem Bruch. Sie gestaltet damit eine Problemstellung, die bereits in Herders *Literatur-Fragmenten* deutlich zu rekonstruieren ist. Zweitens stellt sie die Konsequenz dar, daß aus dem UrSprung heraus Sprachen nur immanent bestehen. Ihr zufolge kann man nicht mehr darauf setzen, Sprachen in ihrer Beziehung zu außersprachlichen Punkten diskutieren zu können. Der ursprünglichen Differenz korrespondiert demnach die Irreduzibilität des Sprachlichen.

Die Fremdheit der Sprachen — Sprachen, die als Präsentation gefaßt werden, lassen sich nur im Plural denken. Sie lassen sich nicht an einem außenliegend

---

41 Ebd., 69.

Anwesenden vereinheitlichen. Soviel wurde bereits dargestellt. Vom Begriff des UrSprungs her wird die Pluralität um ein weiteres Charakteristikum ergänzt: das der Fremdheit. Symptomatisch zeigen Sprachenphilosophien Rücksicht auf dieses, wo sie beginnen, Übersetzung als zentralen Begriff innerhalb ihrer zu profilieren. Eine solche Profilierung findet besonders bei Benjamin statt, sie nimmt aber auch im Sturm-und-Drang-Diskurs ein kleinen Raum ein. Für Benjamin steht fest, »daß Übersetzung nur eine ... Art ist, sich mit der Fremdheit der Sprachen auseinanderzusetzen«.[42] In Herders Texten und im Sturm und Drang überhaupt wird eher die Fremdheit von Sprache als solche konstatiert. »Er ist *Barbar*, er redet *eine fremde Sprache*.« (V, 131f.; 1, 797) Für jeden sprachenphilosophischen Diskurs der Moderne, der von der Irreduzibilität der Sprachen her denkt, verknüpft sich die Frage nach den Sprachen mit derjenigen nach ihrer Fremdheit und Übersetzbarkeit.

Wie geht aus dem Begriff des UrSprungs notwendig derjenige der Fremdheit hervor? Scheint es nicht vielmehr, als sei in ihm eine tiefgreifende Einigkeit der Sprachen angelegt? Stehen Sprachen in der Immanenz nicht derart strukturhomolog, daß sie sich nicht gegeneinander abgrenzen? Gerade die Immanenz aber initiiert die konstitutive Fremdheit. Benjamin beschreibt sie damit, daß eine Sprache sich in sich selbst mitteile. »In sich« bedeutet die In-sich-Verschlossenheit in sich selbst. Jede Sprache wahrt nichts als jeweils ihr sprachliches Wesen, das sie ist. Damit aber bleiben ihr die sprachlichen Wesen anderer Sprachen fremd. Sie stellen das dar, was sie nicht in sich zu setzen vermag. Sprachen sind darin, daß sie nur in sich bestehen, auf Fremdheit hin angelegt. Zuletzt entsteht diese immanent. In diesem Sinn läßt sich die Nicht-Mitteilbarkeit als Fremdheit einer Sprache sich selbst gegenüber verstehen. Das Nicht-Mitteilbare sagt eine Sprache in sich aus als das, was ihr fremd ist. Aus der Struktur heraus, in sich befangen zu sein, spricht sie sich selbst eine fremde Sprache, wo sie den Verlust ihres Ursprungs symbolisiert, wo sie ihre »Mitteilbarkeit schlechthin« überschreitet. Insofern läßt sich sagen, daß »Babel in *einer einzigen* Sprache«[43] stattfindet. In dieser Weise entsteht gleichursprünglich mit der Immanenz die Fremdheit all dessen, was jenseits dieser Immanenz liegt: als eigene Fremdheit und Fremdheit alles anderen. Sie liegt in einem vom UrSprung her gewonnenen Begriff der Sprachen beschlossen und führt stets auf die Frage der Übersetzung.

Herder hat diese Frage besonders in einem Text bedacht, der in dem Sturm-und-Drang-Manifest *Von deutscher Art und Kunst* steht. In dem *Auszug aus einem Briefwechsel über Ossian und die Lieder alter Völker* wird dem abwesenden Briefpartner gleich zu Anfang die folgende Ankündigung gemacht: »Sie werden aber gleich selbst sehen, wie weit sie sich übertragen lassen.«[44] Was es danach zu kon-

---

42 Benjamin, »Die Aufgabe des Übersetzers«, GS IV, 14.
43 Derrida, *Schibboleth*, 63.
44 Herder, »Auszug«, in: *Von deutscher Art und Kunst*, SWS V, 170; WKV 2, 458.

statieren gilt, ist kein optimistisches Bild. Die Übersetzung liefert nach Herders Angabe alles andere als das Original in seiner charakteristischen Sprache, seiner charakteristischen Zeichnung. Sie biete »nur die stammlendsten, zerrissensten Reste«[45] des Originals. Was sie erreiche, sei nur »der verzogenste Kupferstich von einem schönen Gemälde!«[46] Eine tiefgreifende Skepsis gegenüber Übersetzung deutet sich an, aus der eine Neuorientierung des Begriffs von Übersetzung folgt. Einer der Partizipanten im Sturm-und-Drang-Diskurs, Goethe, hat später eine solche Neuorientierung beschrieben.

Eine Übersetzung, die sich mit dem Original zu identifizieren strebt, nähert sich zuletzt der Interlinearversion und erleichtert höchlich das Verständnis des Originals, hierdurch werden wir an den Grundtext herangeführt, ja getrieben, und so ist denn zuletzt der ganze Zirkel abgeschlossen, in welchem sich die Annäherung des Fremden und Einheimischen, des Bekannten und Unbekannten bewegt.[47]

Ähnlich beschreibt Benjamin die Struktur von Übersetzung, wie sie der Fremdheit unter den Sprachen korrespondiert: »Die Interlinearversion des heiligen Textes ist das Urbild oder Ideal aller Übersetzung.«[48] Als »Interlinearversion« aber ist Übersetzung nicht daran orientiert, das Original als solches wiederzugeben. Sie fügt sich dem Original eher hinzu, setzt sich palimpsestartig in dessen Zwischenräume. Übersetzung wird damit zu einer selbständigen Form. Sie zielt nicht darauf, die Linien eines Ausgangstextes nachzuzeichnen. Zwar korrespondiert sie mit diesen, aber doch mit einem stabilen Abstand, mit der notwendigen Differenz. Das Bild einer interlinear angelegten Übersetzung gibt wieder, daß sie von der Differenz zu und nicht von der möglichen Einheit mit dem Original her zu denken ist. Benjamin beschreibt diese Struktur auch als klangbildlichen Sprachverkehr. Übersetzung sei so angelegt, daß »jeweils das Echo in der eigenen den Widerhall eines Werkes in der fremden Sprache zu geben vermag«.[49] »Echo« und »Widerhall« sind voneinander unabhängige Lautkörper, die aufeinander folgen. So verhalten sie sich, wie Signifikanten überhaupt sich verhalten, sofern sie nicht auf ein stabiles Signifikat hin ausgerichtet sind. Sie stehen in einer sich weiterreichenden Kette; Echo folgt auf Echo und Widerhall auf Widerhall. Im Rahmen eines Begriffs der Sprachen, der sich an deren ursprünglicher Differenz entzündet, wird Übersetzung einerseits nobilitiert, andererseits normalisiert. Sie erlangt den Stand einer selbständigen sprachlichen Form, die ihren Wert in sich gewinnt und nicht daraus, dem originalen Werk möglichst angemessen nachzueifern. Zu letzterem steht sie immer schon distanziert, interlinear. Damit aber tritt

---

45 Ebd., SWS V, 172; WKV 2, 461.
46 Ebd., SWS V, 166; WKV 2, 454.
47 Goethe, *West-östlicher Divan*, HA 2, 258.
48 Benjamin, »Die Aufgabe des Übersetzers«, GS IV, 21.
49 Ebd., GS IV, 16.

sie ein in den gewöhnlichen Austausch der Sprachen, wird zu einem Signifikanten unter anderen Signifikanten. Dieser ist zu demjenigen des Originals gleichsam metonymisch gestellt.

Es ist wichtig zu bemerken, daß Herders Darstellung der Ossian-Übersetzung keineswegs von der Qualität der vorliegenden Übersetzung handelt. Er übt nicht Kritik an dem, was bestimmte Übersetzer vorgelegt haben. Seine Kritik gilt der Form von Übersetzung überhaupt. Eine Übersetzung bietet demnach immer die »stammlendsten, zerrissensten Reste« dessen, wovon sie ihre Ausgang nimmt. Wie läßt sich diese These nun mit derjenigen verbinden, die Übersetzung als selbständige Form profiliert? Hält nicht Herder noch einen normativen Begriff des Originals aufrecht? Selbst wenn er sich einerseits von diesem nicht löst, so korrespondiert seine Einschätzung doch einem gewandelten Übersetzungs-Verständnis. Von diesem geht er aus, wenn er gerade nicht eine Übersetzung an ihrem Original mißt. Konstatiert er dennoch ein gewisses Ungenügen derselben, so resultiert dies weniger aus einer Unangemessenheit als mehr aus einer konstitutiven Fremdheit. Übersetzung bietet einen Ausdruck für diese Fremdheit schlechthin. Niemals ist in ihr der Signifikant bei sich, immer trägt er die Zeichen der Wandlung. »Die Übersetzung ist die Überführung der einen Sprache in die andere durch ein Kontinuum von Verwandlungen.«[50] Aus all diesen Verwandlungen geht Übersetzung stammelnd hervor. Sie gibt damit einen Signifikanten ab, der aus der Bahn geworfen ist, der von dem Boden seiner Sprache aus gleichsam eine andere Sprache zu sprechen sucht. Dies überbietet noch die ersten Bewegungen, die dem Übersetzungs-Begriff vom demjenigen des UrSprungs der Sprachen her zukommt. Nicht nur erfährt sie eine Nobilitierung und Normalisierung – sie wird zuletzt zum Normalfall des Sprachlichen überhaupt. Sie vermag zu zeigen, was für Sprache überhaupt gilt: die Fremdheit, die das gesamte sprachliche Terrain prägt.[51] Sind alle Signifikanten als Übersetzungen zu begreifen, dann gibt es keinen, der bei sich wäre, der aus sich selbst heraus bestünde. Die Fremdheit der Sprachen läßt sich so nirgends gegen ihre Bekanntheit austauschen.

1.4 Deus ex textura: ein Anhang

Außer wenn Gott selbst schreibt; ...[52]

Aus der Struktur des UrSprungs der Sprachen heraus motiviert sich eine bestimmte Rolle, die innerhalb dieser Struktur einen besonderen Einsatz hat. Es handelt es sich um die Figur Gottes, die inmitten des irreduziblen Felds der

---

50 Benjamin, »Über Sprache überhaupt«, GS II, 151.
51 Vgl. dazu auch allgemein Derrida, *Schibboleth*.
52 Derrida, »Edmond Jabès und die Frage nach dem Buch«, in: *Die Schrift und die Differenz*, 111.

Sprachen ihren Auftritt bekommt. Unabhängig von aller theologischen Tradition, in der sprachenphilosophische Ansätze stehen, gewinnt diese Figur eine spezifische Kontur. Sowohl in Hamanns als auch in Benjamins Sprachenphilosophie tritt sie auf, um eine Versöhnung dessen zu erwirken, was der Aufsprung der Sprachen verstreut und voneinander entfremdet hat. Beide Theorien reden unisonso von einer »Gabe der Sprache«.[53] Diese kommt aus einem einheitlichen Punkt heraus. Zwar wird damit keinesfalls die Differenz der Sprachen, wie sie Benjamin und auch Hamann theoretisch fassen, in Frage gestellt. Gott spielt nicht den Part, der alle Differenzen versöhnt und jegliche Fremdheit nimmt. Er wird vielmehr so inszeniert, daß er die Struktur der Sprachen auf einer höheren und umfassenderen Ebene reproduziert.

Benjamin spricht in dem Text *Über Sprache überhaupt* von Sprache als einem Medium. Somit läßt sich die Differenz zwischen den Sprachen als diejenige zwischen Medien reformulieren. Als Sprachen stehen sich Medien gegenüber, die jeweils denjenigen umschließen, der in ihnen spricht. In Sprache sind nur Bewegungen innerhalb einzelner Medien möglich. Diese Struktur etabliert die gesamte Problemstellung von Übersetzung und Fremdheit, wie sie bereits entfaltet wurde. Das »in«, das die Medien charakterisiert, setzt zugleich die Differenz. Dieses »in« aber kann auf höherer Ebene reproduziert werden. So kommt es nicht nur zu Bewegungen in Sprachen, sondern zu solchen im Sprachlichen überhaupt. Unter oder über den Medien bildet sich damit ein Metamedium, das alle Bewegungen der Sprachen, auch diejenigen der Übersetzungen, in sich schließt. So erfährt zwar Differenz keine Versöhnung, wird aber umfangen von einem einheitlichen Grund, vor dem sie sich abspielt. Das Metamedium bzw. dieser Grund nun erhält bei Hamann und Benjamin, das ist die hier verfolgte Figur, den Namen »Gott«. Die Mechanik seines Einsatzes läßt sich ungefähr so verstehen, wie Gadamer sie beschreibt: »Denkt man so den menschlichen Geist abbildhaft auf das göttliche Urbild bezogen, dann kann man die Variationsbreite der menschlichen Sprachen gelten lassen.«[54]

Es geht hier um einen Nachtrag oder einen Anhang zum Begriff des Ur-Sprungs der Sprachen. Überall wo dieser auftritt, gewinnt die Konstruktion eines Metamediums strategischen Sinn. In ihm läßt sich Einheit vor alle Differenz stellen, ohne freilich letztere dadurch selbst zu vereinheitlichen. Die sprachenphilosophische Bedeutung der Figur Gottes bei Hamann und Benjamin, das ist die These, ist falsch verstanden, wenn man sie als die einer Schöpferfigur konzipiert. Erst von dem Bruch im Sprachlichen her gewinnt diese Figur ihre Bedeutung; sie muß demnach als metamediale Figur verstanden werden. Mit dieser Interpretation lassen sich eine ganze Reihe von Figuren und Bewegungen, die sich an den

---

53 Benjamin, »Über Sprache überhaupt«, GS II, 148; Hamann, *Briefwechsel*, Band 1, 396.
54 Gadamer, *Wahrheit und Methode*, 442.

UrSprung der Sprache anschließen, in ihrer Konvergenz lesen. Abstrakt gezeichnet geht es darum, ein differentielles Spiel auf einen tieferliegenden Singular zu stellen. Bei Benjamin ist diese Bewegung beispielsweise so festgehalten:

> Die Übersetzung der Sprache der Dinge in die des Menschen ist nicht nur Übersetzung des Stummen in das Lauthafte, sie ist die Übersetzung des Namenlosen in den Namen. ... Die Objektivität dieser Übersetzung ist aber in Gott verbürgt.[55]

Die metamediale Struktur, die hier aufgebaut ist, kommt deutlich darin zum Ausdruck, daß es heißt: »in Gott«. Es findet sich wieder das »in«, das eine mediale Situation charakterisiert und das in Benjamins Text meist emphatisch notiert ist. Das differentielle Übersetzungsgeschehen, das insofern differentiell ist, als es sich innerhalb einer Pluralität von Medien abspielt, bekommt einen umfassenden Rahmen gesetzt. Dieser erscheint hier als momentaner Bürge; an anderer Stelle ist er als grundlegender Bestand gefaßt.

> Das absolute Verhältnis des Namens zur Erkenntnis besteht allein in Gott, nur dort ist der Name, weil er im innersten mit dem schaffenden Wort identisch ist, das reine Medium der Erkenntnis.[56]

Immer geht es, wo Gott ins Spiel tritt, um Differenzen, die vorangehen. Er stiftet sie nicht, sondern gibt ihnen einen gemeinsamen Grund. Diese Bewegung beschreibt auch Hamann: »Die Einheit des Urhebers spiegelt sich bis in dem Dialecte seiner Werke; – in allen Ein Ton von unermäslicher Höhe und Tiefe!«[57] Immer findet sich in dem Einsatz des Metamediums die Struktur, nicht Einheit gegen die Differenz, sondern Einheit trotz aller Differenz zu behaupten. Die »Einheit des Urhebers« hebt die »Dialecte« nicht, wie im Pfingstwunder, auf. Sie grundiert sie. Das vermag sie, sofern sie selbst als Medium verstanden wird, also selbst die Basis der differentiellen Bewegungen reproduziert. Genau in diesem Sinn sagt es die Benjamin-Interpretin Bettine Menke:

> Letztlich steht das ›göttliche Wort‹ dann nicht für den jeweiligen Zusammenhang von ›Name‹ und Ding ..., sondern für eine ›Verwandtschaft‹ der Sprachen, für eine immer schon diskontinuierlich gedachte *gemeinsame Sprachlichkeit* übersetzender Bewegungen.[58]

Nicht nur in den einzelnen Medien der Sprachen findet sich Sprachlichkeit, sondern auch in dem Metamedium, als eine, wie es hier heißt, »gemeinsame Sprachlichkeit«. Das Metamedium greift nicht in die Differenzen ein – vor einer solchen Lesart warnt die zitierte Interpretation. Insofern leistet die von ihm gebotene Einheit keine Vereinheitlichung, sondern eine Grundierung. Polemisch

---

55 Benjamin, »Über Sprache überhaupt«, GS II, 151.
56 Ebd., GS II, 148.
57 Hamann, *Aesthetica in nuce*, 107; N II, 204.
58 B. Menke, *Sprachfiguren*, 104.

könnte man sein Funktionieren so beschreiben, wie Hegel die Rolle Gottes im philosophischen System von Leibniz begreift: »Das Wort Gott ist sodann die Aushilfe, die selbst nur zur Einheit führt, die nur eine genannte ist; ...«[59]

Die Bewegung, die im Namen Gottes begonnen wird, wo die Irreduzibilität der Sprachen zur Geltung kommt, setzt sich in vielfältigen Figurierungen durch. Immer wieder bestimmen fundierende Singulare oder Subjekte das sprachenphilosophische Bild der Moderne. Beispielhaft bei Heidegger, der die Sprache als Subjekt begreift.[60] Aber auch Derrida faßt den Begriff, der das gesamte differentielle Geschehen der Signifikanten ineins nimmt, als Singular: die »différance«.[61] Es ist hier nicht der Ort, diese Figuren als Metamedien durchzubuchstabieren. Es soll mit diesen Verweisen nur angedeutet werden, welche Resonanz der Ur-Sprung der Sprachen als sprachenphilosophisches Paradigma der Moderne hervorruft. Die Irreduzibilität des Sprachlichen trägt sich ein in die Gründungsakte des Diskurses der Moderne und markiert einen Punkt, an dem Differenzierung konstitutiv mißlingen wird.

2 Die Zerstreuung der Kunst

> AUSRUFER. ... Sehn Sie die Fortschritte der Zivilisation. Alles schreitet fort, ei Pferd, ei Aff, ei Kanaillevogel. Der Aff ist schon ei Soldat, s'ist noch nit viel, unterst Stuf von menschliche Geschlecht! Die räpräsentation anfangen! Man mackt Anfang von Anfang. Es wird sogleich sein das commencement von commencement. (Georg Büchner: Woyzeck)

Die Betrachtungen der Sprachen stehen auch im Sturm und Drang vom ersten Augenschein her gesondert von der Spezifik der Sprachen, wie sie in der Literatur auftreten. So scheint es einerseits eine Reflexion auf Sprache überhaupt zu geben, die insbesondere in Herders Sprachenphilosophie und in sprachtheoretischen Exkursen der Dramen vorliegt, und andererseits eine Thematisierung der Sprachen der Kunst, die in einem allgemeinen ästhetischen Bewußtsein des Sturm und Drang zum Ausdruck kommen. Eine Verbindung beider Ebenen kommt nur an einem Punkt verrätselt zum Ausdruck. Der Vorsprecher und Mentor des Sturm-und-Drang-Diskurses, Johann Georg Hamann, schreibt einen schillernden Text unter dem Titel *Aesthetica in nuce*, der in erster Linie Fragen der Sprache thematisiert. Dabei bespricht er diese in einer Allgemeinheit, daß von einem spezifisch ästhetischen Bewußtsein hinsichtlich dieser Fragen nicht

---

59 Hegel, *Vorlesungen über die Geschichte der Philosophie*, Werke 20, 254.
60 Vgl. Heidegger, »Die Sprache«, in: *Unterwegs zur Sprache*, 12ff.
61 Vgl. z.B. Derrida, »Die différance«, in: *Randgänge der Philosophie*, 37.

die Rede sein kann. Er fragt nach dem Ursprung der Sprachen, den er allerdings weniger als Anfang, denn eher als Archetypik versteht. Auf diese Frage hin entwirft er das Bild einer ursprünglich poetischen Sprachlichkeit. Warum sind aber diese Sprach-Betrachtungen mit dem Titel *Aesthetica* überschrieben? Führen die Überlegungen irgendwo auf das Feld einer spezifischen Sprachlichkeit, sei es der Literatur oder gar der Kunst? Oder verwendet Hamann den Titel *Aesthetica* noch in der Bedeutung, die er bei Baumgarten eher hat, so daß sein Text sich in dem Bereich einer allgemeinen Wahrnehmungslehre, in bezug auf die sogenannten unteren Erkenntnisvermögen äußerte?

Mit Blick auf eine Reinterpretation der Stellung, die die Kunst im Sturm-und-Drang-Diskurs zugewiesen bekommt, läßt sich einleitend nach der Konstruktion fragen, die Hamann enigmatisch einrichtet. Welche Verbindung gibt er an, indem er in dieser Weise Sujet und Titel zusammenstellt? Die Genre-Ordnung, die er dem eigenen Text gibt, weist diesen als »Rhapsodie in kabbalistischer Prose« aus. Damit bekundet der Autor keine Ambition, einen erkenntnistheoretischen Diskurs zu führen. Er mimt eher einen Rhapsoden als einen Philosophen oder anderweitig strengen Wissenschaftler. Das bedeutet, daß er von Ästhetik in Richtung der Literatur oder der Kunst spricht. Was besagt aber die Ortsangabe, die der Titel vornimmt, wenn er die Aesthetica in nuce verweist? Von welchem Kern wird hier gesprochen? Zwei Möglichkeiten eröffnet die Verortung. Einerseits könnte, was da »in nuce« angesiedelt ist, von einer Schale verdeckt und insofern nicht zu sehen sein. Wer liest, müßte solche Verdeckung in Rechnung stellen, um es zu verstehen. Andererseits könnte das »in nuce« Behauptete der Kern der Dinge sein, die gerade zu sehen sind. Das wohl zu Sehende müßte in die richtige Ordnung eingebracht werden. Mit der Angabe »in nuce« steht zudem noch die Frage nach einem Zentrum in dem Titel. Angedeutet wird die Möglichkeit, daß kein solches Zentrum sich findet, aber gerade in diesem abwesenden Zentrum die *Aesthetica* stünden.

Der Titel ist, wie er selbst sagt, als Kern konzipiert, der sich aussät, der aufspringt und vielfältige Gestalten annimmt. Der Autor selbst hat sein Werk, in einem der vielen von ihm selbst dazu verfaßten Kommentare, als botanisch verstanden: »... ein mikroskopisches Wäldchen von satyrischen Erdschwämmen, witzigen Pfifferlingen, blühenden Isop, der an der Wand wächst, aufgedunsenen Melonen, kritischen Nüssen«.[1] Demnach müßte die Beziehung von Titel und Text in der gesamten Bandbreite der wuchernden Bedeutungen gesucht werden. Inwiefern zeigt sich das Angekündigte zugleich als verborgen, als im Kern deutlich zu sehen und als dezentrierend? Die Angabe, die innerhalb des – so sicher nicht vollständigen – Trios am meisten verwundert, ist die der Sichtbarkeit. Eine Figur der Verbergung der *Aesthetica* läßt sich klar denken. Zwar redete der Text

---

1 Hamann, »Beurtheilung der Kreuzzüge des Philologen«, N II, 265.

nicht von ihnen, es sei aber sein Geheimnis, gerade als solche verstanden werden zu wollen. Genau von dieser Lesart her wäre auch das Spiel mit dem Zentrum zu deuten. Es befände sich nicht im Zentrum, was sich verborgen doch im Zentrum befindet: die *Aesthetica*. Sollen sie aber klar zutage liegen, dann ist das Rätsel anders gestellt. Es fragt nicht danach, was nicht zu sehen ist, sondern danach, was zu sehen ist. Und es trägt auf, dieses als *Aesthetica* zu begreifen, als die ganzen, die »in nuce« zu denken aufgetragen sind. Frei gesprochen heißt das: Mehr an *Aesthetica*, als im folgenden Text zu lesen, bieten wir nicht – es folgt alles, was es diesbezüglich zu sagen gibt.

Die Frage, wie die Sache der Kunst bei Hamann gestellt ist, hat mit der kleinen Dissemination des Titels eine Richtung bekommen. Wer so fragt, hat etwas als Kunst oder ästhetisch zu verstehen, was er klar sieht. Er hat zu verstehen, wie dieses gerade sich selbst ästhetisch verfaßt, wie es einen Kern der Kunst abgibt. Zugleich wird ihm dies in seiner Verborgenheit begegnen, wird sich entziehen, sich in anderen Schalen bzw. Gefäßen verbergen. Mit dieser Richtungsweisung schwindet eine prima facie naheliegende Möglichkeit, Hamanns Spiel aufzulösen. Die Aussagen des Textes können nicht so verstanden werden, als stellten sie eine Ästhetik dar. Sie stellen dar, was sie darstellen, sagen, was sie zu sagen haben, direkt: möglicherweise eine Ästhetik. Aber sie verbergen nicht etwas, was erst der Interpret als Ästhetik zu verstehen hat. Für die gesamte Lektüre von Hamanns Diskurs ist es entscheidend, diese Differenz im Blick zu haben. Er wird verfehlt, übersetzt man ihn in Ästhetik. Hingegen gibt er aus sich heraus preis, was ihm als *Aesthetica* gilt, im ersten Wortsinn. Er ist darauf angelegt, in seiner Wortwörtlichkeit verfolgt zu werden.

Im folgenden wird davon gesprochen werden, wie es um das ästhetische Bewußtsein des Sturm und Drang bestellt ist. Die Überlegungen nehmen ihren Ausgang von dem Blickwechsel, den Hamann andeutet. So ist die Aufgabe, das für bare Münze zu nehmen, was der Diskurs tatsächlich über seine Stellung zur Kunst sagt, und ihm nicht eine Instanz zuzuschreiben, die verborgen bleibt, aber zugleich in seinen Bewegungen ihren Ausdruck findet. Er wird so bezüglich zweier Momente gelesen: bezüglich seines Desinteresses an Fragen der Kunst im großen und ganzen und bezüglich seiner anästhetischen Interpretation des Verhältnisses von Werken und Wirklichkeit. Beispielhaft ist diesbezüglich die Einschätzung, im Sturm und Drang finde sich »eine Grenze, an der der Schein den ästhetischen Spielcharakter verliert und den Bezirk der Kunst verläßt«.[2] Trotz seiner Orientierung an Literatur und auch an deren Spielcharakter setzt die Epoche doch nicht auf ein ästhetisches Funktionieren derselben. Die These, die so Kontur gewinnen mag, ist, daß der Sturm und Drang das Ästhetische nicht als autonome Geltungssphäre anlegt. Auf der einen Seite betreibt er überhaupt keine

---

2 K. Gerth, »Die Poetik des Sturm und Drang«, in: Hinck (Hg.), *Sturm und Drang*, 70.

ästhetische Wertbildung. Auf der anderen Seite zeichnet er ästhetische Werte unabgeschieden in seine Diskurse ein. Diese Doppelbewegung wird sich aus den Diskussionen heraus verstehen lassen, die Herder und Lenz in Sachen der Kunst führen. Sie setzen dabei bei der Aristotelischen Bindung von Kunst an Nachahmung an und zeigen sich an einer Brechung genau dieses Prinzips interessiert. Die Diskussionen führen selbst zu Spuren, die man als die ästhetische Praxis der Epoche bezeichnen könnte. Es handelt sich um eine ästhetische Praxis ohne ästhetisches Bewußtsein. Wird gefragt, wie das Bewußtsein dieser Praxis denn sonst beschaffen sei, so läßt sich antworten, daß hier ein sprachenphilosophisches Bewußtsein federführend am Werk ist. Inmitten der Fragen der Kunst findet so eine Rückkehr zu derjenigen der Sprachen statt. Am Ende dieser Gestaltungen läßt sich der Sturm und Drang als ein nicht spezifisch ästhetisch fundiertes poetisches Projekt verstehen, das sich in den Diskurs der Moderne einschreibt.

Wo setzt die Lektüre an? Sie fragt diesbezüglich einen Kommentator, der schlechthin auf Distanz zum Geschehen der Epoche gegangen ist. Eine Aussage Goethes in *Dichtung und Wahrheit* gibt in diesem Sinne einen restlos unbedenklichen Anhaltspunkt.

Will jemand unmittelbar erfahren, was damals in dieser lebendigen Gesellschaft gedacht, gesprochen und verhandelt worden, der lese den Aufsatz Herders über Shakespeare, in dem Hefte ›Von deutscher Art und Kunst‹; ferner Lenzens ›Anmerkungen übers Theater‹, denen eine Übersetzung von ›Love's labour's lost‹ hinzugefügt war.

Die *Anmerkungen übers Theater* werden als Basis der folgenden Lektüren verwandt. Es wird sich zeigen, daß sie generell eine Orientierung geben, um die Vorgänge innerhalb des Sturm und Drang im Rahmen der Ästhetik-Diskussion der Moderne zu denken.

2.1 Die Emblematik des Bartes

> (Man stelle sich einen Hegel mit – *philosophisch* – aufgemaltem Bart, einen *philosophisch* kahlrasierten Marx vor, ganz wie eine schnurrbärtige Mona Lisa).[3]

Eigenartigerweise hat Lenz immer wieder Texte geschrieben, die ein parasitäres Verhältnis zu der Epoche haben.[4] Auch die *Anmerkungen übers Theater* fügen sich der von Goethe erwähnten Sammlung *Von deutscher Art und Kunst* hinzu, sehen sich von dieser, wie Lenz schreibt, »nicht ganz überflüssig gemacht«.[5] Bereits diese Eigenart lädt dazu ein, sie als Spiegel der Epoche zu lesen, als Refle-

---

3 Deleuze, *Differenz und Wiederholung*, 14.
4 Vgl. hierzu im Teil I: 6 »Die exklusive Inklusion: Das Pendant«, 111.
5 Lenz, *Anmerkungen übers Theater*, WB 2, 641.

xionsfigur und Kulminationspunkt gleichermaßen. Insbesondere bedeutet das, daß sie mehr noch als andere Texte beim Wort genommen werden wollen. So wird hier – im Zweifelsfall – ganz auf der Oberfläche gelesen, wird dem Text in allen seinen Bewegungen gefolgt.

Nach wenigen einleitenden Absätzen kommt Lenz auf die zentrale Frage der Kunst zu sprechen: ihre Stiftung in Nachahmung. Er sagt deutlich, daß er an der von Aristoteles formulierten These festhalten wird. Dennoch beginnt er eine abwegige Diskussion.

Obschon ich nun wegen dieses Grundtriebes [der Nachahmung – gwb] nicht nötig hätte mich auf eine Autorität zu berufen, so will ich doch nach der einmal eingeführten Weise mich auf die Worte eines großen Kunstrichters mit einem Bart lehnen, eines Kunstrichters, der in meinen Anmerkungen noch manchmal ins Gewehr treten wird. ... Ich habe eine große Hochachtung für den Aristoteles, obwohl nicht für seinen Bart, den ich allenfalls mit Peter Ramus, dem jedoch der Mutwill übel bekommen ist –[6]

Hier mag unterbrochen werden. Auf dem Theater von Lenz tritt eine seltsame Figur auf: Aristoteles mit Bart. Wie kommt es zu dieser Ausstattung? Lenz bringt den Bart ins Spiel, um dann gleich zu bemerken, wie ernst es um diesen stehe. Das genau erzählt die Anspielung auf den Calvinisten, der ermordet wird, da er sich am Bart vergreift. Den LeserInnen ist somit nahegelegt, sich nicht am Bart zu vergreifen, sondern ihn als solchen zu belassen.

Der Bart entfaltet im Kontext des Sturm und Drang einen eigenartigen Widerhall. Auch Herder staffiert in seinem *Versuch über das Sein* die Figur des Aristoteles mit einem Bart aus.[7] Hamann wählt für seine *Kreuzzüge eines Philologen*, innerhalb derer die *Aesthetica in nuce* erscheinen, einen bärtigen Pan als Titelkupfer. Dieses Bild wird explizit kommentiert. Es steht für das Vorgehen des Autors, über das es heißt: »habet enim profundos oculos et mirabiles speculationes in capite suo«. Daraufhin wird folgendermaßen übersetzt: »... das heißt: sein Gehirn ist so voll niedlicher Kreuzzüge als des großen Pans Haupt- und Barthaar«.[8]

Der Bart muß als Bild verstanden werden, das der Sturm und Drang emblematisch gebraucht. Er gibt nicht eine einfache Requisite ab, sondern stellt Rätsel, die der Interpretation zu lösen aufgetragen sind. Im Bild des Bartes wird etwas gesagt, das in Beziehung zu Texten steht, aber in keiner expliziten, sondern einer verrätselten Beziehung. Die Struktur des Bartes ist ein bestimmter Wuchs, eine gleichsam rhizomatische Ausbreitung. Inwiefern korrespondiert diese den Texten und dem, was sie aussagen? Handelt es sich bei diesen Texten um die »Kreuzzüge«,[9] von denen Hamann spricht? Wer so fragt, begreift das Bild, das hier ge-

---

6 Ebd., 649.
7 Vgl. Herder, »Versuch über das Sein«, WKV 1, 9.
8 Hamann, »Hamburgische Nachricht aus dem Reiche der Gelehrsamkeit«, N II, 247.
9 Zum Titel Hamanns vgl.: O'Flaherty, *Johann Georg Hamann*, 75f.

zeichnet wird, als Emblem. Der Text erweist sich als Text-Bild-Zusammenhang, der seine Bedeutung nur aus einer Spannung heraus preisgibt. Dem Bild-Element, der pictura, wird eine inscriptio und eine subscriptio gegenübergestellt. Was der Text sagt, steht in Beziehung zu einem Bild, das textuell umschrieben ist. Das Bild hat so nicht die Funktion einer Illustration, sondern fungiert als kalkuliertes Strategem der gesamten Darstellung. Der Bart spielt weiter mit in dem Aufruf der »Autorität«, die Lenz gibt, als gehe es um nichts.

Aber da er hier von zwo Quellen redet, aus denen die landüberschwemmende Poesie ihren Ursprung genommen und gleichwohl nur auf die eine mit seinem krummen Finger deutet, die andere aber unterm Bart behält (obwohl ich Ihnen auch nicht dafür stehe, da ich aufrichtig zu reden, ihn noch nicht ganz durchgelesen) so ist mir ein Gedanke entstanden, der um Erlaubnis bittet, ans Tageslicht zu kommen, denn einen Gedanken bei sich zu behalten und eine glühende Kohle in der Hand –[10]

Die Figur, auf die die *Anmerkungen* zurückgreifen, wird nicht nur mit einem Bart ausgestattet. Dieser Bart erhält auch eine Funktion, wenn es heißt, daß sie etwas »unterm Bart behält«. Dieses merkt der Autor mit einer rhetorischen Figur der Zurückhaltung an, wobei er dabei nicht nur seine Unsicherheit hinsichtlich der zweiten Quelle der Poesie, sondern auch hinsichtlich der Funktion des Bartes artikuliert. Vom Bart her eröffnet sich ein Spiel zwischen dem, was klar zutage tritt, und dem, was eher verborgenen Wesens ist. Es handelt sich um das Spiel der Poesie oder der Kunst, betrifft es doch die beiden Quellen, die in der Aristotelischen *Poetik* für dieses benannt werden. Lenz konstatiert, was auch in heutigen Kommentaren zur *Poetik* noch bemerkt wird:[11] daß Aristoteles die Nennung von zwei Quellen ankündigt, aber nur eine sich klar ausmachen läßt. Neben der hervorgehobenen »Mimesis« findet sich nichts anderes deutlich als Nennung einer zweiten Quelle markiert. So bleibt in Aristoteles' Text unklar, wie der Ursprung von Poesie und Kunst in Mimesis zu ergänzen wäre.

Lenz nun eröffnet im Zeichen des Bartes die Frage nach den beiden Quellen. Er eröffnet sie, um sie auch sogleich wieder zu schließen, um auch »unterm Bart« zu belassen, was da einen zweiten Ursprung abgeben könnte. Er läßt »die glühende Kohle«, die ihm da in die Hand kommt, fallen, ohne sie weiter begriffen zu haben. Der Absatz reißt ab, und der Autor hat nicht weiter ausgeführt, was für Schlüsse er aus der Verborgenheit der einen Quellenangabe ziehen könnte oder wird. Er schickt die Frage nach einer zweiten Quelle ab und läßt sie zugleich in ihrer Verborgenheit stehen. So fordert er auf, das Bild des Bartes selbst zu verfolgen und hinter ihm etwas zu wittern, das Aufschluß über die Frage der Poesie oder der Kunst geben wird. Dieser Rekurs auf die *Poetik* impliziert zwei Fragen. Erstens diejenige nach dem Prinzip der Nachahmung und seiner Geltung in Sachen der Kunst. Zweitens diejenige nach einem möglichen anderen

---

10 Lenz, *Anmerkungen übers Theater*, WB 2, 649.
11 Vgl. dazu M. Fuhrmann, »Anmerkungen«, in: Aristoteles, *Poetik*, 106.

Prinzip, das in Aristoteles' Text oder darüber hinaus zu suchen wäre. Dieses zweite Prinzip könnte entweder das der Nachahmung ergänzen, sich also unbezogen neben es stellen, oder in Konkurrenz zu ihm treten und es somit herausfordern.

Die Szene atmet eine Doppeldeutigkeit, die es zu beachten gilt. Zwar ruft der Lenzsche Text Aristoteles als Figur auf, mit der er eher mutwillig umspringt. Er zeigt sich ganz in der Manier, die man gewöhnlich dem Sturm und Drang zuschreibt. Dieser bricht – so sagt man – mit Aristoteles und der auf ihn sich stützenden Lehre von den dramatischen Einheiten. Aber gerade die beiden Texte, auf die Goethe verweist, halten sich eher an Aristoteles als eine Autorität. Sie halten, wie es bei Lenz wörtlich heißt, mit »Hochachtung« an ihm fest und sind geradezu bemüht, ihn vor Fehldeutungen zu schützen. Die Debatte, die Lenz und Herder führen, stellt also keine schlichte Abrechnung dar. Sie setzt konstruktiv bei den Aristotelischen Gründungsfiguren an, um sie auf ihr Recht hin zu befragen. Der Sturm und Drang muß hier so gelesen werden, daß er die Frage nach der Geltung der Nachahmung aufwirft. Im Licht dieser Frage steht die Bewegung der Kunst, die sich vollzieht. In einem der Texte, der auch diese Bewegung initiiert und reflektiert, Herders *Plastik*, wird dezidiert gesagt, daß sich an Nachahmung nicht einfach festhalten läßt.

> Ich fand, daß so sehr man die Malerei skulpturisieren und die Skulptur malen wolle, und überall von Nachahmung der schönen Natur spreche, man eben damit fast immer die unerträglichsten Halbwahrheiten sage, und daß es die größten Ungereimtheiten ausgeboren, wenn man Eine Regel Einer Kunst ohn Ausnahme durchaus auf die andre anwenden wollen.[12]

Das Argument, das hier gegen die Nachahmung entwickelt wird, hat Relevanz für den gesamten Diskurs des Sturm und Drang. Das von Aristoteles aufs Schild gehobene Prinzip wird nicht inhaltlich diskutiert und dabei für ungenügend befunden, sondern aufgrund seines Ansatzpunktes kritisiert. Problematisch erweise sich, daß man »überall von Nachahmung der schönen Natur spreche«. Dabei komme es zu einer Ausweitung der angewendeten Regeln, die der jeweils betrachteten Kunst nicht gerecht werde. Jede allgemeine Regel, die ohne Berücksichtigung der Unterschiede der verschiedenen Künste auf diese angewandt werde, erscheint so als unbegründet.

Der Sturm und Drang zeigt einen klaren Ansatzpunkt: Er denkt von den unterschiedlichen Künsten her. Zuerst haben diese in ihrer jeweiligen Konstitution Geltung. Alle Fragen der Kunst werden mit dem Akzent vorgetragen, sich vor der Pluralität der Künste rechtfertigen zu müssen. Das hat zur Folge, daß überhaupt der singuläre Begriff der Kunst ins Wanken gerät. Es erscheint nicht mög-

---

12 Herder, *Plastik* (1770), SWS VIII, 127; zugleich in: *Werke in 3 Bänden*, Band 2 [im folgenden: Proß 2], 417.

lich, Aussagen zu treffen, die umfassend auf ein Gebiet des Namens Kunst zutreffen. Diese Bewegung einer Rückkehr zu oder eines Ausgangs von den einzelnen Künsten hängt mit der Frage nach der Nachahmung zusammen. Herder sagt deutlich, daß er das aristotelische Theorem als etwas versteht, das allgemein Künste zu umfassen beansprucht. So wird in dem Maße, in dem Künste in ihrer Differenz in den Fokus rücken, von Nachahmung zu sprechen problematisch. Auch wenn Lenz beispielsweise in den *Anmerkungen übers Theater* für sie aussagt, konterkariert er diese Aussage mit einer Vielzahl von Bemerkungen, die sich gegen sie wenden. Zudem läßt die Aussage von Lenz sich auch so verstehen, daß sie Nachahmung wieder als bloße Stiftung der dramatischen Form begreift, sie damit an dem Punkt relokalisiert, an dem sie bei Aristoteles wörtlich steht. Symptomatisch kann Lenz' teilweise bedenkenloser Gebrauch des Begriffes Nachahmung genommen werden, sofern er anzeigt, daß nicht offen gegen diesen Begriff argumentiert wird. Er wird nicht von sich her in Frage gestellt. Vielmehr scheint der Diskurs, wie die Frage nach der zweiten der Quellen sichtbar macht, mit anderen Strukturen beschäftigt, in denen Nachahmung möglicherweise keine Rolle spielt.

Die Disposition des Sturm und Drang in bezug auf die Frage der Kunst zeigt bislang insgesamt vier Linien. Erstens den Ausgangspunkt bei der Pluralität und Differentialität der Künste. Zweitens die Rückkehr zur Stiftung der Kunst in Nachahmung und damit die Diskussion mit Aristoteles und über ihn hinaus. Drittens den Verweis darauf, daß eine andere Quelle in Sachen Kunst zu suchen oder zu denken sei. Viertens das emblematische Bild des Bartes, das sich mit dem Diskurs verbindet und diesen eigentümlich verrätselt erscheinen läßt. Es wird im folgenden notwendig sein, diese vier Linien zu verknüpfen. Eine solche Verknüpfung könnte das Ziel haben, eine Stellung der Kunst im Diskurs anzugeben, die nicht die Pluralität der Künste egalisiert. Sie könnte auch das andere haben, den Mechanismus zu erklären, der es erübrigt, von Nachahmung zu sprechen. Wie auch immer das konkrete Ziel formuliert wird, handelt die Ortung der Kunst im Sturm und Drang davon, das gesamte Gebiet des Ästhetischen auf neue Art und Weise zu verzeichnen. Dies geschieht in drei Schritten. Ein erster führt Anläufe vor, die Nachahmung bzw. Mimesis theoretisch zu depotenzieren. Ein zweiter verfolgt den Begriff der Wiederholung als Mechanismus, der mimetisches Funktionieren entkräftet. Ein dritter formuliert von einer Lektüre der *Anmerkungen übers Theater* aus die anästhetische Ästhetik des Sturm und Drang im Blick auf das poetische Projekt der Moderne.

2.2 Depotenzierungen der Mimesis

Der Sturm und Drang läßt sich im Rahmen einer Bewegung betrachten, die für große Bereiche der philosophischen Theorien der Moderne charakteristisch ist. Insgesamt hat diese Bewegung, wie Paul de Man es nennt, »die Erschütterung der Mimesis«[13] zum Ziel. Hier läßt sie sich nicht allein mit den Texten von Herder und Lenz konturieren. Zu indirekt und verstreut sind bei ihnen die Bemerkungen, in denen das Dispositiv von Depotenzierungen der Mimesis sich zeigt. Diese Bemerkungen werden also mit modernen Positionen ergänzt und mittels dieser Ergänzung lesbar. Drei Bewegungen um und mit Mimesis lassen sich ausmachen: ihre Pluralisierung, ihre Orientierung am Vorgeistigen und ihr Verschwinden.

Mimetische Apparaturen — Herders Figur, gegen das universale Prinzip der Nachahmung die Pluralität der Künste ins Feld zu führen, verändert den Begriff dieses Prinzips selbst. Er wird aufgesplittert. Diese Aufsplitterung ereignet sich entlang der verschiedenen Sinne, an denen sich Künste jeweils orientieren. Von den Sinnen gedacht kommt es nicht zu einem Singular mimetischen Geschehens, wie er anthropologisch zu setzen wäre.

> Wie das Gesicht ursprünglich alle Gegenstände auf einer großen Fläche, auf einer bebilderten Tafel gewahr wird: so ist die Malerei hier die Nachahmerin der Natur und gibt auch, wie diese, Himmel, Erde, Meer, Bäume, Menschen auf Einer Fläche.[14]

Nachahmung, wie sie hier beschrieben ist, gilt nicht einer umfassenden Natur, die angemessen ins Werk zu setzen wäre. Vielmehr orientiert sie sich an der Verfassung eines Sinnes, des Gesichts. Die Flächigkeit der Wahrnehmung, die sich dort findet, wird von der Darstellung, die ein Tafelbild bietet, nachgeahmt. Diese Interpretation setzt eine Korrelation von Künsten und Sinnen voraus. So treten auch beispielsweise Musik und Gehör, Bildnerisches und Gefühl zusammen.[15] Lassen diese Korrelationen sich behaupten, dann kann die Struktur der Nachahmung eine andere Fundierung erfahren. Sie wird an den jeweiligen Sinn gebunden und gilt nur partiell. Die Verfassung des Sinnes stellt die Vorgabe, an der Nachahmung sich nun orientiert.

> Er [der Maler – gwb] kann in Kleidern die schöne Natur im Anscheine nachahmen, weil Kleider zum schönen Anschein der Natur gehören; zum schönen Gefühl der Natur aber gehören sie nicht.[16]

Die Gesamtheit der Natur, an die eine umfassende Nachahmung sich hält, wird von der Differenzierung der Sinne in Frage gestellt. Es kommt zur Gegenüberstellung eines »schönen Anscheins«, eines »schönen Gefühls«, einer schönen Klanglichkeit etc., die von der Natur auf ihre jeweilige Weise berichten. Herder beschreibt diesen Vorgang so, als komme er von einer einheitlichen Natur her.

---

13 De Man, »Ästhetische Formalisierung: Kleists ›Über das Marionettentheater‹«, in: *Allegorien des Lesens*, 216.
14 Herder, *Plastik* (1770), SWS VIII, 129; Proß 2, 419.
15 Vgl. ebd.
16 Herder, *Plastik* (1770), SWS VIII, 134; Proß 2, 426.

Zuletzt aber muß das Bild so umgezeichnet werden, daß die jeweiligen Sinne selbst ihre jeweilige Natur haben. Die differentiellen sinnlichen Erfahrungen, die sie bieten, lassen sich nicht in eine ihnen vorgängige Einheit der Natur übersetzen. Herder verfolgt somit die »physis in différance«.[17] An dieser nun vermag Nachahmung nicht mehr anzusetzen. Sie rückt aus diesem Grund an die Sinne heran. Die Sinne bieten trotz aller Uneinheitlichkeit der Natur eine Verfassung, die sich jeweils nachahmen läßt. Als Resultat dieser Bewegung kommt es einmal zur Nachahmung der Natur nach Art des Gesichts, ein andermal zu derjenigen der Natur nach Art des Gefühls, etc. Zwar stellt die Orientierung an der Natur verschiedener Sinne eine konvergente Motivation dar, aber es entstehen doch künstlerische Verfahrensweisen, die nicht nur Natur unterschiedlich, sondern eine unterschiedliche Natur wiedergeben. Es entstehen einzelne mimetische Apparaturen. Dieser Aspekt in der Pluralisierung des Nachahmungs-Begriffs kommt besonders deutlich in Benjamins Aufsatz *Das Kunstwerk im Zeitalter seiner technischen Reproduzierbarkeit* zum Ausdruck.

Der Maler beobachtet in seiner Arbeit eine natürliche Distanz zum Gegebenen, der Kameramann dagegen dringt tief ins Gewebe der Gegebenheit ein.[18]

Die Differenz der sinnlichen und der technischen Apparatur, die Benjamin hier beschreibt, ist auch eine mimetische. Die Geschichte vom Ende der Aura, vom Entstehen einer nachauratischen Kunst erzählt davon, wie mimetische Apparate unterschiedlich funktionieren. Der Gesichtssinn kennt eine Natur auf Distanz. Die Kamera hingegen richtet sich auf eine zerrissene und zerstreute Natur, die von ihr seziert wird. Wenn Kunst sich, wie Benjamin es vertritt, entlang der apparativen Verfassungen differenziert, besagt das, daß partiell Nachahmung stattfindet: jeweils gebunden an die sinnlich-apparativen Einrichtungen. Entlang des Gesichts oder der Kamera bilden sich mimetische Apparate, die diese Einrichtungen nachahmen. Die mimetischen Apparate bringen unterschiedliche Bilder einer Natur hervor, die selbst aus ihrem Blickwinkel keine Einheit wahrt.

Nachahmung wird in der ersten Bewegung dahingehend depotenziert, daß ihre Zielsetzung gleichsam verkleinert wird. Sie ist nicht mehr darauf ausgerichtet, die naturale Umgebung des Menschen als gesamte zu erfassen. Sie erfaßt nur unterschiedliche Funktions- und Darstellungsweisen von Sinnen. Von diesen her gibt es nur verschiedene Nachahmungen, die nicht mehr auf eine Abspiegelung des umfassenden Ganzen gerichtet sind.

Mimesis ans Vorgeistige — Lenz zeigt eine andere Umverlagerung des Nachahmungs-Begriffs an, wo er die Funktion von Kunstwerken beschreibt. Auch hier wird Nachahmung mit einer Differenzierung in Verbindung gebracht. Allerdings

---

17 Derrida, »Die différance«, in: *Randgänge der Philosophie*, 43.
18 Benjamin, *Das Kunstwerk im Zeitalter seiner technischen Reproduzierbarkeit*, GS I, 496.

zeigt sie sich nicht intern differenziert, sondern erfährt die Differenzierung vorgängig.

Denn die Natur ist in allen ihren Wirkungen mannigfaltig, das Handwerk aber einfach, und Atem der Natur und Funke des Genies ist's, das noch unterweilen zu unserm Trost uns durch eine kleine Abwechselung entschädigt.[19]

Die Entgegensetzung von Mannigfaltigkeit und Einfachheit, die Lenz profiliert, betrifft die Ordnungen des Menschen überhaupt. Auf der einen Seite steht die Natur, von der sich auf der anderen Seite menschliches Handwerk oder menschliche Technik differenziert. So ist die »Abwechslung«, die aus der Einfachheit heraus zustande kommt, und die sich mit dem »Genie« und der Kunst verbindet, alles andere als ein kompensatorisches Amüsement. Sie aktualisiert eine ursprüngliche Konstitution, eine ursprüngliche Konfiguration von Welt, gegen die sich Technik mit ihrem Prinzip gesetzt hat. Hiermit gewinnt Nachahmung eine differentielle Orientierung. Ahmt gewöhnlich der Mensch sich selbst in seiner Einfachheit nach, so führt eine spezifische Nachahmung dazu, die Mannigfaltigkeit der Natur wieder sichtbar zu machen.

Nachahmung wird hier letztlich in dem Spannungsfeld zwischen Natur und Geist verzeichnet. Sie richtet sich auf eine der beiden Seiten und führt damit über die andere hinaus. Was nachgeahmt wird und was nachahmt, gehört damit einer Welt an, die nicht in den Maßen des Geistes zu vermessen ist. Die Reorientierung von Nachahmung, die sich hier andeutet, hat am deutlichsten Adorno in der *Ästhetischen Theorie* durchgespielt. Ihm öffnet Kunst qua Mimesis die ansonsten verschlossenen Tore in eine vorbegriffliche Welt. »Mimesis ist in der Kunst das Vorgeistige, dem Geist Konträre und wiederum das, woran er entflammt.«[20] Spielt nach konventionellem Verständnis Nachahmung der Erkenntnis zu, so distanziert Adorno sie vom Geist. Sie wird als Praxis erläutert, die das Geistige, das vom Menschen Eingerichtete, unterbricht. Sie entkommt den Bahnen funktionierender Kommunikation und vermag dies, da sie selbst der Natur eine Sprachlichkeit ablauscht, die Lenz als eine der Mannigfaltigkeit charakterisiert hätte.

Die mimetischen Impulse, die das Kunstwerk bewegen, in ihm sich integrieren und es wieder desintegrieren, sind hinfällig sprachloser Ausdruck. Sprache werden sie durch ihre Objektivation als Kunst. Rettung von Natur, begehrt sie auf gegen deren Vergänglichkeit. Sprachähnlich wird das Kunstwerk im Werden der Verbindung seiner Elemente, eine Syntax ohne Worte noch in sprachlichen Gebilden. Was diese sagen, ist nicht, was ihre Worte sagen.[21]

---

19 Lenz, *Anmerkungen übers Theater*, WB 2, 660.
20 Adorno, *Ästhetische Theorie*, 180.
21 Ebd., 274.

Das allgemeine Ziel, »Rettung von Natur«, wird auf dem Boden einer Sprache erreicht, die keine Sprache ist. Nicht gelangt Kunst in den Status einer die Seite wechselnden Mimesis durch Worte, die etwas sagen. Erst darin, daß sie »eine Syntax ohne Worte« realisiert – auch dort, wo sie Worte gebraucht –, hat sie ihr nachahmendes Potential. Sprache eignet Kunstwerken in ihrem »sprachlosen Ausdruck«. Mittels dieser anderen Sprache gelingt es, Nachahmung, nicht »Puppe, Nachbild, Affe, Statüe«,[22] zu sein. Sie partizipiert so an Konstitutionsformen der Natur, eines noch nicht vom Geist geprägten Lebens. Genau ein solches realisiert die ästhetische Mimesis auch wieder. Sie gelangt nicht nur in den Status, sich an eine vom Geist noch unberührte Mannigfaltigkeit anverwandeln zu können. Sie bringt auch eine anverwandelnde Praxis hervor. Diese Bewegung beschreibt Christoph Menke.

Mimetischer Nachvollzug der Bewegung des Kunstwerks meint eine ästhetische Sinnlichkeit, die seinem Verstehen nicht unbezogen gegenübersteht, sondern seinem ästhetischen Vollzug gilt. Die prozessuale Dimension, die die Erläuterung der ästhetischen Sinnlichkeit im Begriff der Mimesis zurückgewinnt, verweist auf ein aktives Moment.[23]

Was Nachahmung als Moment der Kunst an Reaktion hervorbringt, indem sie eine anverwandelnde Praxis initiiert, besagt Zweierlei: Einerseits gelingt von ihr her eine spezifische »ästhetische Sinnlichkeit«, die einen Wechsel in den menschlichen Praktiken darstellt. Insofern stellt sie aus Sicht der Orientierungen des Menschen eine Erweiterung dar. Andererseits bleibt sie aber darin mit ihrem Potential bei sich. Wer ihre Möglichkeiten in der Kunst erfahren will, muß selbst sich ihrer Struktur anempfinden. So wird sie in der Umverlagerung in Richtung des Vorgeistigen zugleich an dieses gebunden, ist darauf beschnitten, dem Vorgeistigen anzugehören.

In der Bewegung, die Nachahmung am Vorgeistigen orientiert, wird diese eingeschränkt. Sie kann nur für einen eingeschränkten Bereich beanspruchen, ihr Potential zu entfalten. Wenngleich sie bezüglich des Bereichs, der ihr zugetraut wird, Besonderes leistet, ist sie doch depotenziert. Für das spezifisch Geistige menschlicher Praxis kommt Nachahmung so nicht mehr in Betracht. Zwar bewahrt sie sich ihre Einheit, aber in der Verkleinerung, nur auf einem klar begrenzten Terrain angesiedelt zu sein.

Unsichtbare Mimesis — Wie bereits angedeutet, finden sich in den Texten des Sturm und Drang immer wieder Punkte, an denen aufgehört wird, von Nachahmung zu reden. Die Kommentare wenden sich dann von der Beziehung zwischen Kunst und außerästhetischem Sonst ab, um allein die Konstitution innerhalb der Kunst zu betrachten. Eine Passage aus Herders *Plastik* läßt sich hier als

---

22 Herder, »Shakespear«, in: *Von deutscher Art und Kunst*, SWS V, 213; WKV 2, 503.
23 Ch. Menke, *Die Souveränität der Kunst*, 120f.

Beispiel nehmen. In Frage steht dort die Technik, an der Skulptur Kleidung anzubringen, ohne daß diese den Körper überdeckt. Damit die Dreingabe sich dem Körper anschmiegt, wird nasse Kleidung über den Körper gestreift.

> Man hat die nassen Gewänder viel erläutert: ich erinnere mich aber keinen ersten Grund gelesen zu haben, woher sie in der Bildnerei von so guter und in der Malerei von keiner Würkung sind? Winkelmann hält sie bloß für Nachbildungen der Natur, da die Griechen sich in Leinwand kleideten. Aber warum naßanklebende Leinwand, die doch gewiß kein Grieche getragen? Warum eine Sonderbarkeit der Kunst, die in der Natur ja kein Vorbild hat? Und warum behielt man diese Sonderbarkeit so lange und zu Zeiten bei, da gewiß die Abgebildeten keine solche Leinwand mehr trugen? Offenbar, daß sie ein Kunstgriff der Bildenden gewesen, um Schwürigkeiten zu entkommen, und Zwecke zu erreichen, die zum Wesen seiner Kunst gehörten – kurz durch diese Art von Bekleidung wurde die Bekleidung gleichsam vernichtet.[24]

Die Erläuterung, die Herder gibt, funktioniert folgendermaßen: Man habe ein Moment der Kunst, im besprochenen Fall die sich anschmiegende Kleidung, für Nachahmung von Natur genommen. In dieser Weise aber sei dieses Moment mißverstanden worden. Es stelle vielmehr eine »Sonderbarkeit der Kunst« dar und wäre folglich aus deren Beziehung zur Natur heraus nicht zu erklären. Hinsichtlich der besprochenen Kleidung ist es nicht relevant festzustellen, daß sie im Leben nicht vorkommt. Das Prinzip des Plastischen gibt vor, wie Kleidung an einem dargestellten Körper angebracht werden kann, ohne den geltenden Primat des Körpers zu verletzen: als Kleidung, die zugleich vernichtet wird. Zur Frage der Nachahmung kommt hiermit ein Dementi. Sie hat in solchen Fragen der Kunst, wie hier besprochen, keine Funktion. So bedarf sie auch keiner besonderen theoretischen Kontur, sondern verbleibt ungedacht.

Komplementär zur Darstellung, die der Text *Plastik* wählt, kommt es in dem Text *Shakespear* zu einem Widerruf. Auch dieser betrifft die Bedeutung des Verhältnisses zwischen Kunst und dem Raum, der sich um sie herum befindet. Herder bespricht die Situation, in der im antiken Griechenland die sogenannten dramatischen Einheiten entstanden. »Alle diese Dinge [die Regeln, z.B. der Einheit etc. – gwb] lagen damals in der *Natur*, daß der Dichter mit all seiner Kunst ohne sie nichts konnte!«[25] Solche Beschreibung versteht die Konstitution von Kunst nicht aus einem Prinzip heraus, das für diese spezifisch wäre. Die Begrenzung von Kunst verschwindet überhaupt, wird diese doch mit auf dem Boden der Natur verzeichnet.

Wenngleich die kurz angedeuteten Bewegungen in *Plastik* und in *Shakespear* gänzlich entgegengesetzt scheinen (die eine reduziert auf Kunst, die andere auf Natur), teilen sie zumindest eine Konsequenz. Aus beiden folgt, daß die Frage der Nachahmung keinerlei Interesse auf sich zieht. Jeweils wird die Figur des

---

24 Herder, *Plastik* (1770), SWS VIII, 137; Proß 2, 430.
25 Herder, »Shakespear«, in: *Von deutscher Art und Kunst*, SWS V, 211; WKV 2, 501.

Übertritts vom einen Bereich in den anderen, von Natur zur Kunst oder umgekehrt, egalisiert. Verliert sich aber mit dieser Egalisierung aller Maßstab für die Gegenstände, die ein Werk behandelt? Läßt Herder jedwelche »Kunstgriffe« oder Naturgriffe zu? Wie ist der Maßstab zu verstehen, der von den nassen Kleidern an der Skulptur sagt, sie seien dieser angemessen? Um eine Antwort auf diese Fragen zu gewinnen, läßt sich ein Umweg über eine kurze Beschreibung einschlagen, wie sie Georg Lukács in der *Theorie des Romans* gibt. Diese teilt gewisse Motive mit derjenigen Herders über jene Welt, in der alles aus der Natur seinen Ausgang nahm. Lukács spricht über das Ideal einer sinnhomogenen Welt, wie sie das antike Griechenland gekannt habe:

> Das Verhalten des Geistes in dieser Heimat ist deshalb das passiv-visionäre Hinnehmen eines fertig daseienden Sinnes. ... Schaffen [ist] ein Abzeichnen sichtbar-ewiger Wesenheiten, ...[26]

Auch hier lautet die Pointe, daß Kunst keine besondere Gestalt gewinnt. Alles »Schaffen« hält sich an Vorgaben, die außerhalb seiner liegen. Analog hatte Herder es reformuliert. Lukács aber fügt dem eine Erläuterung hinzu. Er markiert die Passivität, die der Kunst in der Situation ihrer Auflösung in Natur zuteil wird. Passivität aber bedeutet, daß die geltenden Regeln nicht überall gleichermaßen vorliegen. Was im Werk verwirklicht wird, zeigt sich als anderswo gegeben. So kehrt doch in der Entgrenzung, sei sie im Namen von Natur oder Kunst vorgenommen, eine Grenzziehung zurück. Das »Schaffen« setzt seine Passivität von sich aus darin, daß es alle Aktivität als jenseits seiner gegeben erscheinen läßt. Somit entsteht eine »Nachahmung ..., die sich ihr eigenes Urbild erzeugt.«[27] Genau diese Struktur läßt sich auch in den »Sonderbarkeiten« der Plastik entziffern, von denen Herder berichtet. Der »Kunstgriff«, die Kleidung als naß erscheinen zu lassen, versteht sich als passiv, als gesetzt von einem Urbild der Kunstform, dem er folgt. Hinter dem Verzicht auf einen Übergang, der behauptet wird, verbirgt sich ein homogener Übergang, der unsichtbar bleibt. Es funktionieren mimetische Strukturen, obwohl der allgemeine theoretische Rahmen, der eröffnet ist, so erscheint, als fänden diese keine Boden.

In der Bewegung, die alle Kunst auf einen Boden verweist, bleibt Nachahmung erhalten. Sie wird als unsichtbares Theorem strukturell mitgeführt. Dies stellt eine Depotenzierung insofern dar, als ihr Begriff kein Profil gewinnt. Er verbleibt nicht nur strategisch unsichtbar, sondern wird auch infolge der fehlenden Thematisierung entkräftet. Wie es auch anderen als metaphysisch verrufenen Begriffen später widerfahren wird: sie fallen einer Verschwiegenheit anheim, die sie gleichermaßen wahrt wie in ihrer Bedeutung verschwimmen läßt.

---

26 Lukács, *Die Theorie des Romans*, 24.
27 J. Vogl, »Mimesis und Verdacht. Skizze zu einer Poetologie des Wissens nach Foucault«, in: F. Ewald und B. Waldenfels (Hg.), *Spiele der Wahrheit*, Frankfurt/M.: Suhrkamp 1991, 197.

Zwischenstand — Die drei nachgezeichneten Depotenzierungen von Mimesis teilen trotz aller Divergenz ein Moment. Sie stellen Depotenzierungen umwillen der Rettung dar. Der Begriff der Nachahmung wird in ihnen auf eine Weise reorientiert, daß er gegen Angriffe gewappnet auftritt. Dies wird insbesondere in den ersten beiden dargestellten Bewegungen deutlich. Sowohl die Pluralisierung als auch die Einschränkung von Nachahmung weist dieser einen Platz an, auf dem sie nicht das Potential zu verteidigen hat, das ihr in der Aristotelischen Begründung zuteil wurde. In beiden Versionen behält sie nicht die Allgemeinheit und Universalität, die ihr in der ursprünglich anthropologischen Interpretation zukommen. Allein in der dritten Reversion, die die Nachahmung erfährt, bleibt ihre Geltung dem Anschein nach uneingeschränkt, wenn sie auch nicht mehr expliziert wird. Doch ist bereits die gesamte Konstruktion der Unsichtbarkeit so angelegt, daß das in ihr wirksame Theorem sich nicht der Kritik aussetzt. Zugleich verliert diese seltsame Nachahmung, mittels derer sich die Produktionen als Passivität gebärden, die umfassende anthropologische Zielsetzung. Auch hier bleibt das Prinzip als einheitliches gewahrt, erhält aber eine partielle Aufgabe zugewiesen: die, für Produkte von Kunst einen kohärenten Maßstab bereitzustellen.

Mit der Figur der gewahrten Nachahmung verbindet sich auch stets die der Erkenntnis. Immer steht das Mimesis-Theorem in dem Licht, der Erkenntnis zuspielen zu sollen. Ob es auf die Sinne hin zerstreut wird, ob es auf das Vorgeistige eingeschränkt erscheint oder ob es den nicht-sichtbaren Grund einer passiven Praxis abgibt: jeweils läßt sich ihm epistemologisch Sinn zuschreiben. Das wird besonders in der zweiten Bewegung deutlich, die sich ganz aus den Bahnen des Geistes entfernt. Die Annäherung ans Vorgeistige als mimetische Praxis steht zwar im Zeichen der Geist-Ferne. So wird sie auch von Adorno auf eine Weise gezeichnet, die jede Rückübersetzung in eine Sprache der Identität ausschließt. Dennoch stellt bereits die Angabe, daß Mimesis sich als Sprachlichkeit ereigne, eine Überschreibung an die Erkenntnis dar. Als Sprache, wenngleich ohne Worte oder anderweitig semantisch bekannte Einheiten, zeigt sich das mimetisch Funktionierende als erkennbar. Es fällt in die Ordnung des Sprachlichen, zuletzt doch eine des Geistes. Damit bleibt der Begriff der Nachahmung an die Zielsetzung von Erkenntnis gebunden.

Die Rettung der Nachahmung, die sich in ihrer Depotenzierung ereignet, impliziert die Bewahrung einer differenzierten Sphäre der Kunst. Auch hier stellt die letzte Version der Nicht-Sichtbarkeit diejenige dar, in der es scheint, als sei ihre alte Funktion überwunden worden. Aber gerade das Signum der Passivität, das ihr von Lukács explizit und von Herder implizit zugeschrieben wird, gibt der Kunst eine klare Kontur. Sie stellt damit eine Praxis dar, die sich qua Nachahmung von allen anderen unterscheidet. Damit ist nicht gesagt, wie weit oder eng der Begriff der Kunst jeweils gefaßt wird. Hinsichtlich seiner Kontur ist es entscheidend, daß sich die mimetisch hergestellte Passivität überhaupt von einem Urbild entfernt, das unabhängig von dem Bereich der Mimesis besteht.

Nach den nachgezeichneten Depotenzierungen der Mimesis ist die Frage, die der Sturm und Drang in bezug auf Aristoteles eröffnet, immer noch ungeklärt. Inwiefern Nachahmung zurückzuweisen ist oder sich eine andere Quelle des Ästhetischen öffnet, läßt sich nicht mittels dieser Bewegungen deuten. So bleibt die Spur zu verfolgen.

Mimesis gegen Wiederholung — Mit welchem Recht polemisiert Herder dagegen, daß man »überall von Nachahmung spreche«? Von welchen Konstitutionen berichtet er, wenn nicht von solchen in Mimesis? Es wurde deutlich, daß mehrere Konstitutionsfiguren, die in dem Text *Plastik* entwickelt werden, durchaus auf Nachahmung setzen. Damit erscheint fraglich, ob hier überhaupt andere solcher Figuren in Betracht kommen. Das läßt sich von dem Punkt aus diskutieren, der Herders Kritik an der Nachahmung strukturell motiviert hatte. Dort wird unter Verweis auf die Differenz der Künste gesagt, daß dieser ein allgemeiner Begriff nicht gerecht wird. Herder führt sein Argument weiter aus.

Unsre allgemeine Begriffe sind nur Zeichen unsrer Schwäche, da wir von vielen verschiednen Dingen ein abgesondertes gemeinschaftliches Merkmal denken, weil wir jedes der vielen einzelnen Dinge in aller individuellen Verschiedenheit und Bestimmtheit nicht auf Einmal denken können, und daher täuschen uns auch jene allgemeine Begriffe so oft.[28]

Zuletzt weitet sich die Konstruktion, innerhalb derer Herder agiert, auf eine Kritik an Begrifflichkeit überhaupt. Nicht allein auf dem Boden der Kunst gilt, daß die Dinge in Differenz bestehen. »Individuelle Verschiedenheit« erweist sich als Signum alles Denkbaren überhaupt. Immer kommt es zur Diskrepanz zwischen dem »gemeinschaftlichen Merkmal«, auf das der Begriff sich stützt, und der Individualität der Dinge. Dieser Konflikt herrscht damit allgemein in erkenntnistheoretischen Fragen und beschränkt sich nicht nur auf das Ästhetische. Herder scheint seine Figur aus einer weitläufigen Erkenntniskritik zu gewinnen.

Bedeutet die Erweiterung der Verwerfungen zwischen Allgemeinem und Partikularem, daß die Kritik an der Nachahmung, da nicht spezifisch, zusammenbricht? Wenn der Konflikt generell unumgänglich ist, dann läßt sich an einer aus genereller Perspektive kritisierten Nachahmung festhalten. Genau diese Konsequenz muß aber nicht gezogen werden, zeigt die Darstellung zur Begrifflichkeit sich nicht als universell gültig. Sofern nicht umfassend zutrifft, daß Begriffe von den individuell verschiedenen Dingen gemeinschaftliche Merkmale abziehen, steht es weiterhin offen, Nachahmung hinsichtlich einer Verfälschung, die sie darstellt, zu kritisieren. So läßt sich auf eine Passage des Textes rekurrieren, in der Herder auf die erkenntnistheoretischen Strukturen zurückkommt. Es wird erzählt, wie sich ontogenetisch Allgemeinheit ausbildet.

---

28 Herder, *Plastik* (1770), SWS VIII, 148; Proß 2, 445.

> Noch empfand der zum Säuglinge gewordne Embryo Alles in sich: aus einem Zustande, wo er nur eine empfindende Menschliche Pflanze gewesen war, ward er auf eine Welt gesetzt, wo er ein Menschliches Tier zu werden beginnt. ... Hier sind z. E. zwo gleiche Empfindungen: gleich? dieselben? so wird das erste Urteil gebildet, daß das Wiederholte dieselbe Empfindung sei. Die Form des Urteils blieb dunkel und mußte verlöscht werden, denn sie sollte Urteil zu sein aufhören; sie soll die Bestandheit eines unmittelbaren Gefühls erhalten: sie soll die Grundlage, die ewig gesicherte Grundlage aller der Urteile und Schlüsse werden, daß es sinnliche Wahrheit außer uns gebe.[29]

Sehr präzise handelt Herder hier von der Konstitution des Realitätsprinzips. Dabei kommt Allgemeinheit insofern zum Tragen, als es für dessen Herstellung unerläßlich ist, die Identität von Zuständen festhalten zu können. So finden sich dem wahrnehmenden Wesen zuerst zwei Empfindungen. Über diese nun soll gelernt werden, daß sie gleich seien. Was dabei gelernt wird, ist, daß sie sich wiederholen. Das genau erzählt Herder. Allgemeinheit hängt in dieser Beschreibung mit Wiederholung zusammen. Dabei bleibt offen, wie diese wiederum sich zu Identität verhält. »Daß das Wiederholte dieselbe Empfindung sei«, heißt, daß nicht ein Merkmal aus seiner Individualität gemeinschaftlich gemacht wird, sondern daß sich ein Merkmal erst einmal wiederholt. Zu wiederholen vermag es sich auch als individuelles. Die Konstitution in Wiederholung stellt Gleichheit als »unmittelbares Gefühl« her, ohne die Distanz, die ein abstrahierender Begriff einnimmt. Der Übergang von individuell verschiedenen Dingen zu deren Allgemeinheit funktioniert damit, schematisch beschrieben, ohne Identitätsprüfung. Die bloße Tatsache, daß etwas sich wiederholt, stellt die Allgemeinheit her.

Die in der Begriffskritik entwickelte Darstellung läßt sich konterkarieren. Nicht notwendig verletzt der Schritt zur Allgemeinheit die individuelle Verschiedenheit der Dinge. Wenn dieser Schritt als Wiederholung gedacht wird, werden die Dinge in ihrer Individualität zusammengefaßt. So zeigt sich eine Konstitution, die nicht die Einzelheit und die Allgemeinheit entgegensetzt. In Wiederholung läßt sich ihre Koexistenz denken.

Verändert aber diese andere Konstitutionsfigur, die Herder kennt, die Verhandlung um das Prinzip der Nachahmung? Vom ersten Augenschein her scheint es möglich, die beiden Prinzipien miteinander zu verbinden. So gäbe Nachahmung eine spezifische Form von Wiederholung ab, bei der das Wiederholte gleichsam das Medium wechselt. Auf der einen Seite steht es vor dem Hintergrund von Natur, auf der anderen Seite vor demjenigen der Kunst. Man hätte zwei Sorten von Wiederholung anzunehmen: eine, die sich ganz innerhalb eines geschlossenen Mediums bewegt, und eine andere, die einen Wechsel des Mediums erlaubt. Genauso könnte dagegen die Diskrepanz von Nachahmung und Wiederholung vermutet werden. Wo sich die Dinge schlicht wiederholen, bestünde gar nicht die Möglichkeit der Nachahmung, da es zu keinerlei Distanzierungen käme. Nachahmung bedürfte grundlegend der Distanznahme. Eine ge-

---

29 Ebd., SWS VIII, 120; Proß 2, 408f.

nauere begriffliche Kontur von Wiederholung ist erforderlich, um die beiden Möglichkeiten ihrer Stellung zum mimetischen Prinzip taxieren zu können.

Es läßt sich aber zuvor in der Linienführung der Verhandlung um die Kunst eine kleine Einzeichnung vornehmen. Wird der Auftritt der Wiederholungs-Figur im Blick auf eine mögliche zweite Quelle der Kunst gelesen, so widerstrebt auch sie der Praxis des Sturm und Drang, von der Pluralität der Künste auszugehen. Es scheint ausgeschlossen, im Namen der Wiederholung Kunst im Sinne von Herder, Goethe und Lenz zu begründen. So zeichnet sich eine eigentümliche Situation ab. Wenn mit Wiederholung in Sachen Kunst etwas erzielt werden kann, dann nicht für die Einrichtung der einzelnen Künste. Die Verhandlung unter dem Bart des Aristoteles trennt sich von der Frage nach dem Ästhetischen der Künste. Wiederholung kandidiert gleichsam nicht für die Begründung der konkreten Einrichtung der Kunst. Sofern sie dennoch in bezug auf die gesuchte zweite Quelle gedacht werden kann, betrifft sie eine andere Figur von Kunst, die von ihr aus zu beleuchten sein wird.

2.3 Der Einbruch der Wiederholung

> ... ach wir armen Phantasten können uns so wenig selber Gesetze vorschreiben als sie von andern annehmen.[30]

Die Struktur Wiederholung entfaltet große Resonanz im Sturm und Drang. Ist sie erst einmal bemerkt, so beginnt sie, an den verschiedensten Orten sichtbar zu werden. Fast hat es den Anschein, als habe der Sturm und Drang den »Traum einer maskierten Wiederholung«[31] realisiert, von dem Foucault schreibt. Hier zeigt sich eine charakteristische Disposition des Diskurses der fragilen Epoche. Immer wieder sind die leitenden Stukturen in diesem Diskurs verborgen. Sie manifestieren sich nicht auf der Oberfläche programmatischer Äußerungen oder zur Schau gestellter Inszenierungen. Wie die Emblematiken, die sich in ihm finden, erscheint der gesamte Diskurs verrätselt, und erst, wer das Rätsel löst, vermag die tragende Anlage zu verstehen. Es bedarf, das soll im folgenden weiter expliziert werden, einer Rücksicht auf die Figur der Wiederholung, um den Sturm und Drang zu entziffern. Dabei wird es sich als entscheidend zeigen, nicht einen Begriff von Wiederholung schlicht auf Relationen beispielsweise in den Dramen anzuwenden, sondern der Entwicklung dieses Begriffs zu folgen. Der Einbruch der Wiederholung, der die Peripetie einer Lektüre des Sturm und Drang abgibt, läßt sich selbst als Kritik ihres Begriffs verstehen. Die leitenden Vorverständnisse werden innerhalb dieser Lektüre herausgefordert. Der Begriff der Wiederholung wird in diesem Sinne in zwei Schritten angegangen: erstens in

---

30 Lenz, »Brief an Jakob und Gertrud Sarasin – Zürich, August 1777«, WB 3, 546.
31 Foucault, *Die Ordnung des Diskurses*, 19.

einer Lektüre von Sequenzen aus Lenzschen Dramen, zweitens in einer begrifflichen Rekonstruktion, ausgehend von dem bei Bergson geprägten Wiederholungs-Verständnis, um schließlich insgesamt Kontur zu erhalten.

Lektüren — Die Frage nach der Begründung wird besonders am Rand virulent. Dort, wo Texte oder Konfigurationen ansetzen, artikulieren sie in ausgezeichneter Weise ihre Konstitution. Hinsichtlich des Theaters sind so expositorische Szenen von besonderem Interesse. Allgemein wird dort das Verhältnis der theatralen Textur zum außertheatralen Sonst eingerichtet und bedacht. Die oben bereits diskutierte Exposition von Lenz' Stück *Die Soldaten* gibt diesbezüglich ein Beispiel ab, das die gesamte Frage des Beginnens mit Wiederholung verbindet. Die Protagonistin sitzt mit ihrer Schwester und entwirft einen Brief an die Mutter ihres Verehrers Stolzius.

MARIANE: Schwester weißt du nicht, wie schreibt man Madam, *Ma, ma, tamm, tamm, me, me.*[32]

Das dramatische Sprachgeschehen beginnt damit, daß Sprachsegmente schlicht wiederholt werden. Die Silben werden wiederholt, um die Identität des Schriftbilds zu sichern, um zu gewährleisten, daß das dem Brief anvertraute Wort zu entziffern sein wird. Die Bedeutung der notierten Worte wird so abgesichert. Sie werden, das ist in der Praxis der Briefschreiberin impliziert, zu verstehen sein, wenn sie sich wiederholen lassen. Die dramatische Sprache konstituiert sich damit abseits einer Orientierung an dem, was außerdramatisch vorausgeht. Sie baut auf Wiederholung, die eine Silbe an die andere reiht, um ein kohärentes Sprachgeschehen hervorzurufen. Zu verstehen sind die Worte nicht, da sie aus einem Nachahmungs-Kalkül heraus anderes aufgreifen. Sie sind zu verstehen, da sie intern in Wiederholung angelegt sind: das sichert ihre Bedeutung.

Zugleich aber korrumpiert die Wiederholung auch das Verständnis oder die Fixierung der Silben, indem es diese in wechselnde Figurationen bringt. Das Sprachmaterial sichert nicht nur das eine Wort, das als Anrede der anderen Figur – gleichsam die dramatische Urszene – konzipiert ist. Umfassend eröffnen die Silben »Ma ma« beispielsweise einen Kreis, der sich in den letzten Worten der Protagonistin im Stück »Mein Vater!«[33] schließt. Auch die weiteren Silben lösen sich aus ihrer Intention auf das Wort »Madam«. Im »tamm tamm« weist der Text auf das Thema des Militärs voraus, das metonymisch im Geräusch der Trommel gegeben ist. Das »tamm tamm« stimmt onomatopoetisch ein in die Struktur des gleichen Schritts, vollzieht eine Mimikry an die Monotonie stets gleicher Abläufe. Hier stellen die Worte Marianes ihre Wiederholung schlechthin aus: Auch ihre Sprache erweist sich zuletzt als jenes »tamm tamm«, das den gleichförmigen Rhythmus des Marschierens präformiert. In der letzten Sequenz

---

32 Lenz, *Die Soldaten*, WB 1, 192.
33 Ebd., 245.

der Wiederholungen, »me me«, setzt sich der französische Anruf der ersten Person durch. Diese allerdings nennt sich im Akkusativ und vermag sich so die Form des (Satz)subjekts »je« nicht zu geben. Die Exposition in der Briefsprache wird von der Figur nicht kontrolliert, insofern ihr die Figur voranginge. Vielmehr resultiert sie aus dieser Exposition und ist von ihr betroffen.

Die Wiederholung, die zur Versicherung des sprachlichen Geschehens berufen ist, verunsichert es zugleich. Sie stiftet die Differenz zwischen verschiedenen Lektüren und initiiert Lektüre selbst als einen Prozeß, innerhalb dessen Wiederholung notwendig wird. Das Spiel mit den Silben des Wortes »Madam« ist von Lenz so angelegt, daß es die großen Themen des Stücks exponiert: die Frage der Herkunft, den spezifischen Rhythmus des Militärs und die Enteignung der Figur.[34] Nicht nur ist die Exposition Wiederholung, sondern aus letzterer heraus ereignet sich selbst Exposition als thematische.

Welche Konstitution installiert die Wiederholung in dem Sprechen der Figuren und in *Die Soldaten*? Auf der einen Seite eine des endlosen Rückverweises. Dieser wird von den Figuren immer wieder konstatiert. So erfährt bereits in der ersten Szene die Verwendung des Wortes »Condinuation« die Begründung »der Papa schreibt ja auch so«.[35] Nicht die Bedeutung des Wortes rechtfertigt seine Verwendung, sondern das Sprechen der anderen Figuren. Die Wiederholung zielt nicht darauf, eine ursprüngliche Bedeutung zu sichern, wie es bei der Schriftbilderstellung von »Madam« scheint. Sie beruft sich darauf, daß andere mit denselben Worten sprechen, wie diese sich darauf beziehen, daß wieder andere ebenso sprechen. So kommt es dazu, daß die Figuren ihr Sprechen nicht für sich übernehmen können. Sie sind auf die Wiederholung angewiesen. Mariane insistiert in der dritten Szene zweifach auf der Unverfügbarkeit der Bedeutung im Sprechen der anderen: »Meine Mutter hat mir doch gesagt ... Meine Mutter hat mir doch oft gesagt ...«[36] Was die Mutter gesagt hat, gilt als Sprache der Figur unabhängig von aller Bedeutung, die damit der Sprache gegeben ist. So wird Sprache ohne ursprüngliche Fixierung als Zitat von Figur zu Figur gereicht. Jeweils kommt es zur »Wiederholung einer ›Gegenwart‹, die anders nicht als nachträglich, als Zitat, figural gegeben ist, Nach-Leben dessen, was nie (als solches) gegeben ist.«[37] Die Gegenwart des Wiederholens ist von allen authentischen Initiationen abgeschnitten und verweist auf nichts als die Kette des Wiederholens. Auf diesem Weg konstituiert sich das gesamte Theater selbst als Zitat, trennt seine Sprache nicht von den anderen, die außerhalb seiner funktionieren. Das Prinzip der Wiederholung erlangt eine ubiquitäre Stellung. Es steht für die Möglichkeit des Sprechens überhaupt, da Worte nicht anders als im Zitat er-

---

34 Vgl. dazu Teil I, 4.2 »Das enteignete Sprechen«, 80.
35 Lenz, *Die Soldaten*, WB 1, 192.
36 Ebd., 194.
37 B. Menke, *Sprachfiguren*, 375.

reicht werden können. Einerseits fungiert Wiederholung also als Wiederholung, die den Diskurs konstituiert. Andererseits führt die Wiederholung die irreduzible Brüchigkeit der Signifikanten ein. Kein Wort hat für sich die Stabilität, sich abzuschließen und sich dem restlichen Sprachgeschehen zu enthalten. Christoph Menke hat dies für einen ästhetischen Vollzug beschrieben:

> Nicht Subsumption unter kontextuell erschlossene Bedeutungen, sondern schrittweise Wiederholung des selegierenden Konstitutionsprozesses der Signifikanten aus ihrem Material bestimmen den Modus dieses ästhetischen Vollzugs.[38]

Wiederholung bleibt den Signifikanten nicht nur äußerlich. Sie nistet sich auch in diese selbst ein. Die Selektion, die vom sprachlichen Material her – Laut oder Schrift – das signifikative bestimmt, muß selbst als Wiederholungsprozeß vollzogen werden. Der erste Satz der *Soldaten* führt genau diese Wiederholung vor der Stabilität eines Signifikanten vor. Es bedarf einer steten Rückkehr zwischen den Silben, um das bedeutende Material vom unbedeutenden zu scheiden. In dieser Weise wird beispielsweise die Wiederholung der Silbe »ma« als bloße Wiederholung bestimmt oder eben als Bestandteil des Wortes »Ma ma«. Das Theater zeigt so, daß das Sprachgeschehen, an dem es partizipiert, immer durch einen Einbruch der Wiederholung gekennzeichnet ist. Der funktionierenden Abfolge von Signifikanten kommt stets Material dazwischen, das die Wiederholung des Nachvollzugs der Signifikanten notwendig werden läßt. Dieser Prozeß ist vielfach im Sprachgeschehen nicht zu bemerken, wenngleich er die Basis seiner Möglichkeit abgibt. Insofern reflektiert die Exposition des Stücks von Lenz Sprache in ihrer fundamentalen Brüchigkeit. Andererseits fungiert Wiederholung also als Wiederholung, die den Signifikanten konstituiert.

Die Initiation des Theaters kommt nicht nur in der Exposition von Stücken zur Geltung. Sie spielt eine besondere Rolle dort, wo im Theater selbst noch einmal Theater gespielt wird. Prototyp solcher Inversion der theatralen Form ist für den Sturm und Drang zweifelsohne Shakespeare und besonders dessen *Hamlet*. Mit der handlungskatalytischen Wirkung, die dort präformiert wird, spielt Lenz besonders in seinem Stück *Die Freunde machen den Philosophen*. Auch hier kommt es zu einer Aufführung von Theater im Theater, die schließlich im dritten Akt stattfindet. Das invertierende Theater gelangt aber nicht ohne Komplikationen auf die Bühne, sondern wird ausführlich in seiner Produktion verfolgt.

> ALVAREZ: Na, wie steht's mit unserm kleinen Theater? Seid ihr bald fertig mit Euren Schauspielern. Ihr könnt Euer Stück auch immer nachher auf dem großen Theater spielen lassen, wenn die Marquisin von Chateauneuf es billigt, denn sie ist eine Kennerin.[39]

---

38 Ch. Menke, *Die Souveränität der Kunst*, 74.
39 Lenz, *Die Freunde machen den Philosophen*, WB 1, 294 (II, 5).

Don Alvarez, der das Stück in Auftrag gibt und es vor seiner Geliebten, der Marquisin, zeigen will, führt eine interessante Differenz ein. Er spricht von zwei Bühnen, einem »kleinen« und einem »großen Theater«. Die Biforkation verschränkt die Angabe dessen, was gespielt wird – ein »kleines Theater« –, mit derjenigen, wo gespielt wird – »auf dem großen Theater«. Damit ist in zweifacher Hinsicht Aufmerksamkeit für die Konstitution des Theaters im Theater gegeben. Zuerst dahingehend, daß ein kleines Theater dezidiert von einem großen unterschieden wird und damit die Weise bedacht ist, wie sich das eine in das andere einfügt. Dann aber kommt es auch zu einer Aussage über die Relation, insofern dem »kleinen Theater« eine Ambition zugeschrieben wird, auf das »große« zu gelangen. Oder neutraler: es wird überhaupt die Möglichkeit ins Auge gefaßt, daß das »kleine Theater« auf dem »großen« spielen könnte, daß der Ort des letzteren sich auch für das erstere öffnet. Es deutet sich an, daß das »große Theater« zuletzt alles umfassen könnte. Eine Überschneidung, wie sie auch in der Aufführung des schließlich fertiggestellten Stückes wieder zutage tritt. Dort spielt der Protagonist Strephon den Ritter von Villiers, der mit seiner Geliebten Ninon ein klärendes Gespräch führt.

NINON: Ja ich hasse Sie, junger Mensch, wenn Sie mir Liebe abzwingen wollen. ...
VILLIERS: ... Hätten Sie mir's gesagt, als ich zum erstenmal zitternd Ihre Hand an diese Brust legte (*Seraphine* [die Liebe des spielenden Protagonisten *Strephon* – gwb] *unten wischt sich die Augen*) und Sie leise riefen: Strephon, Strephon, was will aus uns werden?
Es wird ein Geräusch unten. Alvarez klatscht.
ALVAREZ: Ha ha ha, Strephon, du hast dich versprochen, du Ochsenkopf.
VILLIERS *fährt fort*: Und jetzt diese Verwandlung – ...[40]

In das Spiel schleicht sich ein kleiner Fehler ein. Der spielende Strephon verspricht sich. Er ist dabei, Worte zu wiederholen, die ihm als der Figur des Ritters von Villiers gesagt wurden. Im Zitieren dessen, was ihm die Geliebte zurief, aber kommt er auf Worte, die ihm als Strephon begegneten. Dies bemerkt der Zuhörer Alvarez, der den Schauspieler Strephon anspricht und ihn auf seinen Versprecher aufmerksam macht. Dieser, wieder im Text der Figur, stimmt ein, indem er konstatiert: »Und jetzt diese Verwandlung«.

Das Spiel, das Lenz inszeniert, handelt von der Verwandlung der Figuren und von der Wiederholung. Wiederholt wird der Name Strephons, der in dieser Wiederholung sich verwandelt, von der Figur, die er spielt, zurück zu sich selbst, der er eine Figur ist im Stück *Die Freunde machen den Philosophen*. So zumindest nimmt sich die Interpretation aus, die der im Publikum sitzende Kommentator gibt, wenn er bemerkt, Strephon habe sich versprochen. Alvarez bemüht sich mit seiner Äußerung, trotz allen Spiels, trotz aller Fiktionalität, die Identitäten zu sichern. Es soll ein Spiel des Identischen wiedererkannt werden. Wer auf der

---

40 Ebd., 299 (III, 2).

Bühne steht, heißt demnach nicht Strephon, sondern Ritter von Villiers. Strephon, der zwar als Schauspieler auf der Bühne steht, findet nur außerhalb derselben seinen Platz. Gegen die Bemühung von Alvarez aber führt die Szene vor, daß die Kontur der Theaterräume verwischt. Alvarez selbst trägt dazu bei, indem er den auf der Bühne Stehenden als Strephon anspricht. So findet sich Strephon auf beiden Bühnen, als Wiederholung nicht nur im genannten Zitat. Auch Alvarez aktualisiert Strephon auf der Bühne, auf der er als Ritter von Villiers steht. Zudem bleibt unklar, wem überhaupt das Versprechen zugeschrieben werden kann. Von Strephon aus betrachtet handelt sich das Zitat nicht um ein solches, da er es vielmehr als authentisches zu geben vermag. Als Versprechen ist die fehlerhafte Nennung eher aus der Perspektive des Ritters von Villiers anzusehen. Zuletzt folgt damit, daß die Zuschreibungen der Namen und Figuren im Übergang von einer Bühne auf die andere sich ganz im Wanken befinden. Hat eine Interpretation aber in dieser Weise keine stabilen Anhaltspunkte mehr, dann läßt sich bloß die Wiederholung des Namens Strephon konstatieren. Diese ereignet sich wenig später ein weiteres Mal im Zuschauerraum, während auf der Bühne das Spiel seinen Fortgang nimmt.

ALVAREZ: Seraphina, willst du mitkommen, wir wollen Seiltänzer sehen?
SERAPHINE: Mein Gott, lassen Sie uns doch wenigstens die Katastrophe abwarten.
ALVAREZ: Die Marquisin liebt die Strophen nicht. – Weißt du was, du kannst ja mit Strephon nachkommen, wenn alles vorbei ist. *Führt die Marquisin ab. Donna Seraphina bleibt sitzen. Das Schauspiel geht fort.*[41]

Wieder kommt es zu einer Unsicherheit in Sachen Sprache. Die »Katastrophe« wandelt sich in »Strophen« und endet, so auf den Weg geschickt, in »Strephon«. Dessen Name stellt eine anagrammatische Verschiebung von »Strophen« dar. So zeigt sich die Wiederholung des Namens Strephon wieder als im Zitat evoziert. Auf welchem Theater auch immer: Die Figur läßt sich herbeizitieren. Sie wird im Sprechen unwillkürlich aufgerufen. In einem Atem mit den »Strophen« wird Strephon zurückgelassen.

Zwei Momente spiegelt die Theaterszene, die Lenz in *Die Freunde machen den Philosophen* implementiert. Erstens wird die Grenzziehung zwischen der Bühne und dem Außerhalb zu dieser aufgebrochen. Zweitens wird durchgespielt, inwiefern die Figuren von Wiederholung betroffen sind. Hinsichtlich des ersten Punkts macht wieder diejenige Wiederholung sich geltend, die den Diskurs konstituiert. Die Figur Strephon spricht genau die Sätze, die auch die Figur des Ritters von Villiers spricht: genau das verwirrt die Zuordnungen. Keinerlei Prinzip sichert die Grenze der Bühne in der Weise, daß die Sätze ihren klaren Ort hätten. Der Text des »kleinen Theaters« ist vielleicht von bestimmten Figurationen

---

41 Ebd., 301 (III, 2).

her noch begrenzt; von seinem Ort her gehört er längst dem »großen Theater« an. Der Prozeß, den Alvarez als Möglichkeit ankündigt, hat bereits stattgefunden. Die Relevanz des Prinzips der Wiederholung dekonturiert die Spezifik von Spielflächen und nimmt dem Theater jede privative Gründung. Auf dem »kleinen Theater« wird dementsprechend nichts aufgeführt, worin Figuren des großen sich wiederzuerkennen hätten. Lenz setzt nicht auf eine Anamnesis, die mittels einer Distanz in Nachahmung hervorgerufen werden könnte. Er zeichnet nach, daß Figuren im Zitat betroffen werden, daß die Wirkung der Bühne in zitathafter Wiederholung zustande kommt.

Der zweite Punkt kommt darin zum Ausdruck, daß der Name der Figuren gleichsam beliebig aufzutreten vermag. So antwortet symptomatisch Seraphine auf die Frage des gerade mit ihr vermählten Prado »Wer ist es, Seraphine, wer ist es?«: »So sei es denn Strephon«.[42] Es stellt sich ein, was Strephon in einer Vorahnung formuliert: »... ach wie werden meine Freunde meinen Namen vierteilen – ...«[43] Zerteilt wird der Name in der Wiederholung, in der zitatartigen Dehiszenz, die er im Verlauf des Stücks erfährt. Er erleidet damit eine Bewegung, die Derrida für jegliche Signifikanten überhaupt reformuliert hat.

Er [der Signifikant, der Name – gwb] muß derselbe bleiben und als derselbe immer wiederholt werden können, trotz der Deformationen und durch sie hindurch, die das, was man empirisches Ereignis nennt, ihm notwendigerweise zufügt.[44]

Ob auf der Bühne oder im Mund von Seraphine oder als Anagramm der »Strophen«: stets ereignet sich eine »gespenstische Wiederkehr dessen, was einmalig auf der Welt ist und deshalb nicht wiederkehren kann«.[45] Die Wiederkehr nun impliziert die Unmöglichkeit des Diskurses, sich abzugrenzen. Er vermag nicht, seine Zeichen auf ein Ereignis hin zu stabilisieren und damit eine besondere Gesetzlichkeit der Zeichenverwendung zu etablieren. Die spezifischen Formationen verlieren sich in die Wiederholungen der Zeichen. Kein Segment des Diskurses bindet Worte oder Namen an seinen Ort.

Rekonstruktionen — Das Theater von Lenz nimmt von Wiederholungen seinen Ausgang. Es versteht sein Sprachgeschehen als eines, das von deren Prinzip vorgängig geprägt ist. Zu fragen ist nun, wie solche Wiederholung zu begreifen ist. Erst von einer begrifflichen Fassung aus läßt sich die Beziehung denken, die diese Form der Konstitution zu einer möglichen anderen in Nachahmung hat.

Die Wiederholung von Strephon und die Reaktion von Don Alvarez kann mit Bezug auf die Interpretation von Komik, wie Henri Bergson sie gibt, verstanden werden. In seinem Text über *Das Lachen* hat dieser komische Wirkun-

---

42 Ebd., 314 (V, 2).
43 Ebd., 295 (II, 5).
44 Derrida, *Die Stimme und das Phänomen*, 103.
45 Derrida, *Schibboleth*, 42.

gen an das Auftreten starrer Mechanismen gebunden. Demnach lacht Alvarez, da vor seinen Augen das lebendige Spiel auf der Bühne eine mechanische Verzerrung erleidet. Er versteht dabei folgendermaßen: »Wo eine Wiederholung stattfindet, wo es eine vollständige Gleichheit gibt, da vermuten wir immer einen hinter dem Lebendigen tätigen Mechanismus.«[46] Der Protagonist Strephon erscheint also entgegen dem bewußten Spiel, das der Zuschauer von ihm erwartet, als Marionette untergründiger Wünsche oder Artikulationsbedürfnisse. Er sagt den Satz, der Alvarez lachen macht, stereotyp daher. »Und hinter diesen automatisch wiederkehrenden Worten erkennen wir einen ganzen, von einer fixen Idee ausgelösten Wiederholungsmechanismus.«[47] Die Leblosigkeit in den Worten, die ohne Bewußtsein dahergesagt werden, wirkt auf den Betrachter komisch. Die Sprachbewegungen nehmen sich aus wie ungelenke Bewegungen einer Puppe. Das genau führt zu der Reaktion bei Alvarez.

Die Interpretation, die Bergson für das Zustandekommen komischer Wirkungen gibt, führt in die Debatte der Wiederholung eine entscheidende Charakterisierung ein: die des Automatismus. Was Strephon in dem Moment, in dem ihm der falsche Satz in den Mund gerät, zeigt, ist so als »automatische Wiederholung«[48] zu verstehen. Diese bringt nun nicht nur komische Wirkungen hervor, sondern hat auch einen bestimmten Ort in der menschlichen Bewußtseinsökonomie. In *Materie und Gedächtnis* konturiert Bergson die Differenz zwischen dem Lebendigen und dem Automatischen, die hier vorliegt. So stellt er fest: »Daß die dem motorischen Gedächtnis eingeprägten Zusammenhänge sich automatisch wiederholen, lehrt die tägliche Erfahrung, ...«[49] Motorik oder Mechanik stellen nicht nur eine Erstarrung dar, die die spielende Figur als Marionette erscheinen läßt; sie fungieren auch als Ablagerungen lebendiger Prozesse. Es bestehe, das verfolgt Bergson, für das Bewußtsein die Notwendigkeit, Reaktionen zu mechanisieren. In der Ausbildung des Erkenntnisapparats komme es unumgänglich dazu, »an Stelle des spontanen Bildes einen motorischen Mechanismus [zu] setzen« (ebd.). Trotz dieser funktionalen Rekonstruktion ist aber das Mechanische nicht nobilitiert. Ihm steht immer das Paradigma des Lebendigen gegenüber: »... das wahrhaft lebendige Leben darf sich nie wiederholen«.[50] Die Automatismen werden als Hilfskonstruktionen für das Funktionieren von Erkenntnis- und Handlungsprozessen erkannt. Ihnen stehen aber die Individualitäten gegenüber, die innerhalb solcher Konstruktionen nicht angemessen erfaßt werden. Diese haben nur ihr Recht, wo die Individualitäten kalkuliert ausgeklammert sind.

---

46 Bergson, *Das Lachen*, 31.
47 Ebd., 55.
48 Christoph Menke unter Rekurs auf Bergson, vgl. Ch. Menke, *Die Souveränität der Kunst*, 48.
49 Bergson, *Materie und Gedächtnis*, 75.
50 Bergson, *Das Lachen*, 31.

Im Lichte der Redifferenzierung zwischen Mechanismus und Lebendigem läßt sich die komische Szene Strephons noch einmal lesen. Es geht dann weder um eine Verwechslung noch um eine Erstarrung, sondern darum, daß der Name für eine Individualität einzustehen beansprucht und hier von dieser entfremdet auftritt. Wenngleich im Sinne Bergsons sicherlich jegliches Sprachgeschehen den Mechanismen des Bewußtseins angehört, gibt der Name eine Nahtstelle zur Welt des Lebendigen und Unwiederholbaren ab. Als wiederholbares Zeichen gehört er dem Einmaligen an und bindet sich an dieses. Der Versprecher Strephons löst ihn aus dieser Bindung aus. Dabei wird das Lebendige illegitim mechanisiert und es stellt sich die Komik ein, die Alvarez bewegt. Es liegt aber dem komischen Geschehen, so betrachtet, eine epistemologische Verzerrung zugrunde.

Christoph Menke hat Bergsons Differenzierungen für einen Begriff des Ästhetischen fruchtbar zu machen gesucht. Er geht davon aus, daß alle Bedeutungsgewinnung in gewohnten sprachlichen Äußerungen und alle Erkenntnisprozesse automatisch vor sich gehen. Dabei wirken Routinen, die in mechanischer Weise wiederholt werden. Von diesem Ausgangspunkt aus läßt sich nun feststellen, »daß die ästhetische Signifikantenbildung in der desautomatisierenden Wiederholung automatischer Verstehensakte besteht«.[51] Diese Deutung bietet eine Lösung zu der Frage an, wie innerhalb eines Raumes von sich wiederholenden Signifikanten ein Bezug auf das »lebendige Leben« denkbar ist. Dabei wird nicht ein Zeichen wie der Name herbeizitiert, das dem Zeichengeschehen nur prekär angehört. Vielmehr wird das Prinzip der Wiederholung selbst aufgegriffen und von der automatischen Wiederholung eine desautomatisierende unterschieden. Diese liegt vor, wenn die Erkenntnis des Signifikanten sich verzögert und alle Signifikantenbildung letztlich unbeendbar wird.

Was Menke durchbuchstabiert, nimmt sich aus als Begründung der Kunst in Wiederholung. Das öffnet den Spielraum dafür, die Konstitutionsfiguren bei Lenz zu differenzieren. Demnach finden sich auf der einen Seite die spezifischen Wiederholungen des Theaters, die sich in der Exposition der *Soldaten* zeigen und die desautomatisierend wirken. Auf der anderen Seite kommt es zu der Verwirrung um Strephon, die als Abweichung von einem ästhetischen Typus der Wiederholung zu verstehen ist. Zwei Momente aber irritieren bei dieser Lesart. Erstens nimmt es sich sonderbar aus, daß das Hervorbringen des Theaters im Theater bei Lenz gerade dessen Mißlingen zeigen soll. Viel zu dezidiert scheint dieser sich für die Verwirrung am Rande der Bühne zu interessieren, als daß diese nur einen Unfall abgeben könnte. Zweitens aber bemerkt man in den Beschreibungen Menkes, daß der Begriff der desautomatisierenden Wiederholung ein mimetisches Einsprengsel hat. Das wird dort deutlich, wo ihre Erkenntnisleistung zur Diskussion steht.

---

51 Ch. Menke, *Die Souveränität der Kunst*, 75.

Durch Wiedererkenntnis ist ästhetisches Verstehen eine (nicht-repräsentierende) Wiederholung des Eigenen, das außerhalb seiner ästhetischen Darstellung immer schon ist und darin zugleich noch nicht bekannt ist.[52]

Im Kontext von »desautomatisierender Wiederholung«, die – wie hier noch einmal betont ist – nicht einem Geschehen repräsentierender Signifikanten angehört, findet sich der Begriff »ästhetischer Darstellung«. Dieser findet sich nicht von ungefähr, da die so angelegte Wiederholung selbst ein Darstellungs-Verhältnis abgibt. In einem ganz anderen Zusammenhang entwirft Hans-Georg Gadamer eine analoge Exzentrik des Wiederholungs-Begriffs.

Ein literarischer Text besitzt vielmehr einen eigenen Status. Seine sprachliche Präsenz als Text fordert Wiederholung des originalen Wortlauts, aber so, daß sie nicht auf ein ursprüngliches Sprechen zurückgreift, sondern auf ein neues, ideales Sprechen vorausblickt.[53]

Greift Wiederholung auf ein »ursprüngliches Sprechen« zurück, so hat sie als automatisch zu gelten. Davon emanzipiert sich eine solche, die – in Gadamers Worten – »vorausblickt«. Solches Vorausblicken aber läßt sich nicht mehr als Wiederholungs-Struktur erläutern. Es handelt sich dabei um eine Vorbildung, die zuletzt als Nachbildung zu verstehen ist. Das »neue, ideale Sprechen« vermag in diesem Sinn durch die Wiederholung hindurchzuschimmern. Bei Menke wie bei Gadamer wird von den gewohnten Wiederholungs-Mechanismen eine Wiederholung unterschieden, die abzubilden versteht. Jenseits seiner Automatismen vermag demnach das Signifikanten-Geschehen Dinge zu fassen, die nicht von einfachen Signifikanten repräsentiert werden. Es findet eine Verschränkung von Wiederholung und Nachahmung statt. Aus Wiederholungsprozessen resultieren Figurationen wie Schattenrisse, die ihrerseits abbildende Beziehungen aufbauen. Menke und Gadamer setzen zwar – im Gegensatz zu Bergson – bei der These von der Unumgänglichkeit der Wiederholung an. Aber sie führen eine Spezifizierung ein, die bedeutet, daß Wiederholung nicht nur das, was sich wiederholt, umfaßt. In ihrer desautomatisierenden Version nähert sie sich dem Nicht-Wiederholbaren. Zu diesem baut sie eine mimetische Beziehung auf. Das wiederum vermögen nicht einzelne Wiederholungen, die automatisch funktionieren. Erst eine Konfiguration von ihnen, die beispielsweise durch Verzögerung zustande kommt, erlangt ein mimetisches Potential. Damit konstituiert sich eine Form von Wiederholung, die »das in seinen Automatismen eingeschlafene Sein anreizt oder beunruhigt – in jedem Falle aufweckt«.[54] Die Formulierung Bachelards faßt

---

52 Ebd., 117.
53 H.-G. Gadamer, »Text und Interpretation«, in: *Gesammelte Werke*, Band 2, Tübingen: Mohr 1986, 353; vgl. dazu auch: R. Jakobson, »Linguistik und Poetik«, in: *Poetik. Ausgewählte Aufsätze 1921-1971*, Frankfurt/M.: Suhrkamp 1979, 111.
54 Bachelard, *Poetik des Raumes*, 29.

deutlich den Gegensatz, der von Bergson her in den Theorien Gadamers und Menkes fortlebt. Wenngleich es zu einer Apologie der Automatismen kommt, steht diesen doch ein Sein gegenüber, das in diesen nicht aufgeht. Bergson hatte dies das »lebendige Leben« genannt. Darauf zielt die mimetisch funktionierende, desautomatisierende Wiederholung. Aus der Perspektive des bislang Dargestellten läßt sich somit weiter die Frage Bergsons als Einsicht behaupten:

Aber wie kann man sich der Einsicht verschließen, daß zwischen dem, was nur durch Wiederholung zustandekommt, und dem, was sich seinem Wesen nach nicht wiederholen kann, ein radikaler Unterschied besteht?[55]

Es gilt zu verfolgen, ob die Differenzierung zwischen dem Wiederholbaren und dem Nicht-Wiederholbaren, die derart selbstverständlich scheint, durch den Begriff der Wiederholung gestützt wird. Freud hat eine Beschreibung eines Wiederholungsprozesses gegeben, die diesbezüglich von Interesse ist. Er beobachtet das Spiel eines Kindes, das bei Abwesenheit der Bezugsperson (der Mutter) eine Holzspule wegschleudert und wieder zu sich zieht und wieder wegschleudert und wieder zu sich zieht und so fort. Dieses Spiel wird von Lauten begleitet, die die Zweiwertigkeit der Bewegung unterstützen. Was das Kind »unermüdlich als Spiel wiederholt«,[56] entziffert Freud als Bewegung eines Fort-Da. Gespielt wird der Wechsel von An- und Abwesenheit. Es entwickelt sich eine »strukturelle Alternation, in der die An- und Abwesenheit sich gegenseitig aufrufen«.[57] Aus dem Spiel selbst geht eine Differenzierung hervor, die einen semantischen Raum aufreißt. Es bezieht sich nicht auf etwas, das außerhalb seiner läge. Es initiiert Wiederholungen aus sich heraus, wiederholt also nichts Vorangehendes.

So kommt Freud zu einer Folgerung, die beachtenswert ist: »Aus diesen Erörterungen geht immerhin hervor, daß die Annahme eines besonderen Nachahmungstriebes als Motiv des Spielens überflüssig ist.«[58] Die Bemerkungen in *Jenseits des Lustprinzips* stellen auch einen Zusammenhang zwischen Wiederholung und Nachahmung her. Dabei wird ein Wiederholungs-Mechanismus entdeckt, der ohne Nachahmung funktioniert. Das klingt zuerst einmal trivial. Die ganze Dimension dieser Entdeckung wird aber deutlich, wenn man bemerkt, daß die-

---

55 Bergson, *Materie und Gedächtnis*, 72.
56 Freud, *Jenseits des Lustprinzips*, in: *Studienausgabe*, Band 3, 225; vgl. auch »Erinnern, Wiederholen und Durcharbeiten«, in: *Studienausgabe*, Band 11, 209ff.
57 J. Lacan, »Das Seminar über E.A. Poes ›Der entwendete Brief‹«, in: *Schriften I*, Olten-Freiburg: Walter 1973; dazu auch: *Das Seminar XI*, Olten-Freiburg: Walter ²1980, 251; in anderer Weise Derrida, *Die Postkarte*, 2. Lieferung.
58 Freud, *Jenseits des Lustprinzips*, in: *Studienausgabe*, Band 3, 227; vgl. dazu S. Kofmann, *Die Kindheit der Kunst. Eine Interpretation der Freudschen Ästhetik*, München: Fink 1993, 137, 177, 238. Die entgegengesetzte These bei J. Piaget, »Nachahmung, Spiel und Traum. Die Entwicklung der Symbolfunktion beim Kinde«, in: *Gesammelte Werke V*, Stuttgart: Klett 1975, z.B. 137.

ser Mechanismus Nachahmung ausschließt. Entscheidend erweist sich die Selbstgenügsamkeit des Spiels. Alle Beziehungen werden innerhalb des Spiels ausgebildet. Die Initiation in der Abwesenheit der Bezugsperson hat für keinen der möglichen Spielvorgänge Bedeutung. Alle Welt, die so denkbar ist, besteht im Innenraum des Fort-Da. Die radikale Immanenz aber schließt nachahmende Vorgänge aus, denn diese bedürfen eines Außerhalb. Die Wiederholungen von An- und Abwesenheit lassen sich nicht auf etwas abstimmen, das sie nicht beinhalten. Etwas von ihnen nicht Gefaßtes läßt sich aus ihrer Perspektive nicht behaupten.

Von Freuds Beschreibungen her nimmt sich die eigensinnige Wiederholung Strephons anders aus. Sie läßt sich als Spiel von An- und Abwesenheit lesen. Der in der Figur des Ritters von Villiers sich selbst abwesende Strephon gibt sich Anwesenheit zurück. Er mimt ein Da. Dies aber erweist sich als Moment der Beziehung, die Strephon zu der von ihm geliebten Seraphine unterhält. So bringt das Da Strephons die anderen Zuschauer ins Fort. Von dieser Entwicklung her nimmt sich Alvarez Einschaltung als Produktion von Anwesenheit aus. Sein Lachen sagt selbst zwanghaft »Da«. Er bleibt so von der Wiederholung nicht ausgenommen als derjenige, der sie und ihre komische Wirkung zu erkennen vermag. Er zeigt sich selbst als Moment eines »gegenseitig[en] Aufrufens von An- und Abwesenheit«.

Unter anderem angeregt durch Freuds spekulative Theorie in *Jenseits des Lustprinzips* hat Gilles Deleuze den Begriff der Wiederholung aus seinem theoretischen Schlummer zu erwecken versucht. Diese Reinterpretation verbindet besonders, wie der Titel sagt, *Differenz und Wiederholung*. Wiederholungen fungieren selbst als Differenz-Produktionen. »Die Differenz bewohnt die Wiederholung.«[59] Derrida hat die Unumgänglichkeit von Differenz für die Wiederholung folgendermaßen erläutert: »Wiederholungen gibt es nur als diskrete; sie wirken als solche nur durch den Zwischenraum, der sie auseinanderhält.«[60] Daß sich etwas wiederholt, läßt sich nur mit Bezug auf einen Abstand, eine Unterbrechung konstatieren. Ohne diesen Abstand kann es zu keiner Wiederholung kommen. So muß aber gefragt werden, wie der konstitutive Zusammenhang mit der Differenz übersehen werden konnte, wie es zu dem Bild von einem mechanischen, stereotypen Prozeß kam. Dazu notiert Deleuze folgende Deutung, die sich auf Freud bezieht.

Tatsächlich ist die Wiederholung das, was sich verkleidet, indem es sich konstituiert, und sich nur insofern konstituiert, als es sich verkleidet. Sie liegt nicht unter den Masken, sondern bildet sich von einer Maske zur anderen, wie von einem ausgezeichneten Punkt zu einem anderen, von einem privilegierten Augenblick zu einem anderen, mit und in den Varianten. Die Masken verdecken nichts, nur andere Masken. Es gibt keinen ersten Term, der wiederholt würde; ... Das Mechanische

---

59 Deleuze, *Differenz und Wiederholung*, 106.
60 Derrida, »Freud und der Schauplatz der Schrift«, in: *Die Schrift und die Differenz*, 309; vgl. weiter M. Heidegger, *Sein und Zeit*, Tübingen: Niemeyer [16]1986, 339, 343f.

an der Wiederholung, das offensichtlich wiederholte Handlungselement dient als Decke einer tieferliegenden Wiederholung, die sich in einer anderen Dimension, in einer geheimen Vertikalität abspielt, in der die Masken und Rollen vom Todestrieb gespeist werden.[61]

Drei Elemente aus der spekulativen Beschreibung sind zu akzentuieren. Erstens werden Wiederholungen als doppelbödiges Geschehen verstanden. Weisen sie grundlegend Differenzen auf und verbergen diese aber immer, so haben sie selbst als Verbergen Bestand. Deleuze nimmt das mechanische Bild, das Wiederholungsprozesse gewöhnlich abgeben, als Maske, die der mit Differenz verbundenen Wiederholung angehört. Wer dies betrachtet, hat also zwischen der Oberfläche des Mechanischen und der »tieferliegenden Wiederholung«, dem wirkenden Mechanismus, der unsichtbar bleibt, zu trennen. Wiederholungen dürfen nicht als das differenzlose Geschehen genommen werden, das sie darzustellen scheinen. Sie stellen immer Wirkungen von Differenz dar, die eine ganz und gar unruhige und unbeständige Maskerade betreiben. Diese Maskerade kann auf zweifache Weise auftreten: im Modus ihrer differentiellen Unbeständigkeit und in demjenigen ihrer oberflächlichen, routineartigen Stillstellung.

Das zweite Element, das Deleuze ins Spiel bringt, knüpft an Freuds Beschreibung der Fort-Da-Differenzierung an. Dort ging dem Spiel die Abwesenheit der Bezugsgröße voraus. Dies wird hier für den Begriff der Wiederholung überhaupt geltend gemacht: »Es gibt keinen ersten Term, der wiederholt würde«. Werden Wiederholungen durch Differenz gestiftet, dann wird nicht etwas wiederholt. So sind sie als Geschehen zu begreifen, das ohne Ursprung funktioniert. Dieses Geschehen besteht und ist nur in diesem Bestehen anzutreffen. Da Wiederholungen nicht von etwas ihren Ausgang nehmen, stellen sie auch nicht Mechanismen der Identität dar. Immer erscheint das Wiederholte als nicht-identisch, nicht identisch mit dem, von dem es differenziert steht. Diskursive Serialität kennt keine Prototypen. Sie gibt eine Bewegung ab, die nicht an einem Anfang stillgestellt ist, sondern höchstens im Prozeß stillgestellt werden kann.

Es gibt, darauf weist Derrida hin, kein Wort, das nicht mit der Wiederholung verbunden wäre und dadurch mit seiner Nicht-Identität und insofern gespalten: Jedes Element ist nur durch das, was es nicht ist, als Teil eines syntagmatischen Zusammenhanges, eines Netzes der Signifikanten. Wo Sprache ist, ist die Wiederholung, ist die Vielheit, ist kein Zentrum und kein Name.[62]

Das dritte Element ergibt sich als Folgerung aus den ersten beiden. Wiederholung zeigt sich in ihrer Maskenhaftigkeit und Nicht-Identität als Mechanismus, der genuin nicht mit dem Begriff des Automatischen in Verbindung gebracht werden kann. Das bedeutet, daß die »automatische Wiederholung«, bei der Bergson und mit ihm Menke seinen Ausgang nimmt, einen abkünftigen Modus

---

61 Deleuze, *Differenz und Wiederholung*, 34f.
62 B. Menke, *Sprachfiguren*, 150.

der Wiederholung abgibt. Sie bietet nicht die ursprüngliche Typologie, sondern ein Derivat. Ein Diskurs, der sich den Strukturierungen von Wiederholung versichern will, kann so nicht mehr bei ihr ansetzen.

Die Wiederholung Strephons auf der falschen Bühne läßt sich von der Begrifflichkeit Deleuzes aus als Moment einer Maskerade lesen. Diese Wiederholung ist selbst in Differenz zu der Figur Strephon, die sich verspricht. Sie beschwört nicht deren Identität, versucht nicht, dessen Anwesenheit zu erwirken. Sie stellt eine Anwesenheit her, Anwesenheit des Namens oder der Maske »Strephon« in Differenz zu anderen Anwesenheiten dieser Maske oder zu anderen Abwesenheiten, beispielsweise des Ritters von Villiers. Diese Maskerade ist nicht mechanisch und starr, sondern allzu unbeständig, so daß Alvarez zurückschreckt. Sein Lachen gilt nicht seiner Abwesenheit in einer Szene, die ihm als Zuschauer keine Rücksicht mehr schenkt. Es gilt der Abwesenheit überhaupt, die in dem differenten Trug des Namens durchschimmert. Das Lachen liefert die zwanghafte Versicherung, daß doch Anwesenheit sei. Es lacht angesichts der Differenzen in Wiederholung sich selbst Anwesenheit zu. Wer so lacht, vermag die Differenzen, die sich vor ihm auftun und in denen nichts als Abwesenheit nistet, nicht zu schließen. Dabei tritt er in Differenz zu dem, vor dem er zurückschreckt, und verlängert so dessen Wirksamkeit.

Konturen der Wiederholung — Wie stellt sich die Debatte um die Rolle der Wiederholung nach den Rekonstruktionen dar? Sie hat implizit vor allem eine Frage behandelt: die Frage, ob Wiederholung nach dem Paradigma der automatischen Wiederholung funktioniert, wie es Bergson entworfen hat. Damit wird zugleich gefragt, ob mit Wiederholung Identität einhergeht. Von den nun möglichen Antworten aus ergibt sich eine Resonanz in drei Hinsichten, die kurz skizziert werden sollen: in Hinsicht auf die Frage nach dem Begriff der Wiederholung, in Hinsicht auf die Frage nach der Konstitution von Kunst in der Auseinandersetzung mit dem Prinzip der Nachahmung und in Hinsicht auf die Rolle von Kunst im Sturm und Drang.

(1) Bergson hat den Begriff der Wiederholung zurecht mit demjenigen des Mechanismus verbunden. Er hat aber dabei suggeriert, daß innerhalb der von seiner Philosophie entworfenen Grunddifferenz zwischen Lebendigem (Qualität) und Meßbarem (Quantität) Wiederholung auf seiten des zweiteren anzusiedeln ist. Sie bietet demnach einen Mechanismus zur Herstellung von Identischem. Diese Erläuterung aber übersieht, daß nur unter Rekurs auf die Differenz zwischen Zuständen Wiederholung zu beschreiben ist. Serielle Maschinerien sichern Identität nicht ab. Erst von einer übergeordneten Kontrolle her läßt sie sich als Resultat eines Wiederholungsprozesses angeben. So aber stellt, was Christoph Menke in Anschluß an Bergson »automatische Wiederholung« nennt, nicht den Grundbestand von Wiederholung dar. Der Begriff der Wiederholung muß in Anschluß an Deleuze und Derrida ohne die Implikation der Identität reformuliert werden. Serielle Prozesse kennzeichnet allerst ein Differenz-Geschehen,

innerhalb dessen ein Zustand auf den anderen verweist, ohne daß solches Verweisen zu einem Ende käme. Damit schwindet, wie Nietzsche angedeutet hat, die Möglichkeit, den Begriff der Wiederholung in Entgegensetzung zu dem des Nicht-Wiederholbaren zu konturieren. Alle denkbaren Zustände können potentiell Momente von Wiederholungen sein, auch das »lebendige Leben«. Aus diesen Beobachtungen resultiert die Uneingrenzbarkeit von Wiederholungen. Sie sind zwar nicht universal, aber auch nicht territorialisierbar.

(2) Gibt »automatische Wiederholung« nicht das Paradigma für den Begriff der Wiederholung ab, dann führt Desautomatisierung nicht innerhalb der Wiederholung über diese hinaus. Menkes Weg einer Differenzierung des Ästhetischen bleibt in dem Bereich der Wiederholung und legt sogar zuletzt dessen Fundamente frei. So wird eine Ausdifferenzierung im Namen der »desautomatisierenden Wiederholung« fragwürdig. Zugleich aber verliert das in dieser implizierte mimetische Moment seinen Anhaltspunkt. Wiederholung, die von Differenz aus gedacht wird, funktioniert desautomatisch, ohne sich auf eine Darstellung des Nicht-Wiederholbaren anzulegen. Die serielle Maschinerie läßt sich nicht im Namen des Desautomatischen überschreiten, sondern bleibt bei sich. Was Desautomatisierung nachahmend zu erlangen sucht, funktioniert längst im Rahmen von Wiederholungen, sofern diese in ihrer ganzen Bandbreite genommen werden. So gibt Wiederholung ein Prinzip ab, das zu demjenigen der Nachahmung in Konkurrenz tritt, wenn es um die Konstitution des Ästhetischen geht. Damit hat »der Begriff der Mimesis seine ästhetische Verbindlichkeit eingebüßt«.[63] Es kommt zu einer Ablösung, die Deleuze folgendermaßen darstellt.

In der unendlichen Bewegung der von Abbild zu Abbild abgestuften Ähnlichkeit erreichen wir jenen Punkt, an dem sich alles wesentlich ändert, an dem sich das Abbild selbst zum Trugbild verkehrt, an dem schließlich die Ähnlichkeit, geistige Nachahmung, der Wiederholung weicht.[64]

Auch ohne den geschichtsphilosophisch anmutenden Optimismus, der diese Darstellung belebt, läßt sich konstatieren, daß mit dem Auftreten von Wiederholung als diskursivem Konstitutionsprinzip Nachahmung relativiert wird. Sofern aber das Ästhetische sich in Serialität begründet, kann es als differenzierte Geltungssphäre nicht gefaßt werden. Vielmehr stützt es sich auf einen Mechanismus, der uneingeschränkt funktioniert. So muß die Spezifik eines so gedachten Ästhetischen ohne Differenzierung erläutert werden.

(3) Der Sturm und Drang kommt nicht nur diskursiv auf die Frage nach der Nachahmung zurück. Es zeigt sich, daß die Gestaltung des Bezugs vom theatralen Raum zum außertheatralen Sonst in Wiederholung eine Konkurrenz zur Nachahmung inszeniert. Wenngleich Serialität nicht explizit als zweite Quelle

---

63 Gadamer, *Wahrheit und Methode*, 121.
64 Deleuze, *Differenz und Wiederholung*, 168.

von Kunst entworfen ist, kandidiert sie doch in der ästhetischen Praxis des Sturm und Drang dafür. Damit aber rekurriert diese auf die Konstitution des Sprachlichen. Die Verschränkung des Ästhetischen mit dem Sprachlichen, die bei Hamann angedeutet ist, erhält eine Bedeutung. Das Echo, in dem ein Signifikant auf den anderen verweist, setzt sich in das Theater hinein fort. »Die Wiederholung ist die Macht der Sprache«,[65] und nicht nur der Sprache, sondern auch allen signifikativen Geschehens, damit auch des Ästhetischen: so hat es für den Sturm und Drang zu gelten. Wie aber nimmt sich die Bewegung aus, die von der sprachlichen Konstitution her die Kunst nimmt: das bleibt noch zu klären.

2.4 Bewegung und Reflexion: die *Anmerkungen übers Theater*

> Das Zentrum ist nicht das Zentrum.[66]

Da der Sturm und Drang seine Projekte immer wieder abwegig entfaltet und sie zumeist nicht expliziert, mag die Frage nach einer Spezifik von Ästhetischem im Bereich der Wiederholung dort verfolgt werden, wo man nach den gewohnten Differenzierungen keinen Aufschluß über diese Frage erhoffen würde: in Lenz' *Anmerkungen übers Theaters*. Das erscheint womöglich in Verweis auf die auffällige Textgestalt dieses Vortrags oder Essays als gerechtfertigt. Zumindest läßt sich sagen, daß der Text in einer inhaltlich orientierten Lektüre allein nicht ausgeschöpft wird. Er gibt geradezu an, seine Sache nicht nur zu vertreten, sondern auch vorzuführen: »Ich zimmere in meiner Einbildung ein ungeheures Theater, auf dem die berühmtesten Schauspieler alter und neuer Zeit nun vor unserem Auge vorbeiziehen sollen.«[67]

Versteht Lenz seinen Text selbst als Moment des Theaters, von dem er berichtet, dann sind alle Momente beachtenswert, in denen dieser Text über sein eigenes Vorgehen berichtet. So versucht er beispielsweise, dieses gegen die ästhetische Dimension des »schönen Geistes« abzugrenzen.

> Der schöne Geist kann das Ding ganz kennen, aber er kann es nicht wieder so getreu von sich geben, alle Striche seines Witzes können's nicht. Darum bleibt er immer nur schöner Geist, und in den Marmorhänden Longin, Home (wer will, schreibe seinen Namen hin) wird seine Schale nie zum Dichter hinunter sinken. Doch dies sind so Gedanken neben dem Totenkopf auf der Toilette des Denkers – laßt uns zu unserm Theater umkehren! (649)

---

65 Ebd., 362.
66 Derrida, »Die Struktur, das Zeichen und das Spiel im Diskurs der Wissenschaften vom Menschen«, in: *Die Schrift und die Differenz*, 423.
67 Lenz, *Anmerkungen übers Theater*, WB 2, 642 (im folgenden mit Seitenzahlen im Text); vgl. zur Frage der Form auch M. Rector, »Anschauendes Denken. Zur Form von Lenz' ›Anmerkungen übers Theater‹«, in: *Lenz-Jahrbuch*, Band 1 (1991), 92-105.

Wieder entwirft Lenz ein Emblem, ein verrätseltes Sinnbild. Er zeichnet einen »Totenkopf auf der Toilette des Denkers« und gibt zu dieser Zeichnung einige Beschreibungen zum »schönen Geist«, gefolgt von dem Aufruf zur Umkehr. Wie kann das Rätsel gelesen werden? Es lassen sich erst einmal einige Motive sammeln: dasjenige der Mortifizierung und dasjenige des Purgatoriums. Es wird von der »Schale« gesprochen, die ja auch als diejenige des Gehirns Bestandteil des »Totenkopfs« zu sein vermag. In die Szene hinein tritt noch der »Dichter«, der von der Praxis des »schönen Geistes« unterschieden wird. Im folgenden wird auf das Rätsel zurückzukommen sein.

Bewegung — Lenz' *Anmerkungen übers Theater* bilden insbesondere ein Motiv immer wieder aus: das der Rückkehr. Die Aufforderung »laßt uns zu unserm Theater umkehren« gibt davon nur ein Beispiel. An anderer Stelle heißt es: »ich finde mich wieder zurecht« (645). Insgesamt handelt damit aber der Text auch von der Devise »Um kurz von der Sache zu kommen«.[68] Niemals ist er bei dem, was ihm zentral gilt. Die *Anmerkungen* sind nach einem Paradigma gearbeitet, das Derrida in bezug auf Freuds *Jenseits des Lustprinzips* folgendermaßen beschrieben hat: »Das ganze Buch [bzw. der ganze Text – gwb] ist rhythmisiert durch eine Rhetorik des ›zurück‹.«[69] Dieser Rhythmus etabliert den Text als »Athese«, so Derrida. In bezug auf das Bild, das der Text im Vorübergehen ausprägt, kann man das »Zurück« als Reinigung beschreiben. Der Text reinigt sich von seinen digressiven Tendenzen, ruft sich zu der Form von Reinlichkeit zurück, die die ordentliche Behandlung eines Themas erfordert. In seiner Bewegung kehrt er somit auf der »Toilette des Denkers« ein.

Ein anderes Motiv, das sich in Lenz' Text ausbreitet, ist das des Abbruchs. Immer wieder bleiben die Sätze unvollständig, ohne aber elliptisch konstruiert zu sein. Sie halten jäh inne, als gäbe es Dinge zu sagen, die besser ungesagt verblieben, oder als hätte der Sprecher vergessen, was er zu sagen gedachte. Es breitet sich damit eine gewisse Kurzatmigkeit in den *Anmerkungen* aus.

Die Sinne, ja die Sinne – es kommt freilich auf die spezifische Schleifung der Gläser und die spezifische Größe der Projektionstafel an, aber mit alledem, wenn die *Camera obscura* Ritzen hat – [Absatz – gwb]
So weit sind wir nun. Aber eine Erkenntnis kann vollkommen gegenwärtig und anschaulich sein – und ist deswegen doch noch nicht poetisch. Doch dies ist nicht der rechte Zipfel, an dem ich anfassen muß, um – [Absatz – gwb] (647f.)

Ein Strich markiert den Abbruch der Sätze. Er weist in die Leere hinaus. Er bindet den Gedanken, der unausgeführt verbleibt, und suggeriert zugleich, er verberge etwas. Bemerkt Lenz, es sei etwas »nicht der rechte Zipfel, an dem ich anfassen muß«, so befestigt er selbst viele solcher Zipfel in seinem Text, die sich

---

68 Lenz, *Philosophische Vorlesungen für empfindsame Seelen*, 68.
69 Derrida, *Die Postkarte*, 2. Lieferung, 125.

auch nicht recht anfassen lassen. Die Deutung zu diesen Zipfeln, die der Text gibt, besagt, daß er hier jeweils den gerade verfolgten Ansatz verwirft. Er agiert im Gegensatz zu einer Textpraxis, die nur die fruchtbaren Ansätze notiert, provisorisch, indem er alle (Ab)wege notiert, die er beschreitet. Dieser ständig erfolgenden Zurücknahme des Gesagten aber widerspricht die dezidierte Aussage »So weit sind wir nun«. Sie scheint ironisch den vorangehenden Satzabbruch zu kommentieren. Doch der Text entwickelt seine Praxis mit einer Hartnäckigkeit, daß die Aussage wörtlich gelesen werden muß. Lenz merkt an, genau so weit zu sein, wie er es ist. Er bildet die »Ritzen« nach, von denen er spricht. Immer wieder öffnet sich seine Textur und gibt den Blick auf etwas frei, das sie nicht enthält. Die Präzision des Bildes, das in ihr zustande kommt, wird von den einbrechenden Sinnen betroffen. Was Lenz zur Sache des Theaters sagt, bleibt unscharf.

Beide Bewegungen, in denen die *Anmerkungen übers Theater* sich konstituieren, charakterisiert, daß sie sich stets wiederholen. Keine hat die Anlage, an irgendeinem Punkt abgeschlossen zu sein. So erweckt der Text auch den Eindruck, nicht von der Stelle zu kommen, immer aufs neue mit dem bereits Gesagten einzusetzen. Soll die Textur sich nicht schließen, muß sie ein ums andere Mal geöffnet werden. Jegliche Fortsetzung verlangt nach neuen Ritzen, die ihren möglichen Abschluß durchstreichen. Auch die Bewegung des Zurück verlangt unzählige Wiederholungen. Die Aufforderung, zur eigentlichen Sache zu kommen, ist immer wieder vonnöten, wenn diese nicht klar konturiert ist. So konstituiert der Text sich in Wiederholungen. Seine Anlage zielt nicht darauf, eine eigene Sache abzuschließen, ein Thema zu erschöpfen oder nur überhaupt ein geschlossenes Thema zu haben. Er entwirft sein Theater als etwas, das sich nicht eingrenzt, das für sich keinen spezifischen Raum aufreißt. Er erweist sich damit in einem umfassenden Sinn als Athese. Nicht nur weicht er unentwegt von dem ab, was er thematisiert und was er nur in der Rückkehr anvisiert. Der Aufruf zur Rückkehr wird selbst zum Thema, wenn er sich auf etwas bezieht, das kein klares Thema abgibt. Lenz inszeniert die Athese als Modus der Textverfassung, die allen Anschein ablegt, gegenüber dem ordentlichen Funktionieren defizitär zu sein.

Zerstreuung — Die Bewegungen der *Anmerkungen übers Theater* kulminieren in einer Figur der Zerstreuung. Sie spielen damit die Konsequenz der These durch, der schöne Geist könne das Ding zwar kennen, aber »nicht wieder so getreu von sich geben«. In ihrem ganzen Verlauf erwecken sie den Eindruck, ihr Ding zu kennen, geben aber auf, es wiederzugeben, sondern geben sich selbst für das Ding. Daraus entstehen Bewegungen, aus denen eine kalkulierte Zerstreuung resultiert. Das beschreibt Lenz im Bilde militärischer Besatzung.

... die Nachahmung der Natur, das heißt aller der Dinge, die wir um uns herum sehen, hören, *etcetera*, die durch die fünf Tore unsrer Seele in dieselbe hineindringen, und nach Maßgabe des Raums stärkere oder schwächere Besatzung von Begriffen hineinlegen, die denn anfangen in dieser Stadt zu leben und zu weben, sich zu einander gesellen, unter gewisse Hauptbegriffe stellen, oder auch zeitlebens ohne Anführer, Kommando und Ordnung herumschwärmen, wie solches Bunyan in seinem heiligen Kriege gar schön beschrieben hat. Wie besoffene Soldaten oft auf ihrem Posten schlafen, zu unrechter Zeit wieder aufwachen *etcetera*, wie man denn Beispiele davon in allen vier Weltteilen antrifft. Doch bald geb ich selbst ein solches ab – ich finde mich wieder zurecht, ... (645)

Die Einschätzung »doch bald geb ich selbst ein solches ab« ist mit Blick auf den Fortgang des Texts als Ankündigung zu verstehen. Die Differenz zwischen einer Kommandostruktur unter den Begriffen und deren Scheitern im bloßen Herumschwärmen kommentiert die Optionen der *Anmerkungen* selbst. Treten Begriffe auf wie »besoffene Soldaten«, dann zerstreut sich das Bild, das von ihnen gezeichnet wird. In keinem Moment stehen sie am rechten Ort, immer agieren sie zur Unzeit am falschen Ort. Es liegt Ironie darin, daß gerade der Aufruf gegen das Verhalten »besoffener Soldaten« – »ich finde mich wieder zurecht« – dieses Verhalten stabilisiert. Ohne Fokus verlieren die Begriffe sich in Zerstreuung. So handelt der Text gegen alle Erwartung, er werde seine Sache vertreten. »Wollte sagen – was wollt ich doch sagen? – [Absatz – gwb]« (648) Die Artikulation der Zerstreuung wendet sich von einem Eingeständnis in ein Selbstverständnis. Sie ergibt eine dezidierte Angabe, nicht zu wissen, was man sagen wollte. Hier zeigt der Text auch, daß ihm die Athese nicht unterläuft, daß er sie vielmehr entschieden formiert. Für jedes Ding, das er zeichnen oder sagen will, gilt, daß er dabei nicht weiß, was er eigentlich sagen will. Wie dem »Totenkopf«, den er aufruft, ist ihm ganz der klare und lebendige Sinn abhanden gekommen, der das, was gesagt werden will, fassen könnte.

Der Kalkül der Zerstreuung ist in den *Anmerkungen übers Theater* gleichsam anthropologisch fundiert. Lenz spricht sich gegen Idealismen auf der Bühne aus. In diesem Sinn fragt er seine Zuhörer: »Oder scheuen Sie sich, meine Herren! einen Menschen zu sehen?« (656) Das Projekt, Menschen zu zeigen, stützt sich auf das Vorbild Shakespeares, dessen Werk »den ganzen Umfang des Worts: Mensch – fühlen läßt – [Absatz – gwb]« (665). Handelt das Theater vom Menschen, so soll jede Eingrenzung vermieden werden. Diese Orientierung initiiert aber nicht allein den Naturalismus, den man im Werk von Lenz erblickt und der in den *Anmerkungen* begründet sein könnte. Vielmehr geht es auch und in erster Linie um eine Konstitution des Menschen, die ihn als nicht eingegrenztes Wesen setzt.

Der Schöpfer hat unserer Seele einen Bleiklumpen angehängt, der wie die Penduln an der Uhr sie durch seine niederziehende Kraft in beständiger Bewegung erhält. Anstatt also mit den Hypochondristen auf diesen sichern Freund zu schimpfen (*amicus certus in re incerta*, denn was für ein Wetterhahn ist unsere Seele?) ist er, hoff ich, ein Kunststück des Schöpfers, all unsere Erkenntnis festzuhalten, bis sie anschaulich geworden ist.

Jeglicher Idealismus, der den Menschen mit konstanten Zielen ausstattet, scheitert nicht daran, daß dieser zuerst als naturhaftes Wesen existiert. Er scheitert an dessen Performanz. Dem Menschen eignet demnach, ständig in Bewegung zu sein, was Lenz mit dem steten Pendeln der Uhr vergleicht. Was auch immer der »Bleiklumpen«, von dem er berichtet, darstellt: entscheidend erweist sich nicht dessen Existenz, sondern die Bewegung, die er auslöst. Es handelt sich um eine Bewegung, die Wiederholung und Zerstreuung verbindet. Einerseits läuft das Pendel ein ums andere Mal in der selben Weise. Andererseits aber nimmt es in jedem Moment einen anderen Punkt ein, hat niemals die Konstanz, an einem Ort verharren zu können. Die konstitutive Bewegtheit des Menschen und die mit dieser verknüpfte Zerstreuung geben die Punkte ab, auf die Lenz' Darstellung verweist. Sie orientiert sich so nicht inhaltlich, sondern an Bewegungen. Aller Bezug auf Natur und die Naturhaftigkeit hat hier nur die Funktion, die Anstöße der Bewegungen anzugeben. Impuls der Darstellung ist es ja gerade, nicht irgendeine Einschränkung vorzunehmen. Es gilt, das Menschliche in seinem »ganzen Umfang« zu zeichnen.

Reflexion — Alle bislang in den *Anmerkungen übers Theater* betrachteten Momente zeichnet aus, daß der Text sie gleichsam mit vorgestrecktem Arm präsentiert. Er besitzt diese Momente nicht nur, sondern bietet sie ostentativ dar, »exemplifiziert« sie, wie Nelson Goodman sagen würde.[70] Nicht nur gibt er sich die eigenartige Konstitution einer Athese. Er stellt sie überdeutlich aus. Dieser Verweis, diese Ausstellung oder Exemplifikation muß als Reflexionsfigur verstanden werden. Reflektiert wird eine spezifische diskursive Konstitution, die der Text für sich in Anspruch nimmt oder für sich gegeben weiß.

Das Bild einer »Toilette des Denkers« zeigt, mit welcher Aufmerksamkeit der Text seine Bewegungen verfolgt. Sein Aufruf, zum Thema zurückzukehren, stellt gemäß dieses Bildes eine Reinigung dar. Sie erfolgt aber nicht nur ein einziges Mal oder gelegentlich. Sie besetzt das Geschehen, indem sie sich wiederholt. Das genau macht die Handlung auf der »Toilette« aus: sie muß sich stets wiederholen, niemals ist sie abgeschlossen. Das Erzielen von Reinheit ist ein Wiederholungsvorgang. Insofern behaupten die *Anmerkungen* zurecht, auf der »Toilette des Denkers« zu weilen. Sie verlassen sie nicht, um sich den Anschein bleibender Reinlichkeit zu geben. Sie verbinden ihr athetisches Vorgehen damit, eine »Heterotopie«[71] zu besiedeln oder zu konstituieren. Die »Toilette« findet sich als Ort, der als Ort, an dem man sich zeigen könnte, nicht funktioniert. An ihm werden nur sekundäre Prozesse ausgeführt. Ein Text, der einen solchen Ort bewohnt, wird die sekundären Prozesse niemals verlassen.

Der »Totenkopf«, der auf der »Toilette des Denkers« als Requisite fungiert, wird ebenfalls vom Geschehen des Texts kommentiert. Alle Momente, in denen der Diskurs sich durchstreicht, in denen der Faden abreißt, sind so Mortifizierungen. Es kommt nicht zu der Lebendigkeit, in der ein Wort das andere gibt

---

70 Vgl. Goodman, *Sprachen der Kunst*, 59ff.; *Weisen der Welterzeugung*, 83ff.
71 M. Foucault, »Andere Räume«, in: K. Brack u.a. (Hg.), *Aisthesis*, Leipzig: Reclam 1990, 34-46.

und allmählich ein geschlossenes Bild entsteht. Immer wieder stockt der Atem und bedarf es einer Wiedererweckung der Zeichenbewegung. Leblosigkeit breitet sich untergründig aus. Die *Anmerkungen* nisten sich dort ein, wo der Diskurs das Bild eines »Totenkopfs« abgibt. Sie werfen grelles Licht auf solcherlei Orte, die in einem reibungslosen Fortgang von Zeichen überschrieben werden. So zeichnen sie nach, inwiefern im diskursiven Geschehen der Tod umherwandert.

Die Reflexionen von Lenz' Text auf die Bewegungen, die ihn ausmachen, stellen spekulative Figuren dar. Was sie zur Sichtbarkeit bringen, funktioniert als Konstituierendes der Textur. So läßt es sich nicht distanzieren. Von der Distanzlosigkeit nimmt die Auseinandersetzung ihren Ausgang. Sie etabliert aber keine Kritik dessen, was funktioniert. Kein Moment wird auf sein Recht hin befragt, erhält innerhalb einer umfassenden Konstruktion seinen Ort zugewiesen. Der Text versucht vielmehr, das ganze Potential dessen, was ihn ausmacht, zur Geltung zu bringen. Er spekuliert auf dieses Potential. Dieser Begriff von Spekulation läßt sich auch paraphrasieren, indem man sagt, es werde etwas durchgespielt. Was den Lenzschen Text umtreibt, spielt er durch. Er beläßt es nicht beim bloßen Funktionieren. Er richtet auch nicht seine Aufmerksamkeit auf es, sondern praktiziert dieses Funktionieren. Das macht seine spekulative Verfassung aus.

Ästhetisches — Inwiefern stellt der kunstkritische Text, den Lenz verfaßt, einen Beitrag zur Frage nach der Stellung der Kunst im Sturm und Drang dar? Vom ersten Augenschein her spricht der Text ja über Kunst und partizipiert nicht selbst an einem ästhetischen Geschehen. Es lassen sich aber einige Hinsichten angeben, unter denen der Text das Moment des Ästhetischen im Sturm und Drang präformiert.

In den Bewegungen der *Anmerkungen übers Theater* verbinden sich zwei Momente, die als Charakteristika aus der Debatte um die Stiftung von Kunst hervorgehen. Auf der einen Seite zeigen sie die Konstitution des Diskurses in Wiederholung. Sie rekurrieren weder in ihrer Darstellung noch in ihren Bewegungen auf Spezifisches. Sie rufen Momente auf, die auch an anderem Ort vorliegen, die allgemein gelten. Auf der anderen Seite situieren sie sich in einem einheitlichen Diskurs, den sie weder beherrschen noch erschöpfen. Bereits der stete Aufruf zum spezifischen Thema deutet an, daß der Text sich als einer weiß, der noch nicht von anderen Partien des Diskurses differenziert ist. Kommen solcherlei Aufrufe an kein Ende, dann hat eine Differenzierung nicht stattgefunden. Der Text mimt jene »besoffenen Soldaten«, von denen er berichtet und die sich aller Ordnung entziehen. Ausdrücklich wird diese Anarchie auf das Feld der Begriffe übertragen, auf dem die Situation auftreten könne, daß sich Begriffe nicht unter andere (gebietseinteilende) ordnen. Auch die Reakzentuierung von Konstitutionen, die bereits innerhalb der Sprachenphilosophie auftreten, deutet darauf, daß der Text sich in einem umfassenden Geschehen weiß.

Die beiden Momente sind verschränkt. Die Konstitution in Wiederholung führt nicht zu einer Absonderung von Diskursen. Während beispielsweise das

Prinzip Nachahmung ein Terrain begründet, das von anderen unterschieden ist, führt Wiederholung zu einer umgreifenden Einheitlichkeit. Entscheidend für diese Konsequenz ist, daß Wiederholung sich nicht von etwas Ursprünglichem unterscheiden läßt. Wiederholung setzt nicht ein, wenn etwas vorliegt, und bezieht sich auf dieses Vorliegende, einen »ersten Term«. Sie verbindet zwei Zustände und läßt sich nur von dieser Verbindung und der damit gegebenen Differenz her denken. Was immer die Wiederholung wiederholt, gehört ihr also an. Mit ihr als Prinzip läßt sich keine Differenzierung von Diskursen vornehmen.

Lenz' *Anmerkungen* agieren somit auf einem einheitlichen Feld des Diskurses. Von dieser Einheitlichkeit her präsentieren sie sich als ästhetisch. Das läßt sich in drei Schritten charakterisieren. Erstens hat das Feld des Diskurses umfassende Konstituentien. Zweitens kommt es innerhalb dieser Konstituentien zu Brüchen, zu Differenzen. Das Diskursive funktioniert zwar einheitlich, aber nicht monologisch. Das läßt sich mit Blick auf die Wiederholung, in der sich Signifikanten konstituieren, verstehen. Hier kommt es trotz der Einheitlichkeit des Prinzips zu einem Aufbruch des Geschehens, das sich unterbricht, aufschiebt und irreduzibel verzweigt. Der Diskurs konstituiert sich in Inkonstitution. Genau bei dieser setzt eine spekulative Bewegung an, die drittens die Inkonstitution zur Sichtbarkeit bringt. Wenn innerhalb eines undifferenzierten Diskursgeschehens gewöhnlich alle Unterbrechung vom Funktionieren überschrieben wird, dann kann als ästhetisch das Verhalten gelten, das die Unterbrechung selbst als Funktionieren darstellt. Es nistet sich in den Brüchen, den Lücken, den Verwerfungen des Diskurses ein und bietet diese dar. Es spielt den Diskurs selbst, aber spielt ihn durch, bis ins Letzte, bis an die Punkte, an denen er nichts als seine eigene Inkonstitution abgibt.

Das Ästhetische, das hier im Diskurs des Sturm und Drang zum Vorschein kommt, fungiert nicht als selbständiges Terrain von Diskursivität oder Rationalität. Es ist nicht »erhabene Kunst der Vernunft«,[72] nicht der Agent, der Statik ins Gefüge der Vernunft hineinbringt.[73] Vielmehr verschwindet es stets im diskursiven Geschehen, als dessen verschobene Normalität. Es verläßt nicht die normale Konstitution, verschiebt sie aber doch, indem sie die Brüchigkeit des Funktionierens selbst als Funktionieren zeigt. Es kommt zu einer verschwindenden Kunst des Diskurses. Diese wird, das verdeutlicht der Sturm und Drang, niemals exponiert. In keinem Moment steht sie im Zentrum des Interesses, weder in ihrer Praxis noch in einer möglichen Theorie. Sie gibt einen der Punkte ab, die dem Diskurs des Sturm und Drang seine charakteristische Ambivalenz geben und die dennoch ohne eine Rekonstruktion unbemerkt bleiben.

---

72 A. Sollbach, *Erhabene Kunst der Vernunft*, Aachen: Hahner Verlagsgesellschaft 1996.
73 Vgl. dazu de Man, *Die Ideologie des Ästhetischen*, insbes. das Nachwort des Herausgebers Christoph Menke.

2.5 Das poetische Projekt der Moderne

Die verschwindende Kunst des Diskurses stellt eines der Projekte dar, die das Bild der Moderne prägen. Sie manifestiert sich als poetische Bewegung, die inmitten der verschiedensten Diskurse stattzufinden vermag. Es handelt sich um eine Zerstreuung der Kunst. Es kommt, knapp gesprochen, nicht zu ästhetischen Diskursen, sondern zu Ästhetischem in Diskursen. Ausgangspunkt der Zerstreuung ist die Undifferenziertheit von Diskursen und der ihnen korrespondierenden Rationalität, die sich infolge undifferenzierender Mechanismen ergibt. Im Vorangegangenen wurde nachgezeichnet, daß beispielsweise ein Diskurs, der die Sprachen in ihrer Differenz und Wiederholung irreduzibel setzt, den Charakter der Undifferenziertheit annimmt. Daraus resultiert aber nicht eine Einheit des Diskurses. Irreduzibel macht ihn gerade die interne Differenziertheit, die Unabschließbarkeit der Brüche und Verwerfungen, in denen er sich konstituiert. Er erscheint nicht als Monolog, sondern als in sich selbst vielstimmig. Innerhalb der pluralen Stimmen nun vermag auch eine ästhetische aufzutreten. Hier verläßt der Diskurs sein Funktionieren und macht sich erscheinen.[74] Es entsteht eine undifferenziert verfahrende Kunst, die gleichsam eine Materialisation des Diskurses betreibt. Da solche Kunst, wiewohl nicht notwendig sprachlich verfaßt, sich innerhalb eines diskursiven Geschehens entfaltet, besteht sie als Poetik: als Herstellungsweise von Diskursen.

Der Begriff von Poetik wird hier exzentrisch gebraucht. Er bezeichnet gerade nicht, wie sonst üblich, eine Herstellungstechnik von Texten als ästhetischen, als Literatur. Er bezeichnet eine solche Herstellungstechnik in einem Kontext, der kein differenziert Ästhetisches hervorbringt. Poetik in diesem Sinn kommt zustande, wo der Diskurs in seinen Konstitutionsformen behandelt wird. Man könnte diese Behandlung auch als Kommentieren bezeichnen. Mittels einer spekulativen Handhabung werden Konstituentien kommentiert. Diese kommentierende Praxis mit dem Titel der Poetik zu belegen stellt eine Lösung dar, die der Verlegenheit nicht entbehrt. Sie hat aber einen Impuls, der sie – zumindest teilweise – rechtfertigt: sie macht gegen seine ästhetische Überfrachtung einen für sich selbst bestehenden Begriff von Poetik geltend.[75] Als poetisch wird so eine Vorgehensweise verstanden, die eine Textur und einen Kommentar dieser Textur zugleich hervorbringt.

Das poetische Projekt der Moderne stellt sich in den Textpraktiken des Sturm und Drang untergründig her. Es rekurriert auf drei Dispositionen, die im folgenden charakterisiert werden sollen. Erstens auf die Möglichkeit, entgegen aller

---

74 Zum Begriff des Ästhetischen als »Erscheinen«: M. Seel, »Vor dem Schein kommt das Erscheinen«, in: *Ethisch-ästhetische Studien*, 104-125.
75 Ein solcher Begriff wird beispielhaft profiliert von P. Celan, »Der Meridian«, in *Gesammelte Werke*, Band 3, Frankfurt/M.: Suhrkamp 1986, 187ff.

Ausdifferenzierung ein Paradigma von Undifferenziertheit zu begründen. Zweitens auf eine spezifische Inkonstitution, die dem Diskurs innewohnt. Drittens auf einer fragmentarischen Praxis, die allerdings keine Fragmente herstellt, sondern alle mögliche Ganzheit betrifft.

Ausdifferenzierung — Jürgen Habermas hat in seiner Zeichnung des *Philosophischen Diskurses der Moderne* Theorien, die das Ästhetische nicht auf ein gesondertes Terrain einschränken, als »panästhetisch« charakterisiert. Mehr noch: Er weist allen Intrigen gegen das Paradigma ausdifferenzierter Vernunft nach, nur unter Orientierung an ästhetischer Erfahrung vorgehen zu können. Damit sind zwei Vorbehalte gegen ein poetisches Projekt der Moderne formuliert: Hält es einerseits eine genuin ästhetische Erfahrung für den gesamten Bereich der Diskursivität? Und begründet es andererseits gar die behauptete undifferenzierte Diskursivität ästhetisch?

Habermas wirft den von ihm kritisierten Positionen vor, in gewisser Weise zirkulär zu verfahren. Er argwöhnt, »daß sich jene ästhetischen Erfahrungen, in deren Licht sich die wahre Natur einer exklusiven Vernunft erst enthüllen soll, demselben Prozeß der Ausdifferenzierung verdanken wie Wissenschaft und Moral«.[76] So setzen also Philosophien wie diejenigen Nietzsches oder Derridas mit ihrem Ansatz beim Ästhetischen auf das, was sie gerade bestreiten: auf Ausdifferenzierung. Sie berufen sich auf ein Potential, das nur durch Gebietsteilung der Rationalitäten frei wird, und wollen im Namen dieses Potentials gerade die Unmöglichkeit der Gebietsaufteilung behaupten. Dieses Projekt läßt sich nicht widerspruchsfrei durchführen. Es stellt eine »Überstrapazierung der ästhetischen Erfahrung«[77] dar, da es die dieser zugrunde liegende Spezifizierung ignoriert. Es gilt also für ästhetische Positionen im Diskurs der Moderne, daß sie sich auf ihr angestammtes Terrain zu besinnen haben, um nicht in einen »Panästhetizismus« zu verfallen, wie Habermas ihn vorrechnet. Das Ästhetische hat nur innerhalb der Parzellierung von Rationalität sein Recht.

Christoph Menkes Zeichnung hat dieses Bild und die mit ihm gegebene Kritik einerseits erweitert, andererseits vertieft. Grundsätzlich gesteht er dem Ästhetischen einen Übergriff auf Rationalität im ganzen zu. So vermag dieses, eine »unterbrechende Krise«[78] der übrigen Diskurse zu leisten. Ästhetisch wird die anderweitig funktionierende Sinngewinnung verzögert, unterbrochen oder gar – in der Perspektive Adornos – ganz negiert. Der Übergriff markiert eine Brüchigkeit von Rationalität. Dennoch bleibt er ihr zuletzt äußerlich. Der Unterbrechung komplementär schalten ihre anderen Kanäle sich wieder ein. Das Ästhetische stellt eine stets überwindbare Krise anderer rationaler Verhaltungen dar. Menke nun müßte von seiner Erweiterung her eine andere Kritik des »Panästhe-

---

76 Habermas, *Der philosophische Diskurs der Moderne*, 393f.
77 Ch. Menke, *Die Souveränität der Kunst*, 286.
78 Ebd., 293.

tizismus« ansetzen. Nicht die illegitime Gebietsüberschreitung wäre von ihm zu konstatieren, sondern die Reduktion des Diskurses auf einen seiner Zustände. Zwar gibt es Zustände, in denen die gesamte Diskursivität ästhetisch intermettiert erscheint. Aus Menkes Sicht dürfen diese Zustände aber nur als solche unter anderen verstanden werden. Immer gehen ihnen solche des reibungslos funktionierenden Sinngeschehens voraus und folgen ihnen.

Die Vertiefung, die Menke zu Habermas' Version einer territorialen Begrenzung des Ästhetischen liefert, besteht in der Akzentuierung einer Logik der Abfolge. Demnach steht das Paradigma der Rationalität stets fest, wenn ihr ästhetischer Teil ins Werk tritt. Der Ort des Danach muß als wesentliches Merkmal des ästhetischen Bereichs verstanden werden. Steht dieser Bereich im Danach, so reduziert bzw. verfälscht ihn, wer mit ihm zu beginnen versucht. Dem Ästhetischen geht die Ordnung der Rationalität voraus. Dieses Vorangehende ist Teil seiner Verortung. Auch in Habermas' Darstellung spielt das Danach eine entscheidende Rolle. Alles hängt daran, daß der Konstitution der spezifisch ästhetischen Rationalität die Parzellierung und damit die gesamte rationale Ordnung vorangeht. Erst dann stellt Ausdifferenzierung den verbindlichen Ort ästhetischer Erfahrung dar. Die Tatsache allein, daß die ästhetischen Erfahrungen sich der Ausdifferenzierung verdanken, besagt noch nicht, daß sie nicht möglicherweise den Prozeß ihrer Genese hinweggraffen und zu einem ubiquitären Paradigma avancieren. Stehen diese Erfahrungen aber der Ausdifferenzierung nachgeordnet, dann greift Habermas' Kritik. Als logisch nachgeordnete können sie sich nicht widerspruchsfrei von ihrem Ursprung lösen. Das Danach gibt den Maßstab ab, an dem die Interpretationen ästhetischer Rationalität hier gemessen werden.

Diese Rekonstruktion von Versionen, Ästhetik im Rahmen sich ausdifferenzierender Rationalität zu verstehen, hat Konsequenzen für die Möglichkeiten, sie zu kritisieren. So ließe sich Menkes Darstellung entgegnen, er enge unbegründet den ubiquitär gegebenen Aufschub des Diskurses unter dem Prädikat des Ästhetischen ein. »Prozessuale Verzögerung« ereigne sich in allen epistemologischen, normativen und evaluativen Diskursen und stelle eine interne Subversion von Vernunft überhaupt dar. Es gelte also, diese Figur auf das allgemeine, nicht ausdifferenzierte Feld der Diskurse zu replazieren.[79] Diese Kritik läßt sich aber von Menke aus einholen. Ihr gegenüber könnte er geltend machen, daß sie einen der möglichen Zustände von Diskursivität zu Unrecht verallgemeinere. Er habe niemals bestritten, daß die Subversion potentiell überall auftreten könne. Ästhetisch sei diese Subversion nicht einer räumlichen, sondern einer zeitlichen Begrenzung wegen. Sie setze so nach dem Funktionieren anderer Rationalität an.

Eine Kritik an Habermas' und Menkes Position kann nicht mit der Feststellung anfangen, das Ästhetische werde hier zu Unrecht eingeschränkt. Oder viel-

---

79 Vgl. A. Sollbach, *Erhabene Kunst der Vernunft*, Aachen: Hahner Verlagsgesellschaft 1996, III.

mehr muß die Einschränkung richtig charakterisiert werden: Sie ist eine der logischen Abfolge. Kritisch kann dagegen gefragt werden, ob denn Subversion sich innerhalb des Sinngeschehens nur in einer Position des Danach ereignen kann. Besteht nicht die Möglichkeit, die »Überschüssigkeit [des Materials am Objekt der Erfahrung] *gegenüber* jeder signifikanten Selektion«[80] ohne Rekurs auf ein ohne solchen Überschuß gegebenes Funktionieren von Signifikanten zu denken? Die Struktur, die Christoph Menke zeichnet, ist nicht nur eine, die im Verlauf des Diskurses zustande kommen kann, sondern läßt sich auch als dessen Ausgangspunkt durchbuchstabieren. Das ist, wie oben diskutiert, unter Rekurs auf den Mechanismus der Wiederholung möglich. Kann gezeigt werden, daß Wiederholung nicht nach dem Paradigma »automatischer Wiederholung« funktioniert, sondern diese einen Spezialfall eines allgemeineren Wiederholungs-Begriffs darstellt, dann gründet diese allgemeine Diskursivität und Rationalität als etwas, dem von Anfang an Subversion inhäriert. »Prozessuale Verzögerung« ereignet sich dann nicht als ästhetische, sondern als Konstituens von Diskursen überhaupt. Stehen die Strukturen, die Habermas und Menke dem Ästhetischen konzedieren, am Anfang, dann greift ihre Kritik, die auf den Vorwurf des »Panästhetizismus« zielt, nicht.

So läßt sich eine Anlage von Diskursen denken, die in Konkurrenz zu derjenigen der Ausdifferenzierung steht. Sie läßt sich als Undifferenzierung charakterisieren. Unterbrechung, die ausdifferenziert allein als »unterbrechende Krise« ihr Recht hat, spielt hier in jeglichem Zustandekommen von Signifikanten-Abläufen eine Rolle. Zuletzt trifft es nicht mehr, ihr gegenüber von Subversion zu reden, denn es besteht nichts Vorgängiges, das subvertiert werden könnte. Die grundlegende Brüchigkeit nun führt zu Undifferenziertheit insofern, als sich keinerlei differenzierende Prinzipien stabilisieren lassen. Immer sind die so angelegten Diskurse genötigt, auf die Differenz in ihrem Ansatz zurückzukommen und alle Möglichkeit der Differenzierung genau als das zu verstehen, was nicht zu differenzieren ist, was undifferenziert verbleibt.

Die Rekonstruktion des Sturm-und-Drang-Diskurses führt damit an einen entscheidenden Punkt: Sie läßt sich plausibel nur durchführen, wenn man als Ausgangspunkt ein undifferenziertes Diskurs-Geschehen setzt. In diesem besteht keine spezifizierte ästhetische Geltung. Er läßt sich dabei nun gegen den Vorwurf verteidigen, hinter der Absenz von Ästhetik verberge sich ein Panästhetizismus. Vielmehr zeigt sich in ihm eine Begründung von Diskursivität in Undifferenziertheit. So öffnet der Sturm und Drang den Blick auf eine Formierung von Diskursen, die entgegen der Suggestion aussagt, wie sie im Namen des Diskurses der Moderne geäußert wurde. Habermas beispielsweise baut darauf, daß Ausdif-

---

80 Ch. Menke, *Die Souveränität der Kunst*, 82; vgl. zum »Überschuß«-Theorem: Th.W. Adorno, *Minima Moralia*, Frankfurt/M.: Suhrkamp [20]1991, 42f.

ferenzierung ein irreversibles und ubiquitäres Geschehen ist. Hat sie einmal stattgefunden, so fallen ihr alle weiteren Zustände und Ereignisse des Diskurses zu. Dies gilt es zu korrigieren: Neben der Ausdifferenzierung besteht ein Paradigma der Undifferenziertheit, das dieser nicht subsumiert werden kann. Undifferenziert wird der Diskurs von einem anderen Mechanismus begründet; von einem Mechanismus, der sich nicht ins Bild der Ausdifferenzierung aufnehmen läßt. Das aber bedeutet, daß dem Diskurs der Moderne nicht nur die Einbahnstraße der Ausdifferenzierung bleibt. Er kann auch jenen anderen Weg nehmen, den Undifferenzierung darstellt. Die von Habermas kritisierten Zustände gehören möglicherweise einer anderen Spur der Moderne an.

Inkonstitution und Poetik — Im Rahmen der Lektüre von Lenz' *Anmerkungen übers Theater* wurde bereits beschrieben, wie aus einem einheitlich undifferenzierten Diskurs heraus eine spezifisch ästhetische Markierung zu entstehen vermag. Es gilt jetzt, diese in allgemeiner Hinsicht zu beschreiben.

Exemplifikation — Die diskursive Konstitution, aus der heraus die Undifferenziertheit resultiert, läßt sich anders als Inkonstitution charakterisieren. Was ist damit gesagt? Man kann dies in bezug auf die Differenz zwischen dem Funktionieren und dem Nicht-Funktionieren, zwischen dem Gelingen und dem (momentanen) Scheitern erläutern. Für den hier charakterisierten Diskurs gilt diese Differenz nicht im gewohnten Sinn. Er kennt nicht das Nicht-Funktionieren als eine Situation, in der das Funktionieren gestört ist. Beides kommt zugleich zustande. Die Wiederholung als tragender Mechanismus funktioniert so, daß sie immer zugleich auch ein Nicht-Funktionieren bedeutet: das schlichte Noch Einmal. Die Differenz zwischen zwei Zuständen des Diskurses bildet sich in diesem Kontext nicht aus. Der Diskurs nimmt zuletzt dort seinen Ausgang, wo er nicht funktioniert. Genau dieser Befund läßt sich als Inkonstitution bezeichnen. Oder er läßt sich auf die Differenz zwischen Konstitution und Inkonstitution übertragen. Auch diese Differenz spannt nicht als Differenz das diskursive Geschehen auf. Sie fällt in der Art zusammen, daß sich die Konstitution in Inkonstitutionen vollzieht. Die Momente, die den Aufbau des Diskurses leisten, sind nicht auf diesen Aufbau hin angelegt, sondern entfalten ihre Wirkung aus dem Bruch konstruktiver Bewegungen heraus. Inkonstitution erweist sich als der diskursive Boden, der hier zustande kommt.

Wie bereits angedeutet, hat Nelson Goodman mit seiner Theorie zur nichtgegenständlichen Malerei eine Explikation bereitgestellt, die die poetische Reflexion von Inkonstitution zu beschreiben erlaubt. Bei Goodman steht die Frage im Zentrum, wie die Darstellungsqualität abstrakter Bilder zu fassen ist. Er unterscheidet zwischen Eigenschaften, die ein Gegenstand bloß besitzt, und Eigenschaften, auf deren Besitz ein Gegenstand besonders verweist. Es gibt in diesem Sinne Eigenschaften eines Gegenstands, die ihn ausmachen: seine Schwere, sein Preis etc. Und es gibt Eigenschaften, die er besonders herausstellt: die Röte auf der Leinwand, die Grobheit des Pinselstrichs etc. Im zweiten Fall kommt es neben dem Besitz von Eigenschaften auch zu deren, wie Goodman es nennt, Exemplifikation. Exemplifizieren heißt: eine Probe von etwas abgeben, sich als Exempel darstellen von etwas. Dabei verweist ein Gegenstand auf sich selbst, auf einige seiner Eigenschaften, die er herausstellt, die er in den Vordergrund jeder möglichen Betrachtung stellt.

Goodmans Begriff der Exemplifikation wird generell im Bereich sprachlicher Zeichen nicht angewendet werden können, da dort immer Zeichen auf anderes verweisen, der Begriff aber auf einen Selbstverweis hin gemünzt ist. Der spezifisch moderne Diskurs, der sich in seiner Inkonstitution aufhält, bildet dabei eine Ausnahme. Hier bezieht sich ein Text, wie beispielhaft Lenz' *Anmerkungen übers Theater*, auf seine eigenen Konstitutionsbedingungen. Von seiner Konstitution her hat er bestimmte Eigenschaften, die er exponiert, die er in seiner textlichen Praxis darstellt. Wie im Falle abstrakter Malerei gründet sich auch hier die Darstellungsrelation nicht in einem Außenbezug. Sie bezieht sich unter anderem auf das Moment der Inkonstitution selbst. Von dieser werden in der Entfaltung der Textur immer wieder Beispiele gegeben. Der ständige Verweis auf das Zurück, die Abbrüche im Text, die Feststellungen, nicht bei der Sache zu sein oder gar keine Sache mehr zu wissen, sind als Exemplifikationen zu lesen. So entsteht eine poetische Verhaltensweise zur eigenen Konstitution in den Texten. Sie stellen ihre eigene Konstitution noch einmal her bzw. exponieren sie. Dieses Verhalten begründet ein poetisches Projekt.

Werner Hamacher beschreibt eine andere Beziehung von Texten zu ihrer Inkonstitution, wenn er konstatiert, »daß die Texte selbst schon an ihrer Dekonstruktion arbeiten und also als Allegorien ihrer Inkonstitution figurieren«.[81] Diese Ausführung besagt wohl, die Texte zeigten ihre Inkonstitution allegorisch, als ihren sensus figuralis. Wie aber ist dann der sensus literalis solcher Inkonstitutions-Darstellungen beschaffen? Er muß als Konstitution der Texte oder Diskurse beschrieben werden. So haben die von Hamacher beschriebenen Gegenstände eine Konstitution und eine Inkonstitution zugleich. Letztere fungiert aber in der Differenz als Störung von Konstitution. Was auf der Oberfläche des Textes funktioniert, zeigt sich so untergründig als von Inkonstitution durchbrochen. Insofern kann die oberflächliche Konstitution eine Allegorie untergründiger Inkonstitution abgeben. Das poetische Projekt kennt im Gegensatz dazu keine oberflächliche Konstitution. Was innerhalb seiner zum Vorschein kommt, ist nichts Verborgenes oder Untergründiges. Es ist das Funktionieren von Texten gerade auf der Oberfläche. So wird die Struktur etabliert, auf das, was funktioniert, zu verweisen. Dabei tritt keine zweite Ebene der Aussage oder der Darstellung hinzu. Es wird bloß die erste Ebene in einer anderen Weise durchgespielt oder zur Sichtbarkeit gebracht.

---

81 W. Hamacher, »Unlesbarkeit«, in: de Man, *Allegorien des Lesens*, 22.

Die Inkonstitution fordert ein poetisches Projekt heraus. Es handelt sich bei den Diskursen, die durch sie geprägt sind, um solche, die sich auf ihre Konstitution selbst beziehen. Sie erschließen die Gegenstände, von denen sie reden, in erster Linie aus ihrer Konstitution heraus. Dadurch aber verschwindet gleichsam ihr Gehalt. Der Gehalt, der ja die Konstitution ist, bleibt, sofern eine Konstitution selbstverständlich funktioniert, unbeachtet. Erst die poetische Arbeit, die das Funktionieren exponiert, macht den Gehalt als solchen sichtbar. Sie hebt in den Vordergrund, daß ein Text seine eigenen Eigenschaften thematisiert.

Immanenz — Die poetische Arbeit auf dem Terrain undifferenzierter Diskursivität ist davon geprägt, daß sie nicht auf Distanz zu dem geht, was sie akzentuiert. Die Struktur, die in der Textkonstitution und als Textkonstitution reflektiert wird, verhindert jegliche Distanz. Wiederholung stellt einen Mechanismus dar, der noch in aller Reflexion sich erhält. Jegliche Bespiegelung wird sie fortsetzen, wird sich selbst als Wiederholungsgeschehen anlegen. Eine kritische Transzendenz läßt sich somit nicht produzieren. Das poetische Projekt setzt notwendig und irreduzibel intern an. Das hat Derrida in bezug auf sein Verständnis des Diskurses beschrieben.

Die Philosophie, die Hermeneutik, die Poetik können sich nur in Idiomen, in Sprachen herausbilden, im Korpus der Ereignisse und Daten, über die sich nur sagen ließe, daß kein metalinguistisches oder metahistorisches Herausragen möglich ist; doch ein solches wird von innen heraus, wenn man so sagen darf, durch die ent-markierende Struktur, die zur Wiederholung, ja vielleicht gar zur Wesensvernichtung des Datums gehört, garantiert.[82]

Die Internität, die alles mögliche Herausragen prägt, kommt von der Eigenart der Wiederholung her zustande. Derrida verweist dabei nicht nur auf die Undistanzierbarkeit des Seriellen. Er benennt eine spezifische Struktur von Wiederholung, die er mit dem Begriff »ent-markierende [frz. dé-marquante] Struktur« bezeichnet. »Démarquer« bedeutet in erster Linie das Entfernen von Zeichen, die eine Zuordnung herstellen: von Markierungen in Büchern, von Namen in Kleidungsstücken. So bleibt bloß das Material zurück. Im Falle des Diskurses handelt es sich dabei auch um den Mechanismus, der ihn trägt. Die Wiederholung stützt die Möglichkeit von Bezeichnung und nimmt zugleich das Zeichenhafte weg, um das reine Material erscheinen zu lassen. Diese Zwiespältigkeit liegt vor, wenn eine poetische Arbeit hinzutritt. Diese Arbeit fügt also nichts hinzu, sondern reakzentuiert bloß Gegebenes. Hans Blumenberg hat dies als »Freigabe« beschrieben. Demnach leistet »die poetische Sprache gerade die Freigabe der immanenten Tendenz auf die Multiplizität der Bedeutung«.[83] Die »immanente Tendenz« geht noch weiter, als Blumenberg meint. Sie zielt auch auf den Me-

---

82 Derrida, *Schibboleth*, 105.
83 H. Blumenberg, »Sprachsituation und immanente Poetik«, in: *Wirklichkeiten, in denen wir leben*, Stuttgart: Reclam 1981, 144.

chanismus der Bedeutungs-Generierung. Auch dieser wird vom Poetischen freigegeben. So aber geht die performative Reflexion, die in der Poetik zustande kommt, strikt immanent vor. Sie greift nur auf, was sowieso schon in dem Diskurs funktioniert. Auch das Herausragen, das die Exemplifikation begründet, ist schon dem Mechanismus inhärent.

Fremdsprache — Aller Internität zum Trotz läßt sich die poetische Arbeit auch als Spaltungsbewegung beschreiben. Sie spaltet aber nichts vom Vorhandenen ab, sondern greift eine interne Spaltung auf, die den Wiederholungs-Prozessen eigen ist. In die Sprache des Diskurses kehrt mit der poetischen Reflexion eine Fremdheit ein, die das Ideal, eine eigene Sprache zu sprechen, konterkariert. Die Sprache, die in sich selbst zusammenbricht, fungiert sich selbst gegenüber als Fremdsprache. Die Poetik nistet sich in die interne Spaltung ein. Deleuze hat dies als Bewegung beschrieben, »die Sprache zum Stottern zu bringen, ... in die eigene Sprache eine immanente Zweisprachigkeit als eigene Fremdheit ein[zuführen]«.[84] So konstituiert sich im Stottern des Diskurses eine Fremdsprache, die nicht diejenige gegenüber einer Mutter- oder einer eigenen Sprache ist. Es handelt sich um eine Fremdsprache von Sprachlichkeit überhaupt. Sobald der Diskurs – poetisch – seine Oberfläche spricht, zeigt er sich selbst als fremdsprachlich, spricht eine Fremdsprache, die seiner eigenen Sprache angehört. Die Sprache, die gesprochen wird, erweist sich als ganz und gar unvertraut.

Die dem Mechanismus der Wiederholung eingeschriebene Bewegung der Selbstdistanzierung bildet den Gegenstand des poetischen Projekts, das in einer modernen Situation diskursiver Undifferenziertheit entsteht. Die Selbstdistanzierung öffnet dieses Projekt und begrenzt es auch zugleich. Sie nimmt ihm den Charakter eines Werks. Es bleibt auch in ihm stets der »Knick des Gesprochenen, der abwesendes Werk ist«.[85] Das poetische Projekt entsteht, wo das diskursive Geschehen sich verwirft, faltet. Es stellt sich nicht her, sondern begibt sich gleichsam in ein Werk, das in Abwesenheit vor sich geht. So artikuliert diese Poetik in keinem Moment ein Selbstverständnis, mit dem sie vorgeht, von dem her sie sich einnistet. Sie kommt unbeachtet zustande, fungiert still. Nur aus einer Rekonstruktion der diskursiven Statik heraus läßt sie sich verstehen. Dann gewinnt sie, wie in den vorangegangenen Explikationen, Kontur als verschwindende Gegenstimme im Diskurs der Moderne.

Fragment — Gegen die Lektüre der *Anmerkungen übers Theater* und das daraus entwickelte poetische Projekt kann ein Einwand vorgebracht werden: Handelt es sich nicht bei Lenz' Text um eine dezidiert fragmentarische Praxis? Findet sich nicht eine Poetik des Fragments, die der Text selbstbewußt vorträgt? Der

---

[84] G. Deleuze, »Ein Manifest weniger«, in: K. Brack u.a. (Hg.), *Aisthesis*, Leipzig: Reclam 1990, 392; vgl. auch U. Dünkelsbühler, *Kritik der Rahmen-Vernunft*, München: Fink 1991, 138f.

[85] M. Foucault, »Der Wahnsinn, das abwesende Werk«, in: *Schriften zur Literatur*, Frankfurt/M.: Fischer 1988, 126.

Abbruch von Sätzen, die Destruktion eines thematischen Verlaufs und Fadens, die steten digressiven Bewegungen: all das deutet auf ein Programm, das textuelle Geschehen durch und durch als fragmentiert anzulegen. Die *Anmerkungen* selbst aber widersprechen einer Logik der Fragmentierung, wenn sie den »ganzen Umfang des Wortes: Mensch« zur Instanz erheben. Sie scheinen in dieser Äußerung weniger an Bruchstücken, als mehr an einem gewissen Holismus interessiert. Dieser besteht, wie oben nachgezeichnet wurde, in dem tragenden Mechanismus diskursiven Geschehens. In Rekurs auf den Mechanismus der Wiederholung hat sich also zu zeigen, inwiefern eine Poetik des Fragments in den *Anmerkungen* gerade nicht vorliegt. So kann ex negativo Zweierlei bestätigt werden. Erstens die diskursive Konstruktion des Sturm und Drang, die keine spezifisch ästhetische Geltung, sondern eine verschwindende Kunst des Diskurses ausprägt. Zweitens die Eigenart des poetischen Projekts der Moderne, das Subversion nicht als ästhetisch fundierten Aufschub oder als entsprechende Fragmenthaftigkeit, sondern als undifferenziert gegeben reformuliert. Drei Schritte zur Entgegnung gegen den Einwand werden kurz angedeutet.

(1) Im Mechanismus der Wiederholung schlummert stets schon Fragmentarisches. Dieses wird als solches nicht erkennbar, da es sich nicht von anders Gearteteem abhebt. Für den Gesamtprozeß von Wiederholung sowie für die einzelnen Abläufe gilt, daß sie als fragmentarisch charakterisiert werden können. Ein einzelner Wiederholungsvorgang bringt einen Gegenstand oder einen Zustand hervor, der an die Differenz zu einem Vorgänger gebunden ist. Insofern gibt er für sich ein Fragment dessen ab, was er als Wiederholung umfaßt. Als ganzer ist er nicht erreichbar. Wiederholung produziert in diesem Sinn stets Fragmente, Einheiten, die von ihrer umfassenden Gestalt abgeschnitten sind. Aber auch für serielle Prozesse insgesamt gilt, daß sie niemals als ganz oder vollständig zu formulieren sind. Niemals findet ein solcher Prozeß einen Abschluß. Immer kann noch eine weitere Wiederholung erfolgen. So bleibt jeder noch so lang verlaufende Prozeß Bruchstück, Bruchstück seiner möglichen Fortsetzung. Fragmentarisches also kann, wo es auftritt, immer Moment von Wiederholung sein.

(2) Die Logik des Fragments hat einen ambivalenten Charakter. Einerseits sinnt sie auf eine Subversion von Ganzem oder Vollständigem. Sie ist entworfen, um das Ideal diskursiven Funktionierens selbst zu unterlaufen. Andererseits bleibt sie streng an dieses Ideal gebunden. Fragmente stellen diskursive Brocken dar, die den Status eines Texts, der sein eigenes Recht begründet und vertritt, nicht erreicht haben. So gilt bei einem Fragment als ungesichert, ob der Autor nicht anderes hat sagen wollen, ob nicht eine Komplettierung das Bestehende hätte anders erscheinen lassen. Überhaupt steht bei ihm in Frage, ob die Einheit eines schaffenden Geistes hinter ihm steht. Es fehlt ihm der formende Zugriff, der einen Rahmen um ein damit einheitliches Werk setzt. Im Fragment erscheint jedes Moment selbst noch einmal als fragmentarisch, nicht an die anderen gebunden, da ein übergeordneter Geist, der die Momente verbinden würde, nicht

gewährleistet ist. Fragmente erreichen nicht den Status, Werk zu sein. Damit aber erhält der Begriff einer Poetik des Fragments selbst ein schillerndes Aussehen. Er kann gerade nicht leisten, was er prätendiert: Werke begründen. Seine Spezifik erlangt er nur als Defizienz. Eine konsistente Formulierung dieses Begriffs läßt sich nicht geben.

(3) Das Fragment ist eine verschwindende Form. Alle Form der Einsicht in die eigene Verfassung unterwandert diese. Die Markierung »Fragment« ereignet sich stets von der Ordnung der Vollständigkeit her. Nur wo im Blick auf mögliche Ganzheit gedacht wird, kann Fragmentarisches als solches angegeben werden. Die Angabe nimmt also der Sache gerade, was sie spezifisch ausmacht. Sie weist etwas als Teil einer Ganzheit aus. So kommt es zu einer widersprüchlichen Konstruktion, wenn ein Fragment sich als solches bestimmt. Seine Selbstbewußtheit kontrastiert seiner Konstitution, da sie es zur Ganzheit erklärt: zu einer defizitären Ganzheit. Konsistent läßt sich die Selbstangabe, Fragment zu sein, also nicht geben. Fragmente erreichen nur ihren Begriff, schreibt man ihnen eine Blindheit hinsichtlich der eigenen Verfassung zu. Solche »Blindheit« beinhaltet geradezu die »Einsicht«[86] in die eigene Brüchigkeit. Brüchig erscheint das Fragment gerade in seinem notwendigen Verschwinden, in seiner Situation, von jedem Selbstverständnis abgeschnitten zu sein.

2.6 Schlußbild

Der Sturm und Drang wird die Inkonstitution seines Diskurses niemals verlassen. Immer wieder vollzieht er die Bewegung einer Zerstreuung der Kunst nach. Die undifferenzierte Diskursivität, die er begründet, eröffnet keinen anderen Spielraum. Alle Bewegungen, die sich spezifizieren, ergeben keine stabilen Differenzen, sondern kommen auf die Inkonstitution zurück. Alle diskursiven Konstruktionen verbleiben in dem einen Raum, den die begründende Mechanik des Theaters gezeigt hat. Das bedeutet, daß sich von der Zerstreuung der Kunst her und überhaupt für den Sturm-und-Drang-Diskurs kein Aufbau derart zeichnen läßt, daß eins sich auf das andere fügte. Die in diesem Diskurs zu rekonstruierenden Figuren spielen auf einer Ebene. Die Absenz von Ästhetik beispielsweise ergibt sich nicht aus sprachenphilosophischen Überlegungen, sondern korrespondiert diesen. Immer wieder setzt die Undifferenziertheit sich durch.

Der Sturm und Drang bildet sein stetes Zurückkommen auf einen expositorischen Ort dort ab, wo er die Frage des Endes bedenkt. Er zeichnet eigenartige Schlußbilder am Ende seiner Theaterstücke. Aber auch im Rahmen anderer Texte kommt es zu einer bemerkenswerten Bewegung, die das Ende markiert. So

---

86 P. de Man, *Blindness and Insight. Essays in the Rhetoric of Contemporary Criticism*, Univ. of Minnesota Press 1983.

läßt sich die Lektüre der *Anmerkungen übers Theater* dort fortsetzen, wo der Redner zum Schluß kommt. Nach den Ausführungen über die Differenz zwischen Komik und Tragik erfolgt ein Rückblick über das insgesamt Gesagte.

– – Das wär's nun, meine Herren! ich bin müde, Ihnen mehr zu sagen. Aber weil doch jeder Rauch machen muß, der sich unterstehen will, ein Feuer anzuzünden. Ich bin gewiß, daß es noch lange nicht genug war, Aufmerksamkeit rege zu machen – nichts desto weniger straft mich mein Gewissen doch, daß ich schon zu viel gesagt.[87]

Einzigartig in dem von Gedankenstrichen durchzogenen und rhythmisierten Text ist, daß ein Absatz von zweien nacheinander eröffnet wird. Sie stehen wie die zwei Teile eines Theatervorhangs vor den Worten. Dabei stehen sie so dicht beieinander, als habe sich dieser Vorhang bereits geschlossen. Die nachfolgenden Sätze gehören also einer Figur an, die durch den bereits schon geschlossenen Vorhang hindurchschlüpft, um noch einige abschließende Bemerkungen zu äußern. Was dann ausgeführt wird, wirkt vergleichsweise konventionell. Sowohl die Angabe, das Thema nicht erschöpft zu haben, als auch die Skepsis, bereits zu lange geredet zu haben, gehören zum Repertoire möglicher textbeendender Floskeln. Dennoch inhäriert dieser Inszenierung des Schlusses ein Umbau des Theaters, eine Veränderung der Vorhangkonstruktion. Es handelt sich um ein kalkuliertes Spiel mit den Positionen und den Kommentaren, das hier stattfindet.

Die Angabe »Das wär's nun« scheint nur noch einmal zu sagen, was der geschlossene Vorhang bereits zeigt. Die geleerte Parenthese markiert den Abschluß der Bewegungen, die immer wieder zu neuen Parenthesen, zu neuen digressiven Anläufen am Thema vorbei führten. Sie gibt an, daß es zu keinem Nachtrag und keiner Erweiterung mehr kommt, daß die supplementäre Logik ein Ende findet. Der Text, der diesem Bild folgt, zwängt sich an dem geschlossenen Vorhang vorbei. Er wirkt wie ein Kommentar zur Schließung der Parenthesen und nicht zu dem, was vorher gesagt wurde. Er äußert sich so zur Frage des Vorhangs selbst. Die beiden konkurrierenden Kommentare »noch lange nicht genug« und »schon zu viel« erscheinen als Transkription des Vorhangs. Aus unterschiedlichen Perspektiven kann dieser das eine oder andere bedeuten. Von der Bühne oder vom Auditorium her nimmt er sich unterschiedlich aus. Die jeweiligen Kommentare aber lassen sich nicht verorten. Sie eröffnen ein Wechselspiel, das sich zwischen Bühne und Auditorium ergeben könnte, ohne dabei Positionen festzulegen. Es bleibt das bloße Wechselspiel, in dem sich die Positionen ein ums andere Mal verschieben werden.

Der Beschluß der Bühne, die Lenz' *Anmerkungen* selbst zimmern, ist auf eine eigenartige Weise indeterminiert. Aus der dargebotenen Konstruktion gehen Sätze hervor, die nicht zuzuordnen sind. Wer hier was spricht, läßt sich nicht

---

87 Lenz, *Anmerkungen übers Theater*, WB 2, 670.

angeben. Werden die Kommentare als solche zum Vorhang und Beschluß selbst gelesen, dann verschwimmen die Konturen zwischen Spielfläche und Zuschauerraum. Die Indetermination erscheint nun nicht als etwas, was dem Text unterläuft. Er bezeichnet klar eine indeterminierte Figur: »Rauch«. Dieser sei, so heißt es, gemacht worden. Ausdrücklich sieht der Text solche Indetermination dort gegeben, wo ein Feuer vorliegt. Auch wenn es das Ziel ist, ein »Feuer anzuzünden«, wird unwillkürlich »Rauch« produziert. Letztlich ist es »Rauch«, was aus dem Feuer resultiert. Die mögliche Klarheit der Flamme setzt sich nicht durch. So steht die Indetermination am Ende, als das Resultat, das sich unter allen anderen des Feuer-Projekts durchsetzt. Das aber affiziert die Möglichkeit des Endes überhaupt. Die Indetermination, die sich dort zeigt, nimmt ihm alle Kontur. Der Rauch, der sich ausbreitet, hinterläßt einen unklaren Zustand; einen Zustand, der kein Ende kennt. Lenz macht deutlich, daß seine Ausführungen bei einem Rauch ankommen, der alle Einschätzungen der Situation beherrscht. Damit aber bleibt das Ende offen. Wer sich seiner versichern wollte, müßte immer noch einmal durch den Rauch hindurch eine Kontur zu erblicken suchen. Das Schlußbild lädt so einerseits dazu ein, das Ende immer wieder durchzuspielen, es zu wiederholen, und andererseits dazu, in dem indeterminierten Zustand zu verharren. Das Ende ist etwas, das zu beenden bleibt.

Die Umbesetzung, die Lenz in seiner Konstruktion des Schlußbilds vornimmt, gewinnt damit eine folgenreiche Dimension. Der Schluß bildet selbst einen Anfang. Die Situation, die das Theater hinterläßt, ist keine, die sich distanzieren ließe. Sie trennt nicht zwischen einem Raum, für den sie gilt, und einem solchen, der ihr unbeteiligt gegenübersteht. Die Dekontur, die Lenz inszeniert, unterminiert nicht nur mögliche Trennungen, sondern breitet sich auch aus. Sie liefert für die Fortsetzungen, die der Diskurs nehmen könnte, die maßgebliche Disposition.

Lenz hat auch außerhalb der *Anmerkungen* ein Schlußbild-Theater geschrieben, ein Theater, dessen Schlußbilder aus der Reihe fallen. In *Der Hofmeister* kommt es zu einem karikierenden Familien-Idyll, zu einem komödiantischen Zusammenkommen aller Figuren in den alten Bindungen. In *Der neue Menoza* folgen dem Stück zwei Szenen über das Miniatur-Theater des »Püppelspiels«, das sich einer Reflexion des gesamten Bühnengeschehens anheischig macht. Schließlich enden *Die Soldaten* mit einem Diskurs über die »Soldatenehen«, als wolle das Stück dem in die Handlung versunkenen Zuschauer noch einmal kurz sagen, wovon es gehandelt hat. Das Schlußbild ist in verschiedener Weise wie eine Einladung konstruiert. Immer läßt es sich wie ein Schlüssel zum Stück nehmen, so daß eine Vielzahl von Lektüren sich an es hängt.[88] Damit erhält der Schluß eine

---

[88] Vgl. dazu E. Unglaub, »Werkimmanente Poetik als Dramenschluß: Zur Frage nach dem ursprünglichen Schluß der Komödie ›Der neue Menoza‹ von J.M.R. Lenz«, in: *Text + Kontext*, Nr. 15 (1987), Heft 1, 182-187; Th. Wirtz, »Das Ende der Hermetik: Zu den Schlußszenen

eigenartige Stellung. Einerseits befindet er sich bereits außerhalb des Stücks und gibt einen Anhang zu diesem ab. Andererseits faßt er gerade als dieser Anhang das ganze Stück und hält es präsent. Diese Dopplung läßt sich nicht reduzieren, womit der Schluß immer ambivalent bleibt. Zuletzt stellt er selbst die Frage seines Bezugs zum Stück dar. Er formiert das Rätsel, wo das Stück sein Ende findet. Das Ende wird damit als etwas vorgeführt, das nicht selbstverständlich gelingt. Alle Stücke handeln von der Frage nach einem Abschluß und von ihrer möglichen Unbeendbarkeit.

Charakteristisch für die Gestaltung des Schlusses in den Lenzschen Theaterstücken ist ein Punkt. Im Gegensatz zu einem idealen Handlungsbogen, der mit der Lösung der Konflikte endet, »bleiben bei Lenz die Konflikte ... am Ende meist ungelöst«.[89] Das kann buchstäblich verstanden werden. In den Schlußbildern geht es, wie das große Pärchen-Finden am Ende des *Hofmeister* zeigt, um Bindungen, nicht um Lösungen. Was bedeutet dieses Bindungs-Geschehen? Zum einen zeugt es von Unlösbarkeit und Unbeendbarkeit. Die Themen werden als solche gezeichnet, die keine Lösung kennen. Außerdem lassen sie sich, so betrachtet, nicht in einer begrenzten Abfolge von Szenen wiedergeben. Zum anderen entwirft es eine spezifische Relation zwischen dem Theater und dem außerdramatischen Sonst. Findet das dramatische Sujet keine Lösung, so werden auch die Zuschauenden nicht freigegeben. Sie stehen einer Szene gegenüber, die sich unbeendet zeigt. Die Bindung, von der gehandelt wird, überträgt sich so über das Theater hinaus. Wieder kommt es zu einer Dekonturierung, wie sie bereits in den Äußerungen der *Anmerkungen* zu beobachten war.

Die Schlußbilder bei Lenz könnten so gelesen werden, daß sie das Eingeständnis des Theaters, konstitutiv hilflos zu bleiben,[90] bieten. In diesem Sinne besagte der Schluß der *Soldaten*, daß das Thema zuletzt nicht poetisch, sondern diskursiv zu behandeln sei. Das Gespräch zwischen Gräfin und Obrister wäre auf dem Weg, den der Autor selbst mit seiner auf politische Wirksamkeit angelegten Schrift *Über die Soldatenehen* einschlägt. Hier bestätigte sich wieder ein hergebrachtes Bild des Sturm und Drang, der an der Literarisierung seiner gesellschaftlichen Ideale krankt und es letztlich nicht vermag, diese in den gesellschaftlichen Diskurs einzubringen. Die Szene aber widerspricht solcher Deutung. Sie zielt nicht auf eine Diskursivierung der Thematik, die das Theater behandelt hat.

---

von J.M.R. Lenz' ›Verwundetem Bräutigam‹ und dem ›Hofmeister‹«, in: *Zeitschrift für Deutsche Philologie*, Nr. 111 (1992), Heft 4, 481-498; C. Albert, »Verzeihungen, Heiraten, Lotterien: Der Schluß des Lenzschen ›Hofmeisters‹«, in: *Wirkendes Wort*, Nr. 39 (1989), Heft 1, 63-71; vgl. auch K. Gerth, »»Vergnügen ohne Geschmack«. J.M.R. Lenz' ›Menoza‹ als parodistisches ›Püppelspiel‹«, in: *Jahrbuch des Freien Deutschen Hochstifts*, 1988, 35-56.
89 Winter, *J.M.R. Lenz*, 58.
90 Dieser Logik folgt die Darstellung von Luserke, *J.M.R. Lenz: Der Hofmeister – Der neue Menoza – Die Soldaten*, 96-100.

Vielmehr blickt sie auf die Relation zwischen Theater und gesellschaftlichem Sonst. Sie geht aus von den »beiden Unglücklichen«, die auf der Bühne zu sehen waren, und schlägt von diesen aus den Bogen zu den »Millionen Unglücklichen«, die sonstwo stehen.[91] Das gesamte Gespräch dreht sich darum, daß sich zwischen diesen nicht trennen läßt, daß auch hier eine Bindung vorliegt. Von diesem Ausgangspunkt her stellt sich die Frage, wie eine Trennung etabliert werden könnte. Erst wenn das gelänge, beträfe das auf der Bühne Gezeigte die außen Stehenden nicht mehr. Die Szene konstatiert also die außerdramatische Gültigkeit der theatralen Darstellung. Davon hat, so ist impliziert, alle weitere Debatte auszugehen. Der Schluß bleibt der Anfang alles Folgenden.

3 Die Dramatik des Diskurses als Geschichte

> Wenn er allein war, war es ihm so entsetzlich einsam, daß er beständig laut mit sich redete, rief, und dann erschrak er wieder und es war ihm, als hätte eine fremde Stimme mit ihm gesprochen. Im Gespräch stockte er oft, eine unbeschreibliche Angst befiel ihn, er hatte das Ende seines Satzes verloren; dann meinte er, er müsse das zuletzt gesprochene Wort behalten und immer sprechen, nur mit großer Anstrengung unterdrückte er diese Gelüste. (Georg Büchner: Lenz)

Spielt der Sturm und Drang nicht auf ästhetischem Gebiet, so kommt es zu einer weitreichenden Konsequenz. Seine zentralen Begriffe und Themen verlieren ihr angestammtes Terrain. Das zeigen zwei Beispiele besonders deutlich: zum einen der Genie-Begriff, der gewöhnlich für die ästhetische Schöpfer- oder Produktions-Instanz im Sturm und Drang genommen wird; zum anderen die Geste der Befreiung von den auf Aristoteles zurückgeführten, sogenannten dramatischen Einheiten. Dabei handelt es sich nur um zwei prominente Vertreter einer Epoche, die auf dezidiert ästhetischem Feld angelegt ist. Kommt es aber nicht zu dieser Anlage, so müssen die Figuren und die Begrifflichkeiten in einen anderen Kontext gestellt werden. Ein solcher Kontext hat als Ausgangspunkt die Inkonstitution, die sich bei der Betrachtung der Zerstreuung der Kunst zeigte. Wie auch immer die Begriffe ausfallen, sie bedürfen des Bezugs auf die Situation, in der der Diskurs sich als konstitutiv undifferenzierter erweist. Von dieser Situation her hat die Reinterpretation der zentralen programmatischen Bewegungen und Termini im Sturm und Drang auszugehen.

Im folgenden rücken drei Momente in den Fokus des Interesses. Erstens tritt das Genie auf, wie es als anästhetische Figur funktioniert. Zweitens kommt die

---

91 Lenz, *Die Soldaten*, WB 1, 245f.

spezifische Konstitution des Dramatischen zur Sprache. Sie wird mit derjenigen des Historischen verknüpft. Drittens präsentiert sich die Identität des Sturm und Drang: Was kann dessen Name heißen, wenn er nicht eine ästhetische Bewegung meint? Die drei Diskussionen nehmen von bestimmten Beobachtungen ihren Ausgang. Dabei handelt es sich um Beobachtungen, die eine Relektüre der Figuren oder Begriffe fordern. Es ist also nicht allein der Verlust des ästhetischen Kontexts, der die andere Verortung notwendig macht. Die Verortung gelingt selbst dann nicht stimmig, geht man von einer Profilierung des Ästhetischen im Sturm und Drang aus. Das wird an einer Konvergenz deutlich, die unten weiter verfolgt wird: derjenigen von dramatischem und historischem Diskurs. Beide Diskurse entwerfen ein Bild szenischer Diskontinuität: einmal als Differenz der Orte und ein andermal als Differenz der Zeiten. Und beide versuchen, diese mittels einer Kontinuität zu überschreiben: einmal des dramatischen Spannungsbogens und ein andermal im Bild der Lebensalter, das das geschichtlich Heterogene verbindet. Diese Beobachtungen haben eine Konsequenz für die Interpretation der dramatischen Bewegungen. Letztere können, sollen sie in ihrer Konvergenz mit dem Historischen bedacht werden, nicht als genuin ästhetische verstanden werden. Vielmehr scheint der Diskurs einen Punkt zu kennen, an dem sich die Ordnungen von Drama einerseits und Geschichte andererseits nicht trennen. Dieser Punkt ist einer Betrachtung aufgegeben, die von einer Spezifik unterschiedlicher Sphären erst einmal absieht.

Die drei betrachteten Momente des Sturm-und-Drang-Diskurses werden im Anschluß nicht nur für sich, sondern auch hinsichtlich einer möglichen Ordnung, die sich aus ihnen ergibt, betrachtet. Es geht nicht darum, allein zu sagen, was beispielsweise der Begriff des Genies faßt. Es steht auch in Frage, warum er überhaupt in der Debatte von Herder, Goethe und Lenz Bedeutung gewinnt. Gesucht wird nach dem theoretischen Ansatz, der diese vom Genie reden macht. Der Vorschlag lautet dahingehend, diesen Ansatz als den der Spekulation zu begreifen. Alle drei Figuren, die betrachtet werden, treten aufgrund einer spekulativen Orientierung ins diskursive Spiel. Spekulativ werden demnach im Sturm und Drang Momente aufgegriffen und bedacht, aus denen ein Diskurs sich konstituiert. Sie gehören konstruktiven Bewegungen an; Bewegungen, die eine anfängliche Inkonstitution überschreiten bzw. überschreiben. Somit stellen sie keine Konstruktionen dar, die die Programmatik der Epoche ausmachen könnten. Es handelt sich bei diesen Momenten nicht um eine epochale Identität, sondern um Themen einer diskursiven Reflexion. Dies wird sich im Verlauf der Lektüren zeigen.

3.1 Das Genie

Das Genie beherrscht weitgehend die Szene des Sturm und Drang. Es begründet den spezifisch ästhetischen Zirkel, der gemeinhin dessen Bild prägt. Einerseits bürgt das Auftreten des Genies dafür, daß es zur Produktion von Ästhetischem kommt. Andererseits spannt die Literatur als Betätigungsfeld der Epoche einen – ästhetischen – Rahmen auf, innerhalb dessen allein Genialisches zu erscheinen vermag. Nur die besondere Schöpferkraft des Genies läßt Werke entstehen, die überhaupt die Schwelle des Ästhetischen überschreiten, wie sie der objektive Geist der Zeit fordert. Zugleich aber gelingt damit nur eine – wie Goethe sagt – »literarische Revolution«;[1] das Genie reicht nicht über die Literatur hinaus. »Da die Vorbedingungen für einen Gesellschaftswandel nicht gegeben waren«,[2] entstehen ästhetische Niederschläge des vorhandenen Revolutionswillens. Allein in diesen Niederschlägen vermag das Genie sich als solches zu realisieren. Stets findet sich der Part des Genies in dem Zirkel befangen, der es mit dem Ästhetischen verbindet.

Gegen die zirkuläre Begründung aber sprechen zwei Momente. Erstens das beobachtete Desinteresse des Sturm und Drang an einer emphatischen Differenz von Kunst. Die Spezifik ästhetischer Geltung, wie sie in dem Zirkel vorausgesetzt wird, kommt so nicht zustande. Zweitens die Diskrepanz zwischen dem produktiven Genie, das die Werke schafft, und dem dargestellten Genie, das scheitert. Alle Darstellungen der Epoche widersprechen einer möglichen Figur, die ihre Genialität gelingend umsetzt. Diese aber genau wird in Korrelation zu den ästhetischen Produktionen gefordert. So bleibt ein Moment an den Darstellungen, das ausgeblendet wird, wenn es gilt, den Begriff des Genies zu formulieren: das Scheitern. Dieses wird im Zentrum der folgenden Interpretationen stehen, die den Protagonisten des Sturm und Drang abseits der ästhetischen Zirkularität zu begreifen suchen. Als Ausgangspunkt fungiert dabei Goethes Bearbeitung des Prometheus-Stoffs. Danach findet der außergewöhnliche Fall einer Genie-Figur bei Lenz Beachtung. Zuletzt wird die Wiederkehr des Genies nachvollzogen, wie sie in den Rezeptionen des Sturm und Drang stattfindet.

Prometheus — Der Begriff des Genies ist im Sturm und Drang mit einer Figur verbunden: mit Prometheus. Nicht nur bilden Goethes dramatisches Fragment *Prometheus* und die Ode selbigen Titels Schlüsseltexte der Epoche; auch sonst hat die Figur in vielen Zusammenhängen Relevanz. So wird beispielsweise der Autor des *Werther* an einer Stelle als »Prometheus (Verf. des Werthers)«[3] bezeichnet. Ansonsten erscheint zuweilen der genius rector der Epoche, Shakespeare, neben dem Titanen: »Er [Shakespeare – gwb] wetteiferte mit dem Prometheus, bildete ihm Zug vor Zug seine Menschen nach, nur in *kolossalischer Größe*.«[4] Aber auch andere Figuren schlüpfen in das Kostüm des rebellierenden Titanen. »... – aber Werther ist ein Bild meine Herren, ein gekreuzigter Prometheus an dessen Ex-

---

1 Goethe, *Dichtung und Wahrheit*, 11. Buch, HA 9, 490.
2 Pascal, *Der Sturm und Drang*, 110.
3 Lenz, »Brief an Johann Kaspar Lavater, 8. April 1775«, WB 3, 308.
4 Goethe, »Zum Shakespeares-Tag«, HA 12, 227.

empel ihr euch bespiegeln könnt und eurem eigenen Genie überlassen ist, die nützlichste Anwendung davon zu machen.«[5] Der im Mythos gegen den Willen der Götter den Menschen das Feuer bringt, mimt ein Genie. Da er von seiten Goethes und seiner Epochen-Partner derart exponiert wird, ist es von Interesse, diese Verbindung zu betrachten.

Ein eher kontingentes Merkmal macht den Prometheus zum idealen Repräsentanten des Genies. Goethes dramatischer Entwurf blieb fragmentarisch, was dem Protagonisten ein Ende ersparte, das andere genialische Figuren wie z.B. den Götz ereilt: das Scheitern. Wenn er fertig gestellt worden wäre, dann hätte auch den Titanen das Schicksal seiner Partner im Geiste des Sturm und Drang getroffen, wie der Kommentar der Hamburger Ausgabe vermerkt: »Es ist nicht zweifelhaft, daß das Drama tragisch ausgehen, d.h. mit dem Sturz des Prometheus enden sollte.«[6] Da aber dieses Ende in Goethes Text nicht gegeben wird, präsentiert er gleichsam in Reinform das Ideal, das vor dem Scheitern liegt. So läßt sich mit der Prometheus-Figur erstens das Vorhandensein des Genie-Ideals beweisen und zweitens in seiner konkreten Gestalt betrachten. Wer den Sturm und Drang – wie gewohnt – so liest, interpretiert ihn nach dem berühmten Wort Goethes aus der kurzen Rede *Zum Shakespeares-Tag*. Dort heißt es, es gebe einen »geheime[n] Punkt (den noch kein Philosoph gesehen und bestimmt hat), in dem das Eigentümliche unsres Ichs, die prätendierte Freiheit unsres Wollens, mit dem notwendigen Gang des Ganzen zusammenstößt«.[7] Der Zusammenstoß ereignet sich zwischen zwei Momenten, die voneinander unabhängig zu begreifen sind. So findet erst im Scheitern der Protagonisten die Kollision mit dem »notwendigen Gang des Ganzen« ihren Ausdruck. Vor dem Scheitern dagegen liegt die »prätendierte Freiheit des Wollens« unbeeinträchtigt vor. Hier läßt sie sich ohne alle Beugung, die sie von seiten der Gesamtheit erfährt, betrachten.

Wie sieht das Ideal aus, das der *Prometheus* zu erkennen gibt? Es finden sich insbesondere drei Aspekte, die zu nennen sind: die Selbstbegründung, die sprachliche Souveränität, die wiederum beide eingehen in den Aspekt der umfassenden Autonomie. Das Thema des dramatischen Fragments ist nicht in erster Linie das der Selbstbestimmung, sondern das der Begründung. Hier erfolgt die erste Selbstbehauptung des trotzigen Protagonisten. Er verknüpft seine Situation mit der Frage der Begründung.

MERKUR. Deinem Vater Zeus das bringen?
    Deiner Mutter?
PROMETHEUS. Was Vater! Mutter!
    Weißt du, woher du kommst?
    Ich stand, als ich zum erstenmal bemerkte

---

5 Lenz, »Briefe über die Moralität der Leiden des jungen Werthers«, WB 2, 685.
6 Kommentar zu: Goethe, *Prometheus. Dramatisches Fragment*, HA 4, 547.
7 Goethe, »Zum Shakespeares-Tag«, HA 12, 226.

> Die Füße stehn,
> Und reichte, da ich
> Diese Hände reichen fühlte,
> Und fand die achtend meiner Tritte,
> Die du nennst Vater, Mutter.[8]

Prometheus' Geste besteht darin, diejenigen, die eine begründende Kraft beanspruchen könnten, in diesem Anspruch zurückzuweisen. So entwertet er, was ihm vorangehen könnte. Er bestreitet mögliche Instanzen der Begründung – »Vater«, »Mutter« –, womit er sich in eine Situation bringt, in der er sich keiner solchen Instanz mehr unterzuordnen hat. Damit gewinnt er die Lage dessen, der in Fragen der Begründung eine eigenständige Beurteilungsfähigkeit beanspruchen kann. Und genau in dieser Lage begründet er sich selbst, kann er darauf verweisen, an niemanden und nichts gebunden zu sein.

Der zweite Aspekt des prometheischen Genies bildet seine Sprachentfaltung. Prometheus mimt das Paradigma des souveränen Sprechers. Er hält – ähnlich wie Hiob im gleichnamigen Buch der Bibel – Audienz und läßt Boten kommen, denen er Botschaften mit auf den Weg gibt. Von Anfang an macht er sich das Thema der Sprache zu eigen: »Sag es ihnen« (1), lautet die Anweisung, mit der er seinen ersten Gesprächspartner konfrontiert. So reklamiert er eine Position der Stiftung von Diskursivität. Diese bleibt ihm während der gesamten dramatischen Entwicklung unwidersprochen. Immer kommen die Vermittler und lassen sich in dem Sprachtausch zwischen Prometheus und den göttlichen Herrschern instrumentalisieren. Hinsichtlich seiner Sprache erscheint der abtrünnige Titan als Souverän.

Aus den ersten beiden Aspekten ergibt sich ein dritter in der Weise, daß der Protagonist das Profil von Autonomie erhält. Er wird nicht als einer gezeigt, der grundsätzlich autonom ist, sondern als einer, der aufgrund gewisser Aspekte Autonomie erzielt. In seinem Abschätzen von Begründung erscheint er genauso autonom wie in der Souveränität seiner Sprachstiftung. In Hinblick auf diese Momente seiner Situation vermag er zu behaupten: »Ein gegen eins, / Mich dünkt es hebt sich!« (4-5) Hier kommt die Prätention auf Selbständigkeit zum Ausdruck, die ihn als ein gleichberechtigtes Gegenüber der Götter dastehen ließe. Daß er in der gleichen Weise wiegt, wie die Götter, ist die Struktur, auf die das Bestreben Prometheus' setzt. Er hofft auf die Konfrontation aus einer äquivalenten Position heraus. So stellt sich dem ersten Augenschein nach das Verhalten der paradigmatischen Genie-Figur dar.

Dieses Bild aber ist nicht aufrecht zu halten, bezieht man andere Resonanzen, die sich im Verlauf des Stücks ergeben, ein. So gilt es, z.B. der im Zitierten geäu-

---

8 Goethe, *Prometheus. Dramatisches Fragment*, HA 4, 176-187, hier: Verse 6-15 (im folgenden mit Versangabe im Text).

ßerten Frage »Weißt du, woher du kommst?« zu folgen. Sie exponiert, wie bereits notiert, das Thema der Begründung im Spiel. Von ihr aus entwickelt sich nun nicht eine Szene, in der der Protagonist für sich reklamieren kann, keine für ihn relevanten Begründungen zu finden. Zwar nimmt er die Position dessen ein, der über die Begründungen zu blicken vermag. Dennoch trifft er auf Momente, die anderes besagen als ein bloßes Freisein von äußerer Festlegung. Genau in diesem Sinn antwortet Minerva, die sich im weiteren Verlauf des Stücks dem »Rebellen« zugesellt, auf die Frage. »Komm, ich leite dich zum Quell des Lebens all, / Den Jupiter uns nicht verschließt: ...« (201f.). Es scheint ganz so, als hätten die Mitspieler des Titanen verstanden, daß das Spiel sich um den Punkt des »Ursprungs« dreht. Auch in dem anfänglichen Dialog zwischen Prometheus und Merkur kehrt die Frage zurück.

PROMETHEUS. ...
    Hat nicht mich zum Manne geschmiedet
    Die allmächtige Zeit,
    Mein Herr und *eurer*?
MERKUR. Elender! Deinen Göttern das,
    Den Unendlichen?
PROMETHEUS. Göttern? Ich bin kein Gott
    Und bilde mir so viel ein als einer.
    ...
    Vermögt ihr mich zu scheiden
    Von mir selbst?
    ...
MERKUR. Das Schicksal!
PROMETHEUS. Anerkennst du seine Macht?
    Ich auch! –
    Und geh, ich diene nicht Vasallen! (28-34, 44-47)

In dieser Passage wird eine Antwort auf die Frage nach dem »Ursprung« versucht. Ganz scheint es, als depotenziere Prometheus die Position der Götter, indem er auf ihnen übergeordnete Mächte verweist. »Zeit« und »Schicksal« gehen demnach allem voraus, auch den göttlichen Herrschern. So vermag der Abtrünnige, diese als »Vasallen« zu diffamieren. Aber es kommt letztlich nicht zu einer Antwort auf die Frage, die die Debatte abschließen würde. Das wird erstens darin deutlich, daß sie im ganzen Stück, bis hin zum »Quell des Lebens«, fortgesetzt wird. Zweitens darin, daß sich die Berufung auf die beiden Instanzen mit einem Rekurs auf die eigene Selbständigkeit verbindet. Wenngleich »Zeit« und »Schicksal« als begründende Mächte gedacht werden, prägen sie sich doch dem individuellen Bewußtsein nicht ein. Aus diesem Grund muß Minerva auch Prometheus wieder in Erinnerung rufen, was er selbst bereits gesagt hat. »Dem Schicksal ist es, nicht den Göttern, / Zu schenken das Leben und zu nehmen.« (199f.) Die Instanzen stehen also in ihrer Begründungsleistung nicht fest. Es handelt sich bei ihnen vielmehr, wie Ulrich Gaier notiert hat, um »Namen für die sinnfreie Abstraktheit einer Weltmaschine«.[9] Sie stehen dafür ein, daß es etwas gibt, das das Dasein der Figuren begründet, ohne genau anzugeben, worin dieses Etwas besteht. »Zeit« und »Schicksal« als pars pro toto für die »Weltmaschine« sind Teil eines Begründungszusammenhangs, der selbst nicht aus ihnen besteht.

Prometheus' Frage nach dem Ursprung trifft, so könnte man sagen, auf mögliche Ursprünge. Sie hat nicht die Anlage, sich an einem einzigen Ursprung zu stabilisieren, sondern verzweigt sich. Diese Verzweigung schreibt sich in die Figur selbst ein. Einmal artikuliert sie den Bezug auf die Instanzen möglichen Ursprungs, ein andermal äußert sie das Gegenteil. »Meines Anfangs erinnr ich mich nicht.« (162) Diese Zwiespältigkeit gegenüber einem Punkt, an dem sie sich rückbinden könnte, setzt sich in der Selbstbeschreibung des Protagonisten fort. Auf der einen Seite weiß dieser über sich zu sagen: »So war ich selbst nicht selbst« (109), auf der anderen Seite: »So bin ich ewig, denn ich bin!« (165) Zwischen den jeweiligen Artikulationen öffnet sich ein Spalt. Die unterschiedlichen Angaben lassen sich, so scheint es, nicht in ein einheitliches Bild bringen. Eine geschlossene Physiognomie der Figur könnte aus diesem Grund undarstellbar sein. In dem Dialog mit Minerva aber kommt es zu einer Zeichnung, die diese Konsequenz konterkariert. Es wird hier nicht von einem Spalt, sondern von einer Bewegung zwischen den Extremen berichtet.

> PROMETHEUS. Und du bist meinem Geist,
>   Was er sich selbst ist;
>   Sind von Anbeginn
>   Mir deine Worte Himmelslicht gewesen!
>   Immer als wenn meine Seele spräche zu sich selbst,
>   Sie sich eröffnete
>   Und mitgeborne Harmonieen
>   In ihr erklängen aus sich selbst:
>   Das waren deine Worte.
>   So war ich selbst nicht selbst,
>   Und eine Gottheit sprach,
>   Wenn ich zu reden wähnte,
>   Und wähnt ich, eine Gottheit spreche,
>   Sprach ich selbst.
>   Und so mit dir und mir
>   So ein, so innig
>   Ewig meine Liebe dir! (100-116)

In dem Dialog mit Minerva, von dem Prometheus erzählt, folgen die beiden Extreme aufeinander: Selbstvergessenheit und Selbstbewußtheit. Dabei ergibt

---

9 U. Gaier, »Vom Mythos zum Simulacrum: Goethes ›Prometheus‹-Ode«, in: *Lenz-Jahrbuch*, Bd. 1 (1991), 163.

sich die eine Seite jeweils als Umschlag der anderen. Die Prätention, bei sich zu sein, führt ins Selbstvergessen und umgekehrt offenbart sich das Verbleiben beim anderen als Bei-sich-Sein. Was immer versucht wird, schlägt in sein Gegenteil um. Damit zeigen sich die divergenten Zustände nicht als das, was den Protagonisten ausmacht. Vielmehr erscheint die Bewegung, die sich zwischen den Zuständen ergibt, als charakteristisch für ihn. Die Figur, die Goethe zeichnet, konstituiert sich mittels stets wiederkehrender Bewegungen, die sie vollzieht. Auch der Bezug zur Frage nach dem Ursprung läßt sich als Bewegung lesen. In einem Moment bindet sich die gesamte Figur an diese Frage, in einem anderen Moment geht sie ganz auf Distanz zu ihr.

Wie lassen sich die von Prometheus vorgeführten Bewegungen verstehen? Sie zeichnen vor allem ein Bild. Immer werden Punkte aufgerufen, an denen der Protagonist sich nicht befindet und von denen aus er mittels einer Bewegung zu sich gelangt. Die Ursprünge geben solche Punkte genauso ab wie Minerva. Die Bewegung stellt damit eine Flucht dar. Eine Flucht zu sich selbst. Das initiale Moment dieser Flucht ist die Feststellung, nicht am eigenen Ort zu sein. So gilt es, den Ort, der gerade besiedelt wird, zu fliehen. Damit wird erstens dieser Ort als eigener ausgeschieden und wird zugleich eine Bewegung zum Eigenen hin angezettelt. Prometheus spielt ständige Flüchtigkeit. Wo auch immer er ansetzt, zeigt er sich flüchtig. Das hat zuerst die Konsequenz, daß sein Ich keine positive Gestalt gewinnt. Nur aus der Bewegung heraus, die an anderen Punkten beginnt, kommt er zum Eigenen. Kein vorgängiger Pool von Selbstheit findet sich, aus dem heraus diese Bewegung sich speist. Das wiederum hat danach zur Folge, daß die Flüchtigkeit als Wiederholung angelegt ist. Niemals vermag sie zur Ruhe zu kommen, da in jedem neuen Ansatz bereits die neue Bewegung gegeben ist. Immer wieder muß sich der sprechende Prometheus von seiner Umwelt abscheiden, um zu sich zu kommen.

Das Thema von Goethes Prometheus-Bearbeitung ist zuletzt die Selbstverständigung. Erst von diesem her stellt sich die Frage der Begründung. Als Sujet fungiert die interne Dialogisierung des Protagonisten, der (auch) zu sich sagt: »Sprich, rede, liebe Lippe, mir!« (55) Ein Resümee der Dialoge mit Minerva lautet dementsprechend, diese hätten sich dargestellt »als wenn meine Seele spräche zu sich selbst«. Das bedeutet nicht, daß Prometheus stets bei sich bleibt, sondern daß er stets zu sich kommt. Stets befindet er sich in einem neuen Versuch, »Ich« zu sagen. Immer erst muß er dahin kommen, sich auf sich zu verstehen. Das ist die konstitutive Dimension der Flucht-Bewegung. Sie konstituiert ein Selbst-Verstehen, das der Figur nicht immer schon gegeben ist, sondern zu dem sie sich unentwegt hinbewegt. Das Selbstverständnis bildet sich nicht stabil, sondern als »eigentümliche[s] Oszillationsphänomen«.[10]

---

10 J. Hörisch, »Das doppelte Subjekt. Die Kontroverse zwischen Hegel und Schelling im Lichte des

Sofern Prometheus ein Paradigma der Genie-Figuren im Sturm und Drang darstellt, zeichnet er eine andere Figur vor, als es zuerst den Anschein hat. Die Themen von Begründung und souveräner Sprecherposition lassen sich als Momente der umfassenden Gestalt angeben, die in erster Linie von einer Bewegung geprägt ist. Das Genie resultiert so nicht als stabile Selbständigkeit. Es resultiert vielmehr als brüchige Figur, die Selbständigkeit nur aus ihrer Destabilität zu erzielen vermag.

Das Genie des neuen Menoza — Lenz ist derjenige Partizipant am Sturm-und-Drang-Diskurs, der sich der Genie-Debatte eigenartig enthält. Er zeigt keine Tendenz zu genialischen Figuren. Vielmehr interessiert ihn das Gebrochene: Figuren, die von allen Formen der Souveränität abgeschnitten sind. Aus diesem Grund ist eine Figur von seiner Hand, die sich als Genie lesen läßt, von großem Interesse, wenn es darum geht, die Frage nach der Rolle des Genies im Sturm-und-Drang-Diskurs zu beantworten. Eine solche Figur wird in dem Stück *Der neue Menoza oder Geschichte des cumbanischen Prinzen Tandi* entworfen. Es handelt sich um den Titelhelden selbst, der sich von den anderen im Stück auftretenden Figuren deutlich abhebt. Er stammt nicht nur aus einem außereuropäischen, exotischen Land namens »Cumba«. Er mimt auch von Anfang an einen Exoten hinsichtlich der Verständnisse, die er artikuliert, so daß einer seiner Gesprächspartner, der Baccalaureus Zierau, über ihn resümiert: »Entweder fehlt es ihm an aller Kultur, oder der gute Prinz ist überspannt und gehört *aux petites maisons* [ins Tollhaus – gwb].«[11]

Der Prinz verkörpert ein Ideal, das beispielsweise als »Humanitätsideal des ›natürlichen‹ Menschen«[12] zu bestimmen wäre. Er spricht, so scheint es, mit der Stimme des Sturm und Drang: »Geben Sie sich keine Mühe, ich nehme die Menschen lieber wie sie sind, ohne Grazie, als wie sie aus einem spitzigen Federkiel hervorgehen.« (I/7) Sein Genie besteht nicht darin, der Welt zu trotzen, sondern darin, für eine bessere Welt einzustehen. Er gibt ein Genie der Menschlichkeit, als dasjenige eines besonderen Blicks oder einer besonderen Erkenntnis. Umwillen dieser Position ist er der Fremde, der immer wieder seinen Kontrast zur alten Welt geltend machen kann. Als distanziert von dieser Welt vermag er, sie im Blick auf ein dort nicht realisiertes Ideal zu spiegeln. Das zeigt sich deutlich, wenn der Prinz sich erstmals aufmacht, seine Gastgeber, eine Familie namens von Biederling, zu verlassen.

Neostrukturalismus«, in: M. Frank, G. Raulet und W.v. Reijen (Hg.), *Die Frage nach dem Subjekt*, Frankfurt/M.: Suhrkamp 1988, 144.

11 Lenz, *Der neue Menoza oder Geschichte des cumbanischen Prinzen Tandi*, WB 1, 133: I/7 (im folgenden mit Szenenangaben im Text).

12 W. Hinck, »Materialien«, in: J.M.R. Lenz, *Der neue Menoza. Text und Materialien zur Interpretation*, besorgt von W. Hinck, Berlin: de Gruyter 1965, 90.

PRINZ: In eurem Morast ersticke ich – treib's nicht länger – mein Seel nicht! Das der aufgeklärte Weltteil! Allenthalben wo man hinriecht Lässigkeit, faule ohnmächtige Begier, lallender Tod für Feuer und Leben, Geschwätz für Handlung – Das der berühmte Weltteil! o pfui doch!
HERR V. BIEDERLING: O erlauben Sie – Sie sind noch jung, und denn sind Sie ein Fremder und wissen sich viel in unsere Sitten zu rücken und zu schicken. Das ist nur nichts geredt.
...
PRINZ: Ich wollte sagen, ihr wißt nichts; alles, was ihr zusammengestoppelt, bleibt auf der Oberfläche eures Verstandes, wird zu List, nicht zu Empfindung, ihr kennt das Wort nicht einmal; was ihr Empfindung nennt, ist verkleisterte Wollust, was ihr Tugend nennt, ist Schminke, womit ihr Brutalität bestreicht. Ihr seid wunderschöne Masken mit Lastern und Niederträchtigkeiten ausgestopft wie ein Fuchsbalg mit Heu, Herz und Eingeweide sucht man vergeblich, die sind schon im zwölften Jahre zu allen Teufeln gegangen. (II/4)

Diese Passage nährt zuerst eine Sicht, die eine Identifikation des Prinzen mit dem Sturm und Drang vornimmt. Die Entgegnung des Herrn von Biederling rekurriert in diesem Sinn auf die Jugend des Zürnenden. Dieser hingegen profiliert sein spezifisches Thema: »Empfindung«. Sie gibt den Maßstab ab, den er an die von ihm betrachtete Welt legt. Empfindung wird dabei als Moment betrachtet, das jedes wirklich gelebte Leben ausmacht. Wenn sie nicht entwickelt ist, sind die Lebensäußerungen nur »Schminke« und »Maske«, bringt die Welt nur »Trugbilder und Surrogate«[13] hervor. Die besondere Erkenntnis, für die der Prinz einsteht, erweist sich als eine von Empfindung. Wie auch die Theorie von Herder, proklamiert er eine Verbindung dieser beiden Vermögen. Er ist das empfindsam erkennende Genie. Dabei setzt er Empfindung nicht nur als das Kriterium an, hinsichtlich dessen er anderes beurteilt, sondern lebt auch ganz nach ihr. So verbindet er seine Klage über Europa mit der Werbung um die Tochter des Hauses, Wilhelmine, und zeigt sich als empfindsamer Held: »Wenn nicht, so wickle ich mich in meinen Schmerz ein und reis ohne Klage heim.« (II/4) Die Sprache der Empfindung, die den Prinzen beherrscht, kehrt wieder, als die Werbung in Gegenwart der Eltern Wilhelmine selbst zur Entscheidung vorgelegt wird. Tandi selbst soll sich in dieser Szene noch einmal äußern. »Sie sind grausam, daß sie mich zum Reden zwingen. Ein solcher Schmerz kann durch nichts gelindert werden, als Schweigen (*mit schwacher Stimme*), Schweigen, Verstummen auf ewig. *Will gehen.*«

Bereits an diesem Punkt aber beginnt die Geschichte der genialischen Figur sich zu verwickeln. Die Empfindsamkeit, die Tandi spielt, ist selbst etwas, das gespielt wird. Sie unterliegt damit der Kritik, die er an der abendländischen Maskerade äußert. Der Prinz bemerkt explizit, daß es einen spezifischen Einsatz des Schweigens gibt, der kontrolliert zu werden vermag. Ein direktes Ausdrücken der Empfindung kommt so nicht zustande. Der Protagonist partizipiert mehr an der Logik der Auftritte, wie sie die anderen Figuren zeigen, als es zuerst den An-

---

13 Luserke, *J.M.R. Lenz: Der Hofmeister – Der neue Menoza – Die Soldaten*, 64.

schein hat. Das aber ist bloß der Anfang einer Bewegung, der Lenz sein Titelgenie unterzieht. Als dieser die von ihm geliebte Wilhelmine heiraten will, offenbart ein Bote den beiden Liebenden, sie seien in Wahrheit Geschwister. Das bedeutet, daß dem Prinz all die Exotik genommen ist, aus der er seine spezifischen Vermögen schöpft. Was der Fremde am Anfang des Stücks sagt, erweist sich am Ende als gültig: »Wenn Sie mir den Aufenthalt angenehm machen wollen, so gehen Sie mit mir um wie mit Ihrem Sohne.« (I/1) Der Sohn Tandi aber bleibt nicht ruhig am Ort seiner Verwandlung, sondern flieht vor seiner Geschichte. Wieder reagiert er empfindsam und erscheint den anderen Figuren beispielsweise »wie ein Ecce-homo« (III/9). Dennoch wird er am Ende von seiner familiären Bindung eingeholt und begegnet seinem Vater.

HERR V. BIEDERLING: ... Du hast Grillen im Kopf wie die Alchymisten, und darüber muß Vater und Schwester und Mutter und alles zu Grunde gehn.
PRINZ *umarmt seine Knie*: Mein Vater! Diese Grillen sind mir heilig, heiliger als alles.
HERR V. BIEDERLING: ... Hast du denn deinen Verstand verloren, oder willst du klüger sein als die ganze theologische Fakultät?
...
HERR V. BIEDERLING: ... (*ihn umarmend*) verlorner Sohn! Das hab ich mir gleich gedacht, wenn man ihm nur vernünftig zuredt, du bist hier nicht in Cumba, mein Sohn, wir sind hier in Sachsen, und was andern Leuten gilt, das muß uns auch gelten. (V/1)

Wieder schlüpft der Prinz in eine andere Rolle, die dem Kanon der europäischen Welt entstammt. Er spielt den »verlorenen Sohn«; eine Figur, die keinerlei spezifische Erkenntnis-Begabung verspricht. Als »verlorener Sohn« hat Tandi niemals Positionen innegehabt, die sich gänzlich von seiner bürgerlichen Herkunft differenzieren. Was auch immer er für Charaktere abgibt, bleibt er doch auf dem Boden der Welt, in die er am Ende zurückkehrt. Zwar bewegt sich der Prinz, als der er am Anfang erscheint, anders als der »Sohn«, der sich später zeigt. Tandi kann aber die Variationen seiner Figur problemlos tauschen. Die »Grillen«, auf denen er insistiert, lassen es zu, rasch die Orientierung von »Cumba« nach »Sachsen« zu wechseln. Diese »Grillen« zeichnet aus, daß man ihnen am Ende doch »vernünftig« zuzureden vermag. Damit jedoch wird ein Moment der Figur deutlich: Sie ist nicht als das Genie notiert, das duchweg ein bestimmtes Ideal von Menschlichkeit zur Geltung bringt. Die ihr eigene »Empfindung« zeigt sich sowohl als Position, die vertreten, als auch als Rolle, die gespielt wird. Sie stellt nicht das dar, was Tandi zuletzt und zutiefst ist.

Lenz' *Neuer Menoza* wird so mißverstanden, liest man ihn als Figur des empfindsamen Genies. Sein Thema liegt in dem, was die Figur in ihrer Entwicklung zeigt: dem Wechsel bzw. Tausch. Das Vertauschen von Rollen, die Veränderung des Orts, der Wechsel der Bezüge: das sind die Akzente der Figur, die das Lenzsche Stück verfolgt. Die geniale Insistenz auf einer verlorenen »Empfindung« fungiert selbst als Teil dieses Wechselspiels. Lenz hat sein Thema selbst in den beiden Schlußszenen kommentiert, die wie ein Fremdkörper in dem Stück auftreten. Dort wird in einer Diskussion zwischen dem Baccalaureus Zierau und seinem Vater, einem Bürgermeister, die Frage des Theaters in bezug auf ein »Püppelspiel« reflektiert.

ZIERAU: Aber in aller Welt, was für Vergnügen können Sie an einer Vorstellung finden, in der nicht die geringste Illusion ist.
BÜRGERMEISTER: Illusion? was ist das wieder für ein Ding?
ZIERAU: Es ist die Täuschung.
BÜRGERMEISTER: Tausch willst du sagen.
ZIERAU: Ei Papa! Sie sehen das Ding immer als Kaufmann an, darum mag ich mich mit Ihnen darüber nicht einlassen. Es gibt gewisse Regeln für die Täuschung, das ist für den sinnlichen Betrug, da ich glaube das wirklich zu sehen, was mir doch nur vorgestellt wird. (V/2)

Die Korrektur, die der Bürgermeister an den Worten seines Sohns scheinbar versehentlich anbringt, fällt mit derjenigen zusammen, die das gesamte Stück an der Konstitution seiner Figuren aufzeigt. Wenn der erste Vorschlag lautet, eine Sache als »Täuschung« zu betrachten, so wird diesem entgegnet, es handele sich um einen »Tausch«. Genau das erfährt Wilhelmine, als ihr offenbart wird, der Geliebte, Prinz Tandi, sei ein Bruder und von daher eine Hochzeit mit ihm ausgeschlossen. Der Bote verweist sie auf die Möglichkeit, das Ganze als »Tausch« zu betrachten. »*Herr v. Zopf:* Haben Sie sich etwa liebgewonnen? Es ist ja nur ein Tausch. Lieben Sie ihn jetzt als ihren Bruder.« (III/3) Dem ersten Augenschein bietet sich die Geschichte des Prinzen als eine der »Täuschung« dar. Demnach täuscht sich in ihm, wer ihn, wie Wilhelmine, für den Prinzen nimmt; demnach deckt die Geschichte die Wahrheit über die Figur auf. Lenz aber beharrt in den Worten von Zopfs und des Bürgermeisters darauf, eine andere Geschichte geschrieben zu haben, eine des Tauschs von Rollen. Tandi gibt einmal den exotischen Prinzen, dann den Geliebten Wilhelmines, dann den verzweifelten Bruder und Sohn, schließlich den rückkehrenden verlorenen Sohn. Dabei wird an keinem Punkt die Wahrheit der Figur aufgeklärt,[14] sondern der Tausch, der die Figur prägt, verfolgt.

Die Alternative von »Täuschung« und »Tausch«, die das Gespräch am Ende profiliert, tritt nicht nur im Rahmen des Stücks auf, sondern stellt sich auch der Interpretation des gesamten Stücks. Entweder besteht Tandis Genie aufgrund einer Täuschung und löst sich auf, sobald sich zeigt, daß er der Sohn eines sächsischen Hauptmanns ist. Oder es kommt nicht zur Täuschung, da die Figur von Anfang auf den Tausch von Rollen angelegt war und aus diesem Grund keine Rolle so besteht, daß man sich in ihr täuschen könnte. Charakteristisch für Lenz' Inszenierung ist, daß er die Fluktuation seiner Figuren in keinem Moment stabi-

---

14 Vgl. dazu W. Hinck, »Materialien«, in: J.M.R. Lenz, *Der neue Menoza*, Berlin: de Gruyter 1965, 86; Girard, *Lenz 1751-1792*, Paris: Klincksieck 1968, 299.

lisiert, um beispielsweise die Aporie einer inzestuösen Geschwisterliebe entstehen zu lassen.[15] Vielmehr verfährt der Autor ganz so, wie es sein Protagonist beschreibt. »*Prinz*: Wenn Sie ein Kirschenreis einem Schlehstamm einimpfen wollen, müssen Sie ihn da nicht vom alten Stamm abschneiden?« (II/7) Die Figuren des *Neuen Menoza* konstituieren sich aus einer solchen Pfropf-Technik heraus. An keinem Punkt findet sich ihr eigentlicher Punkt oder Kern, sondern sie sind immer wie ein »Pfropfreis« in die Rollen gebracht, die sie gerade spielen.

Für den Begriff des Genies ergibt sich aus dem *Neuen Menoza* heraus folgende Zeichnung. Es findet sich erstens keine Genie-Figur, in der sich die Zuschauenden oder Lesenden am Ende getäuscht haben könnten. Vielmehr steht zweitens das spezifische Erkenntnis-Genie, das der Prinz abgibt, einbezogen in einen Tausch der Rollen. Es entsteht erst im Rahmen dieses Tauschs und stellt keine Figuration dar, die autonom gebildet wird. Die Selbstbewußtheit des genialen Subjekts, die Tandi am Anfang zur Schau trägt, erweist sich damit als abgeleitetes Phänomen. Sie wird von Lenz im Rahmen des Tausch-Spiels rekonstruiert. Drittens läßt die gesamte Figur des Prinzen sich in anderer Weise als genialisch verstehen. Sie hat ihr spezifisches Potential darin, auf die Struktur des Tauschs zu setzen, sich dieser Struktur anzuvertrauen. Die Exotik dieser Figur liegt in ihrer Konstitution, die ganz auf eine zentrale Stabilisierung verzichtet. Das Genie erweist sich als die Figur, die ihr Zustandekommen von einer grundlegenden Instabilität her zu erkennen gibt und versteht.

Die Beharrlichkeit des Genies — Die Genie-Figur, die dem Sturm und Drang gängig zugeschrieben wird, ist eng mit der Rezeption verbunden. Diese wirkt an der Produktion der Figur mit. Das wird deutlich, wenn man eine Frage betrachtet, die sich hinsichtlich der vom Sturm und Drang ausgeführten Genies stellt. Immer nämlich steht eine Interpretation vor der Frage, was dem Ideal der Figur angehört und was nicht. Sie hat die Möglichkeit, bestimmte Entwicklungen als Abweichungen zu begreifen. Die Logik der Abweichung sichert den Spielraum, weiter von dem Genie zu sprechen, das ein Produktions- oder Erkenntnis-Ideal darstellt, auch wenn das Ideal nicht durchgängig realisiert ist. Dabei muß Abweichung anders als zum Beispiel bei der Deklination so gedacht werden, daß sie ein abstraktes Gegenüberstehen hervorbringt. Der erste Bestand, von dem abgewichen wird, und das Abweichende stehen unverbunden im Gegensatz zueinander.

Am Fall des *Götz von Berlichingen* hat sich das Interpretationsstrategem besonders profiliert. Galt dieser lange Zeit als Prototyp des Genies qua Tatkraft, so gibt es eine Wiederaufnahme seines Falles, die die Brüchigkeit des Götz betont. Beispielhaft hat die Interpretation von Ilse A. Graham gezeigt, daß dem Protagonisten die tätige Selbstbestimmung immer wieder mißlingt. Die eiserne rechte Hand, die seine Ganzheit herstellt, verstümmelt ihn zugleich und läßt ihn als

---

15 Eine derartige Stabilisierung findet sich z.B. bei Goethe, *Die Geschwister*, HA 4, 352-369.

zwischen unterschiedlichen Figuren, die ihn daran greifen, zerrissen erscheinen. Er bietet nicht die Souveränität, die ihm gemeinhin zugeschrieben wird. Aus dieser Erkenntnis heraus resümieren nun Interpretationen folgendermaßen: »Götz ist also keineswegs eine ganze, in sich ruhende Individualität, wie oft behauptet wird.«[16] »Sein Freiheitswille, inmitten einer gesellschaftlich organisierten Welt, wirkt deshalb eigentümlich gelähmt.«[17] Diese Stellungnahmen lassen zwei Momente erkennen. Zum einen wird vom »Freiheitswillen« Götzens als von etwas gesprochen, das sich als solches nicht dargestellt findet. Über ihn selbst wird ausgesagt, er wirke »eigentümlich gelähmt«. Damit ist indirekt eingestanden, daß dieser Wille nicht die Form annimmt, die er eigentlich annehmen müßte, um behauptet zu werden. Dennoch hält die Interpretation an ihm als dem leitenden Ideal fest. Sie weiß bereits das Genie des Sturm und Drang zu nennen und versteht von daher die Unausgeführtheit desselben als Abweichung vom Ideal. Konsequenter deutet Rainer Nägele den Götz, wenn er sagt, das Ideal finde sich in ihm nicht mehr. Die Aussage, es handle sich nicht um »eine ganze, in sich ruhende Individualität«, bestreitet die Gegebenheit des Ideals im Götz. Dennoch bleibt sie ihm insofern verhaftet, als auch in ihr Götz weiterhin an diesem Ideal gemessen wird. Eine positive Bestimmung eines anderen Genie-Begriffs im Sturm und Drang findet nicht statt. Die Rezeption stellt das Genie, das dem Sturm und Drang zugeschrieben wird, in solchen Lektüren selbst her.

Besonders der Umgang mit den Texten von Lenz zeigt, wie die dortigen Darstellungen als Abweichungen gelesen werden. Wenngleich unter anderem dessen Wort über Götz von Berlichingen, das den »Charakter dieses antiken deutschen Mannes«[18] behauptet, die Rezeption auf die Fährte des Genie-Ideals setzte, zeigt doch Lenz zumeist alles andere als genialische Souveränität. So formuliert er auch dezidiert ein Gegenprogramm zur Konfrontation vom Genie-Individuum mit dem »Gang des Ganzen«. »Es ist eine große Sache, Lieber!«, schreibt er in einem Brief, »andere Leute nie als Individua sondern in und mit ihren Verbindungen zu behandeln.«[19] Stehen die Protagonisten Lenzscher Dramen diesem Regulativ entsprechend immer schon in Verwicklung mit anderen Figuren und äußerlichen Situationen, kommen sie nicht als Manifestationen von Genie in Frage. Auch die Poetik, die Lenz in den *Anmerkungen übers Theater* vorgelegt hat, verfolgt ein anderes Programm, wo sie für das Genre der Komödie, dem der Autor sich selbst zumeist zuordnet, einen Handlungsprimat fordert. So erhält die Lesart von Fritz Martini, die *Anmerkungen* als irrelevant hinsichtlich einer Poetik des Sturm und

---

16 R. Nägele, »Johann Wolfgang Goethe: ›Götz von Berlichingen‹«, in: *Dramen des Sturm und Drang. Interpretationen*, 14.
17 J. Schröder, »Individualität und Geschichte im Drama des jungen Goethe«, in: Hinck (Hg.), *Sturm und Drang*, 205.
18 Lenz, »Über Götz von Berlichingen«, WB 2, 639f.
19 Lenz, »Brief an Heinrich Christian Boie, Berka, Anfang August 1776«, WB 3, 490.

Drang insgesamt zu betrachten,[20] den Sinn einer Restitution des Genies.[21] So erscheint Lenz im ganzen als Abweichung vom Ideal des Genies, das für den Sturm und Drang als gesichert gilt.

Diese Lektüren müssen als solche verstanden werden, die der Logik der Abweichung folgen. Dabei wird alles Abweichende so betrachtet, daß es nicht zum idealen Kern von Figuren gehört. So gewinnt aber die Frage Relevanz, wo die Abweichung beginnt. Diese Frage läßt sich grundsätzlich nicht am Gegenstand selbst entscheiden. Denn die Figur stellt immer ein Kontinuum dar, in dem sich nicht eigentliche Intention und kontingentes Widerfahrnis trennen. Trotz aller gegenläufigen Tendenzen bildet sie einen Zusammenhang, der nicht jenen Bruch zeigt, der zwischen dem Ideal und dem Scheitern des Genies besteht. Was sich an der Figur nicht findet, das kann nur außerhalb derselben in seinem Bestand gesichert werden. So besteht das Genie-Ideal im Rahmen der Rezeption des Sturm und Drang. Diese muß auf dem Ideal beharren, um es überhaupt gegen die Ausführung der Figuren in den dramatischen Stücken behaupten zu können. Erst mit dem extern bewahrten Ideal vermag eine Lektüre, die Logik der Abweichung zur Geltung zu bringen. Die dem Ideal entsprechenden Momente einer Figur lassen sich in bezug auf es isolieren und von Manifestationen eines möglichen Scheiterns absondern. Auf diese Weise überlebt das Genie des Sturm und Drang in Form eines Ideals, das an keinem Punkt als solches ausgeführt ist.

Nicht nur die Insistenz der Rezeption auf dem Genie läßt sich als Beharrlichkeit desselben verstehen. Es entwickelt sich in den Interpretationen zum Sturm und Drang eine zweite Form der Beharrlichkeit. Was beharrt, erweist sich dabei als die Gestalt der Figuren selbst. Sie erfordert immer die Anstrengung, die Logik der Abweichung an ihr auszuführen. Stets konfrontieren die Figuren den Versuch, sie auf das Ideal hin auszulegen, mit Umbrüchen, Gegensätzen und Abfall vom Ideal. Den Interpretationen zwingt die Beharrlichkeit der Figur auf, performativ die Weite des Genie-Begriffs im Sturm und Drang nachzuvollziehen. Implizit wird konstatiert, daß es immer auch anders ist, als das Ideal vermuten lassen würde. Nirgends gelingt es, das Ideal ohne Schnörkel zu etablieren.

Welchen Begriff von Genie aber formuliert der Sturm und Drang abseits des Ideals, das man auf ihn abbildet? Im Anschluß an die Überlegungen zur Anästhetik des Sturm und Drang und an die Lektüren von *Prometheus* und *Neuem Menoza* stehen drei Charakterisierungen im Raum. Erstens bewegt sich das Genie auf der Ebene der Konstitution von Diskursen. Es fungiert nicht als Basiskategorie einer ästhetischen Aktivität. Sinn kann es im Rahmen des Sturm und Drang nur haben, wenn es als Moment in einer Entwicklung von Diskursivität auftritt.

---

20 Vgl. F. Martini, »J.M.R. Lenz: ›Anmerkungen übers Theater‹«, in: *Geschichte im Drama – Drama in der Geschichte*, 80-103.
21 Dazu neuerlich: A. Schmitt, »Die ›Ohn-Macht der Marionette‹. Rollenbedingtheit, Selbstentäußerung und Spiel-im-Spiel-Strukturen in Lenz' Komödien«, in: Hill (Hg.), *J.M.R. Lenz*, 67-80.

Genau eine solche Entwicklung zeigen die betrachteten Genie-Figuren. Stellt man sie nicht auf ein Ideal hin fest, so zeichnet sie gerade aus, keine stabile Position einzunehmen. Vielmehr gestalten sich die Figuren in einer Weise, die das Zustandekommen von Stabilität mit Instabilitäten verbindet. Was immer als Scheitern oder Melancholie von ihnen zu lesen wäre, gehört den stabilisierenden Bewegungen an. So ergibt sich in der Konstitution der Genie-Figuren des Sturm und Drang eine Bewegungsrichtung, wie Foucault sie beschrieben hat.

> Die schöne Totalität des Individuums wird von unserer Gesellschaftsordnung nicht verstümmelt, unterdrückt, entstellt; vielmehr wird das Individuum darin dank einer Taktik der Kräfte und der Körper sorgfältig produziert.[22]

Das Genie setzt dementsprechend nicht seine Individualität gegen das gesellschaftliche Ganze, sondern beschreibt die Möglichkeit individueller Stabilität aus dem diskursiven Ganzen heraus. Es stellt so zweitens eine Konstitution von Subjektivität dar und nach. Das Thema, das der Sturm und Drang im Genie behandelt, ist das Subjekt, das Subjekt als ein Moment in der Entfaltung von Diskursivität. In den Genie-Figuren werden aber nicht bloß Subjekte produziert. Sie werden auch gespiegelt. Im Genie kommt es so drittens zu einer Spekulation auf Subjektivität. Wie bereits bezüglich der Frage, wie sich der Diskurs des Sturm und Drang zu möglichen ästhetischen Momenten innerhalb seiner verhält, gewinnt hier der Begriff der Spekulation Relevanz. Spekulativ steht das Genie zum Subjekt insofern, als es nicht nur ein Funktionieren des Subjekts ausbildet, sondern dieses Funktionieren auch aufzeigt. Deutet die Darstellung auf solche Aspekte wie Flucht und Tausch, so spekuliert sie auf die Ordnung des Subjekts. Das Genie des Sturm und Drang erweist sich in seinem ganzen Umfang als Spekulations-Figur, die nicht einem Ideal, sondern einer Praxis verpflichtet ist. Es handelt sich um die Praxis, sichtbar werden zu lassen, wie die Aktivität des Subjekts in Diskursen beschaffen ist.

3.2 Die Kontur der Orte

> ... das Denken der Differenz kann [nicht] auf eine Topik verzichten, ...[23]

Eine weitere Bewegung, die den Kern dessen ausmacht, wofür der Sturm und Drang steht, ist mit der Frage des Ästhetischen verbunden. Es handelt sich um die Frage der Regelhaftigkeit des Dramas, derbezüglich Goethe und Lenz einen großen Umsturz ausführen. Die Auseinandersetzung mit der Regelpoetik, die sich als Kommentar zu Aristoteles in der Renaissance bildete und gemeinhin mit den sogenannten drei dramatischen Einheiten verbunden wird, gilt als Spezifi-

---

22 M. Foucault, *Überwachen und Strafen*, Frankfurt/M.: Suhrkamp 1994, 278f.
23 Derrida, »Freud und der Schauplatz der Schrift«, in: *Die Schrift und die Differenz*, 313.

kum der literarischen Revolutionäre. Sinnfällig brechen sie beispielsweise die Einheit des Ortes auf und schreiben dramatische Texte, die insofern in der theatralen Praxis nahezu unspielbar werden. Die polemische Abrechnung mit dem regelpoetischen Kanon wird aber nicht allein in den Werken poetisch ausgeführt. Sie findet sich auch in anderen Schriften diskursiv vorgetragen, wie beispielsweise in Goethes Rede *Zum Shakespears-Tag*. »Ich zweifelte keinen Augenblick, dem regelmäßigen Theater zu entsagen. Es schien mir die Einheit des Orts so kerkermäßig ängstlich, die Einheiten der Handlung und der Zeit lästige Fesseln unsrer Einbildungskraft.«[24] Das Programm des Sturm und Drang, wie es sich hier zu zeigen scheint, ließe sich als Auflehnung gegen das ästhetische Establishment angeben. Das paßt ins Bild der jugendlichen Umstürzler, die demnach »Polemiken gegen normpoetische Forderungen und Verfahren, die die Authentizität des künstlerischen Ausdrucks behindern«,[25] verfassen. Bei der dramatischen Form des Sturm und Drang handelt es sich gemäß dieser Sichtweise nicht um eine gehaltvolle Darstellung. Sie kommt allein reaktiv zustande, in Auseinandersetzung mit einem Kanon, der abstrakt negiert wird.

Hinsichtlich der Frage, wie die szenische Konstitution der Dramatik des Sturm und Drang zu verstehen ist, spielt das Vorverständnis, das alle Entscheidungen auf ästhetischem Terrain ansiedelt, die gewichtigste Rolle. Dieses Vorverständnis nimmt den Interpretationen die Sicht auf eine Konvergenz, die sich im Sturm-und-Drang-Diskurs zeigt. Hier wird besonders deutlich, daß Herder, Goethe und Lenz in ihrem Verzicht auf spezifisch ästhetische Geltung ernst genommen werden müssen, um überhaupt in ihrem Denken lesbar zu werden. Es ist nicht allein das Theater, das – um weiterhin die Begriffe des regelpoetischen Streits zu gebrauchen – die Einheit des Orts zerbricht. Auch im Geschichtlichen wird diese Einheit aufgekündigt. Was gängig als Ansatz zum Historismus bei Herder betrachtet wird, stellt eine Theorie über die Uneinheitlichkeit historischer Orte dar. Es werden, wie auf dem Theater, im historischen Terrain Orte gegeneinander abgegrenzt, wird die Differenziertheit von Orten akzentuiert. Die Konstruktion des historischen Raums und diejenige des dramatischen Raums konvergieren. Das ist eine Beobachtung, die sowohl die Notwendigkeit einer Relektüre des Sturm und Drang augenfällig macht als auch zeigt, daß diese Relektüre den Weg über die spezifische Ästhetik nehmen muß. Die Behandlung von Orten auf dem Theater und die von geschichtlichen Szenen in der Historiographie zeigen, daß eine Verbindung zwischen dramatischem und historischem Diskurs besteht. In gewisser Weise fallen diese Diskurse zusammen oder basieren zumindest auf analogen Vorentscheidungen. Worin aber besteht die Analogie und was ist ihr Sinn? Es gilt, erst einmal den Mechanismus der Szenen sowohl in

---

24 Goethe, »Zum Shakespeares-Tag«, HA 12, 225.
25 K.O. Conrady, »Zur Bedeutung von Goethes Lyrik im Sturm und Drang«, in: Hinck (Hg.), *Sturm und Drang*, 102.

der Geschichte als auch auf dem Theater zu rekonstruieren, um diese Fragen beantworten zu können. Nur eines kann vorab bemerkt werden: Da die szenische Bewegung analog auf so heterogenen Gebieten wie dem des Theaters und dem der Geschichte vonstatten geht, kommen Momente in den Blick, die für Diskurse in einer umfassenden Weise gelten. Das Übergreifen von Disziplinen deutet das Interesse an der allgemeinen Konstitution von Diskursivem an.

Historische Orte — Eine der ersten markanten Ausarbeitungen des Historischen im Sturm und Drang findet sich an einer interessanten Stelle. Es handelt sich um Herders Deutung zu Shakespeares Dramatik im Rahmen des Manifests *Von deutscher Art und Kunst*. Gleich zu Anfang wehrt dieser Text sich dagegen, in die Debatte um den »Anstoß gegen die Regeln«[26] einzustimmen. Herder sucht, einen eigenständigen Gehalt des Vorläufers auszumachen und ihn nicht auf eine mögliche Polemik gegenüber dem Klassischen zu reduzieren. Die Argumentation, die er mit dieser Zielsetzung entwickelt, rekurriert auf Orte.

In Griechenland entstand das Drama, wie es in Norden nicht entstehen konnte. In Griechenland wars, was es in Norden nicht sein kann. In Norden ists also nicht und darf nicht seyn, was es in Griechenland gewesen. Also Sophokles Drama und Shakespears Drama sind zwei Dinge, die in gewissem Betracht kaum den Namen gemein haben. Ich glaube diese Sätze aus Griechenland selbst beweisen zu können, und eben dadurch die Natur des nordischen Drama, und des größten Dramatisten in Norden, *Shakespears* sehr zu entziffern. Man wird Genese Einer Sache durch die Andre, aber zugleich Verwandlung sehen, daß sie gar nicht mehr Dieselbe bleibt.[27]

Herder versucht zu zeigen, daß das Drama des klassischen Griechenland und dasjenige Shakespeares nicht einem einheitlichen Maßstab unterworfen werden können. Um die jeweiligen Maßstäbe, die er unterscheiden will, zu verorten, profiliert er zwei Orte: »in Griechenland«, »in Norden«. An diesen Orten spielen Szenen, die diskontinuierlich zueinander stehen. Einerseits eine Szene, die dadurch geprägt ist, daß sie eine umfassende Einheit hervorbringt. Wer hier Theater schreibt, so lautet Herders Deutung, wird ein Theater der Einheit schreiben. Dies folgt somit nicht poetologischen Regeln, sondern örtlichen Bedingungen. Andererseits findet sich »eine ganze Welt der disparatesten Auftritte«.[28] Diese Struktur »in Norden« bewirkt eine Dramatik, die die Disparatheit abbildet und zugleich in einen Zusammenhang bringt. Auch hier weist die Szene die Bedingungen für das auf, was an Theater entsteht.

Die Konstruktion zweier Orte, die Herders *Shakespear* herstellt, impliziert folgende Gestaltung des Historischen. Es gibt in ihm einen Primat der Szene vor dem Gesamten. Welche Bedingungen berücksichtigt werden müssen, bestimmt

---

26 Herder, »Shakespear«, in: *Von deutscher Art und Kunst*, SWS V, 208; WKV 5, 521; ähnlich bei Lenz, »Über die Veränderung des Theaters im Shakespear«, WB 2, 744.
27 Herder, »Shakespear«, in: *Von deutscher Art und Kunst*, SWS V, 209f.; WKV 2, 499f.
28 Ebd., SWS V, 222; WKV 2, 512.

die Szene. Das bedeutet, daß der historische Raum insgesamt keine Regeln hat, die diejenigen einer in ihm auftretenden Szene umfassen könnten. So kommt es zu einem Wechsel heteronomer Szenen. Wer sich im historischen Raum bewegt und eine Sache im Laufe der Zeiten betrachtet, muß damit rechnen, »daß sie gar nicht mehr Dieselbe bleibt«. Diese Aussage zeigt deutlich, daß Herder nicht mehr auf eine Einheit des Historischen aus ist. Der Entwurf von Geschichte, den er hier andeutet und den er besonders in *Auch eine Philosophie der Geschichte zur Bildung der Menschheit* weiter profiliert hat, begreift sie als eine Pluralität von Szenen. Dieses Geschichtsmodell verbindet sich mit der sogenannten »Entdeck[ung] des historischen Sinns«.[29]

Wie die neue Konzeption des Historischen zustande kommt, hat Herder in seinem *Journal meiner Reise im Jahr 1769* nachgezeichnet. Dort berichtet er davon, daß die Abreise von seiner baltischen Heimat nicht nur als biographische, sondern auch als diskursive Veränderung verstanden werden muß.

Wo ist das veste Land, auf dem ich so veste stand? und die kleine Kanzel und der Lehnstuhl und das Katheder, worauf ich mich brüstete? ... Der enge, veste, eingeschränkte Mittelpunkt ist verschwunden, du flatterst in den Lüften, oder schwimmst auf einem Meere – die Welt verschwindet dir – ist unter dir verschwunden – Welch neue Denkart![30]

Die Spezifik des Schiffes, auf dem Herder sich befindet, »aus Situation in Situation« (ebd.) zu kommen, affiziert den Reisenden. Er erreicht unter dem Einfluß dieser Spezifik eine »neue Denkart«. Der Orientierungswechsel, der hiermit konstatiert ist, wird mit einem Ereignis verbunden: »der enge, veste, eingeschränkte Mittelpunkt ist verschwunden«. Die Bewegung auf See erweist sich als Paradigma einer neuen Konzeption von Historiographie. Diese verzichtet auf ein Zentrum, von dem her das geschichtliche Kontinuum aufgerissen wird. Ohne Zentrum bildet sich ein diskontinuierlicher Raum, der sich zwischen differenten Orten aufspannt. Zwar entfaltet Herder in dem *Journal* noch nicht die neue Theorie, die er ankündigt. Marginal aber äußert er bereits Momente, die als Prolegomena zu einer solchen Theorie angesehen werden können. So bemerkt er beispielsweise, »daß weder Englands noch Frankreichs noch Deutschlands ge-

---

29 H.-G. Gadamer, »Nachwort«, zu: J.G. Herder, *Auch eine Philosophie der Geschichte zur Bildung der Menschheit*, Frankfurt/M.: Suhrkamp 1967, 157; vgl. dazu auch J. Simon, »Herder und Kant. Sprache und ›historischer Sinn‹«, in: Sauder (Hg.), *Johann Gottfried Herder 1744-1803*, 3-13; zu Zweifeln an Herders Entdeckerschaft vgl.: E. Hassinger, »Zur Genesis von Herders Historismus«, in: *Deutsche Vierteljahresschrift für Literaturwissenschaft und Geistesgeschichte*, 53. Jg. (1979), 251-274; weiterhin: W. Proß, »Darstellung«, in: J.G. Herder, *Abhandlung über den Ursprung der Sprache. Text, Materialien, Kommentar*, hgg. von W. Proß, München: Hanser 1980, 137-164; vgl. auch H.-G. Gadamer, »Herder als Wegbereiter des historischen Bewußtseins«, in: *Geist und Zeit*, 19. Jg. (1941), 661-670.
30 Herder, *Journal meiner Reise im Jahr 1769*, in: *Werke in drei Bänden*, Band 1, 360.

setzgeberische Köpfe es in Rußland sein können«.³¹ Das Verschwinden des Mittelpunkts setzt sich in solchen Beschreibungen fort. Nichts wird in einer Weise als Kompetenz gefaßt, daß es an allen möglichen historischen Orten als solche in Betracht käme. Damit ist die Irreduzibilität szenischer Differenzen impliziert.

Die Konzeption, die vom Verschwinden des Mittelpunkts ihren Ausgang nimmt, fordert auch den Interpreten. Dieser formuliert ein sonderbares Programm. »Welcher Vorteil hingegen mit jedem Narren nach seiner Narrheit zu reden!«³² Erst die weitere Ausarbeitung der Theorie eines szenisch differenzierten historischen Raums beleuchtet diese Maxime. Die Differenziertheit der Szenen erfordert von dem, der mit ihnen zu kommunizieren sucht, sich auf ihre jeweiligen Regeln einzustellen. Wer alle Szenen im historischen Bereich mit demselben Regelvorrat erreichen will, verfehlt die einzelnen in ihrer Eigenart. Dies betont Herder in seinen späteren Kommentaren zur Historie ein ums andere Mal.

Auch hier wieder Torheit, eine *einzige ägyptische Tugend* aus dem Lande, der Zeit und dem Knabenalter des menschlichen Geistes herauszureißen, und mit dem *Maßstab einer andern Zeit* zu messen!³³

Die jeweilige Narrheit läßt sich nicht auf einen einheitlichen Maßstab beziehen. Aus diesem Grund ist, wer Zugang zu den historischen Szenen zu erlangen wünscht, gezwungen, ihre je eigenen Maßstäbe nachzuvollziehen. So wird der »hermeneutische Imperativ der Einfühlung in Geist und Werk vergangener Zeiten«³⁴ bei Herder spezifisch gegründet. Der historische Sinn, den die Konzeption des Historischen evoziert, verdankt sich nicht dem Impuls, das von der Gegenwart Entfernte aus seiner Fremdheit herauszuholen. Herder setzt nicht mit der hermeneutischen Urerfahrung von Unverständlichkeit oder Fremdheit an. Die Differenz zwischen der Position des Verstehenden und dem, was er zu verstehen sucht, gibt nicht den Ausschlag. Vielmehr nimmt die Reorientierung des Diskurses bei der Differenz zwischen unterschiedlichen historischen Lokalen ihren Ausgang. Wie in dem Fall der Dramatiker Sophokles und Shakespeare, die sich an den unterschiedlichen Orten »in Griechenland« und »in Norden« befinden, fordert eine Differenz im historisch Vergangenen das andere Verständnis, das auf einen allgemeinen Maßstab verzichtet. Die Entwicklung des historischen Sinns steht nicht primär in Herders Diskurs. Sie verweist auf das primäre Faktum einer szenischen Konzeption des historischen Raums. Die Reflexion der angewandten Maßstäbe ist ein Reflex auf die Zersplitterung der Maßstäbe unter den historischen Szenen. Die Pluralität von Orten bildet den Ausgangspunkt, von dem aus Herder seine Geschichtsschreibungen entwirft.

---

31 Ebd., 412.
32 Ebd., 442.
33 Herder, *Auch eine Philosophie der Geschichte*, SWS V, 489f.; WKV 4, 22.
34 G.v. Hofe, »›Weitstrahlsinnige‹ Ur-Kunde. Zur Eigenart und Begründung des Historismus beim jungen Herder«, in: Sauder (Hg.), *Johann Gottfried Herder 1744-1803*, 369.

Dramatische Orte — Goethes Stück *Götz von Berlichingen* gilt als Paradigma eines Theaters, das die Regel von der Einheit des Ortes verletzt. Es versteht die einzelnen Szenen nicht im Rahmen einer szenischen Ordnung von Akten. Die Szenen werden von Orten her begründet und folglich nicht mit Szenennummern, sondern Ortsangaben überschrieben. Inwiefern erhält diese Praxis, den Ort zu exponieren, einen Sinn innerhalb des Schauspiels? Herders Begriff des Maßstabs gewinnt auch bei der Beantwortung dieser Frage an Bedeutung. Goethe verfaßt gerade in den ersten Szenen des *Götz* eigentümliche Konturierungen. Er beginnt die erste Szene mit einer Exposition, die den Rahmen des gesamten Stücks abzustecken scheint. »*Metzlers*: Erzähl das noch einmal vom Berlichingen!«[35] Mit dieser Aufforderung erhält das dramatische Geschehen Kontur. Die Exposition der ersten Szene aber wiederholt sich in den folgenden. Besonders markant zeigt sich eine solche Wiederholung in der dritten Szene, in der erneut die explizite Aufforderung zu einer Erzählung den Anfang macht.

KARL: Ich bitte dich, liebe Tante, erzähl mir das noch einmal vom frommen Kind, 's ist gar zu schön.
MARIA: Erzähl du mir's, kleiner Schelm, da will ich hören, ob du achtgibst.[36]

In der zweiten und vierten Szene beginnt der Text jeweils mit einer Frage, die den Wunsch, etwas erzählt zu bekommen, impliziert. Die Wiederholung der expositorischen Fragen bestreitet die Funktion der Frage in der ersten Szene, das gesamte Stück zu begründen. Jede der ersten Szenen wird für sich begründet, ruft eine eigene Art und Weise zu erzählen hervor. Jede Szene versichert sich ihrer Sprache und damit ihrer sprachlichen Eigenart als desjenigen Maßstabs, der in ihr gilt. In ihrer Initiation beharren die Orte auf einer spezifischen Logik des Sprechens, die nicht von der Einheit der Geschichte des Ritters mit der eisernen Hand aus gestiftet ist. »Götzens Burg« und »Im Bischöflichen Palaste« sind nicht nur Orte, an denen sich unterschiedliche Momente der Geschichte ergeben. Sie stellen Orte dar, an denen unterschiedliche Maßstäbe gelten, an denen das Erzählen unterschiedlich funktioniert. Die Pluralität der Orte erscheint nicht als kontingente Tatsache, die von der Weite der Geschichte erfordert wird. Die Konstitution des Schauspiels basiert auf dieser Pluralität. Sprache besteht in ihm nur auf die Weise, daß Orte sie in jeweils unterschiedlicher Weise begründen. Die Differenz der Orte fällt wie in der Geschichte mit derjenigen der Maßstäbe, die an ihnen etabliert sind, zusammen.

Für die Figuren, die von der auf den Ort insistierenden Dramatik des Sturm und Drang geschaffen werden, gilt folgende Bemerkung Herders: »... nimm diese[n] Menschen Ort, Zeit, individuelle Bestandheit – du hast [ihnen] Othem

---

35 Goethe, *Götz von Berlichingen*, HA 4, 74.
36 Ebd., 83.

und Seele genommen«.[37] Der gesamte dramatische Rahmen vermag es gemäß dieser Sichtweise nicht, eine Figur einzubetten. Es sind die Orte, die das Auftreten der Figuren gewährleisten. Die einzelnen und vereinzelten Szenen bilden den Ausgangspunkt des dramatischen Geschehens. Die Konstitution der Sturm-und-Drang-Dramen hat den Impuls, einen spezifischen Aufbau des innerdramatischen Diskurses herzustellen. Sie resultiert nicht aus einer poetologischen Auseinandersetzung mit Regularien, die in ihrer Geltung zurückgewiesen werden sollen. Die Dramatik ist in der Differenz der Orte begründet. Das diskursive Geschehen, das sich in ihr entfaltet, besteht nur von einzelnen Szenen her und erhält von diesen seine unterschiedlichen Maßstäbe. Der Sturm und Drang produziert ursprünglich ein Theater der verschiedenen Orte.

Szenische Konstitution — Der Sturm-und-Drang-Diskurs bringt in besonderer Weise den Ort bzw. die Szene zur Geltung. Er ist sowohl im Historischen als auch im Dramatischen so angelegt, daß er von örtlichen Differenzierungen ausgeht. Das genau zeigt die allgemeine Disposition, die mit dem Rekurs auf Orte verbunden ist. Nicht bloß eine ästhetische Marotte oder ein historiographischer Eigensinn bringt eine Gegenposition zur Einheit des Orts hervor. Es erscheint ein Denken, das sich daraufhin disponiert, die Differenz zwischen Orten in besonderer Weise ins Zentrum zu stellen.

Deutet die Konvergenz von dramatischer und historischer Konstitution auf ein vorgängiges Dispositiv, dann ist zu fragen, worin dieses besteht. Aus welchem Grund setzt der Sturm-und-Drang-Diskurs bei der einzelnen Szene an? Was gibt die Akzentuierung der lokalen Diskursivität zu lesen? In Hinblick auf die Ordnung des Ortes muß eine Bewegung beachtet werden, die sowohl dem dramatischen als auch dem historischen Gefüge inhäriert. Das Drama überschreitet zwar die Einheit des Ortes und stellt eine Pluralität diskursiver Orte her, verbindet aber diese wiederum in einer Abfolge, die den dramatischen Spannungsbogen formiert. Das ist – zumindest für das Theater des 18. Jahrhunderts – eine Selbstverständlichkeit. Im historischen Raum aber scheint die Vereinzelung von Szenen, gemäß einem gängigen Vorbegriff von Historismus, das letzte Wort zu haben. Dieser Ansicht widersprechen viele Äußerungen Herders, insbesondere das allerorten bei ihm zu findende Bild von der Geschichte als einer Abfolge von Lebensaltern. Spricht er beispielsweise von »dem Knabenalter des menschlichen Geistes«, dann evoziert er das Bild eines Zusammenhangs, der zwischen den einzelnen geschichtlichen Szenen bestehe. Ein solcher Zusammenhang wird aber nicht nur von gewissen Topoi Herderschen Denkens impliziert, er wird auch explizit behauptet.

Wenns mir gelänge, die disparatesten Scenen zu *binden*, ohne sie zu *verwirren* – zu zeigen wie sie sich aufeinander *beziehen*, aus einander *erwachsen*, sich in einander *verlieren*, alle im Einzelnen nur

---

37 Herder, »Shakespear«, in: *Von deutscher Art und Kunst*, SWS V, 225; WKV 1, 515.

Momente, durch den Fortgang allein *Mittel zu Zwecken* – welch ein Anblick! welch edle *Anwendung der Menschlichen Geschichte*! ...[38]

Das Projekt, »die disparatsten Scenen zu *binden*«, widerspricht einer Angabe, die bereits als Charakterisierung einer Ordnung der Orte angesetzt wurde. Die Notwendigkeit, den jeweiligen Ort herauszustellen, begründet sich in bezug auf den Begriff des Maßstabs. Demnach kann ein allgemeiner Maßstab den spezifischen Maßstab an einem Ort nicht erfassen. Wird nun propagiert, eine Verbindung der unterschiedlichen Szenen herzustellen, so scheint es doch möglich, einen übergreifenden Maßstab zu gewinnen. Die Ausgangssituation szenischer Differenzen und die Einzeichnung derselben auf einer durchgängigen Linie widersprechen sich. Herders Konzeption des historischen Raums gelangt an einen Punkt, an dem seine Konsistenz als gefährdet erscheint.

Folgende Frage stellt sich für den szenischen Aufbau der Geschichte, den Herder entwirft. Wie lassen die Szenen sich differenzieren anhand einer Diskontinuität der Maßstäbe, die für sie zutreffen, und dennoch zusammenbringen anhand eines Maßstabs, der doch sie alle umfaßt? Kann eine Linie historischer Lebensalter zustande kommen, wenn die gesamte Zeichnung auf der radikalen Differenzierung aufbaut? Oder zerbricht Herders Diskurs, insofern er, wie immer wieder bemerkt wird, »ein Element der Teleologie«[39] implementiert bekommt? So bliebe zu diagnostizieren, daß er ungebrochen aufklärerische Theoreme adaptiert oder idealistischen Theoremen vorausgreift. Es könnte der Widerspruch zwischen den beiden Bewegungen bei Herder aber auch immanent erklärt werden, wenngleich er auf diese Weise nicht aufgelöst wäre. Diesbezüglich kann man konstatieren, daß Herders Konzeption des Historischen in zwei Auseinandersetzungen steht.[40] Auf der einen Seite stellt er sich – wie auch die Rezension *August Ludwig Schlözers Vorstellung seiner Universal-Historie* zeigt[41] – gegen die heilsgeschichtliche Befragung aller Zeiten auf ihren Beitrag zur Geschichtsbeendung. Auf der anderen Seite sucht er, gegen eine radikale Partikularisierung der Geschichte einen umfassenden Begriff derselben zu wahren. Er sieht als Alternative zur Totalität der einen Geschichte im Singular nicht die Relativierung alles

---

38 Herder, *Auch eine Philosophie der Geschichte*, SWS V, 513; WKV 4, 42.
39 M. Maurer, »Die Geschichtsphilosophie des jungen Herder in ihrem Verhältnis zur Aufklärung«, in: Sauder (Hg.), *Johann Gottfried Herder 1744-1803*, 154.
40 Vgl. dazu auch: Herder, *Auch eine Philosophie der Geschichte*, SWS V, 511; WKV 4, 40; weiterhin siehe: SWS V, 558f.; WKV 4, 82.
41 Herder, »Rezension zu: August Ludwig Schlözer, Vorstellung meiner Universal-Historie« (Frankfurter Gelehrte Anzeigen No. 60, 28. Juli 1772, 473-478), in: SWS V, 436-440; vgl. dazu: R.S. Leventhal, »Progression and Particularity: Herder's Critique of Schlözer's Universal History in the Context of the Early Writings«, in: Koepke (Hg.), *Johann Gottfried Herder. Language, History, and the Enlightenment*, 25-46; vgl. auch Häfner, *Johann Gottfried Herders Kulturentstehungslehre*, 223ff.

Geschichtlichen,[42] sondern Geschichte als kontinuierliche Diskontinuität. So kämen in Herders Konzeption zwei unterschiedliche Diskussionen zum Tragen, die in ihrem Zusammenhang beschrieben, aber nicht theoretisch konsistent rekonstruiert werden können.

Eine andere Perspektive auf die Spannung zwischen Kontinuität und Diskontinuität in der Ordnung der Orte des Sturm und Drang öffnet die Frage, welches Verhältnis der Ort bzw. die Szene zu den an ihm oder in ihr geltenden Maßstäben hat. Diesbezüglich bestehen erst einmal zwei Möglichkeiten. Entweder stiftet ein Ort die ihn prägenden Maßstäbe oder sie kommen ihm auf einer anderen Basis zu. Der Ort hat für den Diskurs, der auf ihn eingeschränkt ist, entweder eine begründende Funktion oder nicht. Vielfach muten Herders Darstellungen so an, als setze er die Orte als begründende Instanzen des historischen Geschehens. Es klingt so, als bringe beispielsweise der griechische Boden jenes Gesetz der Einheit hervor, das sich in den Regelpoetiken niederschlägt. Der jeweilige Schauplatz begründet so, was sich an ihm findet. Der Ort fungiert als Initiator. Diese Betrachtung aber impliziert das Problem, den Diskurs differentieller Orte überhaupt zu begründen. Ihr entspräche es, die Möglichkeit für einen solchen Diskurs allein in einem externen Standpunkt zu sehen. Ein externer Standpunkt im strengen Sinne kann aber gar nicht bezogen werden, da jeder Diskurs an seinen Ort gebunden ist und folglich nicht von einem Blick auf andere Orte ausgehen kann. Die Konzeption einer Ordnung der Orte entstünde selbst nur in einer Szene, die sie als Maßstab stiftet. Sie hätte zuletzt nur hinsichtlich der Beschaffenheit dieser Szene selbst Aussagekraft.

Die Schwierigkeit bei diesem Modell, die Verbindung zwischen Ort und Maßstab zu denken, besteht darin, daß der Ort für sich ganz und gar einheitlich strukturiert ist. Kein einzelner Ort setzt aus sich heraus Differenz frei, es sei denn, er etablierte sie als seinen eigenen Maßstab. Die ganze differentielle Konstruktion unterschiedlicher Szenen fügt sich den Orten von außen zu. Wo und wie dies geschehen soll, läßt sich im Rahmen der Szenen selbst nicht denken. Herder müßte mit seiner Theorie beanspruchen, außerhalb der szenischen Konstitution, die er beschreibt, zu stehen. Augenscheinlich geht er aber beispielsweise davon aus, der Welt »in Norden«, die er derjenigen »in Griechenland« entgegenstellt, selbst anzugehören. Es bedarf, um diese Inkonsistenzen und Probleme der Konstruktion aufzulösen, eines anderen Modells für den Zusammenhang von Ort, Maßstab und der Differenz zwischen Orten.

Die konträren Bestimmungen zur Vereinzelung der Maßstäbe und zu einem umfassenden Zusammenhang müssen als Modellierung begriffen werden, die den Schwierigkeiten zu entkommen sucht. Die szenische Konstitution im Sturm- und-Drang-Diskurs ist so als komplexes Geflecht gegeben. Immer wird die Be-

---

42 Vgl. dazu Heidbrink, *Melancholie und Moderne*, 283.

trachtung der Konstitution von Diskursivität an einem einzelnen Ort mit der Konstitution des differentiellen Übergangs zwischen den Orten verbunden. Wie kann nun das Geflecht aufgelöst werden? Herder hat in einer anderen Passage von *Auch eine Philosophie* eine Analogie hergestellt, die die Auseinandersetzung um die Ordnung der Orte weiter schärft.

> Groß muß das Ganze sein, wo in jeder Einzelnheit schon *ein Ganzes* erscheint! in jeder Einzelnheit aber nur auch immer so ein *unbestimmtes Eins*, allein aufs Ganze, sich offenbaret! Wo *kleine* Verbindungen schon großen *Sinn* geben, und doch Jahrhunderte nur *Sylben*, Nationen nur *Buchstaben*, und vielleicht *Interpunktionen* sind, die an sich nichts, zum leichtern Sinne des Ganzen, aber *so viel* bedeuten![43]

Direkt wird hier über eine Verbindung von Einzelnem, Szene oder Ort, und Ganzem, dem Zusammenhang der Orte, nachgedacht. Diese Verbindung innerhalb des historischen Raums wird mittels eines Verweises auf einen anderen Raum erläutert: den graphematischen. Dadurch wird ein erstes Moment der szenischen Konstitution explizit, das bislang nur anklang. Im Historischen herrscht das Prinzip der »Verräumlichung«.[44] Buchstaben, die Herder erwähnt, konstituieren ihre Differenz mittels des räumlichen Abstands, der sie trennt. Schrift spannt einen Raum auf. Analoges nun kann, folgt man dem oben zitierten Vergleich, über das Historische ausgesagt werden. Auch hier ist es ein räumlicher Abstand, der die einzelnen Punkte voneinander trennt.

Das Prinzip der Verräumlichung impliziert einen bezüglich der verfolgten Fragen entscheidenden Aspekt. Es verbindet die Heterogenität einzelner Punkte oder einzelner Werte (wie de Saussure es bezeichnet) mit der Homogenität eines umfassenden Zusammenhangs. Es gibt keine Eigenart des Einzelnen, die vorgängig vor dem Ganzen Bestand hätte. Zugleich aber liefert das Ganze auch nicht den Maßstab, der für das Einzelne gilt. Der Raum zwischen Schriftzeichen weist keine eigenen Maßstäbe auf. Er bildet sich zugleich mit der Differenzierung im Einzelnen, ohne dieses Einzelne jedoch auf einen einheitlichen Nenner zu bringen. So konstituiert sich eine Ordnung, die »weder die Transparenz des Sinns noch die Dichte der Kraft, sondern die Differenz in der Arbeit der Kräfte ist.«[45] Etablierte sich diese Ordnung in den einzelnen Orten, dann baute sie auf dem, was Derrida als »Dichte der Kraft« beschreibt: Ein Ort hätte seine spezifische und zusammenhängende Kraft. Analog zur Schrift hingegen wurzelt die Ordnung zwischen den Orten und läßt sich insofern als »Differenz in der Arbeit der Kräfte« charakterisieren.

Die Lebenslinie, die Herder den geschichtlichen Zeiten zeichnet, hebt nicht deren Differenz auf, sondern faßt die Verräumlichung, in der allein diese sich zu

---

43 Herder, *Auch eine Philosophie der Geschichte*, SWS V, 584; WKV 4, 105f.
44 Vgl. Derrida, »Die différance«, in: *Randgänge der Philosophie*.
45 Derrida, »Freud und der Schauplatz der Schrift«, in: *Die Schrift und die Differenz*, 308f.

differenzieren vermögen. Die Ordnung der Orte ist damit in einer Weise errichtet, daß kein Ort die Stiftung seiner Maßstäbe aus sich heraus vollbringt. Nur in der Differenz zu anderen Orten entfaltet sich eine lokale Eigenart, die sich den anderen entgegensetzt. Es bedarf eines Begriffs von einem umfassenden Rahmen, um dieser Differenz eine Basis zu geben. Der Ort fungiert als Begründung von Diskursen genauso wie er diese Begründung nur aus der Differenz heraus zu leisten vermag. Obwohl die Geltung von Maßstäben sich nur in Korrelation zu Orten formulieren läßt, kommt es nicht zu einer Autonomie der Orte. Diese sind zugleich heteronom und in ihren Maßstäben spezifisch. Genau diese Ordnung begreift Herders Doppelbewegung, die Inkommensurabilität unterschiedlicher Szenen zu behaupten und einen Zusammenhang zwischen ihnen zu suchen.

Das Exponieren der Orte stellt eine spekulative Bewegung dar. Es wird ein Konstitutivum diskursiven Geschehens zur Sichtbarkeit gebracht. Diskurse erweisen sich als lokal gestimmt. Sie werden in ihrem Bezug zu den Orten, an denen sie sich ereignen, vorgeführt, ohne jedoch mit der Eigenart des jeweiligen Orts zusammenzufallen. Der Sturm und Drang profiliert mit seiner dramatischen und historischen Ordnung der Orte die Spannung, in der Diskursivität zu ihren einzelnen Szenen steht. Ihr eignet eine konstitutive Bindung an Orte, da diese allein die Möglichkeit spezifischer Artikulation eröffnen. Zugleich steht sie in einer bestimmten Ortlosigkeit, da sie an Orten nur innerhalb eines Zusammenhangs von Orten zu erscheinen vermag. In keinem Moment hebt die Spannung zwischen diesen beiden Aspekten sich auf.

3.3 Die Bewegung des Sturm und Drang

> Wir ... könnten eben so gut in die Tollhäuser gehen um menschliche Natur zu malen.[46]

Das letzte Refugium ästhetischer Artikulation des Sturm und Drang gibt sein spezifischer Charakter ab. Was die konturenlose Epoche zuletzt noch als eine ästhetisch orientierte gelten läßt, ist ihr Impuls, regelstürmerisch vorzugehen. Unabhängig, wie die Regeln, gegen die sie sich richtet, eingeordnet werden: Das umstürzlerische Verhalten, das bestehende Regeln mißachtet, aufkündigt oder zuletzt zerstört, gilt als genuin ästhetisch. Auch hier hat Goethe eine Fährte gelegt, der die Rezeption leicht folgen konnte.

> Man kann zum Vorteile der Regeln viel sagen, ungefähr was man zum Lobe der bürgerlichen Gesellschaft sagen kann. Ein Mensch, der sich nach ihnen bildet, wird nie etwas Abgeschmacktes und Schlechtes hervorbringen, ...; dagegen wird aber auch alle Regel, man rede was man wolle, das wahre Gefühl von Natur und den wahren Ausdruck derselben zerstören![47]

---

46 Lenz, *Pandämonium Germanicum*, WB 1, 256.
47 Goethe, *Die Leiden des jungen Werther*, HA 6, 15.

Wird vorausgesetzt, Goethe spreche hier in seinem Namen und demjenigen seiner epochalen Partner, dann gewinnt der Sturm und Drang eine zumindest in einem Punkt klare Physiognomie. Er betätigt sich regelstürmerisch und erweist sich dabei zugleich als ästhetisch gestimmt und als emanzipatorisch ausgerichtet. Von diesen Momenten aber erweist sich das der Emanzipation oder des Emanzipationswillens im Zweifelsfall als das einzige, das auf den vorklassischen Diskurs zutrifft.

Auch bezüglich der Identität des Sturm und Drang in einer bestimmten Bewegungsrichtung hat der Abschied von der ästhetischen Ortung eine weitreichende Konsequenz. Allein auf ästhetischem Terrain gilt die einfache Gleichung, daß jenes Moment, das sich in der Epoche zeigt, auch ihre Identität beinhaltet. Was ästhetisch thematisiert wird, muß – um der performativen Stringenz willen – auch vertreten werden. Im Rahmen einer allgemeinen Diskursivität kommt es dagegen zu einer Verschiebung der Bedeutung. Das Thema erweist sich erst einmal als bloßes Thema. Es wird sich zeigen, daß bei der Bestimmung der Identität des Sturm und Drang eine Verwechslung leitend ist: Was die Epoche thematisiert, wird für das genommen, was sie ist. Sie wird dabei in unzutreffender Weise mit dem identifiziert, wovon sie bloß handelt. Die tatsächliche Stellung der Epoche zum Topos der Regelstürmerei zeigt sich, wenn man die Distanz bemerkt, die sich zuweilen bei seiner Thematisierung findet. So wird im folgenden die Sichtweise der Epoche Sturm und Drang in bezug auf die Bewegung des Sturm und Drang in zwei Schritten nachgezeichnet. Erstens werden die Thematisierungen dargestellt. Zweitens geht es darum, die Distanzierungen aufzuzeigen. Auch die Behandlung der Bewegung des Sturm und Drang mündet in ein Nachdenken darüber, wie Diskursivität sich konstituiert. So steht am Ende der Lektüren die Skizze eines Bildes, das den Sturm und Drang als ein Moment von Diskursivität zeigt. Der Diskurs kommt diesem Bild gemäß immer auch von emotiven Bewegungen her zustande.

Regeln — Nicht nur in der vielbesprochenen Passage von Goethes *Werther* kommt der Sturm und Drang auf die Frage der Regeln zu sprechen. Auch in vielen anderen Texten von Herder und Lenz erhält diese Frage besondere Beachtung. Vor allem zwei Bereiche lassen sich dabei heranziehen: die Moralität und die Geschlechtlichkeit. Die Reden, die Lenz vor der Straßburger Sozietät (der von seinem Mentor Johann Daniel Salzmann geleiteten »Société de Philosophie et de belles Lettres«) gehalten hat, geben diesbezüglich ein Paradigma ab. Sie profilieren die beiden Bereiche und eine Kritik der Möglichkeit, innerhalb ihrer regelgeleitet zu handeln.

In seinem *Versuch über das erste Principium der Moral* diskutiert Lenz die Vernunft als mögliche transzendente Instanz der Moral. Dieser Gegenstand läßt sich aber nach Meinung des Vortragenden nicht isoliert betrachten. Vielmehr kommt damit das Bestreben des »menschliche[n] Verstand[es], in jeder Wissenschaft, oft in seiner gesamten Erkenntnis, auf ein erstes Principium zu kommen ..., welches alsdenn die Basis wird auf der er baut, ...«[48] in den Blick. Auf zwei Ebenen stehen hiermit Regeln zur Diskussion. Einmal die Regeln, die das jeweilige »erste Principium« eines Bereiches, z.B. der Moralität, setzt. Zum anderen die übergeordnete Regel, überhaupt auf ein »erstes Principium« zu rekurrieren. Von der zweiten Ebene her entscheidet sich die erste insofern, als die Zurückweisung der Regel vom »ersten Principium« eine bereits in der Struktur andere Antwort auf der ersten Ebene erforderte. Lenz widmet sich der übergeordneten Frage und argumentiert in Richtung der Konstitution des Menschen.

Wir sind einmal zusammengesetzte Wesen und eine unendliche Reihe von Begriffen aus einem ersten einzigen Begriff herzuleiten, wird uns vielleicht erst dann möglich sein, wenn unsre ihrer Natur nach einfache Seele von dieser wunderlich zusammengesetzten Masse Materie getrennt ist, an die es dem Schöpfer gefallen, sie festzumachen, ...[49]

Lenz teilt hier Herders Anthropologie vom Menschen als »zusammengesetzten Wesen«. Von dieser Anthropologie her folgert er, daß jede einheitliche Regelsetzung dem Menschen unangemessen bleibe. Er propagiert, die regelhafte Konstitution eines Bereichs wie der Moral nicht einheitlich vorzunehmen.

Nein, m. H. [meine Herren – gwb], geben Sie das einzige erste Principium nur ganz dreist in allen Wissenschaften auf, oder lassen Sie uns den Schöpfer tadeln, daß er uns nicht selbst zu einem einzigen Principium gemacht hat.[50]

Die kurze Momentaufnahme aus der Lenzschen Moraldiskussion zeigt, daß es innerhalb ihrer nicht zu einer bloßen Ablehnung des Regelhaften kommt. Vielmehr deutet sich eine Reinterpretation von Regelhaftigkeit an, die mit einer Kritik des Einheits-Begriffs ansetzt.

Die *Philosophischen Vorlesungen für empfindsame Seelen* – Vorträge aus der Straßburger Zeit, die erst 1780 anonym (vermutlich von Goethes Schwager Johann Georg Schlosser) publiziert wurden, als Lenz bereits nach Livland zurückgeholt war[51] – sprechen über die Geschlechtlichkeit als eine Triebfeder menschlichen Handelns. Gegen die Regel, den Mantel des Schweigens um das schlechthin körperliche Verhalten des Menschen zu hüllen, wird dort konstatiert:

Der Geschlechtertrieb, oder um das Kind beym Namen zu nennen, der Trieb sich zu gatten, ist einer von denen die am heftigsten und unwiderstehlichsten wirken, einer von denen die sich am wenigsten von allen menschlichen Trieben, der Vernunft unterordnen, ...[52]

---

48 Lenz, »Versuch über das erste Principium der Moral«, WB 2, 506.
49 Ebd., 500.
50 Ebd., 501f.
51 Vgl. Ch. Weiß, »Nachwort«, zu: Lenz, *Philosophische Vorlesungen für empfindsame Seelen*, 76-80.
52 Lenz, *Philosophische Vorlesungen für empfindsame Seelen*, 51.

In diesem Fall scheinen die entscheidenden Momente einer Ablehnung von Regeln entwickelt zu sein. Dezidiert heißt es gegen alle diskursive Schamhaftigkeit, »das Kind beym Namen zu nennen«. Zudem wird etwas ausgemacht, das aller Unterordnung widerstrebt, wird von einer Dichotomie zwischen Trieben und ihrer möglichen Unterordnung unter Prinzipien der Vernunft her gedacht. Abseits der Betrachtung zu sexueller Verausgabung und Aufsparung, die den Autor als gänzlich regelbestimmt erscheinen läßt, aber wird die regelstiftende Dimension des »Geschlechtertriebs« selbst konstatiert. »Um kurz von der Sache zu kommen, der Geschlechtertrieb ist die Mutter aller unserer Empfindungen.«[53] Mit dieser Aussage ereignet sich eine Akzent-Verschiebung. Es wird nicht etwas namhaft gemacht, das unbändig alle Regelbemühungen destruierte. Vielmehr deutet sich an, daß der »Geschlechtertrieb« in diese einzuzeichnen wäre. Er wird gegen eine einseitige Begründung von Vernunft-Regeln in seiner begründenden Funktion zur Geltung gebracht.

Der Sturm und Drang bezieht sich nicht auf Regeln als auf etwas, das aufgebrochen werden müßte. Er verändert vielmehr das Verständnis von Regeln und insbesondere ihre Begründung. Aus diesem Grund aber ist das Stürmische, das ihm inhäriert, nicht an die Frage der Regeln gebunden. Zwar treten manchmal regelstürmerische Impulse zutage. Ein generell regelstürmerisches Moment des Sturm-und-Drang-Diskurses kann jedoch nicht behauptet werden. Die Bewegung des Sturm und Drang bedarf einer Reinterpretation abseits des Regel-Themas.

Die historische Rolle von Sturm und Drang — Schon aus Sicht ihrer textuellen Praxis verkörpert Herders frühe Konzeption der Geschichte, was als Sturm und Drang begriffen werden könnte. *Auch eine Philosophie der Geschichte* kann als Paradigma der Schreibweise der Epoche genommen werden, einer Schreibweise, die sich den Anschein, einer regellosen Oralität nachgebildet zu sein, gibt. In gleicher Weise setzt der Inhalt dieses Textes Spuren eines Wirkens von Sturm und Drang. Der Autor selbst stellt ihn in Hinblick auf diesen Aspekt vor.

– ich habe also den Seitenblick *dieser philosophischen Kritik der ältesten Zeiten*, von der jetzt bekanntlich alle *Philosophien der Geschichte*, und *Geschichten der Philosophie* voll sind, mit einem Seitenblicke obwohl Unwillens und Ekels erwidern müssen, ...[54]

Gründet die Motivation des Textes auf »Unwille und Ekel«, so scheint dessen gesamter Gehalt einem unbändigen Impuls zu folgen. Herder wendet sich in erster Linie nicht diskursiv, sondern emotiv gegen die von ihm kritisierten aufklärerischen Interpretationen der Geschichte. Er etabliert hier – zumindest dem ersten Augenschein nach – alle Charakterzüge von Sturm und Drang.

---

53 Ebd., 68.
54 Herder, *Auch eine Philosophie der Geschichte*, SWS V, 486; WKV 4, 19.

»Unwille und Ekel«, von denen Herder berichtet, treten aber im Laufe des Textes häufiger ins Blickfeld. Dabei kommt es zu Beschreibungen, die nicht dem eigenen Vorgehen gelten, sondern den Gegenständen, die thematisiert sind. Der Sturm und Drang, so könnte man paraphrasieren, verschiebt sich. Er bezeichnet nicht mehr die Identität eines spezifischen Vorgehens der Darstellung. Vielmehr verteilt er sich auf verschiedene Ereignisse.

> Der Aegypter ..., wie haßte und ekelte er den Viehhirten, mit allem was ihm anklebte! eben wie sich nachher der feinere Grieche wieder über den *lastbaren* Aegypter erhob – es hieß nichts, als dem Knaben ekelte das Kind in seinen Windeln, der Jüngling haßte den Schulkerker des Knaben; im Ganzen aber gehörten alle drei *auf- und nacheinander.*[55]

Das Moment, das man vage als Sturm und Drang paraphrasieren könnte, zeigt sich im Feld des Historischen selbst. Herder erfaßt das Verhältnis, das eine Zeit zu der ihr vorangehenden Epoche aufbaut, als von einer emotiven Abstoßung geprägt. Ekel ist die Relation, die die Nachfolgenden jeweils aufbauen. Immer wieder stößt Herder auf diese Struktur. Mit dem Repertoire der Vokabeln Spott, Verachtung, Vorwurf, Ekel, Haß beschreibt er innerhistorische Relationen. Seine eigene Motivation, sich gegen bestimmte Vorgänger zu wenden, stellt somit keinen Sonderfall dar. »Unwille und Ekel« sind überall, wo sich historische Differenzen ergeben, an der Tagesordnung.

Warum aber kommt es erstens zu der Beachtung dieser marginal scheinenden emotiven Reaktionen und was bedeuten diese zweitens? Herder skizziert zwei Antworten auf diese Fragen. Die erste rekurriert auf die bereits in der Ordnung der Orte entfaltete Differenz von Maßstäben im historischen Raum. »Und eben weil wir so unfähig sind, sie mehr zu *verstehen*! zu *fühlen*! geschweige denn zu *genießen* – so *spotten* wir, *leugnen* und *mißdeuten*! der beste Beweis!«[56] Die gegenüber vorangehenden historischen Szenen geäußerte Bewegung korreliert dem Mißverständnis, das diesen entgegengebracht wird. Die emotiven Abneigungen fungieren als Symptom dafür, daß die Maßstäbe, die die betrachteten Szenen jeweils prägen, nicht adäquat erfaßt werden. Die Abneigungen sind demnach kontingent und können mittels eines angemessenen Verständnisses korrigiert werden. Diese Deutung läßt nun die von Herder selbst geäußerten »Unwillen und Ekel« in ein merkwürdiges Licht geraten. Zeigen diese das Unverständnis des Autors denen gegenüber an, die er kritisiert? Bliebe infolge dieser Deutung Herders Interpretation latent inkonsistent, so erweckt eine konkurrierende Erläuterung besonderes Interesse. Hier wird die Bewegung von Sturm und Drang radikal beleuchtet, wenn es heißt: »– eben ihr Haß zeigt *Entwicklung, Fortgang, Stufen der Leiter*!«[57] Die Bewegungen, die Herder ein ums andere Mal namhaft

---

55 Ebd., SWS V, 489; WKV 4, 21.
56 Ebd., SWS V, 484; WKV 4, 17.
57 Ebd., SWS V, 489; WKV 4, 21.

macht, erhalten so ein enormes Gewicht. Sie werden zu einem Motor historischen Fortschreitens erklärt. Sie werden nicht als etwas ausgewiesen, das zu eliminieren wäre. Dieser Möglichkeit gegenüber kann von der zweiten Erklärung her vielmehr ihre Funktion herausgestellt werden. Bewegungen von Haß, Ekel etc. finden sich nicht nur in der Relation von einer historischen Szene zu ihr vorangehenden. Die Bewegungen konstituieren selbst die Differenz der Szenen, die so aufeinander bezogen sind. Sie produzieren Differenzierungen. Das nimmt ihnen allen kontingenten Charakter. Historisch betrachtet erscheinen sie in dieser Erläuterung als notwendig, sofern das Historische sich mit dem verbindet, was bei Herder zumeist »Bildung« heißt: »Entwicklung, Fortgang, Stufen der Leiter«. Im Rahmen der Betrachtung des Historischen kommt es zu einer Rehabilitierung des Emotiven.

Aber *Empfindung, Bewegung, Handlung* – wenn auch in der Folge ohne Zweck, (was hat auf der Bühne der Menschheit *ewigen* Zweck?) wenn auch mit *Stößen* und *Revolutionen*, wenn auch mit Empfindungen, die hie und da *schwärmerisch, gewaltsam*, gar *abscheulich* werden – als *Werkzeug in den Händen des Zeitlaufs*, welche Macht! welche Würkung![58]

Herders Entwurf thematisiert den Charakter des Sturm und Drang als etwas, das im historischen Prozeß eine Rolle spielt. Er lokalisiert diesen Charakter als Bewegung, die eine Differenzierung von Szenen zur Folge hat. Haß, Ekel etc. bringen eine Absonderung von »Stufen der Leiter« hervor, aus denen sich der historische Raum aufspannt. Funktioniert die Absonderung über diese Bewegungen, so stellt sie keinen teleologischen Prozeß dar und realisiert auch nicht unteleologisch Fortschritt. Sie stiftet ein Fortschreiten, eine »Bildung«. Historische Einheiten stabilisieren sich in einem – wie Foucault es nennt – »Mechanismus [des] Drängens«.[59] Die emotiven Artikulationen führen die szenisch gebundene Vielfalt der Maßstäbe im Historischen herbei.

Die Thematisierung der Bewegung von Sturm und Drang, die Herders historische Theorie vornimmt, fügt sich in das Bild, das die Ordnung der Orte ergeben hatte. Dort versteht Herder den Ort nicht als eine Instanz, die selbst die geltenden Maßstäbe hervorbringt. Die Beteiligung einer emotiven Bewegung an der Konstitution von Orten läßt die Heteronomie derselben deutlicher erscheinen. Die lokale Diskursivität festigt sich nicht in sich selbst, um aufgrund ihrer Maßstäbe anderen gegenüber Ekel, Haß etc. zu entwickeln. Sie basiert auf den Bewegungen, die selbst erst die Möglichkeit lokaler Festigkeit herstellen.

...: siehe, wie der Aegypter den Hirten, den Landstreicher *hasset*! wie er den leichtsinnigen Griechen *verachtet*! So jede zwei Nationen, deren Neigungen und Kreise der Glückseligkeit *sich stoßen* – man nennts *Vorurteil*! *Pöbelei*! eingeschränkten *Nationalism*! Das Vorurteil ist *gut*, zu seiner Zeit: denn es

---

58 Ebd., SWS V, 525f.; WKV 4, 53.
59 Foucault, *Archäologie des Wissens*, 39.

macht *glücklich*. Es drängt Völker zu ihrem *Mittelpunkte* zusammen, macht sie fester auf ihrem *Stamme*, blühender *in ihrer Art*, brünstiger und also auch glückseliger in ihren *Neigungen* und *Zwecken*.[60]

Die Rolle der hier beschriebenen Haß und Verachtung besteht darin, einzelne Völker »zu ihrem Mittelpunkt« zusammenzudrängen. Die Spezifik ihres Diskurses hängt an den arationalen Bewegungen. Diese stellen somit keinen arationalen Ausfluß bereits konstituierter Spezifik dar, wie beispielsweise ein »eingeschränkter Nationalism«. Sie liegen vor jeder Stabilisierung des Selbstverständnisses. Niemals vermag ein solches autonom entwickelt zu werden. Herder führt den »Mechanismus des Drängens« als Grund für die konstitutive Heteronomie lokaler Diskursivität vor. In seinem Geschichtsbild gibt es keine Subjektivität von Szenen derart, daß diese das ihnen Eigene aus sich hervorbringen. Immer bleiben sie in ihrem Eigenen an die Bewegungen von Haß, Ekel etc. gebunden. Die emotive Aktivität gehört der einzelnen Szene nicht an. Sie steht zwischenszenisch, da sie vor der Ausbildung szenischer Identität einsetzt. Auch wenn sie den jeweils Späteren zugeschrieben werden kann, siedelt sie immer im Zwischenraum, da sie als Aktivität der Differenzierung zuletzt beiden von ihr auseinander gehaltenen Orten zuspielt. Die Konstitution des historischen Raums ereignet sich demnach vorgängig in Zwischenbereichen. Die eigentlichen Schauplätze der Geschichte kommen für diese Konstitution nicht in Betracht.

Zwei Konsequenzen lassen sich im Anschluß an Herders Theorie formulieren. Erstens gehört das Konzept der emotiven Bewegungen nicht nur zu einer Beschreibung des Geschichtlichen, sondern auch zugleich zu einer solchen von Diskursivität und Rationalität. Hier zeigt sich sowohl der rationalitätstheoretische Beitrag der Arbeiten von Herder, Goethe und Lenz als auch die Interferenz von Diskursivität und Rationalität. Die Konstitution von Diskursen in emotiver Absonderung betrifft auch ihren rationalen Standard. Rationalität kann sich nicht rein von arationalen Momenten erhalten. Zweitens folgt aus der Thematisierung des Sturm und Drang bereits, daß dieser als Charakter nicht die Identität einer Epoche herzugeben vermag. Es handelt sich um einen zwischenepochalen Charakter, den Herder rekonstruiert. Es kann sich somit keine Epoche in diesem Charakter spezifizieren. Der Sturm und Drang thematisiert sich in den Beschreibungen von Sturm und Drang keinesfalls selbst. Er thematisiert nichts, was ihm selbst angehörte.

Die diskursive Rolle von Sturm und Drang — Unter den Gegenständen, die in der Literatur des Sturm und Drang aufgegriffen werden, nimmt die Sexualität eine vorrangige Stellung ein. Oft geschieht dies in indirekter Weise. So impliziert beispielsweise der Topos der Kindermörderin mit dem Problem der Schwangerschaft auch die sexuelle Aktivität. Besonders bei Lenz aber kommt es, wie bereits

---

60 Herder, *Auch eine Philosophie der Geschichte*, SWS V, 510; WKV 4, 39.

in den *Vorlesungen für empfindsame Seelen* betrachtet, dazu, »das Kind beym Namen zu nennen«. In den Dramen *Der Hofmeister, Der neue Menoza* und *Die Soldaten* wird immer wieder Sexuelles direkt dargestellt oder zur Sprache gebracht. Der Gegenstand Sexualität gibt aber nicht selbst den Kern dessen ab, was von Interesse ist, sondern daß sie zur Sprache gebracht wird. So liegt die Interpretation nahe, in den Lenzschen Dramen sei »Sexualität Gegenstand und Medium der Enttabuisierung«.[61] Die »Enttabuisierung« stünde demnach im Mittelpunkt der Inszenierung, die der Sturm und Drang gibt. Insofern wäre er selbst von der Art des Sturm und Drang.

Wie sehen die Darstellungen der Sexualität in den Dramen aus? Lenz läßt seine Figuren beispielsweise »auf dem Bette« liegen und »am Bette« sitzen.[62] Er konstruiert eine Liebesbegegnung, die im Nachhinein als inzestuös erscheint und die er selbst später selbstkritisch kommentiert: »Wie konnte ich Schwein sie auch malen.«[63] Darstellungen dieser Art haben den Charakter von Überschreitungen. Der Autor bricht mit der Regel, um diesen Gegenstand einen Mantel des Schweigens zu hüllen. Er geht sogar soweit, eine Szene zu entwerfen, in der sexuelle Handlungen Gestalt anzunehmen beginnen. Auch diese findet sich in Lenz' erstem bekannter gewordenen Drama *Der Hofmeister*. Der Protagonist – so erscheint es zumindest – hat zuvor schon die ihm anvertraute Schülerin, eine Tochter aus bürgerlichem Hause, geschwängert und sich in einem purgatorischen Akt kastriert. Dennoch sitzt er wieder mit einer ihm Anvertrauten, der kirchlichen Schülerin Lise, zusammen und bedrängt sie in körperlicher Weise. »Küßt sie«,[64] heißt es im Regietext. Die Interpretation dieser Handlung leistet szenenintern der Schulmeister Wenzeslaus, der die beiden Tändelnden überrascht.

> WENZESLAUS: Was ist das? *Pro deum atque hominum fidem*! Wie nun, falscher, falscher Prophet! Reißender Wolf in Schafskleidern! Ist das die Sorgfalt, die du deiner Herde schuldig bist? Die Unschuld selber verführen, die du vor Verführung bewahren sollst? Es muß ja Ärgernis kommen, doch wehe dem Menschen, durch welchen Ärgernis kommt! (ebd.)

Als dann derjenige, der aus Sicht des moralisch Eingreifenden als »reißender Wolf« entlarvt wird, sich zu den Vorwürfen äußern will, fordert der Hinzugekommene: »Nichts mehr! Kein Wort mehr!« (ebd.) Der Verführer soll weder mit dem Körper noch mit der Sprache sein Werk ausführen können. Auch der Schulmeister selbst hält sich an das Gebot, über den Gegenstand Sexualität nicht zu sprechen. Als die Kastration Läuffers in Frage steht, spricht er sie nicht aus:

---

61 Luserke, *J.M.R. Lenz: Der Hofmeister – Der neue Menoza – Die Soldaten*, 19.
62 Vgl. Lenz, *Der Hofmeister*, WB 1, 67.
63 Lenz, »Brief an Johann Gottfried Herder, den 28.8.1775«, WB 3, 333.
64 Lenz, *Der Hofmeister*, WB 1, 115.

»Lise, es läßt sich dir so nicht sagen, ...«⁶⁵ So tritt Wenzeslaus als einer auf, der die »Enttabuisierung« brandmarkt. Er fordert die Rückkehr zur Regel nicht nur hinsichtlich der körperlichen Aktivität, sondern auch hinsichtlich der sprachlichen Darstellung. Spielt er damit den Advocatus Diaboli, den Gegenanwalt des Sturm und Drang? Vermerkt hier das Stück, daß sein Kern als »Enttabuisierung« zu verstehen wäre? Läuffer, der Verführer, schaltet sich selbst in das Gespräch ein, um sein Tun zu erläutern.

> LÄUFFER: Ich hab ihr gesagt, daß sie die liebenswürdigste Kreatur sei, die jemals die Schöpfung beglückt hat; ich hab ihr das auf ihre Lippen gedrückt; ich hab diesen unschuldigen Mund mit meinen Küssen versiegelt, welcher mich sonst durch seine Zaubersprache zu noch weit größeren Verbrechen würde hingerissen haben. (ebd.)

Läuffer macht sich das Thema des Sprechens zu eigen. Gegen das von Wenzeslaus vertretene Gebot insistiert er darauf, gesprochen zu haben. Alles wird in der Szene des »Geschlechtertriebs« Sprache: Auch der »Mund« von Lise bekommt eine »Zaubersprache« zugeschrieben, die sich an den Verführer Läuffer wendet, der seinerseits Worte gebraucht, um einen Liebesdiskurs aufzubauen. Somit ginge das Schema auf: Läuffer versucht eine »Enttabuisierung«, spricht gerade dann, wenn Wenzeslaus ihn schweigen heißt. Daß er sein Sprechen als Sprechen markiert, zeigt die Dimension seiner Auflehnung. Er vollzieht den Verstoß gegen die Regeln nicht nur schlicht, sondern stellt ihn sogar aus, trägt ihn selbstbewußt vor.

Diese Weise, die Stellung der Sexualität in Lenz' Dramen zu interpretieren, aber hakt an mehreren Punkten. Erstens kommt in Läuffers Worten weniger die sexuelle Praxis zur Sprache. Er erwidert das Schweigegebot, das der Schulmeister verhängt, eher mit einem Liebesdiskurs. Zweitens spricht auch eine Instanz, der keinerlei Drang zur Enttabuisierung nachgesagt werden kann: der Mund Lises. Drittens kommt der Vertreter der Regeln selbst nicht umhin, von Sexualität zu sprechen. Wenn er die Möglichkeiten der gesellschaftlichen Geschlechterbeziehung zwischen Läuffer und Lise auseinander legt, muß er Läuffers Kastration – wie verstohlen auch immer – zur Sprache bringen. Trägt man diesen Punkten Rechnung, dann rückt die Bewegung, »das Kind beym Namen zu nennen«, in ein anderes Licht. In dieser Bewegung findet sich keine Verteilung von Tabu und Enttabuisierung. Die Darstellung zeigt sich weniger interessiert an dem Tabu oder der Regel und der Auseinandersetzung mit diesem. Sie widmet sich dem bloßen Sprechen. Die Thematik der Szene ist der Diskurs über den »Geschlechtertrieb«. So gilt es, auch hier den Sturm und Drang zu resituieren. Er handelt von dem, was man ihm zuschreibt. Der Diskurs der Sexualität ist sein Thema, nicht seine Identität.

---

65 Ebd., 116.

Foucaults Arbeit zur Frage, wie das Verhältnis von Unterdrückung und Thematisierung der Sexualität zu verstehen ist, unterstützt die Deutung in diesem Punkt. Sie trägt Zweierlei zu der Debatte bei. Zum einen legt sie dar, daß Tabuisierung und Enttabuisierung demselben Mechanismus angehören. Der »Wille zum Wissen« steuert beide Momente, weshalb keine Enttabuisierung als Verstoß gegen das Tabu gelingt. Zum anderen erkennt sie folgendes Thema hinter dem Zusammenspiel von Tabu und Enttabuisierung: die »Diskursivierung des Sexes«.[66] Das erste Moment besagt, daß die Repression nur umwillen ihrer Durchbrechung erfolgt. Das Sprachverbot fordert den Diskurs heraus, es steht komplementär zur Diskursivierung. Die Szene zwischen Läuffer, Wenzeslaus und Lise zeigt genau diese Komplementarität. Des Schulmeisters Tabu über die »Zaubersprache« hat zur Folge, daß eine Reihe von Geständnissen erfolgt. Zu diesen gehört die zitierte Erklärung Läuffers, aber auch das Feststellen eines Heiratswillens bei den beiden Ertappten, dem wiederum das Dekret von der Unmöglichkeit der Eunuchenheirat entgegengehalten wird. Es findet eine diskursive Erfassung der Sexualität von Läuffer und Lise statt, die in der Erkenntnis gipfelt, es handele sich um eine bloße Triebbefriedigung ohne Fortpflanzungsnutzen. Es zeigt sich szenenintern, was Foucault als »Machttechnik« beschreibt.

Alle diese negativen Elemente – Verbote, Verweigerungen, Zensuren, Verneinungen – die die Repressionshypothese in einem großen zentralen Mechanismus zusammenfaßt, der auf Verneinung zielt, sind zweifellos nur Stücke, die eine lokale und taktische Rolle in einer Diskursstrategie zu spielen haben: in einer Machttechnik und in einem Willen zum Wissen, die sich keineswegs auf Repression reduzieren lassen.[67]

Wenn es keinen Diskurs der »Verneinung« gibt, dann verliert jeglicher Sturm und Drang gegen sie seine Eigenheit. Er erweist sich als Moment einer Apparatur, zu der auch die Repression gehört. Der Verstoß, der im Lenzschen Stück durchgespielt wird, kann in diesem Sinn nicht als Identität fungieren. Eine Identität des Vorgehens in *Der Hofmeister* läßt sich eher in der »Diskursivierung« finden. Foucault hatte sie als den Rahmen angegeben, innerhalb dessen das Zusammenspiel von Tabuisierung und Enttabuisierung abläuft. Mit dem Thema der Diskursivierung verbindet sich demnach eine Distanz zum Sturm und Drang gegen das Verbot. Die regelbrechende Bewegung steht nicht im Zentrum des Interesses. Sie wird als Moment der Diskursivierung dargestellt oder entdeckt. In dem Theater von Lenz kommt es zu der Aussage, daß der diskursive Bruch des Verbots bei der Konstitution der Diskursivität mitwirkt. Diese Aussage ist Teil der Betrachtung diskursiver Konstitution, die Lenz entlang des Themas »Geschlechtertrieb« anstrengt.

---

66 Foucault, *Der Wille zum Wissen*, 31, 34 u.a.; zur Kritik an Foucaults Interpretation vgl. A. Giddens, *Wandel der Intimität*, Frankfurt/M.: Fischer 1993, bes. 28-47.
67 Foucault, *Der Wille zum Wissen*, 22.

Sturm und Drang wird sowohl in den Arbeiten von Herder als auch in denen von Lenz als Bewegung verstanden, die Diskurse stabilisiert. Die Geste des Verstoßes wirkt mit daran, einen Bereich oder ein Sujet zur Sprache zu bringen. Bei Lenz zeigt sich deutlicher als bei Herder, daß diese Geste auf Distanz gehalten wird. Sie gibt nicht den Gegenstand ab, auf den hin die Darstellung ausgerichtet ist. Sie kommt erst abgeleitet von dem Interesse an der Konstitution von Diskursivität in den Blick. Lenz' Inszenierung erweitert das von Herder gezeichnet Bild dahingehend, daß auch nicht an Orte gebundene Diskurse mit einer emotiven Initialisierung verbunden werden. Die Bewegung des Sturm und Drang trägt zur Festigung jeglicher diskursiven Bereiche bei. Darauf wird spekuliert. Für die Epoche charakteristisch wird damit die These, Diskursivität entwickele sich nicht homogen. Sie bleibt von Anfang an heterogen, da alle in ihr mögliche Homogenität sich nicht aus sich selbst heraus zu stiften vermag. So besagt die ständige Akzentuierung der Bewegung von Sturm und Drang, daß Diskursives immer in Momenten verhaftet ist, die es intern nicht einholen kann. Was auch immer an Orten oder Subjekten diskursive Kontur gewinnt, verklammert sich im Moment der eigenen Konstitution mit anderen Orten, anderen Subjekten und erscheint so heterogen. Aus Sicht der undifferenzierten Diskursivität, wie der Sturm und Drang sie spekulativ durchbuchstabiert, setzt sich Undifferenziertheit auch in jede mögliche Differenzierung hinein fort. Die Darstellung zur Bewegung des Sturm und Drang zeigt, daß von diesem Ausgangspunkt her eine Autonomie diskursiver Bereiche undenkbar ist.

Maschinerie — Die Reinterpretation der letzten Identität der Epoche von Herder, Goethe und Lenz festigt deren Bild. Immer wieder verfolgt sie die Frage, wie Diskurse sich bilden. Ansetzend bei der Irreduzibiltät von Sprachen handelt sie Diskursivität in statu nascendi. Dabei geht sie von einem (noch) ungeteilten Gebiet aus, innerhalb dessen Differenzierungen betrachtet werden. Die gesamte Thematik der Epoche verbindet sich mit einer Metapher, die sowohl in Herders geschichtsphilosophischen als auch Lenz' sexualitätsdiskursiven Erörterungen auftritt: der Metapher »Maschine«. Als Metapher erscheint dieser Name zumindest, wenn man ihn von dem französischen Materialismus (La Mettrie, D'Holbach) her begreift. Dort kulminiert eine Entwicklung, die »von der Metaphysik zum Denken sub specie machinae«[68] führt.

Herder, Goethe und Lenz aber beteiligen sich letztlich nicht an der Umdeutung des Körpers von der Seelenwohnung zur biologischen Apparatur. Wenngleich auch sie im Anschluß an die Materialisten den Finger auf die Materialität des Körpers und die Anbindung allen Geistes an diesen legen, verfolgen sie doch kein reduktionistisches Programm, das die Souveränität des Geistes in die

---

68 Vgl. dazu weitergehend A. Baruzzi, *Mensch und Maschine. Das Denken sub specie machinae*, München: Fink 1973.

Schranken weisen soll. Die Metapher »unsere Maschine«[69] besagt nicht, daß ein Vorrang des Beseelten gestrichen wäre. Sie wird jenseits der Alternative von Mechanischem und Beseeltem gebraucht. Sie verweist anders als im Umfeld des Materialismus auf eine Diskursivierung. Den Diskurs zeichnet aus, daß er ein Set an Mechanismen ausprägt, die in ihm wirken. Insofern sind die »Maschinen« des Sturm und Drang Orte, an denen Mechanismen zum Tragen kommen. Das aber bedeutet nicht, sie als mechanisch auszuweisen. Die Charakteristika sind andere: Einheitlichkeit und Serialität. Wenn auf »Maschinen« verwiesen wird, liegt ein Akzent auf der Einheitlichkeit: Letztlich bringt eine große Apparatur die jeweiligen Produkte und Differenzen, beispielsweise das Mechanische und das Seelische, hervor. Dieser Aspekt zeigt sich, wenn Herder von der Gleichursprünglichkeit von Gut und Böse unter dem Titel der »Maschine« berichtet.

Eben die Maschine, die *weitreichende Laster* möglich machte, wars, die auch *Tugenden so hoch hob*, *Würksamkeit* so weit *ausbreitete*: ...[70]

»Maschine« besagt auch die Wiederholung von Prozessen. Immer wieder markieren die betrachteten Spekulationen, daß in Diskursen Wiederholungen wirksam sind. Sie bieten ein Feld, das keine originären Abläufe oder Initiationen kennt. Nur was wiederholt werden kann, gehört zum Repertoire der Diskurse. Das gilt besonders auch für diskursive Differenzierungen, die aus diesem Grund an kein Ende kommen. Die Serialität möglicher Entwicklungen bildet den Kern einer maschinellen Produktion. Das ruft der Sturm und Drang auf, wenn er auf die Maschine rekurriert.

Herder, Goethe und Lenz vollziehen Bewegungen im umfassenden Bereich von Diskursivität. Die markanten Kennzeichen ihrer Arbeiten, die gewöhnlich als ästhetisch motiviert verstanden werden, lassen sich in dieser Hinsicht stimmig reformulieren. Ob Genie, Aufkündigung der Einheit des Ortes oder die Bewegung des Bruchs mit Regeln jeglicher Art: Der Sturm und Drang beschreibt in seinen zentralen Begriffen Bestandteile einer umfassenden Diskurs-Maschinerie. Das Fundament seiner Überlegungen bietet die Maschine, als die sich der Diskurs konstituiert. Dabei versuchen die Reflexionen der Epoche, bei der Konstitution zugegen zu sein. Sie stellen der maschinellen Anlage des Diskurses nach.

---

69 Lenz, *Philosophische Vorlesungen für empfindsame Seelen*, 60; vgl. dazu M. Rector, »La Mettrie und die Folgen. Zur Ambivalenz der Maschinen-Metapher bei Jakob Michael Reinhold Lenz«, in: E. Schütz (Hg.), *Willkommen und Abschied der Maschinen. Literatur und Technik*, Essen: Klartext 1988, 23-41.
70 Herder, *Auch eine Philosophie der Geschichte*, SWS V, 508; WKV 4, 37.

4 Epilog der Moderne

> Dieses Ereignis [das das Dispositiv der Moderne, des *modernen Wissens*, konstituiert – gwb], sicher weil wir noch in ihm befangen sind, entgeht uns zu einem großen Teil. Sein Umfang, die tiefen Schichten, die es erreicht hat, all die Positivitäten, die es hat umstürzen und rekomponieren können, die souveräne Kraft, die ihm gestattet hat, innerhalb nur weniger Jahre den ganzen Raum unserer Kultur zu durchlaufen, all das könnte erst am Ende einer Untersuchung geschätzt und gemessen werden, die nicht mehr und nicht weniger als das Sein unserer Modernität selbst beträfe.[1]

Die Rezeption des Sturm und Drang ist von einer eigenartigen Ambivalenz geprägt. Auf der einen Seite kommt es immer wieder zu Zeiten, in denen die kurzatmige Epoche vor der Weimarer Klassik in Vergessenheit gerät. Auf der anderen Seite finden sich Rezeptionen, die sie gerade aus dieser Vergessenheit befreien wollen. Hiermit soll nicht erneut die Ortlosigkeit des Straßburger Diskurses gefaßt werden. Es geht um die Pendelbewegung, zu der der Sturm und Drang Anlaß zu geben scheint. Sie kann als Ausgangspunkt einer Überlegung gesetzt werden, die den Folgen gilt, wie sie aus den betrachteten Strukturierungen von Diskursivität hervorgehen.

Die Pendelbewegung selbst läßt sich als Moment fassen, das mit von der Maschinerie des Sturm und Drang gestiftet wird. Entscheidend ist dabei, sie als Zusammenhang zu begreifen. Eine Seite der Bewegung tritt nur im Verbund mit der anderen auf. Das heißt nicht, daß in dem Prozeß des Vergessens zugleich die Möglichkeit der Wiedererinnerung gegeben ist. Es handelt sich um eine Gleichursprünglichkeit beider Seiten. Vergessen und Wiedererinnerung verdanken sich einem Dispositiv. In Frage steht dabei, wo sich dieses lokalisieren läßt. Grundsätzlich besteht Spielraum für zwei Lokalisierungen. Auch wenn es vom ersten Augenschein her so aussieht, als müsse das Dispositiv in der Rezeption verankert werden, kann doch genauso die Möglichkeit behauptet werden, im Sturm und Drang seine Wurzel zu sehen. Im folgenden wird die These ausgeführt werden, daß Letzteres zutrifft. Die Dopplung oder die Ambivalenz, die in der Rezeption zutage tritt, läßt sich bereits in der Epoche selbst ausmachen. Der Sturm-und-Drang-Diskurs legt sich auf seine eigene Verdrängung und Wiederkehr hin an. Somit aber gewinnt das in ihm angesiedelte Dispositiv eine weitreichende Dimension. Es umfaßt einen Rhythmus, der sich nicht nur der spezifischen Rezeption des Sturm und Drang, sondern der Moderne überhaupt einprägt. Dort kommt es zu einem Antagonismus von Differenzierung und Undif-

---

1 Foucault, *Die Ordnung der Dinge*, 273.

ferenzierung der Diskurse bzw. der Rationalität. Mit Blick auf diese umfassende Einrichtung läßt sich die Hartnäckigkeit der Moderne verstehen, die sich zwischen ihrer Selbstbehauptung und ihrer Selbstaufhebung stabilisiert.

Den Ausblick, der sich im Rahmen der Rekonstruktion des Sturm und Drang ergibt und sich zugleich an diese anschließt, läßt sich in vier Etappen entwickeln. Die Ambivalenz innerhalb des Sturm und Drang selbst und damit dessen interne Wiederkehr bilden den Ausgangspunkt. Dann läßt sich die beschriebene Figuration auf das Freudsche Theorem der Wiederkehr des Verdrängten beziehen. Mit Blick auf die Moderne gilt es, Freuds Theorem über seinen Kontext hinaus auf sein Potential der Explikation von Epochenkonstitutionen hin zu befragen. Zuletzt steht eine Zeichnung des Diskurses der Moderne, wie er sich als Verdrängungsmaschinerie ergibt.

4.1 Die Wiederkehr des Sturm und Drang

> Goethe [*gö*...] (dt. Dichter) ...
> Herder (dt. Philosoph u. Dichter) ...
> Lenz (dicht. für: Frühjahr, Frühling) *m*; -es,
> -e (auch für: Jahre) ...[2]

Die idealtypische Renaissance des Sturm und Drang, wie sie ein ums andere Mal in der Moderne aufblitzt, kulminiert in der Figur von Jakob Michael Reinhold Lenz. Mehr noch als die Konstellation der drei Autoren figuriert dieser als Außenseiter der literarischen Entwicklung. Schon dem epochalen Moment gehört er nicht restlos an. Er hat den Impulsgeber Herder nicht getroffen, da er erst nach dessen Abreise nach Straßburg kam. Die beiden kommunizierten nur postalisch und sahen sich von Angesicht zu Angesicht erstmals an dem Ort, der für das Ende des Sturm und Drang steht: in Weimar. Die Sonderrolle von Lenz befestigt auch die Beschreibung, daß es ihm als einzigem nicht gelingt, die Epoche zu verlassen. Nach ihr hat der Autor Lenz keinen Bestand mehr. So legitimiert sich die »tautologische Subsumierung Lenz' unter die Epoche«.[3] Auf der Basis der in ihm gleichsam potenzierten Eigenart ereignet sich die Wiederkehr, die exemplarisch in den folgenden Worten Hans Mayers zum Ausdruck kommt.

Vielleicht war in Jakob Michael Reinhold Lenz die wirkliche *Alternative* zur Weimarer Klassik möglich. Doch sie ist nicht Wirklichkeit geworden.[4]

---

2 Einträge in: *Duden. Rechtschreibung der deutschen Sprache*, Mannheim: Dudenverlag [17]1973.
3 M. Rector, »Anschauendes Denken. Zur Form von Lenz' ›Anmerkungen übers Theater‹«, in: *Lenz-Jahrbuch*, Band 1 (1991), 93.
4 H. Mayer, *Das unglückliche Bewußtsein*, Frankfurt/M.: Suhrkamp 1989, 133; vgl. dazu auch Wurst (Hg.), *J.M.R. Lenz als Alternative?*

Der Rekurs auf Lenz als »Alternative«, der einen Topos der Literaturgeschichtsschreibung des Sturm und Drang darstellt, bezieht polemisch Gegenposition zu Goethes Sicht auf Lenz als einen »vorübergehende[n] Meteor«.[5] Lenz eignet sich bestens als Punkt, an dem sich eine Verfehlung all derjenigen, die einseitig auf die Klassik setzen, festmachen läßt. Er steht pars pro toto für das zu Unrecht Verdrängte, das der Wiedererinnerung zugeführt werden muß, um ein angemessenes Geschichtsbild zu erreichen.[6] So scheint seine Proklamation sich auf eine Verfehlung der Rezeption zu stützen.

Die Randstellung von Lenz im Diskurs aber beginnt nicht erst mit Goethes suggestiver Abwertung des ehemaligen Freundes. Sie stellt kein Produkt dar, das Goethe, auch im Rahmen seiner Auseinandersetzung mit den eigenen frühen Texten, herstellt. Bereits im Sturm-und-Drang-Diskurs ergibt sich eine Position, die die Anhaltspunkte der Wiederkehr beinhaltet. Diese Position ist mit der Figurierung verknüpft, die Lenz als Alternative erscheinen läßt. Zwei Hinsichten auf die Verdrängung im Rahmen des Sturm und Drang lassen sich gewinnen: eine, die sich biographisch an den Jüngsten im Bunde hält, und eine andere, die den Diskurs der Epoche überhaupt, in seiner Konstitution, betrifft. Im Anschluß daran ist zu betrachten, was es heißen könnte, daß die Epoche ihre eigene Verdrängung produziert.

(1) Lenz erhält immer wieder eine Randstellung innerhalb des Diskurses. Das spiegelt sich in zwei Stellungnahmen, die seiner Person gegenüber entwickelt werden. Einerseits äußern die Partner sich ihm gegenüber ambivalent, andererseits erscheint er als Sonderling. In Stellungnahmen von Herder und Goethe findet sich eine merkwürdige Mischung von Wertschätzung und Ablehnung. So schreibt Herder in einem Brief an Lenz im Jahr 1775 mit emphatischen Worten: »Du bist der Erste Mensch, für den ich schreibe und kannst Du herrlich durchblicken, entschuldigen, raten.«[7] In der Korrespondenz Herders kommt es aber auch zu einer entgegengesetzten Einschätzung in dem Moment, als Herder 1779 gefragt wird, ob er nicht Lenz an die Domschule in Riga (an der Herder selbst gelehrt hatte) empfehlen könne: »Mit Lenzen ist nicht. Er taugt nicht zur Stelle, …«[8] Zwar schwingt in den vernichtenden Worten mit, daß Lenz spätestens seit Anfang des Jahres 1778 bei seinen Vertrauten als krank galt. Aber sie lassen auch eine grundsätzliche Ambivalenz ihm gegenüber erkennen. Wertschätzung und Ablehnung hängen zusammen. Ein bestimmtes Vermögen wird genauso begrüßt, wie es auf Distanz gehalten wird. Mit der Anerkennung der spezifischen Poten-

---

5 Goethe, *Dichtung und Wahrheit*, 14. Buch, HA 10, 12.
6 Vgl. allgemein R. Scholz, »Eine längst fällige historisch-kritische Gesamtausgabe: Jakob Michael Reinhold Lenz«, in: *Jahrbuch der deutschen Schillergesellschaft*, 34. Jg. (1990), 195-229.
7 Herder, »Brief an Jakob Michael Reinhold Lenz, Ende April 1776«, WB 3, 440.
8 Herder, »Brief an Hartknoch, Weimar, Dezember 1779«, in: *Briefe in acht Bänden*, 4. Band, 106.

tiale von Lenz geht einher, ihn nur mit Einschränkungen gelten zu lassen. Er gehört so der Gemeinschaft des Sturm und Drang nicht gleichberechtigt an.

Goethes *Dichtung und Wahrheit* hat einen maßgeblichen Anteil an der Rezeption, die Lenz zuteil wurde. Die abschätzigen Beschreibungen dort haben den Jugendfreund in ein seltsames Licht gerückt. Insofern hat jede Bewegung, die Lenz rehabilitiert, mit Goethe eine Rechnung offen. Ihm gilt der Vorwurf, zu Unrecht und aufgrund undurchsichtiger persönlicher Gründe geurteilt zu haben. Insofern ist es von Interesse, daß *Dichtung und Wahrheit* eine Beschreibung enthält, die sich durchaus als Wertschätzung lesen läßt. Zumindest spricht Goethe hier in moderatem Ton über den Partner vergangener Zeiten.

Für seine Sinnesart wüßte ich nur das englische Wort whimsical, welches, wie das Wörterbuch ausweist, gar manche Seltsamkeiten *in einem* Begriff zusammenfaßt.[9]

Goethe zeigt sich hier deutlich bemüht, das Vermögen Lenzens zu charakterisieren. Dabei liefert er schon mit der Art seiner Äußerung eine Stellungnahme. Er weiß, wie er explizit bemerkt, nur ein englisches Wort zu nennen. In der eigenen Sprache findet sich nicht, was die Beschreibung erfordert. Lenz steht jenseits der Sprache, die seine Partner gebrauchen. Er steht außerhalb der Ordnung, die für die anderen gilt. Goethe spricht nicht nur von »Seltsamkeiten«. Er bildet sie ab und markiert damit die außerordentliche Stellung, die Lenz einnimmt. Nicht nur die Einbettung des Nachzüglers in das Beziehungsgeschehen ist besonders. Auch hinsichtlich der diskursiven Kompetenz erhält er eine Sonderposition.

Die Zeugnisse der persönlichen Beziehungen von Herder und Goethe zu Lenz sagen letztlich nichts aus über den von ihnen entfalteten Diskurs. Dennoch geben sie einen Fingerzeig auf die Strukturen, die ihn prägen. Sofern sie sich nicht auf Lenz als Person richten, zeigen sie an, welchen Spielraum der Diskurs hat. In diesem Sinne geben die Einschätzungen Lenz gegenüber zu erkennen, daß in der kurzen Epoche nicht eine Einheit stabilisiert wird. Es entstehen in dem Diskurs Sonderpositionen und Figuren, die außerhalb der geltenden Ordnungen stehen. Das Zusammenspiel entfaltet Differenzen und distanziert sich hinsichtlich gewisser Momente von sich selbst. Das kann im Feld des Diskurses verfolgt werden.

(2) Lenz selbst hat eine weitreichende Spiegelung des Sturm und Drang notiert. Unter dem Titel *Pandämonium Germanicum* läßt er all die Figuren auftreten, die den hier besprochenen Sturm und Drang prägen: Herder, Goethe und auch sich selbst. Wieder entsteht für die Figur des Dramas, »Lenz«, eine Sonderrolle, die zum Ausdruck kommt, wenn die Figur über sich sagt: »Laßt mich in meinem Winkel.«[10] Ein Teil der epochalen Partnerschaft gehört dieser nicht zentral an, sondern wird als exzentrisch dargestellt.

---

9 Goethe, *Dichtung und Wahrheit*, 11. Buch, HA 9, 495.
10 Lenz, *Pandämonium Germanicum*, WB 1, 270.

LENZ: Ich will nicht hinterherzeichnen – oder gar nichts. Wenn Ihr wollt Herr, stell ich Euch gleich ein paar Menschen hin, wie Ihr sie da so vor Euch seht. ...
...
Lenz kommt und bringt einen Menschen nach dem andern keichend und stellt sie vor sie hin.
HERDER: Mensch, die sind viel zu groß für unsre Zeit.
LENZ: So sind sie für die kommende. Sie sehn doch wenigstens ähnlich. ...[11]

Der Winkel, in dem die Figur »Lenz« steht, erhält in der Debatte Konturen. Es geht nicht um die Exzentrik einer Person oder Figur. Vielmehr zeichnet ihn aus, unzeitgemäß, »für die kommende« Zeit zu sein. Der Winkel besteht aus dem Grund, daß etwas in dem Diskurs diesem selbst nicht gegenwärtig ist. In dem zitierten Dialog wird die Ungegenwärtigkeit dahingehend erläutert, für die Zukunft zu sein. Sie besagt abstrakt, daß Momente bestehen, die in dem Diskurs selbst nicht auftreten können. Die Pointe der im *Pandämonium Germanicum* gegebenen Zeichnung besteht darin, daß das Programm, das für nicht zeitgemäß gilt, eines ist, das mit dem Sturm und Drang identifiziert zu werden vermag. Was die Figur »Lenz« äußert, könnte in den poetischen Schriften der Epoche stehen. So betrifft es den Diskurs insgesamt, wenn die Unzeitgemäßheit konstatiert wird. Es zeichnet sich eine Spaltung ab, die innerhalb des Sturm-und-Drang-Diskurses selbst verläuft. Dieser geht zu sich auf Distanz, ist sich selbst nicht restlos gegenwärtig. Er konstituiert sich nicht, indem er sich von fremden Momenten absondert. Er sondert sich von sich selbst ab, trägt in sich Differenzen ein, entlang derer er agiert.

Die Unzeitgemäßheit des Programms, das die Figur »Lenz« artikuliert, läßt sich als Teil einer allgemeinen Abspaltung im Sturm-und-Drang-Diskurs lesen. Dieser ist zu sich selbst nicht-identisch. Er beruft sich nicht auf eine Basis, die ungebrochen eine Identität des Vorgehens und der epochalen Zugehörigkeit sicherte. Sowohl auf der Zeitebene als auch auf der Ebene des Selbstverständnis teilt er sich immer wieder von sich selbst ab. So entsteht eine Nicht-Identität, die nicht im Sinne Adornos ein Ideal gegen den Verfall in Identitätsphilosophie bedeutet, sondern die Anlage des Diskurses beschreibt.

(3) Die Disposition des Denkens von Herder, Goethe und Lenz erschöpft sich nicht in den spekulativen Rekonstruktionen von Diskursivität. Die Disposition enthält ein weiteres Element, das die bislang betrachteten Inhalte überragt: das der Nicht-Identität bzw. der Abspaltung. Unter Rekurs auf Foucaults Darstellung von Epistemen in der *Ordnung der Dinge* kann man die Erweiterung folgendermaßen beschreiben: Es besteht nicht nur eine Ordnung möglicher Gegenstände und Formen des Wissens, die als Dispositiv wirkt. Über eine derart einfache Identität hinaus wird die Beziehung dieser Ordnung zu sich selbst disponiert. Die Ordnung des Sturm-und-Drang-Diskurses, so zeigt sich, ist auf eine

---

11 Ebd., 269.

Differenz zu sich selbst hin angelegt. Das Wissenssystem des epochalen Zwischenspiels verhält sich zu sich selbst nicht-identisch. Das bedeutet, daß die Charakteristik des Dispositivs nicht hinreichend mittels eines Blicks auf die Wissensstrukturen zu erfassen ist. Erst eine Rücksicht auf den Selbstbezug der Ordnung gibt die ganze Dimension des Dispositivs zu erkennen.

Die Eigenart des Sturm-und-Drang-Diskurses hat die Konsequenz, daß die Rezeption innerhalb ihrer Strukturen bleibt. Das Schema »Lenz als Alternative« bringt etwas zur Geltung, das bereits im Rahmen der diskursiven Interaktion von Herder, Goethe und Lenz angelegt ist. Nicht die rezeptiven Verfehlungen von Goethe und seinen Nachfolgern bieten den Anhaltspunkt dafür, die Alternative zu betonen. Die Installation im Sturm und Drang selbst leistet die Orientierung für die Bewegung. Dabei kommt ein Mechanismus zum Tragen, der knapp wie folgt skizziert werden kann. Zuerst sondert ein Diskurs, derjenige des Sturm und Drang, intern etwas von sich ab. Dieses Abgesonderte, für das metonymisch Lenz einsteht, ist in doppelter Weise markiert. Es stellt einerseits einen Teil des Diskurses selbst dar und gilt andererseits als nicht realisiert. Damit erscheint es stets als noch ausstehend. Die Rezeptionen dann setzen bei der zweiten Markierung an. Sie berufen sich auf das nicht Realisierte des Diskurses, das diesem doch wesentlich angehöre. Das Unrealisierte kommt in den Status der Alternative. Die Rezeptionen entwickeln so keine spezifische Sicht auf die Rezeptionsgeschichte und einen Gegenstand der Literaturgeschichtsschreibung, sondern folgen Spuren, die im Dispositiv des Sturm und Drang gezogen sind. Das Dispositiv produziert eine bestimmte Form der Nachfolge. Es ragt über den Diskurs, dem es dem Anschein nach angehört, hinaus. So reißt es mehr auf als nur die Epoche des Sturm und Drang. Es muß im epochalen Zusammenhang der Moderne betrachtet werden.

4.2 Die Wiederkehr des Verdrängten

Die Erinnerungsarbeit, die beispielsweise Hans Mayer der Literaturgeschichtsschreibung in bezug auf Lenz ansinnt, hat den Charakter, das Verdrängte aufzuarbeiten. So aber erscheint sie nicht, wenn sie im Rahmen einer gesamten Disposition interpretiert wird. Es kommt dort zu einer Wiederkehr des Verdrängten. Der emphatische Verweis auf das Verlorene agiert nicht gegen den Verlust. Er verbleibt in den Bahnen, innerhalb derer dieser zustande kam. Die Verbindung, die damit konstatiert ist, hat Freud zu beschreiben versucht, wo er seine Theorie der Verdrängung mit einer solchen der Wiederkehr des Verdrängten verknüpft. Aus diesem Grund gibt die Konstitution der Wiederkehr des Verdrängten möglicherweise Aufschluß über die Entwicklungen des Sturm und Drang.

Freud hat den Begriff der Verdrängung anfangs räumlich erläutert. Verdrängt wird ein Erlebnis dann, wenn es von dem Bewußtsein in andere Regionen des psychischen Apparats verschoben wird. Dieses Verständnis setzt eine Heterogenität des Gebiets von Gegenwärtigkeit und desjenigen von Verdrängung voraus. In seinem Essay *Das Unbewußte* bemüht sich Freud, die unterschiedlichen Funktionen und Besetzungen an räumliche Differenzen zu binden.

Mit der ersten, der topischen Annahme, ist die einer topischen Trennung der Systeme *Ubw* [das Unbewußte – gwb] und *Bw* [Bewußtsein – gwb] und die Möglichkeit verknüpft, daß eine Vorstellung gleichzeitig an zwei Stellen des psychischen Apparats vorhanden sei, ja, daß sie, wenn durch die Zensur ungehemmt, regelmäßig von dem einen Ort an den anderen vorrücke, eventuell ohne ihre erste Niederlassung oder Niederschrift zu verlieren.[12]

Freud hat hier bereits den Ansatz überwunden, die psychischen Zustände anatomisch zu lokalisieren. Seine Beschreibungen bringen klar zum Ausdruck, daß »es der Topik um die Veranschaulichung der Verdrängung«[13] geht. Dennoch teilt die »topische Annahme« mit der anatomischen das Moment der Lokalisierung. Mit der Lokalisierung aber verbindet sich ein Problem. Die Interaktion von dem Raum, in dem das Verdrängte sich befindet, und demjenigen des Bewußtseins, in dem es nicht mehr auftritt, bedarf einer komplexen Infrastruktur. Das Verdrängte muß deshalb, wie Freud bemerkt, an zwei Orten niedergeschrieben sein. Jegliche Wirkung des Verdrängten in die bewußten Äußerungen eines psychischen Apparats hinein, bedürfen eines räumlichen Übergangs. Insbesondere folgt aus einer Lokalisierung, daß der Vorgang der Verdrängung und die Rückwirkungen in die Bewußtseinsäußerungen hinein nicht zusammenfallen können. Das aber widerspricht der Intuition von Freuds Theorie, das Verdrängte mit seinen Wirkungen zu verbinden, da es überhaupt nur in diesen Wirkungen auffällig wird. Aus diesem Grund wird die Lokalisierung selbst fragwürdig.

Wir bemerken übrigens, daß wir dieser Betrachtung wie unabsichtlich die Annahme zugrunde gelegt haben, der Übergang aus dem System *Ubw* in ein nächstes geschehe nicht durch eine neue Niederschrift, sondern durch eine Zustandsänderung, einen Wandel in der Besetzung. Die funktionale Annahme hat hier die topische mit leichter Mühe aus dem Felde geschlagen.[14]

Wie ist die »funktionale Annahme«, von der Freud nun spricht, zu verstehen? Inwiefern konzipiert sie den psychischen Apparat anders als die Topik? Freud beschreibt die Besonderheit als »Zustandsänderung« und »Wandel in der Besetzung«. Damit stellt zum einen die Differenz von »Bw« und »Ubw« keinen räumlichen Ortswechsel mehr dar. Die Zustände von psychischen Niederschriften ändern sich innerhalb eines Raums. Zum anderen ist der Übergang nicht mehr mit einer Verdopplung verbunden. Was verdrängt ist, wirkt genau als dieses Verdrängte in den Artikulationen des Apparats. Es läßt sich so denken, daß die Verdrängung mit ihren Wirkungen zusammenfällt.

---

12 Freud, »Das Unbewußte«, in: *Studienausgabe*, Band 3, 134.
13 P. Ricœur, *Die Interpretation. Ein Versuch über Freud*, Frankfurt/M.: Suhrkamp 1974, 94.
14 Freud, »Das Unbewußte«, 139; vgl. dazu P. Ricœur, *Die Interpretation*, 157-161.

Freuds Beschreibungen des Verdrängungsmechanismus entfernen sich immer weiter von denen einer räumlichen Ordnung. In seinen *Vorlesungen zur Einführung in die Psychoanalyse* beginnt er die Erläuterung der psychischen Systeme in ihrem Zusammenhang folgendermaßen: »Die roheste Vorstellung von diesen Systemen ist die für uns bequemste; es ist die räumliche.« Und nach einer kurzen Entfaltung der »topischen« Vorstellungen: »Ich weiß, daß sie roh sind; ja noch mehr, wir wissen auch, daß sie unrichtig sind, ...«[15] Wie aber ist der Mechanismus, dem Freud auf der Spur ist, richtig zu beschreiben? Wie kann etwas verdrängt werden, ohne eine räumliche Veränderung zu erfahren? Hier kommt der Begriff der Besetzung ins Spiel. Demnach haben psychische Vorstellungen eine zweite Ebene, auf der sie eine Art Markierung erhalten. Es gibt demnach einen psychischen Raum, der sich aus einer Strukturierung von Vorstellungen aufreißt, innerhalb dessen die Vorstellungen in unterschiedliche Aggregatzustände versetzt werden können. So hat es Hermann Lang in Anschluß an die strukturale Psychoanalyse erläutert.

> Damit sich (eigentliche) [eigentlich wird zuvor als »sekundär« expliziert – gwb] Verdrängung ereignen kann, bedarf es einer vorgängigen unbewußten ›chaîne signifiante‹, einer jenem von Verdichtung und Verschiebung gezeichneten System der Vorstellungsrepräsentanzen identischen Sprachstruktur, bedarf es einer metaphorisch-metonymisch durchformten ›organisation signifiante‹.[16]

Bleibt aber nicht trotz der Vorgängigkeit einer differentiellen Zeichenstruktur die Verdrängung an Räume gebunden? Stellt nicht die Ebene der Besetzungen wieder einen Raum dar, der vertikal zu der Sprache der Vorstellungsrepräsentanzen liegt? Jacques Derrida hat die These formuliert, die »topische Differenzierung [sei] untrennbar von der Verdrängung in ihrer Möglichkeit selbst«.[17] Möglicherweise führen alle Versuche Freuds, eine Reformulierung von Verdrängung abseits der Strukturen einer räumlichen Ordnung zu erreichen, nicht ans Ziel, da der Begriff von Verdrängung selbst Räumlichkeit einschließt. Das Bild des Transports von Gegenständen von einem Ort an einen anderen, aus dem Bereich alltäglichen Lebens beispielsweise in einen dunklen Vorratsraum, haftete dem Begriff so an. Alle anders lautenden Explikationsversuche könnten diese Bildlast nicht aufheben.

Von dieser Entwicklung her bleiben zwei Momente stehen. Einerseits ein Begriff der Verdrängung, von dem nicht als sicher gilt, ob er von einer räumlichen Ordnung gelöst werden kann. Andererseits der Impuls in Freuds Veränderung der Theorie, die »räumliche Annahme« aufzugeben. In dieser Situation zeichnet sich eine mögliche Konsequenz ab. Der Mechanismus, den Freuds Theorie zu

---

15 Freud, *Vorlesungen zur Einführung in die Psychoanalyse*, in: *Studienausgabe*, Band 1, 293.
16 H. Lang, *Die Sprache und das Unbewußte. Jacques Lacans Grundlegung der Psychoanalyse*, Frankfurt/M.: Suhrkamp 1986, 245.
17 Derrida, *Die Postkarte*, 2. Lieferung, 43.

fassen sucht, hat nicht die Struktur der Verdrängung. Die Überwindung der räumlichen Bilder führt dazu, daß der Begriff der Verdrängung nicht mehr paßt. Wenn Freud stattdessen von einer »Zustandsänderung« spricht, konstatiert er, daß in aller Veränderung der Ort unverändert bleibt. Wer den Mechanismus betrachtet, trifft nicht auf eine Umverlagerung, so daß er etwas an einem anderen Ort zu suchen hätte. Er trifft auf Markierungen von Artikulationen. Diese lassen sich mit einem anderen Begriff zur Geltung bringen: dem der Wiederkehr des Verdrängten.

Der »Wandel an Besetzung«, den Freud konstatiert, findet sich nicht an etwas, das aus den Artikulationen verschwindet. Er verweist auch nicht auf ein solches, da unklar wäre, wie dessen Verschwinden zustande kommen könnte. Er findet sich in den Artikulationen selbst. Diese werden als markiert gedacht. Wird aber der Mechanismus derart aus den Artikulationen heraus verstanden, dann verschwindet der Anhaltspunkt für eine Verdrängung, die beispielsweise als Ereignis stattfindet. Die Artikulationen sind immer nachgängig. Was in ihnen auftritt, ist eine Wiederkehr des Verdrängten. Der Mechanismus, der sich in Besetzungen an Artikulationen manifestiert, ist nicht Verdrängung, sondern Wiederkehr des Verdrängten. Das bedeutet: Das Moment der Wiederkehr ist primär. Davon abgeleitet erst läßt sich Verdrängung festmachen. Sie umfaßt die Markierung an demjenigen, das wiederkehrt. Es kommt nicht zu einer Abfolge derart, daß in einem ersten Schritt Verdrängung etabliert wird und diese dann in weiteren Schritten zur Folge hat, daß Verdrängtes wiederkehrt. Es gibt Verdrängung nur in Form der Besetzungen, als Wiederkehr des Verdrängten. Der Mechanismus kennt nur eine Stufe.

Die theoretischen Konstruktionen, die sich im Anschluß an Freuds Beschreibungen des Verdrängungsmechanismus gewinnen lassen, geben ihm ein anderes Gewicht. Es handelt sich nicht mehr nur um eine Rekonstruktion von Funktionen des psychischen Apparats. Solange die Beschreibung mit Lokalisierungen arbeitet, bewegt sie sich allein auf der Ebene dieses Apparats. Sie macht Vorannahmen über dessen Aufbau, und die Explikationen, die gegeben werden, bleiben an die Vorannahmen gebunden. Die Konzeption, die aus der Entfernung von dem »topischen« Ansatz hervorgeht, macht Vorannahmen auf anderer Ebene. Der Aufbau des Apparats tritt in den Hintergrund. Die gewonnenen Beschreibungen orientieren sich nicht an der Ordnung von »Bw« und »Ubw«. Es werden stattdessen Vorannahmen über den Aufbau des psychischen Diskurses getroffen. Insbesondere die Vorannahme, daß Signifikanten, die in diesem Diskurs auftreten, nicht allein einen repräsentativen Wert, sondern auch eine Besetzung haben. So korreliert der Mechanismus einem Typus von Diskursen. Nicht psychische Apparate entwickeln die Voraussetzungen für Verdrängungs-Operationen. Diskurse leisten dies. Freuds Ausführungen implizieren zuletzt einen Rekurs auf diskursive Konstruktionen. Damit entsteht ein Modell, das sich über den psychischen Apparat hinaus denken läßt, das in bezug auf ihn nur eine seiner möglichen Gestalten gewinnt.[18] Es zeichnet sich eine diskursive Installation ab, die auch in anderen Zusammenhängen entstehen kann.

Aus den skizzenhaften Ausführungen zu Freuds Theorie von Verdrängung und der Wiederkehr des Verdrängten ergeben sich drei Konsequenzen für einen externen Gebrauch dieser Terminologie. Erstens muß die Beschreibung, Zustände als Wiederkehr von Verdrängtem anzugeben, nicht notwendig metaphorisch sein. Zweitens kann ein Zustand der Wiederkehr des Verdrängten nicht von einem solchen der Verdrängung unterschieden werden. Die Wiederkehr verweist nicht darauf, daß irgendwo etwas verdrängt wurde. Drittens kann sich die Wiederkehr damit niemals gegen eine Verdrängung richten. Jede Form der Wiederkehr wiederholt die Verdrängung, stellt eine Manifestation von Besetzung dar. Innerhalb dieses Mechanismus kann es nicht dazu kommen, eine Wiederkehr als Kritik von Verdrängung zu etablieren. Weder besteht die Verdrängung als lokalisierbar, so daß eine Kritik auf sie zielen könnte, noch lassen sich einfache Momente der Wiederkehr von solchen, die eine kritische Distanz erreichen, unterscheiden. Innerhalb der diskursiven Installation, auf der der Mechanismus beruht, gibt es keine Möglichkeit, das Verdrängte als Verdrängtes zur Geltung zu bringen. Kritik, wie immer sie auftritt, fällt dem Mechanismus anheim.

4.3 Epochale Verdrängungsmaschinerie

Von Verdrängung in historischer Perspektive zu sprechen, bedeutet gemeinhin, eine Neudefinition von Begriffen, epochalen Identitäten und anderem für notwendig zu erklären. Etwas, das verdrängt wurde, fordert so, die Geschichte neu zu schreiben, eine Gegendarstellung gegenüber gängigen Sichtweisen zu etablieren. Das Verdrängte fungiert als Korrektiv der Erzählungen und Ordnungen, die in historischer Perspektive verfaßt werden.

Der Verdrängungsmechanismus, der sich im Ausgang von den Entwicklungen der Theorie Freuds abzeichnet, verändert auch die historische Dimension. Verdrängung bleibt nicht eine Struktur unter anderen, an denen entlang das Bild der Geschichte in Epochen und Epochenwechseln entsteht. Verdrängung tritt nicht im Rahmen von (epochalen) Diskursen auf. Sie prägt selbst diese Diskurse. Bevor die Stellung einer Verdrängung im Diskurs der Moderne und das Dispositiv, das der Sturm und Drang dazu beiträgt, betrachtet werden, stellt sich die Frage der Epochenkonstitution. Wie Epochen sich bilden, ist an Debatten, in denen sie umgedeutet werden, zu diskutieren.

---

18 Freud hat darauf bestanden, daß die Verdrängung und ihre Mechanik nicht auf die Pathologie des psychischen Apparats einzuschränken ist; vgl. »Das Unbewußte«, in: *Studienausgabe*, Band 3, 125f.; weiterhin »Der Wahn und die Träume in W. Jensens ›Gradiva‹«, in: *Studienausgabe*, Band 10, 9-85; auch »Der Witz und seine Beziehung zum Unbewußten«, in: *Studienausgabe*, Band 4, 96f.

Diesbezüglich kann der Disput, der über Rahmen und Begriff der Neuzeit geführt wurde, als Beispiel fungieren. Unter vielen anderen Beiträgen in diesem Disput fallen diejenigen von Cassirer und Blumenberg ins Auge, da sie jeweils eine Erweiterung des vorher geltenden Verständnisses vorgenommen haben. Sie intensivieren nicht allein den Begriff, sondern schlagen eine neue Verortung vor. Cassirer wendet sich dabei gegen eine Denkgeschichtsschreibung, wie sie besonders Hegel gestützt hatte. Er greift auf die Renaissance zurück, um die Bedeutung des Rationalismus und Descartes' für die Begründung der Neuzeit zu relativieren.[19] Nach dieser Zeichnung beginnt das spezifisch neuzeitliche Denken an einem anderen Punkt als zuvor gedacht, fällt nicht mit der Initiation des Rationalismus zusammen. Blumenberg beginnt seine Auseinandersetzung um die Epoche dort, wo er gegen Löwith deren Bestand zu sichern sucht. Löwith behauptet, die entscheidenden Elemente der Neuzeit seien durch eine Säkularisierung von Bestandteilen des metaphysisch-theologischen Weltverständnisses zustande gekommen.[20] Damit hätte die Epoche keine für sich gegebenen Spezifika. Sie stünde in der Kontinuität eines Denkens, das außerhalb ihrer entwickelt wurde. Blumenberg antwortet, indem er ein spezifisches Prinzip der Neuzeit herauspräpariert, das von Löwiths These nicht betroffen ist. Die *Legitimität der Neuzeit* bestehe in der Entwicklung eines wissenschaftlichen Weltbilds, das sich auf anderen Prinzipien als den metaphysisch-theologischen gründe. Die Hinwendung zur Empirie und ihre epistemologische Nobilitierung stellen dabei die entscheidende Verschiebung dar.[21] Löwiths Beschreibung stützt sich, so läßt sich die kurze Skizze ergänzen, auf ein gewohntes Selbstverständnis der Neuzeit. Diesem kann er nachweisen, daß es nicht auf ihrem Boden allein fundiert ist. Blumenberg richtet sich aus diesem Grund zuletzt nicht gegen Löwiths Begriff der Säkularisierung, sondern gegen die Inhalte, die mit diesem Begriff erfaßt werden. Er schlägt einen neuen Bestand der Epoche vor. Deren Gehalt muß nach Blumenbergs Verständnis so beschrieben werden, daß er sich nicht auf das stützt, was von der Säkularisierung ergriffen werden kann.

Cassirer und Blumenberg bringen zwei verschiedene Wege hervor, eine Neuinterpretation der Neuzeit zu erwirken. Der eine agiert über die Grenze, der andere über den Kern. Cassirer rührt nicht an dem Gehalt, der der Epoche zuzuschreiben wäre. Er verortet die Begründung dieses Gehalts an einem anderen Punkt. Das bedeutet eine Verschiebung der epochalen Grenze. Die Konstitution des Denkens in der Epoche wird, so impliziert diese Interpretation, an die Gren-

---

19 Vgl. dazu E. Cassirer, *Das Erkenntnisproblem in der Philosophie und Wissenschaft der neueren Zeit*, Erster Band, Berlin: Bruno Cassirer 1906, 86ff., 243ff.
20 Vgl. dazu K. Löwith, *Weltgeschichte und Heilsgeschehen. Die theologischen Voraussetzungen der Geschichtsphilosophie*, Stuttgart: Kohlhammer 1953.
21 Vgl. dazu Blumenberg, »Säkularisierung – Kritik einer Kategorie des geschichtlichen Unrechts«, in: *Die Legitimität der Neuzeit*.

ze gebunden. Blumenberg hingegen bezieht sich in seinen Überlegungen nicht auf die Grenze. Gegen Löwiths Festhalten an einem Begriff der Neuzeit, der zentral auf Rationalisierung und Fortschritt setzt, macht er einen anderen Kern der Epoche geltend. Ihre Begründung ist damit auf andere Instanzen bezogen und profiliert andere Größen, als sie von einem rein auf Rationalismus setzenden Bild von ihr herausgestellt werden. Mit Niklas Luhmann könnte man sagen, Blumenberg fundiert die Neuzeit gegen Löwith in einer »evolutionären Errungenschaft«.[22] Mit dieser gewinnt die Epoche einen spezifischen Bestand. Sie hat einen Kern, mittels dessen sie sich von anderen Diskursformationen abhebt.

Die Resituierungen der Neuzeit bei Cassirer und Blumenberg konvergieren aber trotz aller Unterschiede ihrer Strategie. Beide gehen erstens von der Einheit dessen aus, was sie zu beleuchten suchen. Sowohl der Rekurs auf die Grenze als auch derjenige auf den Kern rechnet mit der Einheit eines Diskurses, die auf der einen Seite mittels der Begrenzung und auf der anderen Seite mittels der Zentrierung rekonstruiert wird. Die Einheit ihrerseits gilt zweitens bei beiden für den Bestand des Diskurses. Sie ist inhaltlich begründet. Grenze und Kern beziehen sich auf einen Bestand neuzeitlichen Denkens. An diesen Bestand, der nicht notwendig auf einen Kern hin zentriert sein muß, binden Cassirer und Blumenberg implizit ihren Begriff der Epoche.

Das so charakterisierte Verständnis von Epochenkonstitution ist dem ersten Augenschein nach plausibel. Der Bestand, den Grenze und Kern sichern, erlaubt es, eine Epoche gegenüber anderen zu profilieren. So ergibt sich ein Bild sich differenzierender Epochen, das infolge ihrer Eigenart entsteht. Wenn nicht eine Kraft angenommen werden soll, die den gesamten Raum der Geschichte umspannt und die die Differenzierung unterschiedlicher geschichtlicher Charaktere stiftet, bleibt der Rekurs auf die Eigenart die einzige Möglichkeit, Differenzierung zu begründen. Die Neubegründung einer Epoche geht demnach einher mit der Ausbildung einer Charakteristik, die vorige Diskurse nicht ausweisen. Diese Charakteristik wird durch Grenze oder Kern konturiert und läßt sich als Bestand einer jeweiligen Epoche angeben.

Freuds Arbeit an der Beschreibung des Verdrängungs-Mechanismus impliziert eine Variante in der Konstitution diskursiver Zusammenhänge, die auch mit Blick auf Epochen Relevanz gewinnt. Freud bewegt sich auf ein Modell zu, das einen Diskurs über einen in ihm wirksamen Mechanismus charakterisiert. Die Einrichtung von Verdrängung als Wiederkehr des Verdrängten initiiert einen Diskurs, der immer wieder auf diese Einrichtung zurückkommen wird. Die unablässige Bewegung im Rahmen des Mechanismus ist seine Spezifik. Es kommt hier zu einem Primat des Ablaufs vor allem möglichen Gehalt. Heterogene Arti-

---

22 N. Luhmann, »Das Problem der Epochenbildung und die Evolutionstheorie«, in: Gumbrecht/Link-Heer (Hg.), *Epochenschwellen und Epochenstrukturen*, 11-33, bes. 17.

kulationen können jeweils als unterschiedliche Momente einer Wiederkehr des Verdrängten verstanden werden. An den Artikulationen läßt sich der Bestand eines solchen Diskurses aus diesem Grund nicht fassen. Er besteht in dem alles bewegenden Mechanismus. Entscheidend ist, daß nicht eine konkrete Verdrängung den Diskurs in Gang setzt und ihre eigene Wiederkehr produziert. Die Wiederkehr entsteht direkt, als Besetzung, die sich in Artikulationen zeigt. Die Verdrängung wird nicht infolge eines bestimmten Ereignisses, sondern als Mechanismus eingerichtet. Die Konstitution, die so entsteht, basiert nicht auf einem bestimmten Gehalt. Es handelt sich bei Freuds Modell um eine Konstitutionsform von Diskursen, die über diejenige hinausgeht, die durch Kern und Grenze eines Bestands charakterisiert werden kann. Sie kommt demnach auch für Epochen in Betracht.

Der Begriff des Bestands muß in bezug auf Epochen eine Erweiterung erfahren. Er umfaßt nicht allein inhaltliche Momente, auf denen sich ein Diskurs fundiert. Auch Mechanismen können als Bestand auftreten. Auch sie können dazu führen, daß ein Diskurs eine Spezifik entwickelt, mit der er sich von anderen abgrenzt. Die Konstitution von Epochen kennt so mehr Möglichkeiten, als sie in den Resituierungen von Cassirer und Blumenberg zum Ausdruck kommen. Was eine Epoche auszeichnet, kann auch jenseits von diskursiven Positionen oder Zielvorstellungen liegen. Eine »Errungenschaft«, wie Luhmann es nennt, ist auch mit einem Mechanismus zu gewinnen. Dabei gibt es kein inhaltliches Moment, auf das sich der Mechanismus bezöge. Er funktioniert vor allem Inhalt, vor allen Instanzen, an denen sich ein Diskurs festmacht. Was »Errungenschaft« oder Bestand heißt, bleibt jenseits der Fixierung von Positionen. Es muß offen gehalten werden für die Möglichkeit, daß die Spezifik des Diskurses nicht in einer inhaltlichen Identität besteht. Das genau ist die Folge der Erweiterung, die am Beispiel des Verdrängungs-Mechanismus deutlich wird. Die diskursiven Dispositionen von Epochen korrelieren nicht notwendig mit einem einheitlichen Gehalt. Sie können auch Momente verbinden, die nicht in einer erkennbaren Einheit des Bestands zusammenkommen und dennoch zu einem gemeinsamen Bestand gehören. So muß der Begriff der Epoche unabhängig von dem der inhaltlichen Identität begründet werden.

4.4 Urszene der Moderne

Der Rekurs auf Freuds Theorie der Verdrängung öffnet einen Weg, die Verbindung der Disposition im Diskurs des Sturm und Drang und der Bewegungen der Rezeption zu denken. Beide bewegen sich im Rahmen eines Mechanismus, der bereits in der diskursiven Interaktion zwischen Herder, Goethe und Lenz eingerichtet ist. Gewisse Figuren innerhalb dieses Diskurses treten konstitutiv als Wiederkehr auf. Die Besetzung, die dabei zum Tragen kommt, begrenzt sich aber nicht allein auf den Sturm und Drang und diejenigen, die ihn rezipieren. Sie gewinnt eine epochale Dimension, insofern sie einen Bestand konstituiert, der eine Epoche prägt.

Wie aber läßt sich diese These verstehen? Wie kann die marginale Szene der Literaturgeschichte, Sturm und Drang, weit über ihren eigenen beschränkten Rahmen hinaus die Wege der Moderne vorzeichnen? Erstens bringt die Struktur ihres Bestands es mit sich, andere mögliche Konstitutionsformen zu überragen. Die Verdrängungs-Disposition erweist sich nicht bloß als eine Weise der Begründung unter anderen, sondern als besonders raffiniert. Sie initiiert einen Wechsel von Identitäten, der sich dem gewohnten Blick wie ein Wechsel von Epochen ausnimmt. Alle inhaltlichen Konturen von Dispositionen verlieren dabei ihre Aussagekraft hinsichtlich des Bestands der Epoche. Zweitens bedeutet der Ansatz des Dispositivs im Sturm und Drang nicht, daß dieser die historische Fundierung der Moderne leiste. Der Mechanismus, der eingerichtet wird, kennt keine originale Initiierung. Er vermag an verschiedenen Orten anzusetzen und findet sich stets schon in Bewegung. So fungiert der Sturm und Drang nicht als die Urszene der Moderne, da sich eine solche in bezug auf die Verdrängungs-Motorik nicht ausmachen läßt. Er mimt eine der möglichen Urszenen, die sich nachbuchstabieren ließen, einen Moment, in dem die Einrichtung des Mechanismus betrachtet werden kann. Entscheidend ist, daß es vom Sturm und Drang her gelingt, diese Einrichtung zu beschreiben. Das rechtfertigt den Rekurs auf ihn. Der Begriff der Urszene beschreibt eine Begründung, die nicht an einen fixierbaren Ort gebunden ist. Er stiftet eine erste Kontur der Moderne. Von ihm her läßt sich die interne Charakteristik eines Wechsels diskursiver Physiognomien beschreiben. Zuletzt fällt damit Licht auf die spezifische Stabilität der Moderne, die sich alle Kritik einverleibt.

Urszene und Verdrängung — Wer mit Freud von einer Urszene spricht,[23] signalisiert ein Ursprungsdenken. Der Begriff scheint eine traumatische Programmierung auf ein bestimmtes erstes Erlebnis hin zu fixieren. Zieht man hingegen die Überlegungen zum Mechanismus von Verdrängung in Betracht, dann ist fraglich, ob der Begriff der Urszene ein Ursprungs-Modell behauptet. Die Disposition, die dort zum Tragen kommt, kennt kein erstes Mal. Es zeichnet sie aus, daß jedes erste Mal bereits in eine Kette von Wiederholungen einbezogen ist. Das hat Freud im Begriff der Besetzung markiert. Sobald Besetzung auftritt, tritt sie als eine solche auf, die sich wiederholt. Sie tritt auf und entsteht nicht. In diesem Sinn muß auch die Urszene verstanden werden. Sie bezeichnet dann nicht ein bestimmtes Ereignis, das Prägungen späterer Diskurse hervorruft. Es gibt keine Urszene, wie es einen Moment der Entstehung gibt. Die Urszene wäre vielmehr als Ereignis zu verstehen, in dem sich eine bestimmte Disposition zeigt.

---

23 Vgl. Freud, »Aus der Geschichte einer infantilen Neurose« [»Der Wolfsmann«], in: *Studienausgabe*, Band 8, 149ff., u.a.; vgl. auch Kittler/Turk (Hg.), *Urszenen*.

Diese Disposition zeigt dabei zugleich, daß sie in ihrer Entstehung nicht lokalisierbar ist. In der Urszene erscheint eine Konstitution. Das ist ihre Funktion. So kann man von einer urszenischen Konstitution sprechen, die darin besteht, eine Serie von Zuständen zu verbinden, die nicht auf eine Initiation zurückgeht.

Mit Blick auf die Moderne hat zuletzt Christoph Menke eine Urszene namhaft gemacht. Eine Auseinandersetzung mit dieser Benennung kann zu einer Klärung beitragen, wie in bezug auf eine Epoche von deren Urszene zu sprechen ist. Gemäß der Charakteristika, die Menke für den modernen Diskurs profiliert, »kann die klassische Tragödie als Urszene der Moderne gelesen werden«.[24] Die Kollision von Authentizität und Autonomie, die dort vorgezeichnet ist, präge grundsätzlich das moderne Weltverhältnis. Menke verwendet den Begriff »Urszene«, ohne ihn zu diskutieren. Er impliziert aber, der Begriff fasse kein Ereignis, sondern das – nicht weiter lokalisierte – Auftreten einer diskursiven Disposition. Insofern konvergiert die Verwendung des Begriffs mit der Explikation, die sich im Anschluß an Freud geben läßt. Menke bestimmt das Verhältnis der Urszene zu der Epoche, der sie angehört, analog zu einer Präformation. Urszenisch fungieren Texturen, die Konstellationen zeigen, wie sie die Moderne prägen. Überall, wo die angelegte Formation wiederkehrt, werden sich moderne Diskurse finden.

Die Urszene muß aber von Präformation unterschieden werden. Dabei gilt es, zuerst eine Gemeinsamkeit beider Begriffe gegenüber demjenigen des initialen Ereignisses zu betrachten. Sowohl Urszene als auch Präformation treten irreduzibel plural auf. Zu einem Konflikt, wie er beispielhaft von Menke rekonstruiert wird, kann es immer eine Vielzahl von Szenen geben, in denen dieser Konflikt präformiert wird. Auch eine Urszene steht zu der diskursiven Disposition, die sie zeigt, nicht singulär. Immer kann es mehrere Szenen geben, die die urszenische Konstitution erkennen lassen. Trotz dieses Unterschieds von Präformationen und Urszenen zu singulären Ereignissen kommt es zu einer entscheidenden Differenz zwischen beiden Begriffen. Bei Präformationen spielt jede Wiederkehr der Formation auf demselben Boden wie die präformativen Szenen. Die herrschende Konstellation kann in allen Wiederholungen direkt erkannt werden. Es besteht eine Identität dessen, was präformiert wird. Urszenen hingegen beinhalten nichts, das sich einfach wiedererkennen ließe. Sie bilden analoge Strukturen in bezug auf möglicherweise restlos divergierende Gehalte aus. Sie basieren nicht auf einem gemeinsamen Thema wie zum Beispiel dem Dilemma zwischen freiheitlicher Partizipation an einer allgemeinen Rechtsordnung und freiheitlicher Selbstverwirklichung. Erst in bezug auf die in ihnen wirksamen Strukturen lassen sich Urszenen einer diskursiven Disposition zuordnen. So gehört eine Urszene einer Serie an, die von ihren Gehalten und Themen her uneinheitlich sein kann.

---

24 Ch. Menke, *Tragödie im Sittlichen*, 73.

Eine präformierte Serie zeigt im Gegensatz dazu ihre Verbindung als Identität. Christoph Menkes Verweis auf eine Urszene der Moderne begreift diese als Epoche nach dem Modell inhaltlicher Einheit. Sie realisiert nicht die Spezifik einer urszenischen Konstitution, die Einheit nur untergründig herstellt.

Die Moderne des Sturm und Drang — Von ihren Urszenen her erscheint die Moderne als Wechsel der Identitäten. Die Epochenkonstitution, die damit impliziert ist, überbietet alle Bestimmungen, die auf einen einheitlichen Kern der Epoche zielen. Sie verleibt sich Verständnisse ein, die auf eine klare Kontur setzen. Vom Diskurs des Sturm und Drang aus kann man beispielhaft eine Differenz markieren, die im Denken der Moderne verbunden wird: die undifferenzierte und die ausdifferenzierte Vernunft.

Insbesondere im Anschluß an Jürgen Habermas' Beschreibung der Rationalisierung ist es üblich geworden, die Moderne mit dem Prozeß der Ausdifferenzierung von Rationalität zu verbinden. Von Max Weber her versteht Habermas die Moderne als Endpunkt in einem Prozeß zunehmender Rationalisierung, der aber zugleich in der Vielheit seiner Dimensionen gegen die Verkürzung auf bloße Instrumentalisierung verteidigt werden muß.[25] An dem Begriff der Ausdifferenzierung als epochalem Signum kann auch festgehalten werden, wenn man ihn von einer Interaktion der unterschiedlichen Geltungssphären her versteht.[26] So ergibt sich durch einige Modifikationen hindurch ein Kern der Moderne, der darin besteht, daß eine Trennung rationaler Geltungen fundamental erfolgt.

Der Sturm und Drang scheint dagegen die Undifferenzierung der Vernunft zu setzen. Er bringt eine Krise jener Stabilität hervor, die sich mittels Ausdifferenzierung herstellt. All seine reflektierenden Bewegungen verlaufen auf einem nicht gegliederten Terrain von Diskursivität. So mimt er eine Gegenmoderne, die nicht von den Stabilisierungen, sondern von der Instabilität ausgeht.

Gibt der Sturm und Drang nun eine Begründung der Moderne her, dann wendet sich diese gegen die Verbindung von Moderne und Ausdifferenzierung. Dennoch aber schließt sie diese Verbindung nicht aus. Die Stabilisierung mittels einer Trennung von Geltungssphären erhält einen besonderen Sinn im Rahmen dieser Begründung. Sie bietet eine Gestalt der Wiederkehr des Verdrängten. Der Mechanismus, der in der Verdrängung eingerichtet wird, umfaßt mindestens zwei Gegebenheitsweisen des Verdrängten. Einerseits präsentiert sich dies in der Fortsetzung von Verdrängung; andererseits in der Artikulation des Verdrängten als dem Verdrängten. Bildet man die Differenz von undifferenzierter und ausdifferenzierter Rationalität auf diese Doppelheit der Bewegung ab, so kann sie in einem Mechanismus der Verdrängung verbunden werden. Eine Seite steht für

---

25 Vgl. z.B. Habermas, *Theorie des kommunikativen Handelns*.
26 Vgl. M. Seel, »Die zwei Bedeutungen ›kommunikativer‹ Rationalität. Bermerkungen zu Habermas' Kritik der pluralen Vernunft«, in: A. Honneth und H. Joas (Hg.), *Kommunikatives Handeln*, Frankfurt/M.: Suhrkamp 1986, 53-72.

die Unsichtbarkeit, die andere für die Sichtbarkeit von Verdrängung. Damit gehören beide der Serie an, die der Mechanismus ins Laufen bringt. Die Ausdifferenzierung als Kern modernen Selbstverständnisses wird also von der Epochenbeschreibung, die auf einen Verdrängungs-Mechanismus rekurriert, nicht widerlegt. Sie wird ihrer Stellung als Kern beraubt und zu einer der Physiognomien der Moderne erklärt. Weiterhin gehört Ausdifferenzierung zum Repertoire moderner Artikulationen.

Die Rekonstruktion, die die Moderne mit einem Mechanismus verbindet, bezieht den gewohnten Begriff der Epoche mit ein. Damit überbietet sie diesen Begriff zugleich. Sie vermag zu begründen, warum die Moderne sich als Ausdifferenzierung selbst mißverstehen mußte. Dies Mißverständnis ist Teil der Verdrängung, auf der sie fußt. Dennoch wird das Mißverständnis nicht als solches entlarvt. Es erhält einen neuen Sinn als eines der Verständnisse, die modern auftreten. Diese Umdeutung kann den Zusammenhang plausibilisieren, der zwischen diesem Verständnis und den notorischen Verweisen darauf besteht, daß Ausdifferenzierung nicht funktioniere. Die spezifische Konstitution der Moderne liegt darin, ausdifferenzierte und undifferenzierte Rationalität nebeneinander zur Geltung zu bringen. Beide alternieren als Physiognomien, die im Rahmen eines Verdrängungs-Mechanismus ausgebildet werden.

Die Moderne des Sturm und Drang verbindet zwei Momente: Serienbildung und internen Widerspruch. Auf der einen Seite ergibt sie sich von ihrer Urszene her als Serie, als eine Abfolge von Zuständen. Auf der anderen Seite sind diese Zustände nicht konsistent. Sie treten phänomenal in offenem Widerspruch zueinander auf. Nur von dem basalen Mechanismus her läßt sich erkennen, inwiefern eine Konsistenz solcher Widersprüche wie demjenigen zwischen ausdifferenzierter und undifferenzierter Vernunft besteht. Beide zeigen das Verdrängte in unterschiedlicher Gestalt, ohne daß es einen Kern dieser Darstellung gäbe. So alternieren in der Moderne die Identitäten, vertauschen sich die Physiognomien – in einem endlosen Prozeß, der seriell angelegt ist. Nirgends formiert sich die Moderne als Aussage, die beim Wort genommen werden könnte.

Kritik der Moderne — Die Moderne ist nur im Zuge der Kritik an ihr in den Blick gerückt. Sowohl ihre Verächter als auch ihre Liebhaber beginnen den Bestand der Moderne zu sondieren, um zu klären, wie sie zu kritisieren wäre. Die Verteidiger der Moderne verfolgen den Nachweis, daß alle Kritik an den modernen Vernunft-Standards und latenten Normierungen sich der Standards bedienen muß, gegen die sie sich richtet. Dementsprechend haben es sich die Ankläger zur Aufgabe gestellt, Positionen jenseits der Moderne aufzuzeigen, von denen aus sich die Unrechtmäßigkeit moderner Ansprüche entlarven läßt. Bei beiden Operationen wird aber unhinterfragt vorausgesetzt, daß eine Kritik der Moderne strukturell möglich ist. Diese Voraussetzung besteht aber nicht selbstverständlich. Sie setzt auf die Konstitution der Epoche mittels eines identischen Bestands, der von einer möglichen Kritik betroffen wäre. Hat aber die Moderne eine andere

Konstitutionsform, dann ändert sich der Rahmen, innerhalb dessen die Frage nach ihrer Kritik sich stellt. So wird im folgenden exemplarisch eine Kritik verortet, die Jean-François Lyotard unter dem Titel *Die Moderne redigieren* (*Réécrire la modernité*) vorgetragen hat.

Lyotard formuliert seine Kritik aus postmoderner Perspektive. Das heißt, er versucht eine Position zu konstruieren, von der aus die Moderne sich überwinden läßt. Diese Position, so lautet Lyotards Pointe, wird von der Moderne selbst eingerichtet.

Die Postmoderne ist schon in der Moderne impliziert, weil die Moderne – die moderne Temporalität – in sich einen Antrieb enthält, sich selbst im Hinblick auf einen von ihr unterschiedenen Zustand zu überschreiten.[27]

Was die Postmoderne charakterisiert, gehört der Moderne bereits an: Es handelt sich um deren »Antrieb«, in dem sie – die Moderne – sich selbst zur Postmoderne wandelt. Lyotard erläutert diese Bindung und die Möglichkeit zur Verwandlung in die Postmoderne, indem er einen Begriff oder genauer: eine Differenzierung Freuds heranzieht.

Für den psychischen Apparat unterschied Freud zwei Tätigkeiten oder Bezugsformen, die die Behandlung des Vergangenen betreiben, die »Erinnerung« und das »Durcharbeiten«. Die Moderne betreibe eine Erinnerungsarbeit innerhalb der Geistesgeschichte, die auch hier allererst als Metaphysik-Geschichte verstanden ist. Sie mache sich (Lyotard nennt beispielhaft Marx und Nietzsche) auf die Suche nach den Verfehlungen der Neuzeit und überhaupt nach solchen in den Wurzeln abendländischen Denkens, um diese zu »verwinden«, wie Heidegger sagt. Wenn, so Lyotard das »Erinnern« aber nach den Punkten der Verfehlung, nach den traumatischen Determinanten, sucht, dann handelt es im Geist der Verfehlung, dann setzt es den traumatischen Zwang fort. Erst eine Art des Redigierens, die nicht auf das Erreichen einer kritisch funktionierenden Distanz hin kalkuliere – das »Durcharbeiten« – vermöge es, das Gesetz der Übel zu durchbrechen. Das genau gelinge der »postmodernen Moderne« (Welsch), die das charakteristische Verfahren der Moderne aufnehme und so modifiziere, daß es nicht der verzweifelten Selbstbehauptung angehört. Wer nicht nach der ersten, sondern nach der zweiten modernen Art und Weise redigiert, der verzichtet darauf, den eigenen Prozeß souverän kontrollieren zu wollen. In ihrem Prinzip eröffnet die Moderne so die Möglichkeit, »einen von ihr unterschiedenen Zustand« einzuleiten, der ihr doch noch angehört, der sich nicht epochal von ihr trennt.

Lyotards Vorschlag gibt nicht direkt preis, eine Kritik der Moderne zu sein. Er scheint den Bestand der Moderne ganz zu bewahren, wenn er sein Modell der Postmoderne formuliert. Die Differenz von »Erinnern« und »Durcharbeiten«,

---

27 J.-F. Lyotard, »Die Moderne redigieren«, in: Welsch (Hg.), *Wege aus der Moderne*, 205.

die die Möglichkeit epochalen Fortschreitens begründet, entsteht selbst auf modernem Boden. Sie bildet sich aus, wenn die Moderne sich selbst reinigt, wenn sie auf die Unmöglichkeit und Unmenschlichkeit ihrer Zielsetzungen reflektiert.

Die Postmoderne ist keine neue Epoche, sondern das Redigieren einiger Charakterzüge, die die Moderne für sich in Anspruch genommen hat, vor allem aber ihrer Anmaßung, ihre Legitimation auf das Projekt zu gründen, die ganze Menschheit durch die Wissenschaft und die Technik zu emanzipieren.[28]

Lyotards Redeweise vom »Redigieren« (*réécrire*) verschleiert aber zuletzt die Kritik, die er vorträgt. Er beschreibt damit nicht eine Bewegung, die zu den Bewegungen der Moderne gehörte. Das zeigt sich an der Stabilität, die er für dies »Redigieren« reklamieren muß. Es setzt nicht immer wieder neu bei den modernen »Charakterzügen« an und leitet sich von diesen ab. Ihm inhäriert der Anspruch, diese »Charakterzüge« überwunden zu haben, und so kann es sich von diesen auch nicht mehr ableiten. Die Ableitung erfolgt einmalig und irreversibel. Was Lyotard beschreibt, läßt sich paradox als Emanzipation von der Emanzipation charakterisieren. Hier zeigt sich, daß das »Redigieren« der Moderne als Kritik funktioniert. Diese präsentiert sich nicht als solche, da Lyotard ihre Möglichkeit aus der Moderne selbst ableitet. Das moderne Projekt beinhaltet demnach selbst die Position, von der aus es sich kritisieren läßt. Diese Position muß nicht extern begründet werden. Das genau besagt die Wandlung vom »Erinnern« zum »Durcharbeiten«, die in der Moderne stattfinde. Die Kritik der Moderne erscheint damit als notwendig und unumgänglich. Gemäß ihrer Charakteristika wird die Moderne sich selbst überschreiten und die Postmoderne als bessere Moderne begründen.

Lyotard formuliert eine Version der Kritik, auf die ein Einwand nicht mehr zutrifft: Daß die Kritik sich auf die Standards der Moderne stützt, versteht sich, wenn die Moderne sie selbst hervorbringt. Es kann ihr folglich nicht mehr zum Vorwurf gemacht werden. Diese Konsistenz erkauft sich Lyotard allerdings um den Preis eines neuen Problems, das seine Beschreibung impliziert. Sie formuliert eine moderne Begründung der Postmoderne, kann aber nicht sagen, worin der moderne Sinn dieser Begründung besteht. Warum verliert die Moderne ihre Identität infolge ihrer eigenen Prinzipien? Auf diese Frage hin müßte Lyotard entweder seinen emanzipatorischen Gestus eingestehen und damit bestätigen, daß er ganz an den Idealen der Moderne festhält. Oder er beriefe sich doch auf externe Ideale und stünde damit vor der Frage, woher diese begründet sind.

Die Frage nach dem modernen Sinn der Begründung von Postmoderne läßt sich stimmig nur beantworten, wenn die Postmoderne radikal der Moderne eingeschrieben wird. Der Zustand, der entsteht, ist ein moderner. Das implizie-

---

28 Ebd., 213.

ren Lyotards Beschreibungen, ohne diese Konsequenz zu ziehen. Zieht man sie, dann entsteht die neue Frage, wie innerhalb der Moderne die heterogenen Zustände von »Erinnern« und »Durcharbeiten« verbunden werden. Entweder bergen die Zustände eine untergründige Identität des Gehalts. Oder sie verknüpfen sich in einem Mechanismus, der nicht auf dem Prinzip solcher Identität beruht. Die zweite Möglichkeit erweist sich als diejenige, die mehr Plausibilität für sich beanspruchen kann. Sie vermag zu erklären, warum es in der Moderne immer wieder zu Widersprüchen kommt, zu Appellen an Instanzen, die gegen die stabilisierende Vernunft stehen. Der Zwiespalt, den Lyotard nachzeichnet, kann also als Teil der Moderne begriffen werden. Die Moderne verbindet divergierende Identitäten. Als Gestalten der Wiederkehr des Verdrängten kommen diese Identitäten zusammen. Der moderne Sinn dieser Gestalten besteht darin, einem Mechanismus anzugehören, der die Moderne konstituiert.

Die Eigenart in der Konstitution der Moderne hat eine Folge, die durch die Diskussion von Lyotards Vorschlag sichtbar wird. Alle Positionen, die eine Kritik der Moderne prätendieren, affirmieren sie. Eine Kritik der Moderne ist strukturell unmöglich. Die postmoderne Option, die die diskursiven Apparaturen der Moderne korrigiert, fällt der Moderne zu. Sie stellt selbst eine der Physiognomien dar, die innerhalb der Moderne alternieren. Die Moderne hat eine Anlage, die alle Kritik an ihr restlos entschärft. Was immer sich als Postmoderne von ihr zu lösen sucht, setzt sie fort, bewegt sich innerhalb des Spielraums, den der Diskurs der Moderne einrichtet.

Der Streit um die Moderne kennt keine Lösung. Buchstabiert man die Konstitution der Epoche so aus, wie es vom Sturm und Drang her nahegelegt ist, ergibt sich zwangsläufig diese Konsequenz. In allen Verteidigungen und Angriffen wird die Moderne bei sich bleiben, da sie stets schon uneinheitlich angelegt ist. Kein Versuch der Kritik wird die Moderne erweitern, wird ihr den Punkt hinzufügen können, der sie sprengt. So hat die Moderne eine nicht-identische Immanenz, die sich aus interner Perspektive stets bewahren wird. Ein mögliches Ende der Moderne kann sich erst dort finden, wo sie nicht mehr zur Diskussion steht. Diskontinuierlich kann sich ein neuer epochaler Charakter ausbilden, der für sich kein kritisches Potential beansprucht. Von ihm aus wird retrospektiv festzustellen sein, daß die Moderne verschwand, daß ihr Mechanismus sich auflöste.

Literatur und Verzeichnis der Siglen

Siglen

GS I-VII Walter Benjamin, *Gesammelte Schriften*, Frankfurt/M.: Suhrkamp 1972ff.

HA 1-14 Johann Wolfgang Goethe, *Werke in 14 Bänden* (Hamburger Ausgabe), München: Deutscher Taschenbuch Verlag 1988.

KSA 1-13 Friedrich Nietzsche, *Kritische Studienausgabe*, München-Berlin-NY: dtv / de Gruyter 1988.

N I-VI Johann Georg Hamann, *Sämtliche Werke. Historisch-kritische Ausgabe*, Wien: Herder 1949ff.

SWS I-XXXIII Johann Gottfried Herder, *Sämtliche Werke*, hgg. v. Bernhard Suphan u.a., Berlin: Weidmannsche Buchhandlung 1877ff., auch Nachdruck, Hildesheim: Olms 1967.

WB 1-3 Jakob Michael Reinhold Lenz, *Werke und Briefe*, Frankfurt/M.-Leipzig: Insel 1992.

Werke 1-20 Georg Wilhelm Friedrich Hegel, *Werke in 20 Bänden*, Frankfurt/M.: Suhrkamp 1970.

WKV 1-10 Johann Gottfried Herder, *Werke in 10 Bänden* (Ausgabe der Bibliothek deutscher Klassiker), Frankfurt/M.: Deutscher Klassiker Verlag 1985ff.

Zur Texteinrichtung

Alle Auslassungen in Zitaten sind im Text mittels drei aneinander gesetzter Punkte ... kenntlich gemacht. Alle Zusätze des Verf. stehen in eckigen Klammern []. Jegliche Hervorhebungen in den Orginaltexten – es sei durch Kursiv-Schrift oder Sperrung oder anderswie – werden durchweg als Kursivierung wiedergegeben.
Alle im folgenden Verzeichnis versammelten Texte werden in den Anmerkungen mit dem Namen des Verfassers und dem Titel aufgeführt. Die Texte, die nicht in das Verzeichnis aufgenommen wurden, sind jeweils mit vollständiger Angabe in den Anmerkungen nachgewiesen.

Literatur

Abbott, Scott: »The Semiotics of Young Werther«, in: *Goethe-Yearbook* 6 (1992), 41-65.
Adler, Hans: *Die Prägnanz des Dunklen: Gnoseologie – Aesthetik – Geschichtsphilosophie bei Johann Gottfried Herder*, Hamburg: Meiner 1990.
Adorno, Theodor W.: *Ästhetische Theorie*, Frankfurt/M.: Suhrkamp 1973.
— *Noten zur Literatur* (I-IV), Frankfurt/M.: Suhrkamp 1981.
Altmayer, Claus: »Bloß ein vorübergehender Meteor am Horizont der Literaturgeschichte? Zur Lenz-Forschung der neunziger Jahre«, in: *Ginkgobaum* 12 (1993/94), 149-161.
Aristoteles: *Poetik*, übers. und hgg. von Manfred Fuhrmann, gr.-dt., Stuttgart: Reclam 1982.
Bachelard, Gaston: *Poetik des Raumes*, München: Hanser 1960.
Barnard, Frederick M.: *Self-Direction and Political Legitimacy: Rousseau and Herder*, NY-Oxford: Clarendon 1988.

Barthes, Roland: *Am Nullpunkt der Literatur*, Frankfurt/M.: Suhrkamp 1982.
Bayer, Oswald, Gajek, Bernhard und Simon, Josef (Hg.): *Johann Georg Hamann*, Frankfurt/M.: Insel 1987 (Insel Almanach auf das Jahr 1988).
Benjamin, Walter: *Gesammelte Schriften in VII Bänden*, hgg. von Rolf Tiedemann und Hermann Schweppenhäuser, Frankfurt/M.: Suhrkamp 1972ff.
Benseler, David Price: *Jakob Michael Reinhold Lenz. An Indexed Bibliography with an Introduction on the History of the Manuscripts and Editions*, Diss.: Univ. of Oregon 1971.
Bergson, Henri: *Das Lachen*, Darmstadt: Luchterhand 1988.
— *Materie und Gedächtnis. Eine Abhandlung über die Beziehung zwischen Körper und Geist*, Hamburg: Meiner 1991.
Berlin, Isaiah: *The Magus of the North. J.G. Hamann and the Origins of Modern Irrationalism* (edited by Henry Hardy), London: Murray 1993.
Bertram, Mathias: *Jakob Michael Reinhold Lenz als Lyriker. Untersuchungen zum poetischen Ansatz und zum Weltverhältnis seiner Sturm- und Drang-Lyrik*, Diss.: Humbold-Univ. Berlin 1992.
Blackall, Eric Albert: *The Emergence of German as a Literary Language 1700-1775*, Cambridge: Cambridge Univ. Press 1959.
Blumenberg, Hans: *Die Genesis der kopernikanischen Welt*, Frankfurt/M.: Suhrkamp 1981.
— *Die Legitimität der Neuzeit*, Frankfurt/M.: Suhrkamp ²1988.
Böcker, Herbert: *Die Zerstörung der Persönlichkeit des Dichters J.M.R. Lenz durch beginnende Schizophrenie*, Diss.: Univ. Bonn 1969.
Bohrer, Karl Heinz: *Plötzlichkeit. Zur Struktur ästhetischer Wahrheit*, Frankfurt/M.: Suhrkamp 1981.
— *Die Kritik der Romantik. Der Verdacht der Philosophie gegen die literarische Moderne*, Frankfurt/M.: Suhrkamp 1989.
Bollacher, Martin: *Der junge Goethe und Spinoza. Studien zur Geschichte des Spinozismus in der Epoche des Sturms und Drangs*, Tübingen: Niemayer 1969.
Braemer, Edith: *Goethes Prometheus und die Grundposition des Sturm und Drang*, Weimar: Arion 1963.
Büchner, Georg: *Werke und Briefe*, Münchner Ausgabe, München: dtv 1988.
Burgard, Peter J.: »Literary History and historical Truth. Herder – ›Shakespear‹ – Goethe«, in: DVJs, 65. Jg. (1991), 636-652.
Butler, Michael: »Character and Paradox in Lenz's ›Der Hofmeister‹«, in: GLL, Vol. 32 (1978/79), 95-103.
Canguilhem, Georges: *La formation du concept de réflexe aux XVIIe et XVIIIe siècles*, Paris: Presses Universitaires de France 1955.
Dedert, Hartmut: *Die Erzählung im Sturm und Drang. Studien zur Prosa des 18. Jahrhunderts*, Stuttgart: Metzler 1990.
Deleuze, Gilles: *Nietzsche und die Philosophie*, Hamburg: Europäische Verlagsanstalt 1991.
— *Differenz und Wiederholung*, München: Fink 1992.
Deleuze, Gilles und Guattari, Félix: *Anti-Ödipus. Kapitalismus und Schizophrenie I*, Frankfurt/M.: Suhrkamp 1977.
— *Was ist Philosophie?*, Frankfurt/M.: Suhrkamp 1996.
Derrida, Jacques: *Die Schrift und die Differenz*, Frankfurt/M.: Suhrkamp 1976.
— *Die Stimme und das Phänomen*, Frankfurt/M.: Suhrkamp 1979.
— *Grammatologie*, Frankfurt/M.: Suhrkamp 1983.
— *Schibboleth. Für Paul Celan*, Graz-Wien: Böhlau 1986.
— *Die Postkarte von Sokrates bis an Freud und jenseits. 2 Lieferungen*, Berlin: Brinkmann + Bose 1982, 1987.
— *Randgänge der Philosophie*, Wien: Passagen 1988.

Descartes, René: *Meditationes de prima philosophia*, lat.-dt., Hamburg: Meiner ²1977.
Diffey, Norman R.: *Jakob Michael Reinhold Lenz and Jean-Jacques Rousseau*, Bonn: Bouvier 1981.
Dramen des Sturm und Drang. Interpretationen, Stuttgart: Reclam 1987.
Eagleton, Terry: *Ästhetik: Die Geschichte ihrer Ideologie*, Stuttgart-Weimar: Metzler 1994.
Engel, Ingrid: *Werther und die Wertheriaden. Ein Beitrag zur Wirkungsgeschichte*, St. Ingbert: Röhrig 1986.
Flaschka, Horst: *Goethes ›Werther‹. Werkkontextuelle Deskription und Analyse*, München: Fink 1987.
Forget, Philippe (Hg.): *Text und Interpretation*, München: Fink 1984.
Foucault, Michel: *Wahnsinn und Gesellschaft. Eine Geschichte des Wahns im Zeitalter der Vernunft*, Frankfurt/M.: Suhrkamp 1973.
— *Die Ordnung der Dinge. Eine Archäologie der Humanwissenschaften*, Frankfurt/M.: Suhrkamp 1974.
— *Archäologie des Wissens*, Frankfurt/M.: Suhrkamp 1981.
— *Der Wille zum Wissen: Sexualität und Wahrheit I*, Frankfurt/M.: Suhrkamp 1983.
— *Die Ordnung des Diskurses*, Frankfurt/M.: Fischer 1991.
Frank, Manfred: *Motive der Moderne*, Frankfurt/M.: Suhrkamp 1987.
— *Das Sagbare und das Unsagbare. Studien zur neuesten französischen Hermeneutik und Texttheorie*, Frankfurt/M.: Suhrkamp 1989.
— *Conditio Moderna*, Leipzig: Reclam 1993.
Freud, Sigmund: *Studienausgabe in 10 Bänden mit einem Ergänzungsband*, hgg. von Alexander Mitscherlich u.a., Frankfurt/M.: Fischer 1989.
Fürst, Gebhard: *Sprache als metaphorischer Prozeß. Johann Gottfried Herders hermeneutische Theorie der Sprache*, Mainz: Grünewald 1988.
Gadamer, Hans-Georg (Hg.): *Das Problem der Sprache* (VIII. Deutscher Kongreß für Philosophie Heidelberg 1966), München: Fink 1967.
— *Wahrheit und Methode. Grundzüge einer philosphischen Hermeneutik*, Tübingen: Mohr ⁶1990.
Gaier, Ulrich: *Herders Sprachphilosophie und Erkenntniskritik*, Stuttgart-Bad-Cannstadt: frommann + holzboog 1988.
Gajek, Bernhard: *Sprache beim jungen Hamann*, Bern: Lang 1967.
— (Hg.): *Hamann – Kant – Herder*, Frankfurt/M.-Bern-NY-Paris: Lang 1987.
Gajek, Bernhard und Meier, Albert (Hg.): *Johann Georg Hamann und die Krise der Aufklärung*, Frankfurt/M.: Lang 1990.
Gamm, Gerhard: *Wahrheit als Differenz. Studien zu einer anderen Theorie der Moderne*, Frankfurt/M.: Hain bei Athenäum 1986.
— *Flucht aus der Kategorie. Die Positivierung des Unbestimmten als Ausgang aus der Moderne*, Frankfurt/M.: Suhrkamp 1994.
Genton, Elisabeth: *Lenz – Klinger – Wagner: Studien über die rationalistischen Elemente in Denken und Dichtung des Sturmes und Dranges*, Diss.: Freie Univ. Berlin 1955.
— *Jakob Michael Reinhold Lenz et la scène Allemande*, Paris: Didier 1966.
Gerth, Klaus: »›Moralische Anstalt‹ und ›Sittliche Natur‹. Zur Typologie des Dramas im Sturm und Drang«, in: Wolfgang Wittkowski (Hg.), *Revolution und Autonomie*, Tübingen: Niemeyer 1990, 30-43.
Gesche, Astrid: *Johann Gottfried Herder. Sprache und die Natur des Menschen*, Würzburg: Königshausen & Neumann 1993.
Gessinger, Joachim und Rahden, Wolfert von (Hg.): *Theorien vom Ursprung der Sprache*, 2 Bände, Berlin-NY: de Gruyter 1989.
Girard, René: *Lenz 1751-1792. Genèse d'une dramaturgie du tragi-comique*, Paris: Librairie C. Klincksieck 1968.

Goethe, Johann Wolgang: *Werke*, Hamburger Ausgabe in 14 Bänden, München: dtv 1988.
Goodman, Nelson: *Sprachen der Kunst*, Frankfurt/M.: Suhrkamp 1995.
— *Weisen der Welterzeugung*, Frankfurt/M.: Suhrkamp 1984.
Graham, Ilse A.: »Götz von Berlichingen's Right Hand«, in: GLL, Vol. 16 (1963), 212-228.
Grob, Karl: *Ursprung und Utopie: Aporien des Textes. Versuche zu Herder und Novalis*, Bonn: Bouvier 1976.
Gründer, Karlfried: *Figur und Geschichte. Johann Georg Hamanns ›Biblische Betrachtungen‹ als Ansatz einer Geschichtsphilosophie*, Freiburg-München: Alber 1958.
Gumbrecht, Hans-Ulrich und Link-Heer, Ursula (Hg.): *Epochenschwellen und Epochenstrukturen im Diskurs der Literatur- und Sprachhistorie*, Frankfurt/M.: Suhrkamp 1985.
Guthrie, John: »Revision und Rezeption. Lenz und sein Hofmeister«, in: ZfdPh, 110. Jg. (1991), 181-201.
Habermas, Jürgen: *Theorie des kommunikativen Handelns*, 2 Bände, Frankfurt/M.: Suhrkamp 1980.
— *Der philosophische Diskurs der Moderne. Zwölf Vorlesungen*, Frankfurt/M.: Suhrkamp 1988.
Häfner, Ralph: *Johann Gottfried Herders Kulturentstehungslehre. Studien zu den Quellen und zur Methode seines Geschichtsdenkens*, Hamburg: Meiner 1995.
Hamann, Johann Georg: *Sämtliche Werke*. Historisch-kritische Ausgabe, hgg. von Josef Nadler, Bände I-VI, Wien: Herder 1949ff.
— *Briefwechsel*, hgg. von Walther Ziesemer und Arthur Henkel, 5 Bände, Wiesbaden: Insel 1955ff.
— *Hamanns Hauptschriften erklärt*, Gütersloh: Bertelsmann 1956ff.
— *Schriften zur Sprache*, hgg. von Josef Simon, Frankfurt/M.: Suhrkamp 1967.
— *Sokratische Denkwürdigkeiten / Aesthetica in nuce*, hgg. von Sven-Aage Jørgensen, Stuttgart: Reclam 1987.
Hayer, Uwe: *Das Genie und die Transzendenz. Untersuchungen zur konzeptionellen Einheit theologischer und ästhetischer Reflexion bei J.M.R. Lenz*, Frankfurt/M.-Berlin-Bern-NY-Paris-Wien: Lang 1995.
Hegel, Georg Wilhelm Friedrich: *Werke in 20 Bänden* (Theoriewerkausgabe), hgg. von Eva Moldenhauer und Karl Markus Michel, Frankfurt/M.: Suhrkamp 1970.
Heidbrink, Ludger: *Melancholie und Moderne. Zur Kritik der historischen Verzweiflung*, München: Fink 1994.
Heidegger, Martin: *Unterwegs zur Sprache*, Pfullingen: Neske 1959.
— *Holzwege*, Frankfurt/M.: Klostermann⁶1980.
Heine, Thomas: »Lenz's ›Waldbruder‹: Inauthentic Narration as Social Criticism«, in: GLL, Vol. 33 (1980), 183-189.
Heintel, Erich: »Einleitung des Herausgebers«, in: *Herder und die Sprache*, Hamburg: Meiner 1960.
Heinz, Marion: *Sensualistischer Idealismus. Untersuchungen zur Erkenntnistheorie des jungen Herder (1763-1778)*, Hamburg: Meiner 1994.
Henrich, Dieter: *Konstellationen. Probleme und Debatten am Ursprung der idealistischen Philosophie (1789-1795)*, Stuttgart: Klett-Cotta 1991.
Herder, Johann Gottfried: *Sämtliche Werke*, hgg. von Bernhard Suphan, Carl Redlich, Reinhold Steig, 33 Bände, Berlin 1892, auch: Nachdruck, Hildesheim: Olms, 1967f.
— *Werke in 10 Bänden*. Ausgabe in der Bibliothek deutscher Klassiker, hgg. von Günter Arnold, Martin Bollacher u.a., Frankfurt/M.: Deutscher Klassiker Verlag 1985ff.
— *Werke in 3 Bänden*, hgg. von Wolfgang Proß, München: Hanser 1984ff.
— *Briefe: Gesamtausgabe 1763-1803*, hgg. von Karl-Heinz Hahn, 8 Bände, Weimar: Böhlaus Nachfolger 1977ff.
Herder-Yearbook, hgg. von Wilfried Malsch, Wulf Koepke u.a., Vol. 1: Columbia: Camden House; danach: Stuttgart: Metzler.

Herzog, Reinhart und Koselleck, Reinhart (Hg.): *Epochenschwelle und Epochenbewußtsein*. Poetik und Hermeneutik XII, München: Fink 1987.
Hill, David (Hg.): *Jakob Michael Reinhold Lenz. Studien zum Gesamtwerk*, Opladen: Westdeutscher Verlag 1994.
Hinck, Walter (Hg.): *Sturm und Drang. Ein literaturwissenschaftliches Studienbuch*, Frankfurt/M.: Athenäum 1989.
Huyssen, Andreas: *Drama des Sturm und Drang. Kommentar zu einer Epoche*, München: Winkler 1980.
Inbar, Eva Maria: *Shakespeare in Deutschland: Der Fall Lenz*, Tübingen: Niemeyer 1982.
Jacobi, Friedrich Heinrich: *Über die Lehre des Spinoza, in Briefen an Moses Mendelssohn*, in: *Werke*, hgg. von Friedrich Roth und Friedrich Köppen, Darmstadt: Wissenschaftliche Buchgesellschaft 1968 (Nachdruck der Ausgabe Leipzig 1819), Band IV, 1.+2. Abteilung.
Jauß, Hans Robert: *Literaturgeschichte als Provokation*, Frankfurt/M.: Suhrkamp 1970.
Jørgensen, Sven Aage: *Johann Georg Hamann*, Stuttgart: Metzler 1976.
Jørgensen, Sven Aage, Bohnenn, Klaus und Øhrgaard, Per: *Aufklärung, Sturm und Drang, frühe Klassik*, München: Beck 1990.
Käser, Rudolf: ›*Die Schwierigkeit, ich zu sagen.‹ Rhetorik der Selbstdarstellung in Texten des* ›*Sturm und Drang‹. Herder – Goethe – Lenz*, Frankfurt/M.-Bern-NY-Paris: Lang 1987.
Kaiser, Gerhard: *Aufklärung, Empfindsamkeit, Sturm und Drang*, München: Fink ^{4}1991.
Kamper, Dietmar und Reijen, Willem van (Hg.): *Die unvollendete Vernunft: Moderne versus Postmoderne*, Frankfurt/M.: Suhrkamp 1987.
Kant, Immanuel: *Werkausgabe in 12 Bänden*, hgg. von Wilhelm Weischedel, Frankfurt/M.: Suhrkamp 1977.
Karthaus, Ulrich (Hg.): *Sturm und Drang und Empfindsamkeit*, Stuttgart: Reclam 1976.
Kelletat, Andreas F.: *Herder und die Weltliteratur. Zur Geschichte des Übersetzens im 18. Jahrhundert*, Frankfurt/M.-Bern-NY-Paris: Lang 1984.
Kieffer, Bruce: *The Storm and Stress of Language. Linguistic Catastrophe in the Early Works of Goethe, Lenz, Klinger, and Schiller*, The Pennsylvania State Univ. Press 1986.
Kindermann, Heinz: *J.M.R. Lenz und die deutsche Romantik. Ein Kapitel aus der Entwicklungsgeschichte romantischen Wesens und Schaffens*, Wien-Leipzig: Braumüller 1925.
Kittler, Friedrich A. und Turk, Horst (Hg.): *Urszenen. Literaturwissenschaft als Diskursanalyse und Diskurskritik*, Frankfurt/M.: Suhrkamp 1977.
Könecke, Rainer: *Stundenblätter Goethes – ›Die Leiden des jungen Werthers‹ und die Literatur des Sturm und Drang*, Stuttgart: Klett 1989.
Koepke, Wulf (Hg.): *Johann Gottfried Herder. Language, History, and the Enlightenment*, Columbia: Camden House 1990.
Koepke, Wulf und Knoll, Samson B. (Hg.): *Johann Gottfried Herder. Innovator through the Ages*, Bonn: Bouvier 1982.
Kondylis, Panajotis: *Die Aufklärung im Rahmen des neuzeitlichen Rationalismus*, München/Stuttgart: dtv/Klett-Cotta 1986.
Koneffke, Marianne: »Die weiblichen Figuren in den Dramen des J.M.R. Lenz: Der Hofmeister, Der neue Menoza, Die Soldaten«, in: *Wirkendes Wort* 1992, Heft 3, 389-405.
Koslowski, Peter u.a. (Hg.): *Moderne oder Postmoderne? Zur Signatur des gegenwärtigen Zeitalters*, Weinheim: VCH 1986.
Koselleck, Reinhart: *Vergangene Zukunft*, Frankfurt/M.: Suhrkamp 1979.
Leidner, Alan C.: *The impatient Muse: Germany and the Sturm und Drang*, Campel Hill and London: Univ. of North Carolina Press 1994.
Leidner, Alan C. and Madland, Helga Stipa (Hg.): *Space to Act: The Theater of J.M.R. Lenz*, Columbia: Camden House 1993.

Lenz, Jakob Michael Reinhold: *Werke und Briefe in drei Bänden*, hgg. von Sigrid Damm, Frankfurt/M.-Leipzig: Insel 1992.
— *Philosophische Vorlesungen für empfindsame Seelen*, hgg. und mit einem Nachwort versehen von Christoph Weiß, St. Ingbert: Röhrig, 1994.
Lenz-Jahrbuch. Sturm-und-Drang-Studien, hgg. von Matthias Luserke, Christoph Weiß u.a., St. Ingbert: Röhrig 1991ff.
Lepenies, Wolf: *Melancholie und Gesellschaft*, Frankfurt/M.: Suhrkamp ²1981.
Lüttgens, Donald: *Der ›Ursprung‹ bei Johann Gottfried Herder: zur Bedeutung und Kontinuität eines Begriffs*, Frankfurt/M.-Bern-NY-Paris: Lang 1991.
Luhmann, Niklas: *Beobachtungen der Moderne*, Opladen: Westdeutscher Verlag 1992.
Lukács, Georg: *Die Theorie des Romans. Ein geschichtsphilosophischer Versuch über die Form der großen Epik*, Frankfurt/M.: Luchterhand ¹²1989.
Luserke, Matthias: *J.M.R. Lenz: Der Hofmeister – Der neue Menoza – Die Soldaten*, München: Fink 1993.
— (Hg.): *Jakob Michael Reinhold Lenz im Spiegel der Forschung*, Hildesheim-Zürich-NY: Olms 1995.
Luserke, Matthias und Marx, Rainer: »Die Anti-Läuffer. Thesen zur Sturm-und-Drang-Forschung«, in: *Lenz-Jahrbuch*, Band 2 (1992), 126-150.
Madland, Helga Stipa: *Non-Aristotelian Drama in Eighteenth Century Germany and its Modernitiy: J.M.R. Lenz*, Frankfurt/M.-Bern: Lang 1982.
— »Gesture as Evidence of Language Skepticism in Lenz's ›Der Hofmeister‹ and ›Die Soldaten‹«, in: *German Quaterly*, Vol. 57 (1984), No. 4, 546-557.
Man, Paul de: *Allegorien des Lesens*, Frankfurt/M.: Suhrkamp 1988.
— *Die Ideologie des Ästhetischen*, hgg. von Christoph Menke, Frankfurt/M.: Suhrkamp 1993.
Marchand, James W.: »Prolegomena to a study of Herder, Shakespear und Verstehen«, in: *Michigan German Studies*, Vol. 15 (1989), 190-202.
Markworth, Tino: *Johann Gottfried Herder. A Bibliographical Survey 1977-1987*, Hürth-Efferen: Gabel 1990.
Marquard, Odo: *Skeptische Methode im Blick auf Kant*, Freiburg-München: Alber 1958.
— *Aesthetica und Anaesthetica: Philosophische Überlegungen*, Paderborn: Schöningh 1989.
Martini, Fritz: »Die Einheit der Konzeption in J.M.R. Lenz' ›Anmerkungen übers Theater‹«, in: *Jahrbuch der deutschen Schillergesellschaft*, 14. Jg. (1970), 159-182.
— *Geschichte im Drama – Drama in der Geschichte: Spätbarock. Sturm und Drang. Klassik. Frührealismus*, Stuttgart: Klett-Cotta 1979.
Mattenklott, Gert: *Melancholie in der Dramatik des Sturm und Drang*, Stuttgart: Metzler 1968.
McInnes, Edward: *›Ein ungeheures Theater‹. The Drama of the Sturm und Drang*, Frankfurt/M.-Bern-NY-Paris: Lang 1987.
Menke, Bettine: *Sprachfiguren. Name – Allegorie – Bild nach Walter Benjamin*, München: Fink 1991.
Menke, Christoph: *Die Souveränität der Kunst. Ästhetische Erfahrung nach Adorno und Derrida*, Frankfurt/M.: Suhrkamp 1991.
— *Die Tragödie im Sittlichen*, Frankfurt/M.: Suhrkamp 1996.
Menninghaus, Winfried: *Walter Benjamins Theorie der Sprachmagie*, Frankfurt/M.: Suhrkamp 1980.
Morton, Michael: »Exemplary Poetics: The Rhetoric of Lenz's ›Anmerkungen übers Theater‹ and ›Pandämonium Germanicum‹«, in: *Lessing-Yearbook* 20 (1988), 121-151.
Müller, Maria E.: »Die Wunschwelt des Tantalus. Kritische Bemerkungen zu sozial-utopischen Entwürfen im Werk von J.M.R. Lenz«, in: LfL 1984, Heft 3, 148-161.
Müller, Peter (Hg.): *Sturm und Drang. Weltanschauliche und ästhetische Schriften*, 2 Bände, Berlin-Weimar 1978.

Mueller-Vollmer, Kurt (Hg.): *Herder Today*, Berlin-NY: de Gruyter 1990.
Nietzsche, Friedrich: *Kritische Studienausgabe*, hgg. von Giorgio Colli und Mazzino Montinari, München-Berlin-NY: dtv / de Gruyter 1988.
Nisbet, Hugh Barr: »Goethes und Herders Geschichtsdenken«, in: *Goethe-Jahrbuch* 110 (1993), 115-133.
O'Flaherty, James C.: *The Quarrel of Reason with Itself. Essays on Hamann, Michaelis, Lessing, Nietzsche*, Columbia: Camden House 1988.
— *Johann Georg Hamann. Einführung in sein Leben und Werk*, Frankfurt/M.-Bern-NY-Paris: Lang 1989.
Pascal, Roy: *Der Sturm und Drang*, Stuttgart: Kröner 1963.
Pfaff, Peter: »Hieroglyphische Historik. Zu Herders ›Auch eine Philosophie der Geschichte zur Bildung der Menschheit‹«, in: *Euphorion* 77 (1983), 407-418.
Piske, Irmgard: *Offenbarung – Sprache – Vernunft. Zur Auseinandersetzung Hamanns mit Kant*, Frankfurt/M.-Bern-NY-Paris: Lang 1989.
Pohl, Christiane: *Die historische Erkenntnistheorie des jungen Herder*, Frankfurt/M.-Berlin-NY-Paris: Lang 1990.
Pope, Timothey F.: »J.M.R. Lenz' literarischer Zirkel in Straßburg«, in: *Seminar* 20 (1984), 235-245.
Preuß, Werner Hermann: *Selbstkastration und Zeugung neuer Kreatur. Zum Problem der moralischen Freiheit in Leben und Werk von J.M.R. Lenz*, Bonn: Bouvier 1983.
Reckermann, Alfons: *Sprache und Metaphysik. Zur Kritik der sprachlichen Vernunft bei Herder und Humboldt*, München: Fink 1979.
Reill, Peter Hanns: *The German Enlightenment and the Rise of Historicism*, Berkeley Univ. Press 1975.
Ricken, Ulrich: *Sprache, Anthropologie, Philosophie in der Französischen Aufklärung*, Darmstadt: Wissenschaftliche Buchgesellschaft 1984.
Rorty, Richard: *Kontingenz, Ironie, Solidarität*, Frankfurt/M.: Suhrkamp 1989.
Rosanow, Matvej N.: *Jakob M.R. Lenz, der Dichter der Sturm-und-Drangperiode. Sein Leben und seine Werke*, Leipzig 1909 (Neudruck: Leipzig 1972).
Rousseau, Jean-Jacques: *Schriften zur Kulturkritik*, frz.-dt., hgg. von Kurt Weigand, Hamburg: Meiner 1983.
Sauder, Gerhard (Hg.): *Johann Gottfried Herder 1744-1803*, Hamburg: Meiner 1987.
Schlosser, Johann Georg: *Prinz Tandi an den Verfasser des neuen Menoza*, hgg. von Matthias Luserke, Heidelberg: Manutius 1993.
Schmalhaus, Stefan: *Literarische Anspielungen als Darstellungsprinzip. Studien zur Schreibmethodik von Jakob Michael Reinhold Lenz*, Münster-Hamburg: Lit Verlag 1994.
Schmidt, Jochen: *Die Geschichte des Genie-Gedankens in der deutschen Literatur, Philosophie und Politik 1750-1945*, 2 Bände, Darmstadt: Wissenschaftliche Buchgesellschaft [2]1988.
— (Hg.): *Aufklärung und Gegenaufklärung in der europäischen Literatur, Philosophie und Politik von der Antike bis zur Gegenwart*, Darmstadt: Wissenschaftliche Buchgesellschaft 1989.
Schmidt, Siegfried J.: *Die Selbstorganisation des Sozialsystems Literatur im 18. Jahrhundert*, Frankfurt/M.: Suhrkamp 1989.
Schütze, Jochen: *Die Objektivität der Sprache. Einige systematische Perspektiven auf das Werk des jungen Herder*, Köln: Pahl-Rugenstein 1983.
Seel, Martin: *Die Kunst der Entzweiung. Zum Begriff der ästhetischen Rationalität*, Frankfurt/M.: Suhrkamp 1985.
— *Ethisch-ästhetische Studien*, Frankfurt/M.: Suhrkamp 1996.
Simon, Josef: »Einleitung«, in: Johann Georg Hamann, *Schriften zur Sprache*, Frankfurt/M.: Suhrkamp 1967, 7-80.

Solms, Friedhelm: *Disciplina aesthetica. Zur Frühgeschichte der ästhetische Theorie bei Baumgarten und Herder*, Stuttgart: Klett-Cotta 1990.
Spinoza, Baruch de: *Ethica*, in: *Opera*, hgg. von Carl Gebhardt, Band 2, Heidelberg: Winter o.J.
Starobinski, Jean: *Rousseau. Eine Welt von Widerständen*, Frankfurt/M.: Fischer 1993.
Stephan, Inge und Winter, Hans-Gerd: ›*Ein vorübergehendes Meteor‹? J.M.R. Lenz und seine Rezeption in Deutschland*, Stuttgart: Metzler 1984.
Stockhammer, Robert: »Zwischen zwei Bibliotheken. J.G. Herders Journal«, in: LfL 1991, 167-184.
Stötzer, Jürgen: *Das vom Pathos der Zerrissenheit geprägte Subjekt. Eigenwert und Stellung der epischen Texte im Gesamtwerk von J.M.R. Lenz*, Frankfurt/M.-Bern-NY-Paris: Lang 1992.
Szondi, Peter: *Die Theorie des bürgerlichen Trauerspiels im 18. Jahrhundert*, Frankfurt/M.: Suhrkamp 1973.
Timm, Eitel (Hg.): *Subversive Sublimities: Undercurrents of the German Enlightenment*, Columbia: Camden House 1992.
Timm, Hermann: *Gott und die Freiheit. Studien zur Religionsphilosophie der Goethezeit*, Band 1: *Die Spinozarenaissance*, Frankfurt/M.: Klostermann 1974.
Unger, Rudolf: *Hamann und die Aufklärung*, Halle 1925.
Unglaub, Erich: ›*Das mit den Fingern deutende Publicum‹: das Bild des Dichters Jakob Michael Reinhold Lenz in der literarischen Öffentlichkeit 1770-1814*, Frankfurt/M.-Bern: Lang 1983.
Vattimo, Gianni: *Das Ende der Moderne*, Stuttgart: Reclam 1990.
Vaughan, Larry: *The Historical Constellation of the Sturm und Drang*, NY-Bern-Frankfurt/M.: Lang 1985.
— *Johann Georg Hamann: Metaphysics of Language and Vision of History*, Frankfurt/M.-Bern-NY-Paris: Lang 1989.
Vonhoff, Gert: *Subjektkonstitution in der Lyrik von J.M.R. Lenz. Mit einer Auswahl neu herausgegebener Gedichte*, Frankfurt/M.-Bern-NY-Paris: Lang 1990.
Wacker, Manfred (Hg.): *Sturm und Drang*, Darmstadt: Wissenschaftliche Buchgesellschaft 1985.
Weissberg, Liliane: *Geistersprache. Philosophischer und literarischer Diskurs im späten achtzehnten Jahrhundert*, Würzburg: Königshausen & Neumann 1990.
Wellmer, Albrecht: *Zur Dialektik von Moderne und Postmoderne*, Frankfurt/M.: Suhrkamp 1985.
Welsch, Wolfgang: *Unsere postmoderne Moderne*, Weinheim: VCH ^{2}1988.
— (Hg.): *Wege aus der Moderne. Schlüsseltexte der Postmoderne-Diskussion*, Weinheim: VCH 1988.
Wetzel, Michael: »Der Monströse Stil«, in: *Katabole* 2 (1981).
— »Telephonie«, in: *Fragmente* 7/8.
Whitton, Brian J.: »Herder's Critique of the Enlightenment«, in: *History and Theory*, Vol. 27 (1988), 146-168.
Wild, Reiner: *Johann Georg Hamann*, Darmstadt: Wissenschaftliche Buchgesellschaft 1978.
Winter, Hans-Gerd: *J.M.R. Lenz*, Stuttgart: Metzler 1987.
Wohlfart, Günter: *Denken der Sprache. Sprache und Kunst bei Vico, Hamann, Humboldt und Hegel*, Freiburg-München: Alber 1984.
Wurst, Karin A. (Hg.): *J.M.R. Lenz als Alternative? Positionsanalysen zum 200. Todestag*, Köln-Weimar-Wien: Böhlau 1992 (mit einer Bibliographie zur Lenz-Literatur seit 1971, 229-243).
Zierath, Christof: *Moral und Sexualität bei Jakob Michael Reinhold Lenz*, St.Ingbert: Röhrig 1995.

Namenregister

Adler, H. 11
Adorno, Th.W. 176, 180, 206, 208, 259
Albert, C. 217
Apel, K.-O. 27
Ariost 54
Aristoteles 60, 146, 170-173, 181, 183, 218, 233
Bachelard, G. 192
Baruzzi, A. 253
Bauman, Z. 51
Baumgarten, A.G. 167
Benjamin, W. 78f., 82, 140, 142, 151, 154-165, 175
Bergson, H. 184, 189-193, 195f.
Bernasconi, R. 39
Blanchot, M. 152
Blank, St. 27
Blumenberg, H. 59, 211, 265-267
Brunner, C. 58
Büchner, G. 18, 59, 76, 97, 136, 166, 218
Bürger, P. 28
Cassirer, E. 265-267
Celan, P. 205
Conrady, K.O. 234
Cramer, W. 110
de Man, P. 39-41, 94-96, 173f., 204, 210, 214
Dedert, H. 51
Deleuze, G. 28, 36, 40, 42, 110f., 169, 194-197, 212
Derrida, J. 19f., 30f., 34-41, 43f., 50, 65, 74, 88, 121, 123, 138, 146, 149f., 153, 155f., 161, 163, 166, 175, 189, 193-196, 198f., 206, 211, 233, 242, 262
Descartes, R. 30-38, 40f., 43f., 50, 68, 100, 126-128, 265
Dusen, W.v. 14
Flaschka, H. 114
Foucault, M. 30-34, 36-40, 57, 61, 75f., 179, 183, 202, 212, 233, 248, 252, 255, 259
Frank, M. 19
Freud, S. 149, 193-195, 199, 256, 260-264, 266-269, 272
Fuhrmann, M. 171
Gadamer, H.-G. 153, 164, 192f., 197, 236

Gaier, U. 11, 139, 223f.
Gamm, G. 42-44, 109
Gerth, K. 168, 217
Giddens, A. 252
Gille, K. 118
Girard, R. 229
Goethe, J.W. 12f., 15, 17f., 21, 30, 59f., 79f., 88f., 92, 94, 111-126, 128, 133, 136, 162, 169, 172, 182, 219-225, 230f., 233f., 238, 243-245, 249, 253f., 256-260, 267
Goffmann, E. 32
Goodman, N. 202, 209f.
Graham, I.A. 90, 230
Grob, K. 146
Gründer, K. 11
Guattari, F. 28, 36, 42, 110
Habermas, J. 42, 206-209, 270
Hamacher, W. 210
Hamann, J.G. 11, 30, 61f., 68-76, 140-145, 151f., 164-168, 170, 198
Hassinger, E. 236
Haverkamp, A. 39
Hegel, G.W.F. 40f., 46, 127f., 135, 166, 169, 265
Heidbrink, L. 7, 241
Heidegger, M. 20, 28, 39, 50, 74, 146, 166, 194, 272
Heinz, M. 14, 97
Henkel, A. 78
Henrich, D. 20
Herder, J.G. 11-13, 15f., 18, 21, 30, 59f., 68, 76, 97-108, 111f., 133f., 136-156, 160-163, 166, 169f., 172-175, 177-182, 219, 227, 234-250, 253f., 256-260, 267
Hinck, W. 14, 226, 229
Hörisch, J. 156, 225
Hofe, G.v. 237
Huyssen, A. 8, 11
Jacobi, F.H. 23, 59
Jakobson, R. 192
Joyce, J. 131
Kant, I. 58-60, 68f., 99-104, 109f., 134, 148, 236
Kieffer, B. 89, 136
Kittler, F. 268

Kofmann, S. 193
Kondylis, P. 14
Koselleck, R. 62
Lacan, J. 193, 262
Lang, H. 262
Leibniz, G.W. 166
Lenz, J.M.R. 11-18, 21, 30, 45-61, 76-87, 96f., 111-113, 119-126, 128, 133f., 136, 169-176, 182-191, 198-204, 209f., 212, 215-221, 226-235, 243-245, 249-254, 256-260, 267
Lessing, G.E. 59
Leventhal, R.S. 240
Lorenzer, A. 32
Löwith, K. 265f.
Luhmann, N. 42-44, 266f.
Lukács, G. 179f.
Luserke, M. 11-13, 217, 227, 250
Lützeler, P.M. 85
Lyotard, J.-F. 272-274
Madland, H.St. 78
Marquard, O. 42, 101
Martin, G. 99
Martini, F. 12, 231f.
Marx, K. 169, 272
Marx, R. 11-13
Mattenklott, G. 11, 17
Maurer, M. 240
Mayer, H. 256, 260
McCarthy, Th. 19
Mendelkow, K.R. 120
Menke, B. 88, 157, 160, 165, 185, 195
Menke, Ch. 7, 137, 177, 186, 190-197, 206-208, 269f.
Meyer-Kalkus, R. 115
Nägele, R. 89, 92, 231
Nietzsche, F. 39, 45, 61, 94-96, 101, 111, 151f., 197, 206, 272
Pascal, R. 11, 220
Piaget, J. 193
Platon 72f.
Proß, W. 59, 97, 236
Rector, M. 14, 198, 254, 256
Ricœur, P. 261
Rohs, P. 58
Rorty, R. 26-29
Rousseau, J.-J. 30, 39f., 61-68, 74f.
Saussure, F.de 242
Schäfer, Th. 27

Schleiermacher, F. 111
Schlözer, A.L. 240
Schlosser, J.G. 245
Schmitt, A. 232
Schöne, A. 78
Scholz, R. 257
Schröder, J. 231
Seel, M. 205, 227, 270
Shakespeare, W. 15, 17, 186, 201, 235, 237
Simon, J. 236
Sollbach, A. 204, 207
Sophokles 237
Spinoza, B. 58-60, 97f., 109f., 148
Starobinski, J. 65
Stockhammer, R. 123
Stötzer, J. 121
Süßmilch, J. 153
Teller, J. 59
Thiele, B.F.M. 155
Thomas, W. 78
Timm, H. 60
Turk, H. 268
Unglaub, E. 216
Vogl, J. 179
Weber, M. 270
Weiß, Ch. 245
Wetz, F.J. 59
Wiehl, R. 58
Winter, 13, 45, 217
Wirtz, Th. 216
Wordsworth, A. 37
Wurst, K.A. 57, 112, 123, 256
Zierath, Ch. 16